ÉPHÉMÉRIDE

DE L'EXPÉDITION DES ALLEMANDS EN FRANCE

(AOÛT-DÉCEMBRE 1587)

PAR

MICHEL DE LA HUGUERYE

PUBLIÉE

AVEC LA COLLABORATION DE M. LÉON MARLET

ET OFFERTE A LA SOCIÉTÉ DE L'HISTOIRE DE FRANCE

PAR

LE COMTE LÉONEL DE LAUBESPIN

(*Complément des* MÉMOIRES *du même auteur publiés pour la Société par M. le baron* DE RUBLE.)

A PARIS
LIBRAIRIE RENOUARD
H. LAURENS, SUCCESSEUR
LIBRAIRE DE LA SOCIÉTÉ DE L'HISTOIRE DE FRANCE
RUE DE TOURNON, N° 6

—

M DCCC XCII

Souvenir amical de Laubespin

ÉPHÉMÉRIDE

DE

MICHEL DE LA HUGUERYE

IMPRIMERIE DAUPELEY-GOUVERNEUR

A NOGENT-LE-ROTROU.

ÉPHÉMÉRIDE

DE L'EXPÉDITION DES ALLEMANDS EN FRANCE

(AOÛT-DÉCEMBRE 1587)

PAR

MICHEL DE LA HUGUERYE

PUBLIÉE

AVEC LA COLLABORATION DE M. LÉON MARLET

ET OFFERTE A LA SOCIÉTÉ DE L'HISTOIRE DE FRANCE

PAR

Le Comte LÉONEL de LAUBESPIN

(*Complément des* Mémoires *du même auteur publiés pour la Société par M. le baron* de Ruble.)

A PARIS
LIBRAIRIE RENOUARD
H. LAURENS, SUCCESSEUR
LIBRAIRE DE LA SOCIÉTÉ DE L'HISTOIRE DE FRANCE
RUE DE TOURNON, N° 6
—
M DCCC XCII

Le présent volume a été préparé et publié par les soins et aux frais de M. le comte Léonel de Laubespin, avec l'attache de la Société de l'Histoire de France, conformément à la décision prise par le Conseil de cette Société dans sa séance du 3 juin 1890. Le Conseil, dans la même séance, a voté des remerciements à M. le comte de Laubespin pour le don qu'il a bien voulu lui faire de ce volume.

Certifié :

Le Secrétaire de la Société de l'Histoire de France,

A. DE BOISLISLE.

INTRODUCTION

L'érudition moderne a de terribles exigences. Mal reçu serait aujourd'hui celui qui, ayant à publier une chronique du vieux temps, croirait s'être acquitté de sa tâche lorsque, en quelques mots d'introduction, il aurait précisé et le rôle joué par l'écrivain dans les événements qu'il raconte, et les tendances politiques, religieuses ou sociales dénoncées par son récit, et le degré de créance que méritent ses allégations pour ces deux causes. Pauvre éditeur naïf! Pour que ton œuvre pût conquérir les suffrages des gens du métier, que d'omissions, à côté des énonciations dont tu es si fier! Combien d'éditions ont précédé la tienne? Quels manuscrits t'ont servi pour l'établissement du texte? De quelles variantes es-tu redevable à chacun d'eux? Et leur description? Et leur histoire? Et leur filiation... plus ou moins hypothétique?

Pour nous épargner des récriminations de ce genre, un peu aussi pour épargner à l'*Éphéméride* de La Huguerye le discrédit que notre incurie lui vaudrait par ricochet, disons, et pour n'y plus revenir, que, signalée à deux reprises, au xviiie siècle, par le marquis d'Aubais dans ses *Pièces fugitives pour servir à l'histoire de France*, et de nos jours par M. le baron de Ruble dans l'excellente notice qu'il a consacrée à l'auteur[1], elle voit la lumière

---

1. En tête du tome III des *Mémoires* de La Huguerye (Paris,

pour la première fois en cet an de grâce 1892; qu'on en connaît un seul exemplaire, copie sur papier faite, au commencement du xviie siècle, à l'intention d'un des héros favoris de La Huguerye, le Silésien Fabien de Dohna[1]; qu'il appartint à l'historien de Thou[2], puis à Colbert, chez qui il portait le numéro 2255; qu'il entra ensuite à la Bibliothèque du Roi, aujourd'hui notre grande Bibliothèque Nationale, où il fut d'abord coté $\frac{9341}{33}$, et où il l'est actuellement ainsi : fonds français, 4142[3]. N'oublions pas de noter qu'il contient 472 pages, dont les 155 dernières sont restées en blanc; qu'il mesure 347 millimètres de hauteur sur 216 de largeur, et prions les austères gardiens de l'orthodoxie historiographique d'agréer toutes nos excuses si nous ne leur servons pas également son poids par onces ou décagrammes, à leur choix. Malheureusement, il se trouve accolé dans sa reliure de parchemin à d'autres pièces relatives au premier possesseur[4]. Il eût été chimérique de solliciter de l'adminis-

---

Renouard, 1880, 3 vol. in-8°). — Le passage précité occupe les pages xxxj-xxxiij; c'est à lui que nous empruntons le renvoi relatif aux *Pièces fugitives* d'Aubais.

1. Ce que suppose la mention : « Envoïé par le seigneur baron Donau, » qu'on lit au-dessous du titre (cf. ci-après, p. 1 pour le texte de celui-ci) et le contenu du recueil de pièces où est contenue l'Éphéméride (voy. la note 4, ci-dessous). — Cf. A. de Ruble, *loc. cit.*, p. xxxij, *note* 3.

2. L'une des pièces citées dans la note précédente (p. 495-502 du volume) porte la mention suivante : « Pour M. le président de Thou. »

3. Ces cotes successives se lisent sur la feuille de garde du manuscrit.

4. M. de Ruble (*loc. cit.*, p. xxxij, *note* 1) en a donné un aperçu sommaire. En voici le dépouillement détaillé :

a (p. 479-482). — Copie de six lettres d'Henri IV, tant comme roi de Navarre que comme roi de France (1586-1591); de deux lettres du même prince à l'Électeur Palatin et au marquis d'Anspach,

tration de la Bibliothèque Nationale, si soigneuse de ses trésors, un dépeçage, sans lequel il fallait renoncer à se procurer, balances en mains, cette dernière indication. Ce sont là de ces contretemps dont, seuls, ceux qui en ont subi de semblables savent apprécier l'amertume.

relatives aux services que lui a rendus le baron de Dohna (18 juillet 1594); d'une lettre du prince Henri Ier de Condé (26 mai 1587) et d'une de François de Coligny-Châtillon (7 février 1588) à ce dernier; — celle de M. de Châtillon se retrouve dans le second Mémoire justificatif du destinataire; voy. ci-après, sous la cote *f*.

b (p. 483). — Autre copie de la lettre de M. de Châtillon au baron de Dohna (17 février 1588);

c (p. 487-490). — Imprimé contenant en allemand et en français la protestation du baron de Dohna contre les accusations dont il est l'objet à propos de l'expédition de 1587; — reproduit ci-après, *Appendice*, VII A;

d (p. 491-494). — Extrait « de familiâ burgraviorum et baronum à Dohna, » pris « ex MATH. DRESSERI *Isagoge historica,* parte 2ª millenarii 6; »

e (p. 495-502). — Résumé très rapide de la *Guerre doctorale* de 1583 (cf. les *Mémoires* de La Huguerye, t. II, p. 214-253), suivi d'un résumé non moins rapide de la campagne de 1587, avec une appréciation flatteuse sur le rôle qu'y joua le baron de Dohna;

f (p. 503-506). — Compte-rendu rétrospectif par le baron de Dohna de son rôle dans la campagne de 1587; — reproduit ci-après, *Appendice*, VII B;

g (p. 507-512). — « Extrait de la capitulation de la lieutenance-générale de Monseigneur le prince Christian, prince d'Anhalt » (24 avril 1591, *n. s.*), conclue par ce dernier avec le vicomte de Turenne, représentant de Henri IV; texte des conditions auxquelles le prince d'Anhalt fournira au roi une « armée de secours » levée en Allemagne aux frais du roi et commandée par le prince; Dohna prit part à cette expédition (voy. les missives que lui adressa alors Henri IV, citées ci-dessus, sous la cote *d*, et cf. ci-après, *Appendice*, VII B);

h (p. 513-560). — Apologie du baron de Dohna au sujet d'une tentative d'assassinat qu'il était accusé d'avoir dirigée contre l'Électeur de Saxe;

INTRODUCTION.

.*.

A ne considérer que son titre et sa division en autant de paragraphes qu'il s'écoula de jours du 24 juillet/3 août au 16/26 décembre 1587, on pourrait croire que l'*Éphéméride* est la reproduction des notes prises chaque soir par La Huguerye à son arrivée au cantonnement. Que La Huguerye ait pris, en effet, de ces notes tout le long de sa carrière agitée, la chose n'est guère douteuse ; elle est même certaine pour les cinq mois qui nous occupent, car il les cite expressément à plusieurs reprises, pour rappeler, soit que, pendant ses allées et venues du camp protestant au logis de M. d'Haussonville, il les a laissées chez lui, « afin d'éviter les inconvéniens[1], » soit qu'elles lui ont été utiles pour raviver les souvenirs des membres du conseil[2] ou pour dresser un extrait de leurs « contraventions, tant aux conventions qu'aux promesses[3]. » Mais, n'aurions-nous pas

i (p. 567-592). — Dithyrambe en prose latine sur les mérites et les actions de la reine Élisabeth d'Angleterre ;

k (p. 593-644). — Pièces diplomatiques relatives à la *trêve de douze ans* entre le roi d'Espagne et les Provinces-Unies (septembre 1607-octobre 1608) ;

l (p. 645-654). — Mémoire justificatif de M. de Quitry relatif à la campagne de 1587 ; — reproduit ci-après, *Appendice*, IV ;

m (p. 655-664). — Lettre de M. de Quitry à M. de Ségur (5 janvier 1588, *n. s.*) ; — reproduit ci-après, *Appendice*, I ;

n (p. 665). — Copie de la lettre de M. de Châtillon au baron de Dohna, déjà citée ci-dessus, sous les cotes *a* et *b* ;

o (p. 666). — Copie d'une lettre du roi de Navarre au même (22 mai 1589), déjà citée ci-dessus, sous la cote *a*, mais avec une date différente (21 mai au lieu de 22 mai) ;

p (p. 667). — Courte note sur la Maison de Dohna résumée d'après la « *Rerum Danicarum... historia,* studio Gasparis episcopi Lochensis, — Francofurti, impensis P. Fisturi, 1593. »

1. Voy. ci-après, p. 160, à la date du 25 août/4 septembre.
2. Voy. ci-après, p. 238, à la date du 17/27 septembre.
3. Voy. ci-après, p. 268, à la date du 26 septembre/6 octobre.

aussi son aveu à cet égard dans un autre de ses ouvrages[1], que de multiples indices suffiraient à nous faire reconnaître dans notre texte un remaniement, non une transcription fidèle du mémorandum originaire[2].

La chose serait sans grande importance si l'on était assuré que, dans cette refonte de l'œuvre initiale, l'auteur s'est borné à supprimer les phrases faisant longueur ou à y introduire çà et là des observations d'ensemble, ainsi que des renvois à ce qui précède et à ce qui suit, destinés à éclaircir le narré; si surtout, sachant dans quelles conditions La Huguerye, — partie intéressée, et non pas seulement témoin oculaire dans la malheureuse expédition de 1587, — rédigea son *Éphéméride*, on n'était fondé à se poser la question suivante : faut-il considérer celle-ci comme une relation ou comme une apologie? Ces soupçons deviennent une certitude et, cette fois, ils portent une sérieuse atteinte à la sincérité de l'écrivain lorsque, comparant l'*Éphéméride*, dédiée à Jean-Casimir de Bavière, à la partie de ses *Mémoires*, composée bien plus tard et dédiée au duc de Lorraine, où les mêmes faits sont racontés, on y relève fréquemment des leçons sensiblement divergentes,

1. « Je travaillay à dresser sur mes *Mémoires* l'ÉPHÉMÉRIDE de ce voyage. » (*Mémoires*, t. III, p. 214.)
2. Comment expliquer autrement les allusions à des événements postérieurs dont voici la liste? — « ... Les Suisses perdirent la piste... pendant la pluye, *qui nous dura plus de six semaines* » (p. 215, 7/17 septembre). — « ... Ce qu'ils promirent de faire; *et néantmoings n'en fut uncques rien pratiqué* » (p. 236, 17/27 septembre; cf. p. 242, 18/28 septembre). — « ... J'ay toujours cru que les Suisses ne faisoient rien que du gré des François, *comme dit, depuis, Bonstetten, parlant à Berne au sieur baron [de Dohna]* » (p. 417, 12/22 novembre). — Comment, aussi, expliquer autrement que l'évasion du sieur d'Espaux, le 6/16 novembre, soit annoncée dès le 21/31 octobre (p. 354 et 395)?

avec cette circonstance aggravante que chaque version ajoute, supprime ou modifie, suivant l'esprit du destinataire sous les yeux de qui elle devait passer.

*
* *

Pour achever de nous édifier sur la valeur morale du personnage, retraçons rapidement son existence. Tour à tour secrétaire du cardinal de Rambouillet, de Ludovic de Nassau et du prince Henri de Condé, il l'est, depuis le 1ᵉʳ juin 1586, de Jean-Casimir de Bavière, régent de l'Électorat pour son neveu Frédéric IV. L'heure est propice. Le traité de Nemours, qui a scellé l'union entre le dernier des Valois et les princes de la maison de Lorraine, a creusé un nouveau fossé entre protestants et catholiques. Malgré sa répugnance à employer des étrangers contre ses compatriotes, le roi de Navarre, chef des huguenots et héritier présomptif de la couronne de France, vient d'autoriser la levée en son nom d'une armée de Suisses, de lansquenets et de reîtres, avec mission de ravager la Lorraine, frappant ainsi la Ligue à la tête et du même coup se ménageant une diversion puissante, grâce à laquelle il aura le champ libre dans le midi et le centre[1].

Retenu à Heidelberg par les devoirs de sa charge, Jean-Casimir ne peut songer à prendre le commandement de ses hordes, comme en 1568, comme en 1576. La Huguerye, dont il a apprécié déjà le dévouement à qui le paie et le peu d'attachement à son pays, le remplacera, sinon en titre, du moins comme son agent de confiance, confiance que notre homme justifie avec éclat : à son instigation, le plan si rationnel proposé, ou, pour appeler les choses par leur vrai

---

1. A. de Ruble, *loc. cit.*, p. iij-x.

nom, DICTÉ par le Béarnais[1], est commenté, mis en délibération, finalement rejeté. Il ne s'agit point, en effet, du mal que causera ou ne causera pas à la Ligue la mise à feu et à sang du boulevard de la Ligue : il s'agit de sauver, coûte que coûte, de la ruine un prince proche parent de son maître.

L' « armée de secours » va alors au hasard, sans but précis, roulant de Champagne en Bourgogne, en Gâtinais, en Beauce, en Sologne, en Morvan, jonchant de cadavres les routes qu'elle parcourt, victime, du reste, plutôt de ses propres excès que de l'épée de ses adversaires, qui, pendant les trois mois que dure son agonie errante, parviennent tout juste à lui infliger deux menues défaites, transformées aussitôt en victoires signalées par les nouvellistes à la solde du duc de Guise.

Et cependant, ce désastre, qui l'avait provoqué, sinon La Huguerye, — ou, si l'on veut, Jean-Casimir, dont il n'était, après tout, que le docile porte-paroles, — en détournant l'armée de sa base d'opérations logique? Ce ne fut donc pas tout à fait sa défense personnelle qu'il entreprit en rédigeant l'*Éphéméride*. Point ne faut d'ailleurs s'étonner si, en épousant une querelle d'Allemand, il s'est par surcroît inoculé la mauvaise foi proverbiale de la race. Étant admis que l' « armée de secours » ne devait pas aller en Lorraine,

---

1. « Le conseil de l'armée était fort perplexe, dit M. de Ruble (*loc. cit.*, p. x et xj). Il ne pouvait méconnaître les ordres du roi de Navarre, puisqu'il était le chef nominal des huguenots, ni les instructions de Jean-Casimir, puisque les troupes lui appartenaient. »
Nous ne voyons pas trop les raisons de cette perplexité. Les troupes palatines n'appartenaient plus à Jean-Casimir, attendu qu'il les avait cédées au roi de Navarre à gros deniers comptants. DONNER ET RETENIR NE VAUT, dit le vieil axiome juridique.

puisque cela déplaisait à Jean-Casimir, à qui la faute si elle n'a fait que marcher de mésaventure en mésaventure? Aux gentilshommes français, qui, obéissant aux instructions du roi de Navarre, refusaient de le conduire vers ce prince; aux gentilshommes français, qui se réservaient les meilleurs logis et entassaient les pauvres étrangers dans des bicoques; aux gentilshommes français, qui refusaient de se battre et donnaient à leurs alliés allemands de continuelles alarmes qui les harassaient sans profit[1].

La traversée de la Lorraine qu'il n'avait pu empêcher, s'il avait pu s'opposer à sa dévastation systématique, lui fournit un autre prétexte à déclamations, presque touchant, à force de naïve impudence, contre les agissements des Français. Que sont les quelques petites rapines des reîtres, des lansquenets, même des Suisses, au préjudice de ses protégés, les vassaux du cousin de Jean-Casimir, à côté des méfaits d'un Quitry, d'un Clervant, d'un Couvrelles? Il est vrai que, quand il leur arrivera d'incendier l'abbaye de Saint-Sauveur-en-Puisaye, il enregistrera cela très froidement[2]; ces gens de guerre n'étaient-ils pas en pays ennemi, sur la terre des Welches? — votre terre natale, ô La Huguerye[3]!

Ce fut à la fin de février 1588 que ce chef-d'œuvre fut remis à Jean-Casimir. Il en fut enchanté, paraît-il, et, avec force soupirs, se déclara convaincu de l'ingratitude du roi de Navarre. Il est permis de supposer que, dans l'excès de la joie de voir sa conduite inespérément présentée sous de

---

1. Voy. ci-après l'*Éphéméride*, *passim* (notamment p. 375, pour les fatigues inutiles qu'on leur imposait).
2. *Ibid.*, p. 310.
3. *Mémoires* de La Huguerye, t. III, p. 214-216.

si agréables couleurs, il laissa transpirer au dehors des méchancetés contre autrui dont était saupoudré l'encens que lui brûlait sous le nez son secrétaire. On était à la veille de la foire de Francfort, les grandes assises commerciales et diplomatiques de l'ancienne Europe. Tous ceux que La Huguerye avait attaqués sans ménagement ripostèrent avec fureur et lui retournèrent à l'envi les accusations de trahison dont il les avait gratifiés. Il fallut les grandes secousses de l'année 1588, le retour triomphal du duc de Guise du demi-bannissement où le tenait Henri III, la journée des Barricades, la fuite du Roi, ce trône à demi renversé au souffle d'un conspirateur s'appuyant sur la populace, pour mettre fin à ces ardentes polémiques[1].

*
* *

De longues années s'écoulèrent.

A la suite du scandale provoqué par la divulgation de l'*Éphéméride* et par la grande publicité des répliques auxquelles elle avait donné lieu, La Huguerye, se sentant compromis à la cour de Bavière, s'était retiré auprès du duc de Lorraine. Ce fut là que, de 1604 à 1606[2], il écrivit ses *Mémoires*. Fidèle à ses habitudes d'obséquiosité envers les puissants du jour, il en dédia les quatre premiers livres à Gaspard III de Coligny, petit-fils de l'amiral[3], à Philippe-

---

1. M. de Ruble les a résumées (*loc. cit.*, p. xv-xix), d'après les documents, inédits alors, qui sont publiés ci-après dans l'*Appendice*.

2. *Ibid.*, p. xxv-xxviij.

3. Et non pas à l'amiral lui-même, comme il est dit en note de la p. 1 du t. I des *Mémoires*. Cette dédicace à un mort ne serait admissible, surtout avec les habitudes intéressées de La Huguerye, qu'expressément faite à « *feu* Monsieur le comte de Coligny, seigneur de Chastillon, » ce qui n'est pas le cas. En outre, on serait surpris de ne voir figurer au-dessous de ces qualifications

Guillaume de Nassau, prince d'Orange, fils aîné du Taciturne, au comte de Soissons, cousin germain du roi de France, et au duc Frédéric IV de Bavière. Il se réservait de mettre le reste sous le patronage de celui dont il espérait le plus, de son protecteur actuel, Son Altesse Sérénissime Charles III, régnant en Lorraine par la grâce de Dieu[1].

Il est probable que, pour l'histoire de la fin de l'année 1587, si grosse de conséquences pour ce prince et pour lui-même, il pensait reproduire tout bonnement l'*Éphéméride*[2]. Mais, en la relisant, il s'aperçut vite que les démonstrations de servilité prodiguées autrefois au duc de Lorraine n'étaient plus au diapason voulu, parlant à ce dernier, de cousin de son maître devenu son maître; que d'ailleurs elles disparaissaient dans la masse des délibérations, des marches et des escarmouches.

Et il se remit à l'œuvre, tantôt allongeant[3], tantôt abrégeant[4], ici intercalant une phrase de commisération sur le sort de la Lorraine, livrée, contre son gré, aux ravages de

féodales aucune mention des hautes charges et marques honorifiques dont avait été comblé l'amiral. Son fils, François, — celui qui sera si souvent cité dans l'*Éphéméride*, — est écarté pour ces mêmes deux raisons. Au contraire, la dédicace en question s'applique à merveille à l'héritier des titres et des dignités de ce dernier, vivant en 1606, et qui, né en 1584, ne reçut qu'en 1614 son premier commandement (P. Anselme, t. VII, p. 463).

1. *Mémoires*, t. II, p. 375.
2. Remarquez en effet que la fin du liv. IV :

... Après avoir faict tout ce que dessus, je prins congé de S. A., laissant ma femme et famille à Heydelberg, d'où je party le lundy xxiiij juillet, pour aller au camp près la ville de Strasbourg. — Là doibt commencer mon éphéméride du voyage de l'armée en France.

se raccorde exactement avec le début de notre *Éphéméride* :

Le lundy 24 juillet, je party d'Heidelberg......

3 et 4. Voy. ci-après la note initiale de chaque paragraphe des 230 premières pages de l'*Éphéméride*.

INTRODUCTION. xj

la soldatesque[1], partout ailleurs élaguant tout ce qui ne la concernait pas, ne respectant guère de l'écrit-souche que sa forme de compte-rendu journalier, afin de justifier la phrase qui terminait le livre IV : « Là se doit commencer l'Éphéméride de mon voyage en France, » et de se donner davantage les airs d'un homme qui aurait toujours été Lorrain de cœur, même quand il était au service d'un Bavarois.

*
* *

Quelle fiance avoir dans les appréciations d'un annaliste si dédaigneux de la probité littéraire? Quel compte tenir de ses reproches aux différents chefs du corps expéditionnaire?

*
* *

Après avoir donné audience à La Huguerye, il convenait de donner aussi audience à ceux qu'il a traités du haut de ses prétentions à l'impeccabilité[2]. On trouvera ainsi, réunis en un volume, les plaidoyers pour et contre du procès engagé devant l'opinion au mois de mars 1588, et sur lequel il n'a pas été statué encore[3]. Joignez-y le témoignage

---

1. Voir *Mémoires*, t. III, p. 123 et 181, et cf., ci-après, l'*Éphéméride*, p. 160 et 224 (24 août/3 septembre et 10/20 septembre).

2. Y compris, bien entendu, la lettre de M. de Ségur à M. de Beaumont où, dès le mois d'août 1587, il pressentait l'insuccès de l'expédition (*Appendice*, II). Cette lettre, ainsi que celle du même à M. de La Noue, où, en pleine mêlée de libelles contradictoires, il déclara ne pas vouloir pour lui d'apologie publique (*Ibid.*, III), ainsi que les Mémoires justificatifs de MM. de Couvrelles et de Clervant (*Ibid.*, V et VI), sont empruntés à la correspondance de l'auteur, conservée en manuscrit à la Bibliothèque nationale (Collection des Cinq cents de Colbert, vol. 401 et 402) et pleine de pièces du plus haut intérêt pour l'histoire de la campagne de 1587 : pour ne pas grossir démesurément le volume, il a fallu nous résigner à faire un choix trop sévère. — Pour la provenance des autres pièces de l'*Appendice*, cf. ci-dessus, p. 2, note 4 (cotes *e*, *f*, *l* et *m* du contenu du ms. 4142 du fonds français).

3. Nous avons essayé d'en faciliter l'instruction à l'aide de con-

xij INTRODUCTION.

impartial du rapport officiel de François de Coligny-Châtillon au roi de Navarre, antérieurement publié, ainsi que plusieurs autres moins importants; joignez-y la monographie de la campagne, au point de vue ligueur, par Claude de La Châtre[1]; joignez-y les libelles inspirés par le duc de Guise et sa correspondance inédite, à laquelle renvoie constamment M. de Ruble dans les notes de sa belle édition des *Mémoires* de La Huguerye[2], et vous aurez une vue sommaire, mais suffisamment nette, des documents à l'aide desquels on pourrait tenter de ressaisir la physionomie toute particulière de cet épisode de nos guerres de religion.

Il y aurait là une belle page d'histoire à écrire[3], l'intérêt

---

tinuels renvois de l'*Éphéméride* à l'*Appendice* et de l'*Appendice* à l'*Éphéméride*.

1. Le rapport de M. de Châtillon et le livre de M. de La Châtre seront souvent cités ci-après dans nos notes.

2. Nos renvois, qui partout s'y réfèrent, en indiqueront suffisamment l'importance. Ils suffiraient aussi à la rigueur, si nous ne tenions à le déclarer formellement, à indiquer que l'*Éphéméride* et les *Mémoires* de La Huguerye, trop étroitement apparentés pour être jamais étudiés l'un sans l'autre, relèvent en tout pour l'annotation de celui des deux livres qui, le premier, a vu le jour.

3. L'ouvrage que lui a consacré M. A. Tuetey (*Les Allemands en France et l'invasion du comté de Montbéliard par les Lorrains* [1587-1588]. Paris, 1884, 2 vol. in-8°; extr. des *Mémoires de la Société d'émulation de Montbéliard*) est un résumé exact, sinon complet et vivant, de la campagne qui nous occupe. Malheureusement l'auteur, séduit par son intérêt régional,—les suites terribles qu'elle eut pour le comté de Montbéliard,—a totalement perdu de vue la cause principale de son importance historique. Une sorte de monographie, dont le vrai titre serait : *Le comté de Montbéliard avant, pendant et après l'expédition des Allemands en France en 1587*, s'est, comme d'elle-même, trouvée prendre la place du récit des orageux préliminaires de la substitution de la maison de Bourbon à la maison de Valois sur le trône de France.

se déplaçant sans cesse, traversant les salles dorées du Louvre, où Henri de Valois voit, impuissant et navré, ses fleurs de lis se flétrir, tandis que dans le ciel sombre monte le vol audacieux des merlettes de Lorraine ; visitant les châteaux isolés où Henri de Guise, ce Boulanger du XVIe siècle, poursuit ses ambitieux projets contre le descendant du gentilhomme couronné qui a fait de ses ancêtres, naguères cadets sans avenir d'une cour famélique, des ducs et pairs, des grands-officiers de son palais, des généraux de ses armées ; s'arrêtant au bivouac d'Henri de Bourbon, préludant déjà, dans son rôle mesquin de chef de partisans, — soit qu'il batte le frivole Joyeuse, soit qu'il tienne en bride le fanatique Condé, — à la mission réparatrice d'Henri IV, roi de France et de Navarre...

Notre tâche, à nous, notre humble tâche d'éditeurs est terminée. Le sculpteur peut venir : les metteurs au point ont achevé de dégauchir le bloc de marbre, dont il lui est maintenant loisible de tirer un imposant bas-relief. Qu'il leur soit pourtant permis, en se retirant, de saluer d'un reconnaissant sourire les judicieux conseillers dont les avis ont guidé leurs mains, M. Michel Despréz, conservateur à la Bibliothèque Nationale, M. le baron de Ruble et M. le comte Hector de La Ferrière, ces maîtres éclairés que l'on trouve toujours sur son chemin quand on étudie le XVIe siècle.

Comte DE LAUBESPIN.
Léon MARLET.

ÉPHÉMÉRIDE
DE LA HUGUERYE

PROTHOCOLLE-JOURNAL
DE TOUTES LES ACTIONS, DÉLIBÉRATIONS ET CONSEILS
DU DERNIER VOYAGE DE GUERRE FAIT EN FRANCE
POUR LE SECOURS DES ÉGLISES RÉFORMÉES DUDIT ROYAULME.

Le lundy 24 juillet 1587[1], je party d'Heidelberg pour aller au camp près Strasbourg et rencontray, à l'entrée des bois, les sieurs de Beauchamp[2] et de Menillet[3], qui venoyent à Heidelberg. Beauchamp me

1. Le calendrier grégorien, adopté dès son établissement, c'est-à-dire dès 1582, par la France et les pays catholiques, ne le fut que beaucoup plus tard, à la fin du xviie siècle, par les états protestants des bords du Rhin, restés jusque-là fidèles au calendrier julien. La Huguerye a suivi leur exemple. Par conséquent, tous les quantièmes de mois de son *Éphéméride* doivent être augmentés de dix jours. Ici, donc, lisons : 3 août, *nouveau style*.
Ce paragraphe n'a pas passé dans les *Mémoires*. — Pour ce qui précède, cf. ceux-ci, t. II, p. 386-414, et t. III, p. 10-50, ainsi que notre Introduction.
2. M. de Beauchamp, gentilhomme du roi de Navarre, un de ses principaux émissaires à l'étranger; voy. les *Lettres missives de Henri IV*.
3. M. de Ménillet, maître d'hôtel du duc de Bouillon (La Huguerye, *Mémoires*, t. II, p. 409).

bailla des lettres du roy de Navarre et me dit trois points qu'il désiroit de moy : de m'employer à advancer le partement de l'armée, la réception de Monsieur de Bouillon[1] pour son lieutenant-général et la guerre en Lorraine. Je luy dis que j'allois au camp en ceste espérence que tout fût prest à partir bientost, que je ferois tout ce que je pourrois à advancer toutes choses; quant à la charge de Monsieur de Bouillon, je ne luy pouvois dissimuler que, voyant en cela qu'il ne falloit point attendre Monsieur le Prince[2], à la venue duquel les princes estrangers s'attendoyent, je prévoyois, faute de commendement en ceste armée, une grande ruine, si le roy de Navarre ne s'y venoit joindre bientost; et, pour le faict de Lorraine, que Son Altesse[3] en avoit fait une responce si pertinente à Monsieur de Ségur[4] que je n'y pouvois rien adjouster, qu'ils s'en allassent trouver Son Altesse. Quand à moy, je ferois tout devoir en ce qui appartiendroit au bien des affaires, n'ayant pas voulu contester beaucoup avec

---

1. Guillaume-Robert, dernier duc de Bouillon de la maison de La Marck. A sa mort, 1ᵉʳ janvier 1588, ses états passèrent à sa sœur Charlotte et de celle-ci à son époux, Henri de La Tour d'Auvergne, vicomte de Turenne.

2. C'est-à-dire le prince Henri Iᵉʳ de Condé, dont La Huguerye avait été précédemment secrétaire; cf. ses *Mémoires*.

3. Jean-Casimir de Bavière, le plus fidèle des alliés étrangers du protestantisme français. En 1567, il avait lui-même conduit les bandes de reîtres qu'envoyait à ses coreligionnaires son père le comte palatin Frédéric III.

4. François de Ségur-Pardaillan, seigneur de Sainte-Aulaye, surintendant de la maison du roi de Navarre, qui l'employait souvent dans ses négociations les plus importantes, notamment en Allemagne, et, à ce titre, souvent nommé dans les *Lettres missives de Henri IV* et les *Mémoires* de La Huguerye.

luy là-dessus, ny retourner avec luy, comme il m'en prioit, voyant ledit Menillet le dissuader de m'en presser, espérant avec ses amis de faire mieulx les affaires de son maistre en mon absence.

Ledit sieur de Beauchamp me bailla aussi des lettres du sieur de Ségur, me tenant beaucoup de langage semblable à la teneur d'icelles et m'assurant de la part du roy de Navarre de beaucoup de choses. Je ne voulus point discourir avec luy du subject desdittes lettres, que je connoissois tendre à corruption et subornement, et ledit Beauchamp avoir esté choisi pour instrument propre à cela, estant souvent employé en tels cas, mais envers autre subject, et luy respondy seulement que j'allois à Strasbourg, où je verrois ledit sieur de Ségur et luy respondrois sur ce qu'il me diroit le mieulx qu'il me seroit possible, ne pouvans tous tant qu'ils estoyent désirer tant de bien de moy que je suis prest et bien délibéré d'en faire si je n'en suis empesché. Ainsi je prins congé d'eux et continuay mon chemin.

* * *

Le mardy 25ᵉ de juillet[1], j'arrivay à Strasbourg bien tard, et, ne povant trouver logis, fus contrainct de m'accomoder pour la nuict au logis où estoit Monsieur de Mouy[2].

* * *

Le mercredy 26ᵉ de juillet[3], j'estois résolu de par-

---

1. Le 4 août, *n. s.* — Ce paragraphe n'a pas passé dans les *Mémoires*.

2. M. de Mouy, fidèle serviteur de Henri IV; voy. les *Lettres missives* de ce prince et les *Mémoires* de La Huguerye.

3. Le 5 août, *n. s.* — Même observation que pour le précédent paragraphe.

tir de Strasbourg pour aller à Quatznen[1], après avoir baillé les lettres de Son Altesse au sieur de Ségur, que je trouvay avec Monsieur de La Noue[2] et plusieurs autres gentilshommes françois au jardin du logis de Monsieur de Bouillon; et, les ayant tous saluéz, notamment ledit sieur de Bouillon, qui m'avoit envoyé quérir par un page, je prins à part ledit sieur de Ségur et luy présentay les lettres de créance que j'avois de Son Altesse, dont, me voulant descharger en partie sur luy, selon l'advis de Monsieur de Podlitz[3], il me remit à quand ils seroient tous trois ensemble, puisque les lettres s'addressoyent à tous trois, qu'aussi bien falloit-il nous trouver bientost tous ensemble; et, ne voyant pas qu'il fut encores besoing de me descharger de ladite créance, j'acquiescay à sa volonté.

Lors il me print par la main, me demandant si j'avois veu Beauchamp. Je luy disois qu'ouy, estant desjà une lieue loin d'Heidelberg, où je l'avois rencontré lundy[4], à l'entrée des bois. Il me demanda s'il m'avoit baillé des lettres du roy de Navarre et de luy; je respondis qu'ouy. Lors il commença à me parler bien plus particulièrement que ses lettres, s'excusant à moy de ce qu'il avoit escrit auparavant au sieur de Beaumont[5]; qu'il n'avoit receu que mauvais

---

1. *Quatzenheim*; avant 1871, comm. du cant. de Tuchtersheim, arr. de Strasbourg, Bas-Rhin; actuellement en Alsace-Lorraine.

2. François de La Noue, l'auteur intègre des *Discours politiques et militaires*. Il venait de sortir de sa dure captivité en Flandre.

3. Le baron de Podlitz, gentilhomme lorrain, arrivé à Heidelberg vers le 10 juillet (La Huguerye, *Mémoires*, t. III, p. 37).

4. C'est-à-dire l'avant-veille; voy. ci-dessus.

5. Charles du Plessis, seigneur de Liancourt et de Beaumont, représentant du roi de Navarre en Angleterre (*Ibid.*, p. 33).

traictement depuis que j'estois retourné en Angleterre[1], ne sachant à qui l'attribuer, sinon à moy qui estoit là seul; qu'il me prioit d'oublier cela et ne le prendre en mauvaise part, comme de sa part il n'avoit pensé à nul mal; qu'il sçavoit combien je pouvois fere de service au roy de Navarre en ce voyage; que j'avois peu voir combien Sa Majesté s'y atendoit; que j'estois François, que je m'employasse bien à fere ce qu'il voudroit et m'acomodasse bien avec luy, m'asseurant qu'il me feroit mettre en tel honneur et si à mon ayse que j'aurois toute occasion de l'aymer en particulier et d'honorer toute ma vie le service du roy de Navarre; que je ne regardasse pas à beaucoup des choses; qu'il sçavoit que je pouvois seul fere ce qu'il désiroit, n'y ayant personne avec Monsieur le baron de Dona[2] qui cogneust les affaires comme moy, qui les avois négotié et manié de si longtemps; qu'autrefois le roy de Navarre avoit eu quelque mescontentement de moy pour les affaires qui se passoient près de la personne de Monsieur le Prince qu'on luy disoit venir de moy, mais qu'il luy en avoit bien parlé autrement et que le roy mesme luy avoit dit que, depuis qu'il m'avoit veu à Nérac[3] et discouru avec moy, il en estoit demeuré très content et avoit depuis esté bien ayse d'entendre que je m'estois trouvé en lieu si à propos pour luy faire un bon service, me priant de l'en asseurer et qu'il me donneroit

---

1. En mars 1587; voy. ses *Mémoires*, t. II, p. 393.
2. Fabian, burgrave de Dohna, gentilhomme silésien, l'un des chefs habituels des mercenaires que l'Allemagne fournissait aux protestants français; il sera souvent question de lui ci-après.
3. *Nérac*, en Guyenne, où le roi de Navarre tenait sa cour; aujourd'hui chef-lieu d'arr. du dép. de Lot-et-Garonne.

dès lors telle asseurance de mon advancement que je n'en pourrois doubter; que je m'employasse seulement à fere advancer toutes choses comme il désiroit, à establir Monsieur de Bouillon et à fere la guerre en Lorraine.

Je voyois bien à quoy il tendoit, comme je l'avois assez senti par ses lettres et les propos de Beauchamp, m'attendant bien qu'il m'en parleroit à la première veue. Toutesfois je ne luy voulu pas fere semblant de le cognoistre du tout pour le fere parler plus clair, et luy disois seulement que j'estois serviteur très humble du roy de Navarre et avois bon témoignage en ma conscience d'avoir tousjours faict mon devoir au service des églises, lequel seul m'avoit fait laisser mes estudes et tous mes parents et amis et recevoir place au service de Monsieur le Prince, mais que j'estois aussi serviteur très humble et très obligé de Son Altesse, qui me faisoit cest honneur de se fier en moy; que je sçavois que son seul but estoit d'advancer le service de Dieu; que je croyois que celuy du roy de Navarre estoit tel qu'il n'y avoit qu'un chemin pour y parvenir, et pourtant m'asseurois de n'y pouvoir faillir, en faisant le service que je dois à Son Altesse, de rendre aussi celuy que je dois au roy de Navarre et aux églises.

Il me répliqua que je sçavois bien que les affaires n'estoyent point tant aujourd'hui du faict de la religion que pour l'estat, encores que les ennemis du roy de Navarre se servissent de ce prétexte qu'il y alloit de l'espérance et grandeur du roy de Navarre, qui estoit prince si libéral en sa pauvreté qu'il sçauroit bien recognoistre en autre temps ceulx qui luy feroyent un bon service pour luy ayder à recevoir la couronne, qui luy pend à un filet sur la teste; que, pour y parvenir, il estoit besoin de se gouverner diversement et selon les occasions et humeurs des personnes, lesquelles il conviendroit en ce voyage bien considérer sur tout et s'y accommoder autant que fere se pourroit, plustost que s'arrester à des résolutions faites de loin et qui méritent changement selon celuy des affaires. A quoy il me prioit de tenir bien la main et servir à y accommoder les volontéz des serviteurs de Son Altesse et des colonels, selon qu'à toutes occasions il m'en advertiroit.

Je luy répliquay que je tenois en cest affaire tout ce qui concernoit le particulier du roy de Navarre appartenir au bien, seurté et repos desdittes églises, qui devoyent et espéroyent aussi avoir part au bon succès de ses affaires, lesquelles ils soustenoyent et advançoyent autant qu'il estoit possible, exposant tous leurs vies et biens pour son service; que c'estoit une poursuite commune et qui devoit marcher d'un mesme pas, ce qui rendoit tous les gens de bien autant affectionnéz à l'advancement des affaires du roy de Navarre qu'il sçauroit désirer; et, quant à moy, que j'y apporterois toute ma vie tout ce que, en saine conscience, je cognoistrois y pouvoir ainsi servir, et qu'il n'auroit besoin de requérir de moy autre chose; que j'estois homme de bien et avois, il y a longtemps, méprisé tous les moyens humains et apparens de mon advancement pour servir à Dieu, et j'espérois que, moyennant sa grâce, de n'y manquer jamais.

Ceste responce luy fit refroidir sa poursuite, et, comme il veid qu'il ne pouvoit tirer autre chose de moy, fit semblant d'estre content, me priant que je me voulusse donc employer à advancer le partement de l'armée, dont le long séjour causoit beaucoup d'incommoditéz, et, me ramenant vers les autres, continua ce propos; et tous, l'un après l'autre, me firent grande instance, avec mille parolles d'amitié et d'obligation qu'ils m'en auroyent tous avec le roy de Navarre. Je leur répondi que ce n'estoit pas la première monstre place que j'avois veu; qu'en la dernière pour France de l'an 1576[1] nous avions esté plus d'un mois à la faire en Lorraine; que, partir sans avoir la cavallerie, ils ne le vouldroyent pas; que les reistres avoyent beaucoup de peine à surmonter les empeschemens de leurs princes, advenus principalement à cause de la cognoissance qu'ils ont eu de ceste levée par la prison de Monsieur de Quitry[2]; qu'on ne prennoit pas de plaisir à les voir si longtemps là; que les pays et subjects de Son Altesse, trop voisins, en patissoyent; quel profit nous reviendroit un jour de tel séjour? enfin que j'y ferois tout ce qui me seroit possible, sachant que telle estoit la volonté de Son Altesse. Et, à ceste fin, voulu prendre congé d'eux pour m'en aller, mais ils me prièrent de demeurer, disans qu'il escrivoyent à Monsieur le baron de Dona, le prians de venir à Strasbourg ou auprès, pour communiquer avec luy de toutes choses, et que je serois tout porté.

1. Cf. le *Recueil des choses jour par jour avenues en l'armée conduite d'Allemagne en France par M. le prince de Condé... en 1576* (S. l., 1577, in-12).

2. Jean de Chaumont, seigneur de Guitry ou Quitry, qui, du service du duc d'Anjou, avait, à sa mort, passé à celui du roi de Navarre, dont il était devenu promptement un des négociateurs favoris; voy. *passim* les *Lettres missives de Henri IV*. — Sur sa « prison, » voyez les *Mémoires* de La Huguerye (t. II, p. 140).

Je respondi que je retournerois bien avec luy s'il venoit. Ils me pressèrent d'attendre sa venue, qui fut cause que j'escrivy audit sieur baron pourquoy et comment ils m'avoyent prié d'attendre, et, ayans eu responce de luy, après avoir disné avec Monsieur de Ségur, par laquelle il s'excusoit, je prins congé d'eux, après avoir veu la querelle formée par les sieurs de Lurtzbigny et de Vézines, qui se sentoyent mespriséz dudit sieur de Quitry, lequel les avoit desdaigné pour compagnons en la charge de mareschal de camp, et tout le monde bien empesché à appaiser cela. Je baillay audit sieur de Ségur les lettres que je luy avois apportées d'Angleterre et il me bailla des lettres de Monsieur de Busenval[1] à moy, qu'il avoit ouvertes. Je leur communiquay celles que j'avois receu de luy avant partir d'Heidelberg, qui estoyent plus fresches, par lesquelles il m'advertissoit qu'il ne falloit rien espérer d'Angleterre, affin qu'ils advisassent à bien employer ce qu'ils avoyent en main, et m'en allay après à Quatznen trouver Monsieur le baron de Dhona, où je me logeay à la chancellerie.

*
* *

Le jeudy 27ᵉ de juillet[2], il me tomba entre mains un pacquet dans lequel estoyent des lettres de Palavi-

---

1. Paul Choart, seigneur de Grandchamp, dit par erreur « M. de Buzenval, » du titre de la seigneurie patronymique appartenant à son frère aîné, gentilhomme ordinaire du roi de Navarre, qui, tout le temps de son règne, ne cessa de lui confier des missions diplomatiques, dont il s'acquittait toujours avec honneur, tantôt en Suisse, tantôt en Allemagne, tantôt dans les Pays-Bas, jusqu'à sa mort, arrivée le 31 août 1607 (*Ibid.*).

2. Le 6 août, *n. s.* — Même observation que pour le paragraphe précédent.

cini[1], ouvertes, que je leu, et, voyant qu'elles parloyent de mon voyage d'Angleterre[2], je les garday. Monsieur de Schregel[3] en avoit receu de mesme subject qu'il ne m'avoit communiqué. Nous estions là, attendans que les reistres s'assemblassent, y en ayant encor grand nombre derrière, à cause de l'empeschement desdits princes, qui nous feist bien sentir quel préjudice avoit porté à ceste levée la prison dudit sieur de Quitry, advenue par ses humeurs, curiositez et façons de fere, qui estoit cause de tels empeschements et retardemens, de sorte que ceulx mesmes qui estoyent desjà arrivéz ne jugeoyent pas que le voyage deust passer outre.

*
* *

Le vendredy 28 juillet[4], Monsieur de Clairvant[5] fut envoyé à Quatznen pour communiquer avec nous sur onze points contenus au mémoire qu'il avoit en main, ausquels nous fismes sur le champ les responces qui se pouvoyent fere, et résolusmes de nous trouver le dymanche[6] à Échesen[7] pour en résouldre tous ensemble plus amplement.

1. Horazio Pallavicini, gentilhomme génois qui avait embrassé la religion protestante et s'était réfugié près de la reine d'Angleterre, sur l'esprit de laquelle il avait une grande influence (*Ibid.* et *Mémoires* de La Huguerye).
2. Déjà cité ci-dessus, p. 5.
3. M. de Schregel, gentilhomme bavarois, commissaire des guerres (*intendant*, dirions-nous aujourd'hui) et capitaine de haute valeur, souvent cité dans les *Mémoires* de La Huguerye.
4. Le 7 août, *n. s.* — Même observation que pour le paragraphe précédent.
5. Claude-Antoine de Vienne, seigneur de Clervant, agent dévoué du roi de Navarre, « homme d'honneur et plein d'intégrité, » dit Mme de Mornay (*Mémoires*, édit. de Witte, t. I, p. 144).
6. C'est-à-dire le surlendemain.
7. *Eckwersheim*; avant 1871, commune du canton et de l'arron-

*
* *

Le sammedy 29ᵉ de juillet[1], Monsieur le baron communiqua avec ses colonels pour sçavoir le nombre des reistres qui leur défailloyent encores, afin de veoir quand ils pourroyent fère monstre et regarder avec le trésorier Wicker ce qu'on leur pourroit bailler pour les contenter mieulx et tirer plus de service de ce nombre, moindre qu'on n'espéroit ; pour quoy il trouva besoin de recouvrer encores de 20,000 à 25,000 florins, dont il avoit adverti Son Altesse pour les avoir. Cependant je fus envoyé par ledit sieur baron vers ledit sieur de Ségur à Strasbourg, pour tirer de luy la *Bestallung*[2] dudit sieur Schregel et la luy porter, afin d'appaiser le régiment qu'il avoit mandé se mutiner, à faute de commendement, selon les lettres receues la nuict de Monsieur de Bouillon et dudit sieur de Ségur, lequel je trouvay sur le pont au-devant de son logis, qui en fist quelque difficulté, disant qu'il sçavoit bien que c'estoit un artifice pour avoir de luy ceste *Bestallung*, et que c'estoit grand pitié de se vouloir faire collonel en dépit de tout le monde. Toutesfois, il me la bailla, luy remonstrant le mérite dudit Schregel, auquel je la portay en son cartier, duquel j'apprins que ledit sieur de Ségur luy avoit aussi fait dire auparavant par Witzdorff, qui, luy, l'a envoyée[3] sans moy, auquel il en avoit demandé advis à mon arrivée à Strasbourg,

---

dissement de Strasbourg, Bas-Rhin; actuellement en Alsace-Lorraine.

1. Le 8 août, *n. s.* — Même observation que pour le paragraphe précédent.
2. Mot allemand signifiant *brevet de nomination*.
3. C'est-à-dire : *qui la lui a envoyée*.

comme il avoit faict, et luy avois respondu qu'il n'avoit point charge à cela, qu'il en pouvoit parler audit sieur baron ; mais il faisoit cela par artifice, n'ayant peu jouir de moy et tachans de nous mettre en mauvaise correspondance pour en fere mieulx leurs affaires, comme je le dis audit sieur Schregel, afin qu'il s'en donnast garde ; et sur ce m'en retournay à Quatznen par le droict chemin avec le secrétaire Carben.

*
* *

Le dimanche 30 juillet[1], nous nous trouvasmes au matin à Echesen, près de Strasbourg, où estoyent desjà Monsieur de Bouillon et les sieurs de Clervant, Ségur et Quitry, Beauvais[2], Vezines[3], Monmartin[4], Mouy, Malroy[5] et autres. En ce conseil fut résolu de lire le mémoire sur lequel, le vendredy précédent[6], ledit sieur de Clervant estoit venu traicter avec nous.

1. Le 9 août, *n. s.* — Même observation que pour le paragraphe précédent.
2. Beauvoir La Nocle, un des principaux émissaires du parti protestant pendant les guerres civiles du xvie siècle ; il opérait principalement en Angleterre (Comte de La Ferrière, *Le XVIe siècle et les Valois* ; Paris, 1879, in-8°. — *Lettres missives de Henri IV*).
3. Guillaume Stuart, seigneur de Vesins (Haag, *la France protestante*), qu'il ne faut pas confondre avec Antoine de Vesins, mort en 1581 ; la confusion paraît avoir été faite dans les *Lettres missives de Henri IV*, où son nom figure plusieurs fois tantôt sous la forme « Vesins, » tantôt sous la forme « Vezines, » soit comme diplomate, soit comme capitaine.
4. M. de Montmartin, capitaine et diplomate au service du roi de Navarre (*Lettres missives de Henri IV*. — *Mémoires et correspondance de Du Plessis-Mornay* ; éd. Auguis. — La Huguerye, *Mémoires*).
5. Robert de Heu, seigneur de Maleroy, beau-frère de M. de Clervant, intermédiaire ordinaire entre le roi de Navarre et les princes protestants d'Allemagne.
6. C'est-à-dire l'avant-veille.

Et, quant au premier point, fut tenu résolu que Son Altesse ne viendroit point, et leur dis que c'estoit le premier point de ma créance vers eux, dont je leur dirois les raisons et le surplus, s'ils estoyent prests de m'ouïr. Ils me remirent encores au premier conseil estably, ayans lors à démesler beaucoup de choses pressées, mais, en cest effect, ne se souciens pas beaucoup des lettres et advis de Son Altesse, résolus de fere tout à leur teste, qui les voudroit laisser fere. Et fut aussi arresté de tenir cela secret, de peur de donner occasion à quelques-uns de se desbander, leur remonstrant que, sans ce bruit-là et l'espérance que chacun leur avoit donné, ils n'auroyent pas un reitre, bien que, sans cela, y ayant desjà un mois que la Saint-Jean[1], jour préfix au rendez-vous, beaucoup de cavallerie n'estoit encores arrivée, à cause de l'empeschement mis par les princes depuis avoir recognu la levée par la prison dudit sieur de Quitry.

Au second article (qui seroit général au lieu de Son Altesse?) fut respondu qu'on attendoit résolution là-dessus.

Au 3ᵉ (pour la monstre des reistres, landsquenetz et artillerie), après en avoir esté parlé, dès ledit jour de vendredy[2], aux collonels par led. sʳ de Clervant et par le sieur de Couvrelles[3], pour les prier de se contenter à ceste fin des moyens qu'on a pour faire la

---

1. Le 24 juin.
2. L'avant-veille.
3. M. de Couvrelles, gentilhomme français, qui « avoit été nourri page en la maison du comte Wolrad de Mansfeld » (La Huguerye, *Mémoires*, t. II, p. 325); depuis, grand-maître de l'artillerie dans l'armée en voie de formation au moment où nous sommes (*Ibid.*, t. III, p. 52, note 2).

monstre, on a trouvé qu'on la pourroit faire mercredy prochain[1]. Et, pour les commissaires, a esté advisé qu'il en falloit douze pour les lansquenetz et vint pour les reittres. Sur ce, nous adjoustasmes qu'on auroit de la difficulté à contenter les reittres et lansquenetz de ce peu de moyens qu'il y avoit, à quoy il falloit pourveoir, et baillay lors, en présence de tout le conseil, les lettres de Monsieur de La Fontaine[2] audit sieur de Quitry avec la copie de ce qu'il en avoit aussi escrit à Son Alteze, affin de fournir les 2,000 escus qui luy avoient esté delivréz en Angleterre pour les employer à cest effect. Ledit sieur de Quitry n'en fit conte, disant qu'on le pensoit fere rougir en si bonne compagnie, que ledit sieur de La Fontaine en avoit menty. Je luy respondis que je ne m'estois contenté de la simple parolle dudit sieur de La Fontaine, encores qu'il fut très digne de foy, mais que j'en avois parlé au sieur de Montesert, ministre de Rouan, et au sieur d'Angrongne, qui me l'avoyent asseuré et vérifié par les récépissés, et, quelque remonstrance qu'on luy en sceut faire et de la nécessité présente, on n'y gagna rien : il en avoit faict son équipage de chevaux, d'armes et chariots, payé ses debtes et fourny sa bourse. Et luy fut dit que, si chacun faisoit ainsi, il faudroit laisser tout là ; où il pensoit que l'on peut trouver tout ce qui estoit nécessaire? que Son Altesse n'avoit que trop faict, veu le bon gré qu'il en reçoit, et avoit assez employé du sien, sans y estre aucunement obligé; que, de l'en pres-

1. Le 12 août, n. s.
2. Sur ce personnage, cf. une lettre de Henri IV à la reine Élisabeth d'Angleterre (*Lettres missives*, t. IV, p. 28), établissant le degré de crédit dont il jouissait dans les deux cours.

ser encores, il n'y avoit personne qui l'osast et voulust faire en bonne conscience ; que c'estoit grand pitié de veoir les propres serviteurs et négotiateurs du roy de Navarre convertir en leur usage particulier ce qui estoit destiné au secours de leur maistre et des églises ; que j'avois bien apris encor autre chose du mesnage du port des deniers d'Angleterre ; que tout cela monstroit bien ce qu'on devoit espérer du recouvrement promis des finances au progrèz de l'armée pour son entretennement ; que chacun en feroit son profit. Et, ne gaignant rien par toutes ses remonstrances, on fut contrainct de passer outre, qui ne vouldroit fere du pis qu'on pourroit comme les autres.

Au 4ᵉ article (de fere la monstre des Suisses dans ce mois), fut résolu qu'elle seroit faicte demain et que six commissaires y seroyent dès ce jourd'huy envoyéz par ledit sieur baron ; qu'ils fissent de mesme ; que tous les Allemands, qui estoyent avec les Suisses en grand nombre, fussent casséz ; qu'on dressast et feit lire les ordonnances militaires de leur païs ; qu'on dressast le serment, selon leur capitulation et promesse dudit sieur de Clervant pour leur levée, et qu'il en tirast les reversales[1] des collonels.

Quant au 5ᵉ (pour le faict des commissaires), fut résolu qu'ils seroyent moitié François, moitié Allemands.

Au 6ᵉ (pour la poudre), fut respondu qu'on n'en pouvoit fournir aux François ny aux Suisses, sinon avec promesse de la refournir à l'artillerie.

---

1. *Reversales*, ou mieux *lettres reversales*, ou simplement *revers* ; terme resté dans notre langue militaire moderne comme synonyme d'*engagement*.

Au 7ᵉ (concernant les incommoditéz du séjour de l'armée et les commoditéz que les ennemis en tiroyent pour se fortiffier au passage), a esté respondu qu'il en falloit parler aux collonels pour les exhorter à passer monstre et selon l'article 3ᵉ.

Au 8ᵉ (s'il arrivoit inconvéniant à Monsieur de Chastillion[1] ou s'il demeuroit trop, comment on y pourvoiroit, qu'ils avoyent environ 2,000 arquebusiers icy, mais la moitié désarméz, lesquels il faut armer, mais qu'il y a beaucoup plus des Suisses qu'on estoit tenu d'en lever, tous lesquels pourroyent suppléer le deffaut du sieur de Chastillon, ou pour le moins attendre sa venue au haut de la montagne, afin qu'estans en Lorraine on donne courage aux princes catholiques de s'armer et monter à cheval, et on presse Monsieur de Lorraine d'entrer en composition d'argent pour le passage, ce qu'on ne feroit jamais), tandis qu'on demeureroit en ceste pleine ; a esté résolu et respondu qu'il en falloit communiquer aux collonels et cependent presser vifvement la venue dudit sieur de Chastillon, outre ce que Monsieur de La Noue a promis de le fere en son chemin, ou estant de retour à Genève ; que cependant ils pourvoyent leurs arquebousiers d'armes et du moins employent à cela l'argent des églises d'Angleterre, mais sur tout qu'ils donnent ordre à la difficulté que fait Villeneufve[2] d'obéir au sieur de Mouy en l'absence

---

1. François de Coligny, seigneur de Châtillon-sur-Loing, fils aîné de l'amiral, qui devait prendre part aux opérations de « l'armée de secours. » Il était alors en Languedoc. Voir sa biographie par le comte Jules Delaborde (Paris, Fischbacher, 1886, in-8º).

2. *N.* de Cormont, seigneur de Villeneuve-en-Brie. Il avait autrefois fait campagne en Flandre sous les ordres de Ludovic de Nassau (La Huguerye, *Mémoires*, t. I, p. 117).

dudit sieur de Chastillon, de faire en ce point, sans aucune connivence, effectuer la capitulation et qu'à grand peine les collonels pourront-ils juger qu'on puisse forcer le passage de la montagne avec si peu d'arquebuserie, encore moitié désarmée. Et, quand au plus grand nombre des Suisses, on leur a remonstré qu'ils recognoistroyent à l'œil combien il eut esté meilleur de n'en lever que huit mille bons, bien armez, et contentez comme il a esté promis, et que par un mal présent et évident on ne pouvoit pas récompenser le défaut d'un bien très nécessaire; que, parler aux collonels du passage de la montagne avant la monstre, ny leur communiquer à cest effect le moyen de passer, contenu au mémoire présenté par le sieur de Clervant, par autre chemin que celluy de Saverne, on ne juge pas qu'il soit expédient, pour les soubçons auxquels ils entreroyent sans doubte; et ne nuit de rien ce que ledit sieur de Ségur a mis en avant de la fréquentation ordinaire du collonel Cloth[1] avant Diez de Schonberg[2], dont pourroit avec le temps ensuivre quelque corruption, d'autant que ledit collonel Cloth estoit gentilhomme d'honneur et bien affectionné à ce voyage; et, quant audit mémoire du sieur de Clervant, qu'on croioit que, soudain que les monstres seroyent faittes, les Lorrains abandonneroyent le passage de Pfaltzbourg[3] et ne nous attendroyent pas, de sorte qu'il fut remons-

1. Jehan Clootz, capitaine allemand (cf. *Ibid.*, t. II, p. 387).
2. Dietrich de Schomberg, capitaine allemand, qu'il ne faut pas confondre avec le maréchal Gaspard de Schomberg. Comme Cormont-Villeneuve, il avait été un des compagnons d'armes de Ludovic de Nassau (*Ibid.*, t. II, p. 269).
3. *Phalsbourg;* avant 1871, chef-lieu de cant. de l'arr. de Sarrebourg, Meurthe; actuellement en Alsace-Lorraine.

tré qu'il sembloit qu'il ne seroit nécessaire de se préparer à autre passage, bien qu'il ne fut que bon de le recognoistre pour la nécessité et pour enclorre lesdits Lorrains dans Pfaltzbourg par le derrière, s'ils y demeuroyent selon ledit mémoire.

Au 9ᵉ article (touchant les pyonniers qui ayent des haches et syes), a esté respondu qu'il y en a à l'artillerie et des charpentiers.

Au 10ᵉ (ce qu'on doit faire de l'artillerie), a esté résolu de la mettre ès mains des Suisses pour la garder, à la requeste dudit sieur de Clervant, qui leur a promis, et requis par nous une obligation desdits Suisses à cest effect et leur capitulation, que ledit sieur de Clervant a promis de nous fournir, et prié de presser ladite obligation.

Et, quant à l'article 11ᵉ et dernier, qui avoit esté remis à ceste assemblée (pour adviser du temps et de la façon de faire l'effort pour le passage de la montagne), a esté résolu que l'effort se feroit après la monstre, ne trouvant pas expédient d'en parler aux reittres auparavant, pour éviter à tout ce que dessus et que peut-estre le passage nous demeureroit libre et ouvert et sans empeschement. Outre cela, leur avons remonstré, sur leur entreprise de forcer le passage, les inconvéniens qui en pourroyent arriver, si le combat succède mal, et les avons prié d'y avoir bien esgard à l'importance de ce fait, protestant, quant à nous, n'en vouloir estre cause par mes advis particuliers et désirer copie dudit mémoire pour le communiquer aux collonnels, laquelle nous fut baillée.

Et, après disner, nous allasmes avec ledit sieur de Clervant, ayant eu advis d'une nouvelle entreprinse des lansquenets contre ledit sieur de Schomberg, son gendre. Montant en son coche, ledit sieur de Malleroy avec luy, jura qu'il tueroit ledit sieur Schregel, et n'eust esté ledit sieur baron, qui l'advertit de s'en donner bien de garde, et, s'il n'avoit autre chose affaire qu'à tuer, on le tueroit aussi bien luy qu'il feroit ledit sieur Schregel absent; qu'il s'asseuroit qu'il n'y avoit point de sa faute; que ce n'estoit pas le chemin qu'il falloit tenir pour y remédier. Et, de fait, sans ce que ledit sieur baron l'entreprint, c'est chose seure qu'il eust tué ledit sieur Schregel, mais cela rabatit fort leur colère, connoissant la conséquence que je leur remonstray en chemin, appaisant cela le plus qui me fut possible.

*
* *

Le lundy dernier jour de juillet[1], encores que le régiment de Berne logé audit Mechelsheim[2] fut prest à faire monstre, comme le collonnel Tillman[3] nous asseura, nous ayans encores remonstré les collonnels de Zurich et Basle, comme ils avoyent faict hier au soir, qu'ils n'estoyent prests pour n'avoir encores tous leurs armes et requis à ceste occasion de remettre leurs monstres jusqu'à demain. Après les avoir en vain pressé par toutes sortes de remonstrances et protesté qu'à nous ne tenoit que leur monstre ne fut faitte dans le premier mois, suivant leur capitulation, affin qu'ils

---

1. Le 10 août, *n. s.* — Même observation que pour le paragraphe précédent.

2. *Melsheim;* avant 1871, comm. du cant. de Hochfelden, arr. de Saverne, Bas-Rhin; actuellement en Alsace-Lorraine.

3. Bernard Thielmann, du canton de Berne.

ne se peussent prévalloir des advantages qui leur fussent venus de nostre deffaut, par force nous acquiesçames, après avoir le tout bien remonstré au sieur de Clervant, qui estoit présent, et sur ce traitta avec eux c'est accord, que leurs roolles pour le premier mois seroyent passez selon leurdite capitulation, mais qu'ils feroyent monstre dans le mois d'aoust pour arrester leurs roolles du nombre de Suisses qu'ils montreroyent. Cependant le collonnel Tillman avoit fait battre aux champs pour fere la monstre, et, estant adverti de ceste difficulté, ne laissa de continuer et fit une reveue de son régiment de xxj enseignes, qui estoit fort beau.

Après, nous retournasmes disner, et, tost après, arriva le commissaire Witzdorff, qui nous apporta lettres dudit sieur baron, affin de regarder à appaiser ledit sieur de Clervant sur le nouveau trouble arrivé entre ledit sieur de Schonberg et le régiment de lansquenets dudit sieur de Schregel, sur lequel il rejettoit toute la faute, comme chose faitte tout exprès et de son commendement. Ledit sieur baron nous mandoit au contraire que cela estoit advenu à cause de quelques villages de l'évesque de Strasbourg, que ledit sieur de Schonberg vouloit conserver, en faveur de quelque présent qu'ils luy avoyent faict, et que ledit sieur de Schregel estoit prest de faire restituer tout ce qui luy seroit possible; en quoy je fis tout devoir, advertissant ledit sieur de Clervant, fort courroucé contre ledit sieur de Schregel, disant qu'il le tueroit à la teste du régiment de lansquenets, avec mille autres injures, que je rabati le mieux qu'il m'estoit possible.

Ledit sieur Schregel me renvoya par ledit Witzdorff le pacquet qu'on avoit baillié à Palavicino[1] pour me le faire tenir en Angleterre, lequel il avoit malicieusement retenu pour faire clocher ma négociation du point de l'asseurance que j'attendois de toutes choses, me l'ayant peu envoyer plusieurs fois avant mon parlement d'Angleterre, qui fut cause que, estant incertain de la résolution de la levée dont on m'advertissoit, je ne pouvois presser les affaires, sinon conditionnellement. Environ le midy et après disner, le feu fut mis audit Mechelsen, qui fut la moitié bruslé, qui nous fit aller loger en une priorerie apartenant à Monsieur le cardinal de Vaudemont[2], avec ledit sieur de Clervant, pour faire les monstres le lendemain. Le collonnel Tillman ne voulut prendre autre cartier et fit loger son régiment à la Haye[3].

* * *

Le mardy premier jour d'aoust[4], nous allasmes dudit prioré près Mechelsen en la prairie joignant ledit village, où s'estoit hier campé le régiment de Berne, leur ayant mandé de s'apprester de bonn'heure pour fere leurs monstres, afin que nous eussions du temps assez pour faire ce jour-là les autres ; ce que nous

1. Pallavicini, déjà cité.
2. Charles de Lorraine, frère de Louise, reine de France, et de Philippe-Emmanuel, duc de Mercœur, né le 2 avril 1561, cardinal depuis 1571. Il mourut le 30 octobre de cette même année 1587 (P. Anselme, *Histoire généalogique*, t. III, p. 793).
3. *Hægen* ; avant 1871, comm. du cant. de Marmoutiers, arr. de Saverne, Bas-Rhin ; actuellement en Alsace-Lorraine.
4. Le 11 août, *n. s.* — Même observation que pour le paragraphe précédent.

ne peusmes jamais obtenir d'eux. Bonstetten[1] vint à nous et nous dit qu'ils avoyent hier assez fait reveüe de leurs hommes. Nous leur dismes que nous attendrions encores plustost une heure, qu'ils fissent battre aux champs pour faire mettre leurs soldats ensemble sous leurs enseignes. Ils nous dirent qu'ils ne le feroyent pas, qu'aussi bien leurs soldats ne nous feroyent de serment, mais à eux. Ce que nous remonstrasmes audit sieur de Clervant et la conséquence de ce refus, que voyons bien procéder faute de payement, qu'à cause de cela ils craignoyent de faire monstre de leurs hommes, craignans qu'ils ne leur demandassent argent; que ceste difficulté-là avoit la queüe bien longue, et ne pouvions dissimuler que ce ne fut un grand deffaut en leurs promesses; qu'il eust mieux valu ne faire levée que des 8,000 bons Suisses promis, bien payéz et contens, que 12,000 pour 16,000, et encores plus de 2,000 lansquenetz entre eux. Il nous respondit qu'il avoit fait avec les capitaines qui estoyent contens de luy et luy avoyent promis de contenter leurs soldats. Nous le priasmes de leur en parler donc, affin qu'ils fissent monstre. Il leur en parla, mais en vain, et ne peut obtenir d'eux que le serment des collonnels et capitaines à luy, et d'eux tous à nous, réservant le serment de leurs soldats à eux seuls. C'estoit à faute d'argent, qui nous faisoit prévoir de loing d'autres grandes difficultez et dangers. Nous remonstrasmes encores audit sieur de Clervant qu'on ne pourroit donc arrester leurs roolles, puisqu'on ne

---

1. Ce capitaine figurera dans la suite comme lieutenant de Thielmann.

voyoit point leurs hommes. Il nous respondit ce qu'il avoit accordé avec eux, qu'à cause qu'ils n'avoyent esté prests à faire leur monstre hier, dernier de juillet[1], (n'ayant tenu aux commissaires, qui s'y estoyent trouvéz dès dymanche[2]), qu'il leur passeroit leurs roolles comme complets, selon leur capitulation, pour ledit mois de juillet, moyennant quoy ils luy avoyent promis de faire monstre exacte dedans ce mois d'aoust, pour n'estre leurs rooles arrestéz que de ce qu'ils monstreroyent de Suisses et payéz selon cela. Dont il nous fallut contenter bon gré mal gré, nonobstant toutes remonstrances et la perte de quatre mille soldats, n'estans pas douze cens, et encores deux mille lansquenetz qu'il nous falloit casser, et receusmes seulement, après avoir bien contesté, le serment comme dessus pour lequel prester; s'approchans de nous lesdits collonel Tillman et capitaines avec ledit sieur de Clervant, Bonstetten, nous regardant, dit qu'ils ne vouloyent avoir affaire qu'aux commissaires du roy de Navarre; je luy demanday pourquoy il disoit cela et qu'il n'y en avoit point d'autres; on luy fit signe et il se teust. Mommartin receut le serment et leur feit faire selon une forme qu'il avoit en main, en laquelle il avoit obmis ces mots dont je l'avois prié et adverti : « Selon les capitulations et promesses, » dont je me plaignis à luy, luy en remonstrant l'importance et voyant cela estre fait pour ne les obliger à nos promesses, qu'ils vouloyent anéantir. Beauchamp, qui estoit auprès de luy, me dit que j'estois François et avois grand tort de mettre ces choses-là en avant, que je m'en pourrois

1. Lisez : hier 10 août, *n. s.*
2. L'avant-veille.

un jour trouver mauvais marchand. Je luy dis que je n'avois que faire à luy et, pour estre François, je n'estois pas obligé de faire contre ma charge et conscience; qu'ils sentiroyent bien le mal qu'ils faisoyent, puisqu'ils ne le vouloyent pas recognoistre et y remédier; que je sçavois ma charge, qui ne se manioit pas de la façon qu'on desbauche les filles.

Il se teust, et après cela nous allasmes droit au cartier du régiment de Zurich, qui estoit loing, et le trouvasmes commenceant à faire son battaillon, duquel nous fismes la reveue, seulement ne pouvans rien obtenir d'avantage d'eux pour les mesmes raisons et par complot, qui nous fut déclaré par le fourrier dudit régiment. Et, après avoir prins le serment du collonnel et capitaines, qui furent longtemps en consultation s'ils le devoyent faire, nous en retournasmes bien tard audit prioré, remettans à demain à faire la reveue du régiment de Basle où je monstray audit sieur de Clervant la ruine que je prévoyois en nos affaires, quand ses soldats entendroyent le payement qui seroit fait aux lansquenetz après leur monstre; sur quoy il me pria de tenir la main que l'argent leur fut délivré plus secrètement que faire se pourroit et par les capitaines, comme de leur bource, à quoy je luy promis d'adviser avec Monsieur le baron[1], ne voulant que j'en parlasse audit sieur Schregel, qui feroit le contraire, en despit de luy et pour luy attirer de la difficulté, ce disoit-il.

* * *

Le mercredy 2 d'aoust[2], nous partismes au matin

---

1. Désormais ce titre désignera toujours le baron de Dohna.
2. Le 12 août, *n. s.* — Ce paragraphe a passé dans les *Mémoires*

dudit prioré pour aller faire la reveue du régiment de Basle auprès de son cartier, qui estoit loin. Monsieur de Bouillon y arriva tost après nous. La reveue se fit comme celle des deux autres régiments, en un bataillon, toutes les enseignes ensemble. Après, le collonnel et capitaines feirent le serment audit sieur de Clervant, lequel avec nous le fit après; encores y avoit-il peine à leur persuader ceste forme si maigre et préjudiciable aux affaires; ce qui nous donna fort petite espérance d'eux.

Monsieur le baron de Potlitz se trouva à ladite reveue, qui me monstra une lettre qu'il avoit receue de Monsieur de Tantonville[1], le soir précédent, pour la continuation de la négotiation de Lorraine. Ladite lettre s'adressoit à Son Altesse; mais ledit sieur de Potlitz, envoyé de sa part pour gaigner temps, veu les monstres qui se faisoyent, l'avoit ouverte; et trouvasmes expédient de retourner, Couvrelles et moy, après la reveue, avec ledit sieur de Potlitz, à Strasbourg, pour y faire une responce, comme je feis incontinent après disner; et, l'ayant couverte d'une addresse à Monsieur d'Aussonville[2], nous luy envoyasmes en diligence à Pfaltzbourg pour la faire tenir à Nancy en poste.

Et, affin de disposer toujours les choses à une bonne et briefve résolution, Monsieur de Potlitz trouva bon que

(t. III, p. 51-54) avec les modifications indiquées ci-dessous, mais sous la date du « 6 août; » celle-ci semble le résultat d'une erreur, car, après, il est question du « 3 » et du « 4 août » (13 et 14 août; n. s.). — Cf. l'*Introduction*.

1. M. de Tantonville, gentilhomme lorrain.
2. Jean, baron d'Haussonville, d'une des plus illustres familles de la Lorraine.

ledit [sieur] de Couvrelles et moy allassions voir ledit sieur de Ségur et luy communiquer lesdites lettres et responce, afin qu'il fust adverti aussi que le pacquet qu'il avoit envoyé de Nancy luy-mesmes y avoit esté seurement rendu audit sieur de Tantonville, comme nous feismes, adjoutans combien à propos viendroit une bonne somme par le moyen de ceste négotiation pour donner quelque payement aux Suisses, aux affaires desquels nous avions veu de très mauvais commencemens, n'ayans voulu faire monstre ny le serment à autres qu'à leurs capitaines, sous couleur de dire que c'estoit leur mode; mais que ceux de l'an 76 n'avoyent fait ce refus, que nous avions bien veu que tout cela provenoit faute de payement, contre ce qui nous avoit esté promis de les payer et contenter pour le premier mois comme les autres; que cela nous faisoit préveoir un grand mal, si Dieu n'y prévoyoit par le moyen de négotiation; que leurs reveues ne montoyent pas à douze mille, encores qu'il y eust plus de deux mille lansquenetz parmy eux, et que ce néantmoins se faisans passer leurs enseignes complètes en ceste reveue, sous espérance de monstre exacte dans ce mois, il y avoit perte de quatre mille soldes; qu'ils ne feroyent non plus monstre ce mois que l'autre, si on ne leur baille argent dont il n'y a point d'apparence sans ceste négociation; qu'il eust esté meilleur de n'en lever que deux bons régiments, comme il avoit esté résolu, et leur pourvoir de solde comme aux autres.

Il nous dit qu'encores aimeroit-il mieulx de se servir d'eulx en ceste sorte qu'accorder avec le duc de Lorraine, mais, puisqu'il avoit envoyé le pacquet, qu'il ne s'en vouloit dédire, et qu'il falloit avoir tout ce qu'il avoit demandé par ses articles, ou autrement luy faire la guerre à toute outrance. Je luy dis qu'il avoit veu ce que Son Altesse luy avoit respondu sur ce point, à quoy nous ne pouvions rien adjouster; que, puisque la capitulation n'emportoit rien et que celle des reittres avoyent des exceptions contraires, veu aussi les nécessitéz desdits Suisses et qu'il faudroit encores chercher argent pour achever le payement des reittres et lansquenetz, il seroit beaucoup meilleur de négocier en sorte l'affaire de Lorraine qu'on en peust avoir promptement une bonne issue, que le rendre infructueux en demandant chose impossible à tenir, adjoustant que le trésorier Stephan m'avoit prié de l'advertir de bonn' heure de l'obligation de la somme advancée par Son Altesse et des quittances des sommes par luy receues et fournies; qu'il estoit aussi besoin d'avoir un pouvoir pour négotier une levée seconde et rafreschissement de l'armée, qui en auroit bon besoin, et qu'il estoit nécessaire qu'il le tinst prest pour s'en servir en son absence. Il nous dit que cela se feroit avec le temps, que tout le monde s'addressoit à luy, qu'il ne sçavoit comme tout estoit allé et n'en avoit rien veu. Je luy dis que c'estoit chose claire et raisonnable et qu'en cela Son Altesse avoit fait plus qu'il n'estoit obligé par la capitulation, leur monstrant le chemin, non seulement de la bien observer, mais de faire aussi encores mieulx, s'il leur estoit possible[1].

A ce mot de « capitulation », ledit sieur de Ségur entra en colère, puis en injures : que c'estoit une meschante capitulation, qu'elle estoit faulce, que j'avois fait ceste

---

1. Pour cet alinéa, le texte des *Mémoires* est très écourté.

faulceté, que c'estoit par ceste belle capitulation qu'on vouloit faire le baron de Doña général de l'armée, qu'il iroit plustost au bout du monde que de s'y trouver, s'il estoit ainsi, qu'il voudroit avoir le bras coupé dont il l'avoit signée, que c'estoit une tyrannie, qu'il s'en plaindroit à tout le monde et fairoit déclarer Son Altesse d'un nom indigne à réciter.

Je luy répliquay qu'il ne devoit pas ainsi parler; qu'il sçavoit, mieulx qu'il ne disoit, qu'il n'y avoit rien de faulx en ladite capitulation, qu'il avoit leüe et releüe à son aise avant l'accorder et signer, avec les adjonctions qui ont esté à sa requeste apostolées à aucuns articles de l'original qu'il a ; que Son Altesse en avoit une autre de la main de Monsieur Sarrasin de leur part ; que les sieurs de Clervant et de Quitry l'avoyent, auparavant luy, leüe et releüe ; que Son Altesse estoit un prince chrestien et vertueux, qui avoit trop fait pour parler si indignement de luy ; qu'il n'avoit pas commencé de ceste heure, ayant tasché de le diffamer par tout, l'ayant publié contre son serment et rejetté sur luy devant les seigneurs de la ville toutes les foules du séjour de ceste armée ; qu'il estoit très mauvais serviteur des églises et encores pire de son maistre, duquel il avoit mangé la substance et gasté tous les affaires, lesquels il mettoit encores tous les jours en tel estat qu'il n'y avoit apparence que d'une ruine très évidente ; que nous le laisserions là désormais et ferions sans luy le service de Dieu et de son maistre le mieulx que nous pourrions et advertirions Son Altesse de telles injures, sachant très bien que le roy son maistre ne l'advoueroit point.

Et, le laissant, pour éviter de venir aux mains, ausquelles il nous eust contrainct par ses injures et pour le respect de son maistre, nous en retournasmes vers ledit sieur de Potlitz, auquel nous fismes rapport de tous ceux discours et injures, nous plaignant à luy de ce fol si osé que d'injurier si atrocement Son Altesse en nostre présence, et que, si n'eust esté le respect du roy de Navarre, nous avions eu assez de subject et de moyen d'en tirer la raison dans sa chambre et luy apprendre à parler sagement d'un tel prince.

Ledit sieur de Potlitz nous dit qu'il luy en parleroit de bon escient, et, pour ce qu'il estoit tard, nous en retournasmes à Quatznen, où nous arrivasmes qu'il estoit nuit, et feis entendre le tout audit sieur baron. On avoit adverti ledit de Ségur de se trouver le lendemain à Marlen pour résouldre de toutes choses nécessaires à l'acheminement de l'armée, mais il n'y osa venir et escrivit la nuict qu'on ne laissast à faire tout sans luy, qu'il agréeroit tout ce qui se résouldroit pour le bien et service du roy de Navarre avec Monsieur de Bouillon et lesdits sieurs de Clervant et de Quitry.

*
* *

Le jeudy 3ᵉ d'aoust[1], ledit sieur baron fit assembler tous les collonnels en son logis pour adviser à leurs affaires et aux monstres, qui n'avoyent peu estre faites hier pour le retardement de celle des Suisses et que les François désiroyent estre faites ceste semaine-là ; et attendoyent ledit sieur de Ségur à Marlen[2] pour regarder

---

1. Le 13 août, *n. s.* — De ce paragraphe, seul, le troisième alinéa a passé dans les *Mémoires* (t. III, p. 54-55). — Cf. l'*Introduction*.

2. *Marlenhein*; avant 1871, comm. du cant. de Wasselonne, arr. de Strasbourg; actuellement en Alsace-Lorraine.

à toutes choses, ayant aussi prié Monsieur de Bouillon ledit sieur baron, par le sieur de Caigny, de luy mander l'heure qu'ils s'y pourroyent trouver, quand ils eurent advis dudit sieur de Ségur qu'ils n'y viendroit pas, de honte et craincte qu'il avoit pour avoir tant injurié Son Altesse et les collonnels auparavant, et dit ne vouloir observer la capitulation ; dont les François, estans advertis et de la querelle que nous avions, en furent bien estonnéz et marris, et, craignans que cela eust apporté avec le mescontentement quelque changement, nous en firent escrire par ledit sieur de Clervant et remonstrer que nous avions part en la cause publique, à laquelle nous devions servir, nonobstant quelque occasion que ce soit ; que nous cognoissions l'humeur du sieur de Ségur ; que nous aydassions à bien faire, laissant ce qui peut nuire et supportant ce qui est de particulier ; qu'il estoit contrainct de boire tout son saoul de telles choses, regardant plus loin ; que nous sçavions ce que nous avions avisé avec luy ; que nous prinssions ce chemin-là et que nous serions bientost quitte de l'autre ; qu'il estoit besoin de s'assembler pour résouldre des monstres et de toutes choses.

Il nous escrivit cela sur les excuses dudit sieur de Ségur et sur la plaincte que nous en avions fait audit sieur de Cagny, luy remonstrans les inconvéniens des propos dudit sieur de Ségur. Or, avions-nous advisé avec ledit sieur de Clervant de ne nous plus adresser doresnavant qu'à luy, auquel nous avions plus de confiance, pour éviter toutes querelles et difficultez. Ledit sieur baron s'excusa sur l'empeschement qu'il avoit avec ses collonnels pour traitter de leurs monstres avant qu'aller à Marlen ; qu'autrement il y iroit en vain et qu'il advertiroit Monsieur de Bouillon du temps auquel il y pourroit estre.

Le collonnel Dommartin, estant en l'assemblée, nous advertit qu'il avoit eu hier des nouvelles de Monsieur d'Haussonville et qu'en particulier il luy avoit fait entendre, pour ce qui concernoit la négotiation de Lorraine, qu'on auroit bien cent mille escus ; que, si on luy vouloit donner la charge, il s'asseuroit de faire un bon office à l'armée. Nous advisasmes là-dessus avec lesdits sieurs barons de Dona et de Potlitz et ne trouvasmes pas raisonnable pour beaucoup d'occasions de ce faire, ains de continuer le train de la négotiation et ne laisser cependant de regarder aux moyens d'en communiquer avec ledit sieur d'Aussonville, pour veoir quelle apparence il y auroit en ce que ledit sieur de Dommartin nous avoit dit. Et, pour mettre toute pierre en œuvre, trouvasmes expédient que ledit sieur de Potlitz luy en escrivit, affin d'en communiquer ensemble. Je dressay les lettres que porta le lacqays dudit sieur baron ; et en raporta responce le jour mesmes, affin de nous trouver demain au soir à Saverne, avec toute asseurance, environ les trois heures.

Ledit sieur baron, ayant communiqué avec lesdits collonnels tout le jour, nous pria, Couvrelles et moy, d'aller vers Monsieur de Bouillon et, après l'avoir excusé de ce que n'avoit peu aller vers luy ce jour-là, ayant esté empesché avec lesdits collonnels pour les presser de faire leurs monstres, suivant son désir, l'advertir qu'il n'avoit peu convenir avec eulx que préallablement ils ne feussent asseurez d'avoir un chef allemand ; qu'il avoit fait ce qu'il avoit peu pour résouldre de leurs monstres, nonobstant ceste difficulté-là, mais qu'ils n'avoyent voulu passer outre; qu'il avoit trouvé nécessaire de l'en advertir et de la cause de ceste difficulté, provenue des défiances conceues des injures dudit sieur de Ségur et des propos contraires à l'observation de la capitulation, qui les esmouvoit de vouloir pourveoir à leurs affaires par l'autorité d'un chef allemand, le suppliant de luy en donner son avis.

Nous trouvasmes ledit sieur de Bouillon et ledit sieur de Quitry, et, entrans en un lieu à part, luy fismes ce discours. Couvrelles porta la parolle. Ils furent bien estonnez et nous demandèrent : quel chef? Nous respondismes que nous ne sçavions rien d'avantage. Lors ils en firent l'interprétation selon leur crainte et passion. Ledit sieur de Bouillon dit qu'il s'en retourneroit et que, Son Altesse ne marchant point, il ne cognoissoit personne en l'armée auquel il vouloit obéir. Quitry dit davantage que toute la noblesse françoise se retireroit. Nous les laissions dire et ne demandions d'eux que leur advis là-dessus. A quoy ils ne nous respondirent que des doléances, qu'à l'apétit d'un fol enragé il n'estoit raisonnable que le reste en pâtist. Et, après plusieurs plainctes, ils nous remirent enfin à demain matin, que lesdits sieurs de Clervant et de Quitry viendroyent vers nous pour adviser là-dessus. Et, prennans congé dudit sieur de Bouillon, il parla à Quitry, lequel print Couvrelles à part; et ne doubte que ce ne fut pour le gaigner, comme ledit sieur de Bouillon feist envers moy, me priant de m'employer à modérer ceste résolution-là; qu'il estoit venu en l'armée en l'espérance d'y commander; qu'il en avoit le pouvoir et l'asseurance du roy de Navarre; qu'il voyoit bien tous les jours que les collonnels avoyent beaucoup des raisons de bien penser à leurs affaires, veu les mauvais temps[1] que Quitry mesmes, que voilà, dit-il, luy avoit joué et jouoit encores tous les jours; qu'il n'estoit point si friand de ceste charge, veu ce qu'il voyoit et oyoit tous les jours, que, s'il estoit en sa maison, il s'en souciast beaucoup, mais que, estant là, il ne luy seroit honnorable de se mettre sous un moindre que luy et encores moins de s'en retourner à ceste occasion; que toustesfois il le feroit, plustost que de souffrir ceste injure estre faicte à sa Maison; qu'il estoit bien marry de l'absence de Monsieur le Prince, que les estrangers désiroyent tant, et que, s'il eust sceu qu'il n'y eust deu venir, il ne l'eust jamais accepté d'eux et se fut bien donné garde de faire tant de frais et mettre ses affaires en tel hazard à l'occasion d'un honneur promis, qui luy cousteroit peut-estre bien cher et à sa Maison, s'il ne voyoit aux François autres choses qu'il avoit veu; mais, si les Allemands le vouloyent tant honnorer que de se fier en luy, qui estoit issu d'une illustre Maison de leur nation, qu'ils se pourroyent asseurer de luy de recevoir tout honneur, respect et soin de leurs affaires.

Il estoit jà tard, par quoy je luy dis que je ferois entendre tout cela, mais que je voyois comme luy que, tant s'en faut qu'il fust capable de corriger les infidélitez des François envers les Allemands, qu'il auroit bien affaire à garentir ses propres affaires d'une ruine.

Et, me retenant encores, je luy dis qu'il avoit esté embarqué soubs de vaines espérances par jeunes gens,

---

[1]. Il faut sans doute lire : *tours*.

qui ne sçavent que c'est de ces affaires et qui seront bien estonnéz quand ils le verront en la boue jusques aux oreilles, abandonné de tout le monde; que je luy avois bien dit autres fois et que, pour l'affection que j'avois au bien de ses affaires, je n'en avois receu que mauvais traittement de luy et de ses serviteurs; que j'estois très marri de le voir au chemin de sa ruine, s'il ne prennoit une bonne résolution de se mieulx garder dudit sieur de Quitry, que c'estoit l'instrument secret de tout le mal; mais, par ce qui en arriveroit, il ne cognoistroit la vérité de mes advis passéz, qui estoyent fondéz, non sur une ignorance, comme ceulx qui l'avoyent embarqué ne cognoissans en ces affaires que le blanc et le noir, mais sur ceste prévoyance que la longue expérience m'a appris; que je courrois la fortune comme les autres, puisque j'y estois, mais que, si j'estois encores à Heydelberg, je me donnerois bien garde d'en partir; que, s'il se chargeoit de cest affaire, je n'osois faillir à luy dire encores que je prévoyois sa ruine, comme je l'avois dit autres fois à Monsieur de Nueil[1], et sa honte évidente, sachant qu'il ne se pourroit pas garder des tromperies dudit sieur de Quitry, et qu'il porteroit, comme chef, sur ses espaules tout le faix de ceste armée.

Néantmoins, il me retint encores, m'asseurant qu'il pourvoiroit par nostre advis si bien à tout que nous aurions occasion de nous en contenter, me priant d'oublier le tort qu'il m'avoit fait, ayant esté poussé à cela par quelques-uns qui ne m'aymoyent pas; qu'il me

1. M. de Nueil, gouverneur pour le duc de Bouillon de sa place forte de Jametz; voy. les *Mémoires* de La Huguerye (t. II, p. 354).

rendroit tout jusques au dernier denier ; qu'il sçavoit bien que ce n'estoit pas ce que mon affection en son endroit avoit mérité de luy ; qu'il voyoit bien en cela et beaucoup d'autres choses combien il avoit esté mal conseillé. Et, sur ce, me priant de tenir la main à ce que toutes choses se feissent à son honneur et contentement, nous prismes congé de luy et retournasmes à Quatznen faire raport de nostre responce audit sieur baron, auquel nous dismes que les sieurs de Clervant et de Quitry devoyent venir demain matin icy pour adviser à accommoder toutes choses le mieulx qu'il seroit possible.

*
* *

Le vendredy 4º jour d'aoust[1], les collonnels retournèrent à Quatznen pour résouldre de leur chef monstres et affaires ; et y vindrent aussi lesdits sieurs de Clervant et de Quitry pour traitter sur la volonté des Allemands d'avoir un chef allemand et faire avec nous ce qu'il seroit possible pour accommoder toutes choses au contentement des uns et des autres. Ledit sieur de Quitry nous dit derechef que Monsieur de Bouillon s'en iroit et ramèneroit avec luy beaucoup de noblesse. Nous respondismes que nous en estions très marris ; que c'estoit leur faute ; qu'ils ne devoyent rien avoir promis audit sieur de Bouillon ne à Villeneufve, ny fait autre chose quelconque contre la capitulation ; qu'ils devoyent selon icelle avoir pourchassé et non empesché la venue de Monsieur le Prince, très nécessaire aux affaires et très agréable aux estrangers, qui s'y attendoyent ; que

---

1. Le 14, *n. s.* — Ce paragraphe n'a point passé dans les *Mémoires*.

cesté armée n'estoit pas une petite troupe de gens pour estre commendée par un jeune seigneur qui ne porta jamais armes, sans autorité et sans expérience et créance quelconque; que c'estoit ruiner les affaires de fond en comble, et ledit sieur de Bouillon mesmes, par un mauvais et très dangereux conseil, qu'il avoit prins non tant de ses serviteurs que (contre tout ordre d'estat) de personnes qui ne demandoyent qu'à engager tout le monde à tort et à travers en leurs passions ; que les collonnels ne pouvoyent mais de cela et ne vouloyent que gens les vinssent commender et gouverner sous le nom vain dudit de Bouillon, qui n'avoyent encores volonté de tenir leurs promesses, comme on le disoit si haut et clair; qu'ils en estoyent très bien informéz; qu'ils ne se vouloyent pas précipiter en une ruine évidente par tels propos.

Ils nous remonstrèrent, quant à eux, qu'ils estoyent bien marris de cela, qu'ils avoyent faict ce qu'ils avoyent peu pour faire venir Monsieur le Prince. Je répliquay qu'il falloit parler rondement, et, quant audit sieur de Quitry, qu'on sçavoit très bien qu'il l'avoit empesché, craignant de ne commender à baguette, et que les traittéz qu'ils avoyent faits avec Monsieur de Bouillon pour le commandement général nous en avoit asseuré d'avantage; que, s'ils avoyent quelques jalousies, les estrangers n'en avoyent que faire ; que c'estoit grand pitié de voir les ennemis en grand nombre unis comme les doigts de la main, et que, n'estans que deux, encores ne se peuvent-ils bien accorder ; qu'on avoit promis ledit sieur Prince aux estrangers ; qu'on les avoit adverty de bonn'heure d'y donner ordre, ce qu'ils devoyent faire, et non l'empescher et arrester le sieur de Montglas[1] exprès un mois à Strasbourg, pour laisser couler le temps, puis en venir aux excuses ; que les collonnels avoyent raison de ce qu'ils désiroyent, ou qu'on fournist à la capitulation, ou qu'on les en laissast faire selon icelle : puisque Son Altesse n'y ayant[2] peu pourvoir par ses recherches, leur faire cest honneur de s'en remettre à eux.

Ledit sieur de Quitry confessa avoir esté véritablement contraire à la venue de Monsieur le Prince, mais y avoir plus de quatre mois qu'il en avoit préveu les dangereuses conséquenses, et que toujours il n'avoit cessé d'en solliciter le roy de Navarre ; mais que, autant qu'il advançoit, ledit sieur de Ségur en gastoit, escrivant qu'à[3] toutes occasions à Sa Majesté de s'en donner bien garde, et que, si ledit Prince venoit, il gasteroit tous ses affaires, et, quant au reste, que Monsieur de Bouillon ne feroit rien que par conseil, auquel nous assisterions pour en dire nos advis, faire le bien et empescher le mal.

Je luy dis que les collonnels estoyent vieux serviteurs de ce parti et sçavoyent assez comment on les traitte, quand on les tient au milieu de la France, mais que ce qui plus les a mis en ceste volonté est qu'ils sçavent très bien comme, en Allemagne mesme, les François traittent l'honneur et personne de Son Altesse avec des injures qu'on ne diroit pas à un laquays, comme on dit tous les jours qu'on ne veut rien tenir de ce qu'on luy

---

1. Robert de Harlay, seigneur de Monglat, gentilhomme et ambassadeur du roi de Navarre ; voyez sur lui les *Lettres missives* de ce prince.

2. *Sic*, pour : *avoit...*

3. *Sic*, pour : *escrivant à toutes occasions...*

a promis; que, si on le traitte de ceste façon, et en Allemagne, ce qu'on leur fera quand mesmes ils seront en France, sans chef de la parolle et authorité duquel ils se puissent asseurer pour l'observation de leur capitulation, et, pour abréger, qu'ils se mettent en leurs places et discourent en eux-mesmes ce qu'ils penseroyent et feroyent en tel cas.

Ils confessèrent qu'il y avoit en cela des grandes raisons; que ce n'estoit eux qui avoyent tenus tels propos et en estoyent très marris; que nous cognoissions bien ledit sieur de Ségur, qui disoit tout ce qui lui venoit en la bouche, nous prians de supporter cela. Nous dismes que, pour nostre particulier, nous l'endurions volontiers pour le respect du service de Dieu et du roy de Navarre, puis que la patience nous eschapoit en ce qui touchoit Son Altesse, nous[1] pouvans ouyr parler si indignement d'un prince auquel nous avions tant d'obligations; qu'ils avoyent pourchassé ses moyens pour leur conservation, et puis l'injurioyent et se mocquoyent de luy; que nous n'estions esbaïs des doubtes des collonnels au fait de l'observation de leurs promesses, veu qu'on vouloit[2] aux pieds celles qui ont esté faittes et jurées à Son Altesse mesmes si impudemment et imprudemment avant d'estre sortis d'Allemagne; n'ayans ny ledit prince pour chef, ni Monsieur de Chastillon, ni les 4,000 arquebuziers, et mesmes, contre les promesses, ayant esté semé division entre les sieurs de Mouy et de Villeneufve pour les rendre du tout frustratoires; que, sans un chef capable

---

1. *Sic*, pour : *ne pouvans...*
2. *Sic*, pour : *fouloit...*

de commander ceste grosse armée, il n'en falloit rien espérer; que, sans ledit sieur de Chastillon et ses troupes, les reittres ne se peuvent bien asseurer, principalement aux logis où ils doivent estre servis de ceste arquebuzerie.

Ils confessèrent encore tout cela, nous exhortans, au nom de Dieu, d'avoir esgard en ceste nécessité aux églises. Nous répliquasmes qu'aussi le faisions nous, ayans de bonn' heure très bien recognu les choses promises nécessaires à leur conservation, et que, voyant la perfidie si tost et les contreventions et mespris des promesses de propos délibéré, que serviroit aux églises la ruine de tant de noblesse et gens de bien?

Ledit sieur de Clervant nous exhorta derechef de ne prendre garde à la folie de Ségur; que luy-mesmes avoit esté contrainct en endurer beaucoup, comme d'un fol auquel il est permis de dire tout ce qu'il veut; qu'il nous en avoit, hier au soir, escrit son advis; qu'il ne viendroit en l'armée, tant pour cela que pour l'injure qu'il a aussi faicte à Messieurs les collonnels; et, quant à Monsieur de Bouillon et eux tous, qui seroyent au conseil avec nous, que nous n'en recevrions point de difficultez; qu'ils tiendroyent tous leurs promesses au péril de leurs vies et en feroyent tels sermens qu'on désireroit. Nous luy respondismes que nous en estions asseurez quant à luy, mais que, du reste, nous ne voyons pas de quoy nous le promettre, veu ce qui se passoit tous les jours. Enfin, ils nous prièrent de remonstrer bien tout aux collonnels, et, pour l'honneur de Dieu, supporter tous les deffauts qui ne se pouvoyent rhabiller présentement, et, au lieu de cela, nous ayder de ce que nous avions en main.

Ledit sieur baron, ayant entendu toutes choses, les remonstra fort affectueusement aux collonnels et s'excusa, quant à luy, de la charge, la recognoissant trop pesante pour luy, veu mesmement l'estat des affaires. Et d'avantage ledit sieur de Clervant, bien voulu[1] des collonnels, entra en la chambre où ils estoyent, et par Couvrelles leur feit toutes les exhortations et submissions possibles de sa personne pour les contenter, à quoy il advança beaucoup; puis retourna en la court vers nous et nous pria derechef de regarder aux moyens d'accommoder toutes choses; qu'ils recognoissoyent bien que les collonnels avoyent raison, selon la capitulation, et le pourroyent fere justement, voire se retirer, en ne faisant pas ce qui a esté promis selon qu'il est porté à la fin d'icelle; mais qu'ils eussent esgard à la conséquence de la retraitte de Monsieur de Bouillon, s'il estoit mal content que nous leur montrassions plus d'affection à leurs affaires qu'eux-mesmes. Nous dismes que nous leur cédrions jamais en cela, y ayans de l'obligation naturelle, joincte au commendement exprès de Son Altesse; que ledit sieur de Bouillon ne se pouvoit mal contenter de nous, qui ne luy avions rien promis, mais bien d'eux, qui l'avoyent trompé en luy promettant chose qui n'estoit pas en leur puissance, s'ils ne vouloyent dès lors rompre leur foy et promesse.

Ledit sieur de Guitry ne disoit pas grande chose; aussi n'y avoit-il que répliquer. Enfin, après avoir fait tous ces discours et desgorgé toutes nos plainctes et remonstrances qui nous serroyent le cueur pour

---

1. *Sic*, pour : *bien vu…*

la ruine que nous en prévoyons, nous advisasmes de tenter ce moyen que, pour contenter Monsieur de Bouillon, il fut receu lieutenant-général du roy de Navarre, et nous asseurans que, dans deux mois, précisément Sa Majesté joindroit l'armée ou nous envoyeroit ledit prince pour nous y commander, selon la capitulation; qu'aussi ledit sieur baron fût chef de tous les estrangers pour contenter les collonnels de cela, nonobstant la capitulation; que ledit sieur de Bouillon luy envoyeroit le mot pour le donner à tous les estrangers, et que tout cela se feit sans préjudicier auxdittes promesses et capitulations, pour la conservation et entretennement desquelles ledit sieur de Bouillon et tous ceux du conseil feroyent serment ; ce qu'ils nous promirent sur leur foy et honneur avec tous les sermens du monde.

Nous ne nous asseurions pas beaucoup de leurs sermens, notamment du sieur de Quitry, qui en faisoit jeu et qui avoit si souvent déclaré qu'il n'avoit rien esté receu en Angleterre, et en avoit bien osé démentir les lettres du sieur de La Fontaine pour les 3,000 escus qu'il avoit receus et employé à son particulier, sans en avoir jamais dit mot; et, toutesfois, nous voyons qu'il nous falloit contenter de cela ou quitter tout selon le dernier article de la capitulation. Après avoir bien pensé à toutes choses, nous craignions bien tousjours le mal de leur desloyauté et de leurs intelligences secrettes, que nous apercevions desjà par trop du défaut de commandement requis et de l'harquebuserie promise et en prévoyans nostre ruine, mais nous n'y prévoyons d'autre remède que ces articles-là bien observéz, encores que ce ne fust emplastre suffisant à guérir la playe, où il faudroit que ledit sieur baron et les collonnels y prinssent une grande peine et fussent bien résolus d'empescher le mal; encores ne nous en osions-nous pas bien asseurer, cognoissans les conseils secrets et les artifices dont ils sçavoyent user, et le peu de cas qu'ils faisoyent de leurs promesses. Toutesfois, ayans esgard à la cause publique plus qu'à la ruine qui estoit aparente, nous feumes contraincts de nous y résouldre et de tascher à faire mieulx qu'eux : lesquels, préférans leur ambition et pratiques à la raison et à leur devoir, ne se soucioyent pas qu'on peut arriver, et les estrangers aimeroyent mieulx céder ce qui leur estoit promis et apartenoit du tout à leur conservation que d'abandonner les églises; ce que ledit sieur baron remonstra auxdits collonnels et gaigna tant par ses raisons que tout le monde s'accommoda par force à ceste nécessité. Et ainsi furent ces quatre articles arrestez et concluds à nostre grande instance, lesquels ils nous promirent tous signer avec ledit sieur de Bouillon.

Nous avions bien désiré que Beauchamp fût présent à toutes ses difficultéz, afin qu'il veid d'où elles venoyent, et à quoy on se soubmettoit pour le service de son maistre, afin de luy en faire raport et le presser de nous joindre dans lesdits deux mois, ou envoyer Monsieur le Prince, pour éviter aux désordres qui en pourroyent advenir à faute de cela. D'avantage Couvrelles et moy fusmes chargéz par ledit sieur baron et lesdits collonnels de luy faire encores particulièrement entendre et luy bailler par escrit, savoir : que, depuis la capitulation pour la levée de son secours, estoyent intervenus plusieurs propos et discours dudit sieur de Ségur très préjudiciables à l'entretennement d'icelle contre sa propre signature et serment, et contre la ratification de Sa Majesté et des paroles et injures fort aigres et insupportables contre Son Altesse; que cela avoit engendré de mauvais jugemens en cest affaire, principalement jusques à ce que la ratification de Sa Majesté fût venue, qui sembloit devoir faire cesser tout cela; que, néantmoins, à mesure que son secours s'advançoit autant qu'il estoit possible, les mesmes discours et propos encores plus aigres ont esté continuéz par ledit sieur de Ségur et autres ses serviteurs, tant à Francfort, Strasbourg que ailleurs, et par luy toutes choses rejettées publiquement sur Son Altesse; qu'il devoit céler son serment jusques à communiquer par copie la capitulation, dire qu'elle estoit inique et méchante, qu'il le publieroit à tout le monde, qu'il voudroit avoir le bras coupé dont il l'avoit signée et ne la vouloit tenir, et plusieurs autres propos et injures faites à Son Altesse et aux collonnels, très préjudiciable aux affaires de Sa Majesté, s'il n'y donnoit ordre; que tout cela estoit venu à la connoissance des collonnels par le propos dudit sieur de Ségur au sieur Swerin et par autre moyen; ce qu'il[1] avoit mis tous les gens de guerre en ceste opinion que, puisque publiquement on déclaroit ne vouloir observer la capitulation faite avec un prince auquel on avoit tant d'obligation, qu'il ne se pouvoit aussi et à plus forte raison asseurer de celle qui avoit esté faite avec eux, estans marris qu'on les eust fait passer si avant en telle incertitude, faisans difficulté là-dessus de faire

---

1. *Sic*, pour : *ce qui...*

monstre qu'ils ne fussent bien esclaircis et asseurez par un bon règlement et establissement des choses nécessaires à leurs affaires selon lesdites capitulations; que, sur les remonstrances à eux faittes là-dessus par ledit sieur baron, ils auroyent enfin accordé de faire monstre, pourveu qu'ils eussent un chef allemand qui eust soing de leurs affaires, et conservation et autorité pour y tenir la main ; ce qui auroit engendré l'empeschement qui s'est trouvé en l'establissement du chef, auquel néantmoins on auroit remédié avec la plus grande prudence qu'il auroit esté possible, en sorte qu'ils sont contens de faire monstre et prests à marcher, et l'intention du roy de Navarre accomplir, en ce qu'il a aporté concernant la personne de Bouillon. Ce qu'il asseura faire entendre audit sieur roy de Navarre, et toutesfois ne daigna prendre les lettres dudit sieur barron.

Ainsi fust éleu ledit sieur de Bouillon pour général et ledit sieur baron pour chef des estrangers, encores qu'il s'en excusast, et le sieur Rompff[1], felt-mareschal[2] en sa place ; résolu de faire les monstres demain ; et pour le fait des commissaires en chacun régiment, y auroit un commissaire et un contreroolleur pour les François, et un commissaire pour nous ; que le serment se feroit d'observer la capitulation en faisant le service des églises et du roy de Navarre. Lesdits

1. Ludovic Rumpff, colonel allemand (cf. les *Mémoires de la Ligue;* éd. de 1758). Dans cette expédition, entreprise surtout contre les Guises, le capitaine Clotz et lui avaient, entre autres mérites, celui d'être ennemis mortels du *Balafré* (*Mémoires* de La Huguerye, t. III, p. 125).

2. *Feldmarschall*, en français maréchal de camp ; en d'autres termes, lieutenant du duc de Bouillon, commandant en chef.

sieurs de Clervant et de Quitry s'en retournèrent, et nous allasmes à Saverne[1], ledit sieur de Potlitz, Couvrelles et moy, parler au sieur d'Aussonville selon ses lettres, et, approchans de Saverne, l'en advertismes par lettres que le lacquays dudit sieur baron luy apporta à Pfaltzbourg.

* * *

La samedy 5e jour d'aoust[2], cependant qu'on se préparoit à faire les monstres au matin, ledit sieur de Potlitz, Couvrelles et moy estions à Saverne, attendans responce du sieur d'Aussonville par ledit lacquays, qui nous l'aporta de bon matin, par laquelle il nous prioit de nous trouver sur le grand chemin de Pfaltzbourg, auprès de La Roche[3], nous promettant toute seureté sur sa foy et honneur. Pourquoy nous y allasmes incontinent, et le trouvasmes desjà au haut de La Roche, qui descendit à nous. Il avoit avec luy l'aisné La Route[4] et le sieur de Montueul[5], ce semble; nous estions aussi trois.

Et, après nous estre saluéz, ledit sieur d'Aussonville nous dit qu'il estoit bien aise que nous fussions

---

1. *Saverne;* avant 1871, chef-lieu d'arr. du Bas-Rhin; actuellement en Alsace-Lorraine.

2. Le 15, *n. s.* — Sauf les trois premiers et le dernier alinéa reproduits à peu près textuellement dans les *Mémoires* (t. III, p. 55-60), ce paragraphe est dans ceux-ci très écourté, au contraire de ce que dit leur savant éditeur (*Ibid.*, p. 56, *note*).

3. *La Roche,* aujourd'hui hameau de la comm. de Rupt, cant. de Thillot, arr. de Remiremont, Vosges.

4. Fauquet de la Route, capitaine français, originaire du Dauphiné, gouverneur do Marsal (*Lettres et instructions de Charles III, duc de Lorraine,* publ. par Aug. Lepage).

5. Philippe de Savigny, seigneur de Montureux, gentilhomme lorrain (*Ibid.*).

ensemble pour une si bonne occasion, à laquelle il serviroit volontiers, pour l'honneur et estat de son maistre, mais qu'il ne sçavoit pas en quels termes nous estions, pour en pouvoir parler; nous prians à ceste occasion luy en faire le discours, que je luy commençay en disant que nous avions fait naguères une responce au sieur de Tantonville de Strasbourg et couvert nos lettres d'une adresse à luy, pour les luy vouloir fere tenir, comme nous espérions qu'il auroit fait[1]. Il nous asseura avoir receu les lettres et d'avantage les avoir ouvertes, s'asseurant que ledit sieur de Tantonville n'en seroit pas marri, cognoissant bien que Son Altesse se fioit en luy de plus grandes choses, mais que par lesdites lettres il n'avoit peu cognoistre l'affaire, sinon en gros et sans aucunes particularitéz, desquelles il nous prioit de l'esclaircir, afin que, si c'estoit chose où il se peut employer et dont il peut espérer bonne fin, il nous le dît rondement, nous asseurant qu'il ne tiendroit à y faire tout devoir que cela ne réussist à bien, pourveu que l'honneur et estat de Son Altesse n'y fust grevé.

Je luy dis que nous luy remercions de ce que rondement il nous avoit déclaré avoir ouvert nos lettres et par icelles cogneu en général le subject de ceste négociation; que nous l'avions bien aperceu en ce que ledit sieur Dommartin nous avoit dit et adverti de sa bonne affection et espérance qu'il avoit de ceste négociation; que les discours, particularitéz et advis dudit sieur Dommartin là-dessus nous avoit meus de luy escrire, pour entendre sa bonne volonté et en venir

---

1. Cf. ci-dessus, p. 31, à la date du 3/13 août.

jusques au point où nous estions, pour en conférer ensemble, voulans de nostre part employer temps et mettre toute pierre en œuvre pour fere cognoistre à Son Altesse combien Monseigneur le duc Jean Casimir désire et affectionne son bien et soulagement et le pourchasse envers les ambassadeurs du roy de Navarre par toutes les prières, intercessions et remonstrances dont il se peut adviser. Il respondit qu'il avoit fait entendre à Monsieur de Dommartin, comme son amy, qu'il ne pouvoit croire qu'il n'eust encores une croix de Lorraine dans le cœur, pour regarder à ne faire chose qui ne fust pour le bien de son prince, qui ne luy avoit jamais donné autre subject ; et choses semblables, ne nous advouant ny niant aussi à bon escient qu'il fust entré en termes de ceste négociation que ledit sieur de Dommartin nous avoit dit, et nous pria derechef, pour gagner temps, d'entrer au discours et commancement du progrèz de l'affaire.

Je luy dis que Monseigneur le duc, voyant les préparatifs de ceste armée et la mauvaise volonté des François envers Monseigneur de Lorraine[1], ne s'estoit peu tenir, pour l'amitié qu'il luy porte, d'en parler mesmes en présence du sieur de Buhy[2], qui estoit lors près Son Altesse pour quelque affaire, mesmes de regretter le temps et l'estat des affaires, considérant l'animosité desdits François contre mondit sieur de Lorrainne, contre lequel il avoit entendu qu'ils vouloyent jetter tout leur feu, et qu'il s'employeroit volontiers en ce qui luy seroit possible pour destour-

1. Le duc de Lorraine.
2. Pierre de Mornay, seigneur de Buhy, frère de Du Plessis-Mornay.

ner cest orage-là; que ledit sieur de Buhy dit lors à Son Altesse qu'il croyoit cela et qu'il l'avoit tousjours cognu amy de Monsieur de Lorraine, mais qu'il ne se faisoit rien des choses, qui n'en parloit, qu'il s'en alloit en sa maison et s'il trouveroit bon qu'il feist ce raport à Monsieur de Lorraine? Son Altesse, en ayant esté adverty par ledit sieur de Buhy, envoya avec luy longtemps après le sieur de Tantonville vers Son Altesse pour voir le moyen qu'il y auroit de parvenir à cela. En quoy ledit sieur de Tantonville cogneut de combien bonne volonté Son Altesse s'y vouloit employer, estant d'advis que ledit sieur de Buhy en allast fere les ouvertures au sieur de Ségur, à Strasbourg, afin que sur icelles Son Altesse eust subject d'entamer l'affaire et y employer ses prières, et remonstrances, et intercessions.

Auquel effect Son Altesse fit bailler passe-port audit sieur de Buhy, et lettre à Monsieur le marquis de Bade[1], pour luy faire avoir des chevaux de poste; que Son Altesse estoit lors d'advis que le sieur de Tantonville allast près de Strasbourg, pour de plus près presser ledit sieur de Buhy et luy administrer de son costé de quoy fere entrer ledit sieur de Ségur en négociation; ce qu'il ne trouva bon et voulut attendre la response à Spire[2]. Ledit sieur de Buhy parla audit sieur de Ségur à Beschvillers[3], duquel ils cogneurent

1. Philippe, marquis de Bade, fils aîné de Philibert, tué à la bataille de Moncontour dans les rangs protestants. Il mourut lui-même, le 17 juin 1588, âgé de vingt-neuf ans (*Dictionnaire* de Moréri, au mot BADE).

2. *Spire*, en Bavière.

3. *Bischwiller*; avant 1871, ch.-l. de cant. de l'arr. de Strasbourg, Bas-Rhin; actuellement en Alsace-Lorraine.

les animositéz tellement qu'il s'en retourna sans rien faire à Spire, d'où, peu avant son arrivée, ledit sieur de Tantonville, voyant qu'il demeuroit trop à sa volonté, escrivit à Son Altesse, qui luy fit responce que l'affaire estoit de telle conséquence que peu de temps ne le devoit pas ennuyer, qu'il avoit eu responce dudit sieur marquis que ledit sieur de Buhy estoit passé seurement et qu'il croyoit qu'il retourneroit bientost, que toutesfois il sçavoit sa charge. Comme ledit sieur de Buhy arriva le soir mesmes avec maigre response, dont il advertit incontinent Son Altesse, offrant de luy en venir fere le discours, qui remist cela par sa responce à sa discrétion, s'attendant qu'il viendroit le soir mesmes (ce qu'il ne fit qu'environ la nuict), Son Altesse receut autres lettres dudit sieur de Ségur, par lesquelles, ayant mieulx pensé aux remonstrances qu'on luy faisoit, il le supplioit d'interposer son amitié commune et veoir ce qu'il se pourroit faire en cela, selon les articles qu'il envoyoit, lesquels il avoit dressé par l'advis de ses compagnons, qui n'estoyent avec luy quand ledit sieur de Buhy luy en parla. Dès la diane, Son Altesse dépescha en diligence à Spire, pour en advertir lesdits sieurs de Tantonville et de Buhy, afin de haster ledit sieur de Tantonville de venir, lequel il pensoit venir dès le soir, ou du moins que le messager le trouveroit en chemin, lequel, arrivé à Spire en leur logis, les trouva partis de grand matin, et qu'on ne sçavoit quel chemin ils avoyent pris, ce qu'on raporta à Son Altesse, qui aussitost leur fit une dépesche avec lesdits articles, la faisant tenir à Nancy, où il estimoit qu'ils seroyent retournéz, que ledit sieur de Tantonville y avoit receu; que Son Altesse, voyant le temps presser, pour cependant disposer les esprits des François à la modération et de plus près négocier et conduire cest affaire à bonne fin, auroit dépesché ledit sieur baron de Potlitz à Strasbourg, où il auroit receu lettres dudit sieur de Tantonville à Son Altesse, qu'il auroit ouvertes et sur icelles adverti ledit sieur de Tantonville de sa dépesche et de la dilligence qui estoit requise, et adressé ses lettres à luy, pour les fere tenir, lesquelles il auroit ouvertes et peu voir le subject d'icelles, dont nous attendions responce, ayans bien voulu cependant, sur l'advis dudit sieur de Dommartin, en conférer avec luy pour advancer l'affaire autant que la nécessité le requiert, l'ayant voulu advertir des monstres qui se faisoyent pendant que nous parlions à luy, afin qu'il se hastast et que cest avis servist à ouvrir le passage de Pfaltzbourg, comme il feit. Et sur ce ledit sieur d'Aussonville s'en retourna.

Le lendemain matin, il nous dit que, pourveu que les articles ne portassent rien qui préjudiciast à l'honneur et estat de son maistre, qu'il s'employeroit très volontiers envers luy, qui estoit un prince qui s'estoit toute sa vie estudié à n'offenser personne, et estoit en résolution de continuer en ses comportemens accoustuméz envers tout le monde, sans les advis très certains qu'il a eu plusieurs fois que les François estoyent résolus de le ruiner; qu'il estoit un prince neutre et d'Empire, mais qu'en le voulant ainsi traitter on le forceroit à prendre autre ply pour sa conservation; que les François disoyent qu'il estoit de la Ligue; qu'il n'en estoit point, mais qu'ils l'en vouloyent feré par force; qu'il seroit bien aisé de s'employer à empescher des effets de si mauvaise conséquence; et pour ce nous pria de luy communiquer lesdits articles. Lesquels je luy baillay en original dudit sieur de Ségur. Et, pendant qu'il en faisoit faire copie, après luy en avoir fait lecture, pour les premiers il ne dit pas grand'chose, mais il trouva les derniers forts rudes, disant qu'en celuy de la révocation des édits on demandoit chose contre son honneur, et que seroit tout ce à quoy on le pourroit réduire par une paix après une dure guerre? et que, en celuy des sieurs de La Noue et de Telligny[1], on luy demandoit chose qui n'estoit pas en sa puissance, qui fairoit bien cognoistre le peu d'affection desdits François à ceste négociation; qu'il ne porteroit jamais parole de ces deux articles-là, bien que pour l'un il fust amy de Monsieur de La Noue, mais qu'il s'asseuroit qu'il n'auroit pas trouvé bon qu'on traitast ainsy de ses affaires. Je luy dis qu'au contraire il estoit venu à Strasbourg pour servir à ladite négociation, et n'y avoit voulu estre meslé.

Il nous demanda, pour abréger, en quoy on en pourroit tomber, nous disant, quant au passage et estapes, quant à une bonne somme d'argent et à la neutralité, il ne vouloit nyer qu'il n'y eust raison d'en traitter, pourveu que ce fust amiablement et avec modération, non comme avec ennemis, mais que du reste il n'en vouldroit pas parler, et nous disoit librement que Son Altesse ne vouldroit faire cela, nous priant de luy dire rondement ce qui se pourroit espé-

---

1. Odet de La Noue, seigneur de Téligny, fils de François, déjà cité. — Il avait épousé Marguerite de Téligny, sœur et unique héritière du gendre de l'amiral de Coligny.

rer du retranchement desdits deux articles, comme il nous avoit dit son avis des trois premiers.

Nous luy dismes que nous estions personnes tierces, choisies et commandées de servir à la modération, que, comme il nous avoit dit son jugement des trois premiers points (le second desquels, pour la somme, nous avions desjà fait modérer de la solde d'un mois de l'armée à la solde spécifiée, qui estoit modération de près de moitié; aux deux autres il n'en eschéoit point), il s'employast à en avoir bonne et briefve résolution de Son Altesse; que cependant, d'autre costé, pour le faire court, nous nous employerions à moyenner le retranchement desdits deux articles, à quoy nous serions beaucoup aidéz quand, de son costé, il auroit fait résouldre les trois premiers et nous en advertiroit de bonn'heure. Il trouva ceste résolution bonne et, demeurant là-dessus, il nous remercia des bons offices de l'amitié de Son Altesse, dont il s'estoit toujours, quant à luy, bien asseuré, si Son Altesse y eust eu telle authorité qu'il pensoit, mais qu'il craignoit que les François, qu'il cognoissoit bien, dit-il, n'eussent pas tant d'esgard à ses prières et remonstrances que la raison et l'affaire le requéroit bien. Nous taschions surtout de les bien persuader de cela, pour descharger Son Altesse de tout resentiment et incommodité, de ce costé-là pour le moins, en voyant le peu d'espérance qu'il y avoit de rien fere qui vaille avec les François en ceste armée.

Et, pour interrompre ladite négociation, nous advisasmes de ne fere acte quelconque d'hostilité les uns contre les autres. Et nous dit le sieur d'Aussonville qu'il estoit à Pfaltzbourg pour la garde du païs de Son Altesse ; que Monsieur d'Haraucourt[1] l'estoit venu chercher jusques-là auprès, et avoit esté bien recognu, quand à luy, qu'il se gouvernoit de telle sorte, pourveu qu'il n'entrast pas dans les païs de Son Altesse, que mal n'en arriveroit de son costé. Et sur ce, estans demeurez résolus et asseurez de luy que, si tost qu'il seroit à Pfaltzbourg, il dépescheroit en poste à Nancy pour advancer toutes choses, nous prismes congé et nous en retournasmes de ce pas en diligence droit à Quatznen, pour estre aux monstres des reittres et lansquenetz, lesquelles nous trouvasmes desjà faites, et chacun se retirant après midy en son cartier pour dresser ses roolles. Le régiment de lansquenetz monta à 4,000 bons soldats et bien armez, les reittres à 5,600, le reste ayant esté empesché de venir par les princes qui avoient eu cognoissance de la levée par le mauvais gouvernement et prison dudit sieur de Quitry.

***

Le dimanche 6ᵉ d'aoust[2], après les monstres faictes et pendent que les rooles s'arresteroyent, nous allasmes au conseil à Marlen, pour la résolution et establissement de toutes choses nécessaires à l'acheminement de l'armée, auquel les François voulurent assembler tous leurs capitaines pour en avoir leur advis, qui fut que le conseil estoit plus grand que

---

1. Philippe de Longueval, seigneur de Haraucourt et comte de Cramail, souvent cité dans les *Lettres missives de Henri IV*. Cf. La Huguerye, *Mémoires*, t. II, p. 387.

2. Le 16 août, *n. s.* — Ce paragraphe n'a point passé dans les *Mémoires*.

n'espérions. Ils nous présentèrent lors les lettres de créance que Son Altesse leur avoit envoyé pour moy, afin d'entendre sa bonne volonté, estans tous ensemble, excepté ledit sieur de Ségur qui leur avoit envoyé lesdites lettres. Je leur dis que les lettres s'adressoyent aux trois ambassadeurs ausquels j'avois charge de parler, sur quoy ils trouvèrent moyens de séparer le monde, et, n'y estans que ceulx du conseil avec ledit sieur de Bouillon, je leur dis encore une fois que les lettres ne s'adressoyent qu'à eux trois; que, s'ils eussent esté ensemble lorsque je les avois baillé audit sieur de Ségur, je leur eusse dit, et encore depuis à Échesen où ils estoyent tous et pouvoyent mieulx demander cela, comme je l'avois désiré, mais que, s'excusans sur leur empeschement en tant des choses, je ne les avois voulu interrompre, espérant les trouver en une autre occasion; que le principal d'entre eux n'estoit pas là; que desjà, aux occasions qui s'estoyent présentées, je leur en avois dit quelques points. Et toutesfois, par l'advis dudit sieur baron, je leur dis que Son Altesse estoit bien marrie de ne pouvoir fere ce voyage en personne, comme il eust désiré, mais que, non seulement la charge qu'il a et les affaires qui en dépendent, mais aussi les affaires générales requéroyent sa présence ordinaire en Allemagne, pour beaucoup des grandes raisons qu'il a cognu et cognoist tous les jours davantage, et nommément affin de pourveoir autant qu'il lui sera possible au rafrèchissement de ceste armée; que, pour suppléer à son absence, il a de bonn'heure cherché les moyens d'en mettre un à sa place, de qualité, affection et expérience requise, et auroit commancé ceste recerche par les deux princes

Philipes de Brunschvich et Otho de Lunnebourg[1], qui luy avoyent esté proposéz par ledit sieur de Ségur, et dont aussi l'ambassadeur d'Angleterre s'estoit contenté; qu'il avoit premièrement recerché le duc Philipes par le moyen de Monsieur le landgrave[2], lequel l'auroit fait venir exprès à Cassel, mais il s'en seroit tant excusé que ledit sieur landgrave n'auroit pu obtenir cela de luy, quelques prières et persuasions qu'il y eust employé; que depuis il auroit fait recercher le duc Otto de Lunebourg, non seulement par gentilshommes envoyéz exprès, mais aussi par lettres, prières et congé de la royne d'Angleterre de laquelle il est serviteur, mais il ne l'auroit peu obtenir; qu'il en eust bien voulu mettre un autre, mais que l'ambassadeur d'Angleterre avoit formellement déclaré à ses conseillers, à Heydelberg, que la royne sa maistresse ne l'auroit point agréable; qu'il avoit espéré que le conte de Barby en pourroit prendre la charge, mais qu'il n'en avoit point de nouvelles et se fioit en ce qu'il auroit en diligence pourveu vers le roy de Navarre, affin qu'il envoyast de bonn'heure Monsieur le Prince, comme il l'espéroit, si le sieur de Montglas y arrivoit aussi tost qu'on luy avoit promis, à quoy ils devoyent travailler du tout; que cependant Son Altesse avoit remis audit sieur baron et aux collonnels d'adviser à en choisir entre eux un qui fut propre pour les conduire sous l'authorité dudit sieur Prince, à quoy il

---

1. Philippe de Brunswick, fils et héritier présomptif de Wolfgang, duc de Brunswick et de Grubenhagen, et son parent Othon de Brunswick, duc de Lunebourg, d'une branche collatérale (Moréri, *Grand dictionnaire historique,* au mot BRUNSWICK).

2. Georges, landgrave de Hesse-Cassel.

avoit esté pourveu vendredy dernier par provision, en attendant ledit sieur Prince par lesdits deux mois, à quoy ils devoyent donner ordre en toute diligence comme nous les en prions.

Pour le second point, que Son Altesse les exhortoit et prioit de se bien souvenir de garder leurs promesses comme, de son costé, il avoit plus fait que promis.

Quant au troisiesme point, qu'ils ne s'addressassent plus à luy pour le fait de la guerre; qu'il avoit ses agens et serviteurs qui avoyent pouvoir de luy, ausquels ils se pourroyent addresser en toutes choses. Au demeurant, qu'il prioit Dieu de les conduire en ce voyage duquel il ne pouvoit concevoir que bonnes espérances, pourveu qu'ils se gouvernassent selon leurs promesses et ce qui avoit esté résolu; que, pendant leur voyage, il feroit tout devoir de les fortifier, auquel effect il seroit besoing d'un pouvoir.

Sur tous ces points qu'ils recognurent nécessaires, ils nous respondirent fort honnestement en paroles et nous donnèrent toutes les meilleures espérances du monde de bien faire leur devoir, promettans de faire tenir prest ledit pouvoir. Cela fait, entrèrent plusieurs des capitaines, en présence desquels on commança le conseil par la déclaration de Monsieur de Bouillon, général présenté par les François de l'authorité du roy de Navarre et agréé par nous par provision aux conditions contenues en l'escrit accordé que je leur avois présenté et prié de signer, et Monsieur le baron de Dona pour chef des estrangers, ce qui demeura pour résolu et agréable à tous, les prians néantmoins de dépescher en diligence vers le roy de Navarre après

Beauchamp, pour avoir ledit sieur Prince dans les deux mois préfix, si Sa Majesté n'y venoit en personne.

On parle après cela de l'establissement du conseil, lequel fut résolu de six François et trois Allemands avec lesdits sieurs de Bouillon et baron de Dhona. Selon la capitulation, nous leur montrasmes nostre pouvoir de nostre part, afin qu'ils en fussent bien advertis, et pour ce qu'avant entrer au conseil ledit sieur de Clervant m'avoit déclaré leur délibération estre de nommer les sieurs de Beauvoir La Nocle et de Vezines, me priant d'en parler audit sieur baron, afin que, si cela n'estoit point agréable, pour le moins il n'y eust point de scandale. Au rebut[1], selon que nous en avions advisé pour y penser, ils remirent la nomination de leurs conseillers au lendemain. Seulement nous les priasmes qu'ils gardassent la place à Monsieur de Chastillon, ce qu'ils nous asseurèrent de fere et que celuy qui y seroit mis en attendant ne seroit que par provision.

Quant aux vivres et finnances, il fust arresté que ceux qui en auroyent la charge se trouvassent tousjours à l'issue du conseil, pour en faire les ouvertures, résolutions et expéditions nécessaires selon la capitulation, afin que tout se feit dans ledit conseil à la veue et cognoissance de tous ceux qui y auroyent place, pour le contentement d'un chacun.

On pourveut après cela à la distribution des forces pour l'avant-garde et la bataille. Les François requirent que cest ordre fut tellement estably qu'il ne feust point changé et que les reittres qui seroyent establis pour estre à l'avant-garde y demeurassent tousjours, allégans la commodité plus grande et la perte de temps

---

1. *Sic*, pour : *au reste* ou *au demeurant*.

quand il faut changer de logis en autre. Ledit sieur baron leur remonstra que ce n'estoit l'ordre des Allemands ; que jamais il n'avoit esté practiqué, non pas mesmes aux armées royalles, comme nos collonels et capitaines qui y avoyent esté nous l'avoyent asseuré ; que desjà il avoit tasché à faire cela avec eux, mais qu'il estoit impossible ; que chacun vouloit avoir sa part de l'honneur à son tour ; qu'on laissast cela au feld-mareschal qui sçauroit bien, sans aucune perte de temps et incommodité, faire marcher à l'avant-garde ceux qui y devront estre en leur ordre, selon la distribution des forces qui fust faite ainsi : qu'en l'avant-garde seroyent toutes les cornettes de cavallerie françoise et les régiments de leur infanterie, excepté la compagnie et gardes de Monsieur de Bouillon qui demeureroyent près de luy en la bataille ; le feld-mareschal Rumpff avec sa *Rennefanen*[1], deux régiments de reittres, un de plus forts et un de plus foibles, tous deux de sept cornettes, et les deux régiments de Zurich et de Basle de trente enseignes des Suisses ; et à la bataille le régiment de Berne de vingt et un enseignes, le régiment des landsquenetz de douze enseignes, deux régiments des reittres, un des forts et un des foibles, les deux aussi de sept cornettes ; et que derière ladite bataille marcheroit en forme d'arrière-garde le cinquiesme régiment de reittres de quatre cornettes, pour servir au besoin avec quelque nombre d'infanterie qu'on y ordonneroit selon la nécessité ; quant à l'artillerie, qu'elle marcheroit entre l'avant-garde et la battaille, pour estre preste à toutes occasions.

1. *Rennefahne*, étendard, en allemand.

Sur ceste ordonnance de forces, nous remonstrasmes ce qui nous touchoit au fait de l'infanterie françoise, tant pour le nombre et commandement que pour loger et marcher avec les reîttres en l'avant-garde et bataille selon la capitulation; et, d'autant que nous entendions que le nombre n'estoit pas demy-complet et la plus grand part désarméz et qu'il y avoit aussi du différend entre les sieurs de Mouy et de Villeneufve, nous les priasmes de mettre promptement tel ordre à tout cela qu'avant partie les affaires fussent hors de difficulté et nous fussions servis de ladite infanterie selon la capitulation, les voulans bien advertir encores que nous ne nous en pouvions passer, les priant à ceste occasion d'envoyer encores quelqu'un exprès au-devant dudit sieur de Chastillon pour le faire advancer, estant sa présence avec ses troupes si nécessaire, selon la capitulation, que sans cela nous ne pouvions pas espérer de faire beaucoup de chose qui vaille et que nous cognoistrions à la première occasion que ce deffaut seroit cause d'une grande ruine et perte de grand avantage.

Ils nous proposèrent les difficultéz qui estoyent au fait dudit sieur de Villeneufve et la craincte qu'il y avoit que par mescontentement il deffît son régiment. Toutesfois ils promirent de chercher tout moyen d'y donner ordre et d'en parler au sieur de Cormont, son père[1], pour voir comment on y pourroit parvenir. Nous dismes que ce seroit une grande pitié, s'il nous falloit avoir à contester avec les particuliers pour l'exé-

---

1. Dit *Cormont des Bordes,* pour le distinguer de son fils *Cormont-Villeneuve,* déjà cité.

cution de la capitulation et qu'un seul voulust contredire à une règle générale et promise, et que, n'ayant pas 2,000 arquebousiers, au lieu de 4,000, et encores la moitié désarméz, il y eust au par desus[1] de la difficulté à en tirer le service promis ; qu'il nous suffisoit de prévoir les maux que nous avions à supporter du deffaut du nombre promis, sans travailler encores à faire obéir les particuliers à la capitulation.

Quant au fait de l'artillerie, nous adjoustasmes que, pour plus grande facilité pour eux au commandement et exécution des affaires concernant ladite artillerie, ledit sieur baron avoit advisé d'y commettre le sieur de Couvrelles, qui entend les deux langues, et avoit practiqué leur consentement en cela. Ledit sieur de Clervant demanda que l'artillerie fust délivrée à ses Suisses selon leur capitulation ; ce que nous accordasmes encores, en donnant par eux leur obligation de la bien garder et rendre, laquelle j'en charge de minuter. Et, estant tard, nous en voulant retourner incontinent après disner, les priasmes d'envoyer leurs commissaires à Quatnen pour dépescher les arrests des rooles, afin de commencer à faire les payemans, ce qu'ils asseurèrent avoir faict.

Je les adverty encores de l'obligation qu'il estoit besoing d'avoir des sommes dues à Son Altesse, et les quittances des sommes fournies en ses mains et employées à la levée, comme j'en avois adverti le sieur de Ségur qui avoit respondu en injures, et ne nous en voulions plus addresser à luy ; que ces choses estoyent tellement raisonnables et nécessaires que sans icelles

---

1. *Sic*, pour : *en outre*.

le trésorier Stephen feroit difficulté de délivrer les denniers, dont procéderoit une longueur ; qu'il n'avoit pas tenu à nous d'en advertir, comme nous en avions fait vers ledit sieur de Ségur, qui paya Son Altesse et nous en injures telles que, n'eust esté le respect de l'affaire et du roy son maistre, cela ne fût pas demeuré ainsy.

Ils asseurèrent de luy en escrire, disant qu'il leur sembloit estre bon de voir premièrement à quoy par les payemans faicts la somme se pourroit monter. Je leur dis que l'arrest des rooles feroit assez voir à combien tout ce monteroit, et que, s'il y avoit quelque chose de reste, il seroit ès mains du trésorier Wicker, qui en rendroit compte. Le sieur de Clervant répliqua qu'il n'estoit point solvable pour telle charge et qu'ils craindroyent inconvénient. Je leur dis que je ne cognoissois pas ses moyens, mais qu'il estoit homme de bien et qu'il avoit desjà esté employé deux fois en ceste charge, en laquelle on ne l'auroit pas establi encores pour ceste fois, si on n'en estoit pas bien asseuré. Ainsy ils asseurèrent que, sans attendre ledit payement, ils feroyent fournir lesdites obligations et quittances.

***

Le lundy septiesme d'aoust[1], nous fusmes encores au conseil à Marlen, où, pour ce que Monsieur de Bouillon estoit malade, Monsieur le conte, son frère[2], tint sa

---

1. Le 17 août, *n. s.* — Ce paragraphe n'est représenté dans les *Mémoires* (t. III, p. 60-61) que par un très bref résumé et par quelques lignes empruntées à son avant-dernier alinéa.

2. Jean de La Marck, dit *le comte de La Marck*, du titre originaire de sa Maison (P. Anselme, t. VII, p. 169).

place. Je trouvay en y allant le capitaine Monet qui me bailla le récépissé de Wicker de la capitulation, qu'il luy avoit porté pour bailler au sieur de Ségur, et luy rendis celluy que j'avois prins de luy. Audit conseil se trouvèrent encor pleine chambre des François, et, suivant ce qui avoit esté hier proposé pour l'establissement du conseil, nonobstant ce que j'avois dit à l'arrivée au sieur de Clervant, pour responce dudit sieur baron de Dona touchant la nomination desdits sieurs de Beauvoir et de Vezines, il fut continué, contre sa promesse, à les nommer avec les autres, qui furent les sieurs de Clervant, Quitry, les sieurs de Monlouet[1] et Dygoigne[2], ce que nous trouvasmes fort estrange, pour estre une chose du tout contraire aux qualitéz requises par la capitulation et pour n'y veoir plus de remède sans scandale et querelle, en recognoissant assez les dangereuses conséquences et surtout la destruction de la confidence[3] requise au conseil, duquel elle est comme l'âme.

Nous ne peusmes mieux par advis opposer nostre mescontentement à ceste perfidie et impudence qu'en ne disans mot quand ils nous en demandèrent nostre advis, les priant seulement de bien considérer et examiner l'article de la capitulation là-dessus, laquelle ils avoyent encores tout freschement juré, et qu'en ce

1. François d'Angennes, seigneur de Monlouet et de Lisy, septième fils du marquis de Rambouillet et de la dame de Maintenon, souvent cité par la suite, ainsi que dans les *Lettres missives de Henri IV*, dont il devint, après la campagne de 1587, un des plus fidèles lieutenants.

2. Antoine de Damas, seigneur de Digoigne, un des ambassadeurs du roi de Navarre. — Cf. La Huguerye, *Mémoires*, t. III, p. 81.

3. Ce mot est pris ici dans le sens de *confiance*.

point consistoit tout le bien ou tout le mal des affaires ; que ce n'estoit pas à nous à les nommer ; et de les agréer, comme ils désiroyent, nous ne pouvions, pour estre estrangers et ne cognoistre pas les qualitéz des personnes ; que ledit sieur de Clervant savoit ce qu'on luy en avoit dit, qui estoit, quand audit sieur de Vezines, qu'il avoit esté convaincu de trahison, non par pacquets d'ennemis à luy qui ne servent ordinairement que pour mettre les gens de bien en soupçon par un artifice commun, mais par lettres interceptés escrites de sa propre main à l'ambassadeur du Roy en Suisse, qui estoit lors le sieur de Hautefort[1], frère du sieur de Belièvre[2], par lesquelles il l'advertissoit de toutes choses ; que je les avois veu, et, encores que je luy fusse amy, je ne le pouvois céler, pour l'obligation que j'avois au bien public ; et, quand au sieur de Beauvoir, que feu Monsieur le conte Ludwig de Nassau[3] avoit veu lettres du feu roy Charles[4], escriptes de sa propre main au sieur Gaspar de Schonberg, par lesquelles il l'advertissoit qu'estant lors en Allemaigne il employast le verd et le sec à rompre les pourparlers du mariage de la royne d'Angleterre avec l'archiduc Charles[5], d'une part, et, d'autre costé, les négocia-

---

1. Jean de Bellièvre, seigneur de Hautefort, président au parlement de Dauphiné (P. Anselme, t. VI, p. 521).

2. Pompone de Bellièvre, seigneur de Grignon, frère puîné du précédent, futur grand-chancelier de France (*Ibid.*).

3. Ludovic ou Louis de Nassau, tué en 1574 à la bataille de Mockerheide, frère cadet de Guillaume le Taciturne, prince d'Orange. La Huguerye avait été son secrétaire.

4. Charles IX.

5. Frère de l'empereur Maximilien II. Voy. à ce sujet les *Projets de mariage de la reine Élisabeth,* par le comte Hector de La Ferrière (Paris, C. Lévy, 1882, in-18).

tions dudit sieur conte en Allemaigne pour le secours de ceux de Languedoc (s'estoit l'année d'après les massacres[1], après Pasques[2]) et qu'il en avoit un très seur advis de son ambassadeur en Suisse, qui le sçavoit dudit sieur Beauvais La Nocle qui estoit lors à Genève[3] et hantoit Monsieur de Bèze[4], avec lequel nous négotions cest affaire; que j'avois veu lesdittes lettres originales envoyées audit sieur comte par ledit sieur de Schomberg de Leipzig et ledit sieur comte en telle collère là-dessus que, s'il eust trouvé ledit sieur Beauvais, il luy eust baillé cent coups de poignard; mais que ce n'estoit rien de cela : que ledit sieur Quitry avoit dit que, parlant un jour au roy de Navarre dudit sieur de Beauvoir, pour tascher de le remettre en sa bonne grâce, ledit seigneur roy luy avoit rompu le propos tout court et luy avoit dit qu'il ne luy en parlast point, qu'il avoit esté au conseil des malins et qu'il cognoissoit bien les meschans.

C'estoit en somme ce que j'avois remonstré audit sieur de Clervant à part, nonobstant quoy il passa outre, sans avoir esgard à la négociation de la paix de l'an 76 faite par ledit sieur de Beauvoir[5], ce qui nous fit encores davantage recognoistre leurs intelligences certaines avec le Roy contre la capitulation, outre celle que Guitry entretenoit ordinairement le sieur de

---

1. La Saint-Barthélemy.
2. C'est-à-dire en 1573.
3. Pour ces négociations de Louis de Nassau et les négociations contradictoires de MM. de Bellièvre et d'Hautefort, voy. Delaborde, *François de Châtillon*, chap. III.
4. Le célèbre Théodore de Bèze.
5. Cf. le *Recueil des choses advenues en 1576*, déjà cité.

Marivaux[1], confident de Monsieur d'Espernon[2], dont nous prévoyons bien la ruine des églises et la nostre, en voulant conserver l'Estat, et après tout cela protestans en tout cas des inconvénians.

J'adjoustay qu'on leur avoit fait veoir le pouvoir auquel Son Altesse avoit fait élection des siens; qu'il eust esté à désirer que le roy de Navarre en eust fait de mesme et en eust adverti de bonn'heure; à quoy ils ne respondirent rien, se contentans de ne voir former aucune manifeste opposition à telle nomination; et, passant par-dessus toutes nos remonstrances, requirent l'establissement du conseil dès l'heure. Mais nous leur remonstrasmes que, puisque desjà nous estions assemblez en une si grande compagnie, qu'il ne seroit pas honneste d'exclurre personne pour ce jour et qu'on y adviseroit au premier conseil, les prians de se bien souvenir de ce qui leur avoit esté remontré et en général et en particulier. Ce que nous feismes, afin de les y laisser penser et voir si cela se pourroit modérer avec occasion, les prians en tout cas de garder la place au sieur de Chastillon, et, s'il y en mettoit un en attendant, que ce feust par provision seulement, comme il fut lors résolu.

Et d'autant que nous rapportions tousjours nos advis à la capitulation que je portois, en ce qui y estoit résolu, sans en vouloir délibérer, ils en requirent une copie. A quoy leur fut dit qu'il en avoyent une originelle qu'ils pouvoyent tousjours avoir avec eux comme nous. Ils respondirent que Ségur l'avoit retenue. Je répliquay qu'il leur en pouvoit avoir baillé

---

1. Claude de L'Isle; voy. sur lui les *Lettres missives de Henri IV* et le *Journal* de L'Estoile, à la date d'août 1589.
2. Le duc d'Épernon, le trop fameux favori de Henri III.

copie aussi bien qu'à plusieurs autres contre son serment. Toutesfois, nous ayant asseuré qu'il n'en avoyent point, nous trouvasmes expédient de leur en laisser prendre une copie, afin qu'ils n'employassent l'ignorance pour excuses de leurs contreventions, et la baillay au secrétaire Le Roux.

Ces points estans expédiéz, nous requismes l'ordre estre mis en l'infanterie françoise à nous promise, tant au nombre qu'au commandement, selon ladite capitulation, ainsi que nous les en avions requis dès hier, dont les reîttres ne se pouvoyent passer, en ayant esté fait estat très nécessaire principalement pour leur conservation aux logis, et que sans cela l'armée ne pourroit pas fere grand effort, comme il avoit esté remonstré en capitulant. Ils s'excusèrent du nombre sur l'absence du sieur de Chastillon et nous dirent qu'ils en avoyent 2,000 moitié arméz, nous prians de leur ayder à armer le reste, et que, au lieu de Monsieur de Chastillon, ils avoyent deux fois autant des Suisses qu'ils avoyent promis, desquels on pourroit bien tirer 2,000 arquebusiers bons, nommément ceux du collonnel Tilman, et nous prioyent d'accepter cela, veu la nécessité. Quant au commandement, qu'ils avoyent fait travailler à fere consentir le sieur de Villeneuve au commandement du sieur de Mouy, et y avoyent employé le sieur de Cormont, son père, là présent, le prians encores d'y apporter tout ce qui dépend de son autorité sur son fils, ou pour le fere renger soubs le sieur de Mouy luy-mesmes, ou son lieutenant-collonnel, avec le régiment jusques à ce qu'on fust près du roy de Navarre ou que ledit sieur de Chastillon fut venu.

Nous respondismes par advis commun, comme nous avions accoustumé, que c'estoit une grande pitié de voir tant de faux en leurs promesses à l'entrée de ce voyage ; que nous voyons bien estre en danger d'avoir en ceste occasion une mauvaise issue, notamment aux choses fondamentales, comme au conseil et en la force préveus et recognus nécessaires en la disposition des affaires présentes ; qu'ils savoyent que c'estoit un point duquel on avoit tant asseuré les reistres que des 4,000 arquebusiers pour loger et marcher avec eux ; qu'ils n'avoyent pas voulu que nous les eussions levé, comme nous pouvions très bien fere sans faute ; que, pour contenter leurs jalousies mal fondées, on s'estoit reposé sur leurs promesses et que l'on en voyoit ce qu'on avoit tousjours craint ; qu'accepter les 2,000 pour 4,000, nous ne pouvions encores moins leur bailler des armes, à quoy du moins pourroit estre employé partie de la somme de 3,000 escus d'Angleterre, aportée par le sieur de Quitry, puisqu'on ne les vouloit employer au payement de l'armée, qui estoit cause d'un grand deffaut pour lequel il avoit convenu à Son Altesse d'en emprunter à Strasbourg ; qu'ils armassent et rengeassent ce qu'ils en avoyent sous ledit sieur de Mouy selon la capitulation, pour loger et marcher avec nous, et donnassent ordre d'haster Monsieur de Chastillon ou en avoir d'autres. Car, quant aux Suisses, ce n'estoit harquebuserie de qualité promise, et on sçait que c'est d'avantage que les collonnels ne les vouldroyent pas séparer de leurs régiments ; que d'accepter la double levée des Suisses pour l'harquebuserie françoise, nous leur disions lors librement que nous aimerions mieulx qu'ils en eussent moins levé que plus, et qu'outre les incommoditéz de ce nombre-là, qui ne serviroit qu'à retarder, affamer et ruiner l'armée, nous avions desjà bien aperceu au fait de leurs monstres des choses qui nous faisoyent prévoir et craindre beaucoup des maulx, qu'il ne serviroit de rien de déclarer, pour estre sans remède, estant la faulte faite contre les promesses, tant en la levée qu'aux monstres, qui ont manqué à faute de leur donner le contentement promis comme aux autres sans autre cause quelconque; que tous ces deffaux fondamentaulx nous faisoyent bien voir que nous allions à la boucherie, sans ordre de tenir promesse quelconque, sans le contentement promis aux gens de guerre, sans la proportion des forces, sans le commandement requis et nécessaire; qu'alléguer leur nécessitéz n'estoit pas remédier au mal, auquel on avoit pourveu en le pourvoyant par ladite capitulation; que, cependant, nous voyons bien qu'il nous falloit efforcer de faire au nom de Dieu tout ce qui nous seroit possible; qu'ils donnassent ordre pour le moins au fait de ces deux régimens, sans préjudice aux promesses, se qu'ils nous asseurèrent de faire en attendant Monsieur de Chastillon, qu'ils espéroyent encores, et nous craignons au contraire que ledit sieur de Quitry n'empeschast sa venue.

Et fut pour ce résolu que ledit sieur de Villeneufve obéiroit ou laisseroit son régiment à son lieutenant pour obéir, à l'exécution de quoy ils promirent pourveoir, encores que les difficultéz y fussent par eux trouvées très grandes, et que le père déclarast que le régiment de son fils se romproit plustost que fere cela; et que cependant ils dépescheroyent à Genève et partout où seroit ledit sieur de Chastillon, pour l'advancer et luy remonstrer le dommage de son absence et retardement.

Après cela, on vint à l'establissement d'un chef pour l'avant-garde ; sur quoy nous ayant esté demandé nostre avis, nous dismes qu'il estoit nécessaire d'y pourvoir et que, pour cela mesmes, l'absence dudit sieur de Chastillon faisoit un grand deffaut, ceste charge luy estant bien deüe, mais que cependant et par provision il estoit besoin y pourveoir, en attendant sa venue. Les François furent marris de cela, ayans projetté autre chose, principalement le sieur de Quitry qui redoubtoit l'esprit, expérience, valeur et preudhommie dudit sieur de Chastillon, et aimoit mieulx quelque novice pour commander soubs son nom à l'avant-garde, comme soubs le nom du général il vouloit fere à toute l'armée ; et avoyent desjà pris une résolution entre eux, selon laquelle ils nommèrent Monsieur le comte de La Marck, nous demandans si nous l'avions agréable ; sur quoy nous nous retirasmes hors de la chambre et, ayans advisé de l'accepter par provision seulement, attendans la venue du sieur de Chastillon, et de nous tenir à ce qui avoit esté résolu pour le fait de l'arquebuserie et du sieur de Mouy, nous retirasmes et leur déclarasmes. Et ainsi fut résolu contre le gré des François, qui ne pouvoyent pas bien contredire à cela.

On parla après du règlement général et ordonance de la guerre, dont la charge fut donnée au sieur de Vezines, pour les dresser.

On parla du jour du partement, pour aller loger au pied de la montagne vers Saverne, attendu que les forces de Monsieur de Lorraine avoyent abandonné le passage de Pfalzbourg, pour quoy selon les discours précédens il n'estoit plus besoin de cercher et visiter les passages prochains. Sur ce nous leur remonstrasmes que je m'estois bien doubté que cela arriveroit et que, pour l'advancer, j'avois averti le sieur d'Haussonville samedy[1] des monstres qui se faisoyent, tenant pour certain jugement de leur retraite que la foiblesse en estoit cause, mais qui falloit achever premièrement les payemens, et que pour cest effect il falloit avoir les obligations et quittances que je leur avois demandé, craignant que le trésorier Steffen fit le long à cela, si ne les avoit en main; ce que je leur dis en particulier. Ils me respondirent qu'ils en avoyent escrit audit sieur de Ségur, qui faisoit le fascheux et difficile. Je dis que ces difficultéz ne seroyent de rien, ausquelles ils auroyent donc à ce prendre des longueurs qui en proviendroyent, veu la chose si juste et raisonnable; qui les émeust à y dépescher après disner le sieur de Bétancourt[2] exprès à Strasbourg vers ledit sieur de Ségur, et fut résolu, incontinent après le payement et les obligations et quittances expédiées, de desloger et cependant envoyer recognoistre le passage, pour en oster tous les empeschemens qui y estoyent et le nettoyer. Ce que nous les priasmes de faire, en sorte que ce fût sans aucun acte d'hostilité pour interrompre ce que nous avions négocié avec le sieur d'Aussonville et avions à négocier avec le sieur de Tantonville, qui estoit en chemin, selon

1. L'avant-veille.
2. Il était lieutenant de la cornette du comte de La Marck; voy. ci-après, sous la date du 8/18 septembre.

que nous leur avions fait entendre, comme ils nous promirent.

Je parlay aux sieurs de Clervant et de Quitry à part pour le pouvoir de la seconde levée, afin qu'ils en chargeassent ledit sieur de Bettancourt, et que c'estoit une chose très nécessaire aux deffaux que nous voyons au commencement de ce voyage, qui auroit grand besoin d'un prompt rafreschissement. Cela fait, nous retournasmes à Quatznen, où, sur le soir, ledit sieur de Bettancourt, retournant de Strasbourg, nous vint trouver, et ne nous raporta que des parolles au lieu de ce qu'il estoit allé quérir, et, voyant nostre juste mescontentement là-dessus, et qu'à faute de cela le payement demeureroit, il nous dit qu'il ne savoit que c'estoit; qu'il voyoit comme nous que tout alloit mal, et qu'il vouldroit qu'il luy eust cousté dix mil escus et qu'il n'eust jamais entré en ceste armée. Enfin nous advisasmes que, pour suppléer à leur négligence et leur oster toute excuse, j'en dresserois les minutes que je leur porterois demain, pour les expédier; ce que je priay ledit sieur de Bettancourt de dire ausdits sieurs de Quitry et Clervant et le mescontentement qu'avoit le trésorier de telles difficultéz, affin que demain cela fust fait sans faute; et, s'ils n'avoyent le cachet, ils l'envoyassent quérir toute nuict; quant à nous, que nous ne voulions plus avoir affaire avec un tel homme duquel on ne recevoit qu'injures au Prince et à nous; et qu'ils donnassent ordre à cela; qu'autrement tout demeureroit[1] à faute de payement. Après son partement je dressay lesdittes

---

1. C'est-à-dire : *demeurerait en suspens*.

minutes que je n'avois voulu dresser auparavant, pour ce que je craignois de les fere trop maigres, ou, si je les dressois avec toutes les clauses nécessaires, qu'on les trouvast trop austères.

* *

Le mardy 8ᵉ jour d'aoust[1], ayant dressé les obligations et quittances dont le sieur Stephen m'avoit prié le jour devant, je les portay moy-mesme à sa prière, pour les faire expédier et raporter, afin que cela ne retardast plus les payemens, ny le retour de Stephen, puisque, sur tant d'advertissement que j'en avois donné aux François, s'excusans sur les difficultéz dudit sieur de Ségur raportées hier par ledit sieur de Bétancourt, ils dilayoyent encores et nous donnoyent des espérances seulement, nous prians de les envoyer toutes minutées. Estant à Marlen, leur ayant baillé et leu lesdites minutes, je les priay de les faire expédier, ensemble le pouvoir de la seconde levée, afin que je remportasse le tout pour l'envoyer seurement à Son Altesse par ledit sieur Stephen, ce qu'ils me promirent de faire, ne sçachans si ce pourroit estre aujourd'huy, pour ce qu'ils avoyent affaire à Prentignac, envoyé en l'armée par ledit sieur de Ségur, duquel ils ne pouvoyent non plus jouir que de son maistre. Je leur dis encores les inconvéniens de cela, et que, sans telles expéditions, encores que les monstres fussent faites, les payemens pourroyent estre retardéz, me doubtant bien que le trésorier, bien versé en sa charge, vouldroit avoir son obligation et quit-

---

1. Le 18, *n. s.* — Le second alinéa de ce paragraphe figure, seul, dans les *Mémoires* (t. III, p. 61-62).

tances devant que payer, encores qu'il sceut bien recevoir avant que donner quittance, et que les longueurs en cela l'avoyent mis en deffiance.

Ils me remonstrèrent qu'ils n'avoyent le pouvoir, et feroyent tout ce qu'ils pourroyent envers ledit sieur de Ségur, mais qu'il leur sembloit aussi raisonnable que, pour leur descharge, ils eussent le comte de la recepte et despences, par l'arrest duquel on veid ce qui est deu et bien payé; que ce qu'ils disoyent n'estoit pour doubte qu'ils eussent que cela ne fust bien fait, mais pour leur descharge. Je leur dis que cela estoit raisonnable et qu'il seroit prest aujourd'huy, que je le priois de fere le mesme, et qu'on les bailleroit à celluy par lequel ils envoyeroyent lesdites obligations et quittances.

Le sieur de Mouy se trouva là au logis du sieur de Quitry, qu'il pressa de parler encores de son fait et sçavoir quel ordre ils avoyent donné envers le collonnel Villeneufve, afin que, quand il vouldroit marcher, puisque Monsieur de Chastillon ne venoit point, nous fussions pour le moins bien servis de ce peu d'arquebuserie qui estoit en l'armée, de bon accord selon la capitulation, laquelle nous désirions estre observée en cela et toutes choses, nous estonnans bien fort que la brèche y fust faitte si tost. Ils estoyent Monsieur le comte et trois conseillers, Beauvais, Vezines, Quitry; Clervant s'en estoit allé à autres affaires. Ils feirent venir Cormont, père de Villeneufve, auquel ils remonstrèrent en ma présence tout ce qui fut possible et nostre résolution en cela, que je leur déclaray, à quoy ledit sieur de Cormont ne pouvoit résister, si non qu'il nous dit que, quand bien il le conseilleroit à son fils, il n'en feroit rien, et qu'il ne falloit rien dissimuler ; que cela luy avoit esté promis à Basle, et que, sans ceste promesse, il ne fût jamais entré en telle despence, mais eust servi de sa personne seulement.

Lors nous cogneusmes tout ouvertement l'encloeure qui estoit cause de l'absence dudit sieur de Clervant, qui avoit fait ceste mauvaise promesse. Pour la fin, je requis d'eux une briefve résolution de cela, et que ce qui avoit esté ordonné fust exécuté sans connivence.

A l'instant je receu un billet de Monsieur de Potlitz, qui me mandoit avoir receu responce du sieur de Tantonville, que je me hastasse de retourner pour aller coucher à Saverne, où il seroit au soir, qui fut cause que, leur recommandans la résolution et exécution de l'affaire dudit sieur de Mouy (mais en vain, car je crois bien qu'il n'en avoyent point l'envie et nous vouloyent frustrer de cela, et l'expédition de l'obligation et quittances), je leur fis entendre ce qui nous pressoit de retourner pour aller à Saverne, les priant de me dire après ce que leur en sembloit. Ils firent contenence d'en estre joyeux, nous prians de fere le mieulx que nous pourrions, singulièrement pour le fait de la neutralité qu'ils nous recommendoyent de bien dresser. Sur quoy ledit sieur de Quitry dit : « Nous ferons cela, nous avons la plume en la main. » Je luy répondis que, si nous pensions que, après avoir bien travaillé et fait le mieulx qu'il nous auroit esté possible, on nous voulust desdire, nous n'yrions pas. Ce qu'ils asseurèrent ne vouloir fere, et à ma prière nous promirent de ne rien fere au préjudice de ceste négociation, sans laquelle asseurance je leur déclaray que ne voudrions aussi nous engager inutilement plus avant en cest affaire, ce qu'ils nous promirent de rechef.

Et ainsi, leur recommendant encores un coup l'affaire dudit sieur de Mouy, nous retournasmes à Quatznen, où ledit sieur de Potlitz nous attendoit pour monter en coche. Je dis au sieur Steffen l'asseurance qu'on m'avoit donné que demain tout cela seroit prest sans faute, et que de son costé il feit fere et vidimer une copie de son comte par le secrétaire Carben; qu'ils demandoyent cela et il estoit raisonnable pour leur descharge. Et après nous en allasmes, Monsieur de Potlitz, Couvrelles et moy, à Saverne, où nous arrivasmes encores les premiers. Et, estant arrivé ledit sieur de Tantonville, et avec luy le sieur de Buy et le sieur de Maurigault, secrétaire de Monsieur de Lorraine, nous désirasmes commancer à traitter après souper, pour gagner temps, mais nous ne peusmes obtenir cela dudit sieur de Tantonville, et nous pria de luy donner un peu de repos, qu'il estoit las et estoit tard, que demain, si matin que nous vouldrions, il seroit prest. Ce que nous fismes pour ne le presser davantage, nous contentans de luy avoir remonstré l'importance de la diligence, estans les monstres faites, et discouru seulement ce qui s'estoit passé depuis la responce de Son Altesse envoyée à Spire audit sieur de Buy.

*
* *

Le mecredy 9ᵉ d'aoust[1], nous traictasmes de bon

---

1. Le 19, *n. s.* — Ce paragraphe a passé à peu près textuellement dans les *Mémoires* (t. III, p. 63-70), sauf les points ci-après relevés.

matin avec lesdits sieur de Tantonville et Maurigault. Le commancement fut sur les pouvoirs; il désira voir celuy de Monsieur de Potlitz; je luy respondis que ledit sieur de Potlitz avoit esté envoyé avec lettres de créance et commandement de Son Altesse, duquel l'intercession, prières et remonstrances ne requéroyent autre chose; que pouvoir n'avoit accoustumé estre requis, sinon de ceulx qui ont toute autorité et puissance en une affaire de part et d'autre; que ledit sieur de Potlitz avoit tellement traicté de son costé avec les François, sur les articles à luy envoyéz depuis les avoir receu par Son Altesse du sieur de Ségur, que, pourveu qu'il fust venu bien et suffisamment authorisé et résolu, comme on luy avoit escrit, nous estions très asseurez de l'effect de ce que nous accorderions avec luy; qu'il nous asseurast seulement de son pouvoir. Lequel, pour nous contenter, il fit voir au sieur de Buy pour nous en asseurer, ne le nous pouvans monstrer, dit-il, puisque ne luy en pouvions exhiber. Nous passasmes par dessus ceste formalité pour venir au point; et, quant aux articles qu'il nous pria de luy monstrer encores, je le feis en original dudit sieur de Ségur, affin qu'il veid que ce n'estoit de l'esprit et mouvement de Son Altesse, qui avoit bien autre disposition à cest affaire, s'il dépendoit de son authorité.

Quant aux premiers points du passage et estapes, de la somme d'argent et neutralité, il nous confessa qu'il estoit raisonnable d'en traicter, pourveu que ce fût avec modération, mais que les autres articles estoyent de telle importance que, quand on auroit vaincu Son Altesse, on ne sçauroit plus de requérir de luy; que ceux qui les avoyent ainsi conceus avoyent fait tort à ceux ausquels ils pensoyent fere plaisir.

Je veis bien qu'il avoit communiqué avec le sieur d'Aussonville, qui nous tint tels langages, et luy dis aussi que ne voulions pas disputer de cela; que je sçavois bien que, quant à Monsieur de La Noue, qu'il l'avoit entièrement réprouvé en ma présence, ne voulant rien avoir de Son Altesse de ceste façon, mais en tout honneur et modestie; quant aux autres qui pourroyent avoir quelque intérest en l'article de la révocation des édits de Son Altesse, que cela n'estoit venu d'eux, mais dudit sieur de Ségur, lequel estant instamment requis de Son Altesse pour le soulagement de Monsieur de Lorraine, les auroit ainsy conceus pour en rendre les conclusions et accords plus difficiles, comme je le crois bien; mais que nous ne voulions arrester à cela. Qu'il nous dit en peu de paroles la dernière résolution de son maistre, qu'il estoit nécessaire de la savoir, d'autant que les monstres estoyent faittes et se parachevoyent les payemens, après lesquels il n'y auroit plus de moyen de retenir le passage de l'armée; et, quand il nous donneroit présentement de quoy nous contenter pour les trois premiers articles, que nous aurions lors moyen de luy donner aussi contentement sur les autres, et qu'ainsi il se falloit aprocher l'un de l'autre pour tomber d'accord, principalement en telle nécessité, et ayant affaire à gens si animéz, lesquels nous avions prou peine d'entretenir en ce train si longtemps, et que ce n'estoit sans en avoir beaucoup de mauvais gré, voire des injures dudit sieur de Ségur; mais que nous ne regardions pas à cela, pourveu qu'en nostre conscience nous peussions fere quelque chose de bon, espérant que de ce commancement la suite aportera encor quelque chose de meilleur.

Sur quoy il nous pria de deux choses : qu'en laissant donc lesdits articles derrière, nous voulions luy esclaircir les trois premiers et regarder à quelle modération nous les pourrions réduire. Et, ayans advisé de le contenter en cela, pour luy fere cognoistre combien nous tendions au soulagement de Son Altesse et luy fere desgorger aussi ce qu'il avoit de charge, je luy dis que, pour le passage, nous avions trouvé nécessaire qu'il fust fait par estapes dressées de vivres et chosses nécessaires, et qu'en cela nous n'avions eu autre esgard qu'au soulagement des subjets et païs de Son Altesse; que les gens de guerre aimeroyent beaucoup mieulx passer et vivre à discrétion, comme ils ont tousjours ci-devant fait, mais qu'en ce faisant sans aucune somme d'argent, nous y avions par expérience cognu de grandes forces et dommages aux subjects de Son Altesse : premièrement qu'en passants et vivans à discrétion on mangeoit et gastoit plus de bien en un jour qu'on ne feroit en tout le passage par estapes ; et davantage, que les courses et la friandise de la picorée en un si bon païs y faisoyent les séjours plus longs, ce qui croissoit la dépense et le dommage. Ausquels nous n'avions cognu meilleur moyen d'y remédier qu'en dressant les estapes convenables et journées raisonnables pour passer en diligence.

Et, pour racheter les courses, dégâts et dommages, l'obtenir des gens de guerre et les obliger le plus estroitement que fere ce pourroyent en ceste considération, leur accorder, pour le second article, une bonne somme, qui ne sera pas la trantiesme partie des dommages qu'ils feroyent en passans à discrétion, comme par le passé, qui estoyent encores à craindre beaucoup plus grands sans comparaison de personnes envenimées contre Son Altesse; considéré aussi le grand soulagement (lequel Son Altesse ne sçait à qui elle le doit) en la monstre place qui s'est faite hors ses païs, et de sorte qu'il ne reste qu'à passer en la plus grande modestie et diligence que faire se pourra. Que de modérer la somme demandée, Son Altesse n'a attendu d'en estre requis, et y a desjà pourveu par sa solicitation jusques à l'avoir modérée de près de moitié par ses remonstrances; luy faisant voir dans l'original des articles dudit sieur de Ségur qu'il demandoit la paye d'un mois à toute l'armée, que je sçavois monter à près de quatre cens mille escus; que ce ne seroit pas un escu par teste à chascun des subjects de Son Altesse, sur laquelle cela ne retomberoit seulement, mais encores en pourroit tirer quelque commodité en considération du soulagement fait à ses subjects en sa faveur.

Quant au troisiesme article, que ce n'estoit pas pour tirer parole préjudiciable, de la bouche de Son Altesse, à son honneur et affaire, voulans bien croire avec ledit sieur de Tantonville, qui le nous avoit asseuré comme le sieur d'Aussonville, que Son Altesse n'avoit fait encores et ne vouloit fere autre acte que de neutralité; mais que cela ne pouvoit estre persuadé aux François et que, si Son Altesse en faisoit difficulté, ils prendroyent ce refus pour subject de rejetter toutes nos remonstrances et le tenir tousjours pour ennemi et de la Ligue, comme ils le tiennent; et que, leur fere cognoistre et déclarer par cest article que Son Altesse est et veut demeurer prince neutre et non ennemi, est le fondement de ceste négociation pour passer par ses terres avec tout ordre et règlement possible.

Au demeurant, que nous ne pouvions asseurer, que ce que nous accorderions avec luy sera accordé et suivi par tous les gens de guerre, pourveu que la résolution en soit prisé de bonn'heure et dès à présent, s'il estoit possible.

Duquel discours ayans fait contenance d'estre satisfaits, ils nous prièrent de leur donner loisir de penser à l'offre et responce qu'ils nous vouloyent faire, et, s'estant retiréz en leur chambre, après avoir advisé là-dessus, retournèrent et nous déclarèrent qu'ils pouvoyent bien accorder le premier article moyennant deux choses : quelque temps pour dresser les estapes sur le chemin et un prix raisonnable aux vivres, et que l'armée loge à la haye[1], pour éviter les desgâts et le feu aux logis. Quant aux 200,000 escus demandéz au second article, qu'ils donneroyent librement 50,000 escus, et ce de bonne et suffisante caution. Pour le 3ᵉ article, de la neutralité, qu'ils s'asseuroyent que Son Altesse n'en feroit difficulté. Et tout cela moyennant que les autres articles fussent racléz et ordre donné que l'armée n'entrast aux terres de Son Altesse avant leur retour dans samedy prochain[2].

---

1. C'est-à-dire : *à la belle étoile*, comme nous dirions aujourd'hui. En d'autres termes, les représentants du duc de Lorraine préféraient le bivouac au cantonnement, ce qui témoigne d'une expérience déjà chèrement acquise des mœurs pillardes de leurs bons voisins les Allemands.

2. Le 22, *n. s.*

Sur quoy je leur répliquay, quant à leur offre au premier article, qu'il ne falloit point parler de prix de vivres, pour les considérations que nous leur avions alléguées, et que, du reste, on en conviendroit aisément ; quant à la somme, qu'elle estoit trop petite pour tant de gens ; qu'il falloit passer plus outre pour aprocher d'accord le plus près que fere se pourra sans plus dilayer ; que, pour la neutralité qu'ils accordoyent, que nous leur déclarions aussi présentement que nous tenions comme asseuréz de fere oster les autres articles, mais que nous les prions de nous dire le dernier mot ; que les payemens se faisoyent à l'heure que nous parlions à eux ; qu'il ne nous seroit plus possible de retarder le passage, sinon avec leur asseurée résolution ; quant à nous, que ce n'estoit de nostre disposition et mouvement que nous insistions à ce que dessus, mais que nous avions à nous gouverner entre deux partis, comme ennemis communs, pour tascher à modérer les choses de part et d'autre sur les difficultéz que nous y apercevions de sorte qu'ils tombent d'accord, leur protestant que nous désirons surtout parvenir à cela. Et, affin qu'il cogneust davantage de quel pied et affection nous y marchions, nous leur déclarasmes que, sans leur en avoir rien dit, nous avions traitté avec les François, en sorte que cest accord serviroit aussi pour leur seconde levée, fors que pour icelle Son Altesse ne fourniroit autre chose que vivres par estapes, ce que nous leur avions bien voulu déclarer amiablement affin que de leur costé ils s'accommodassent sagement au temps.

Ils nous déclarèrent rondement qu'ils n'avoyent pouvoir de passer lors plus outre, mais que, sur ce que si amiablement et ouvertement nous avions traicté avec eux, ils ne faisoyent doubte que Son Altesse passeroit outre quand il entendroit les raisons desdits articles, lesquelles ils nous prièrent d'apostiller à ceste fin en teste de chacun article, et du fait de la seconde levée, dont ils nous prièrent de leur dire naifvement ce qui en estoit, affin d'advancer l'affaire, et nostre dernier mot quant à la somme.

Nous leur accordasmes d'apostiller et le feismes ; et, de la seconde levée, les asseurasmes de ce que nous en sçavions au vray ; mais, quant à la somme, que nous ne pouvions rien changer que ne veissions la dernière résolution de Son Altesse ; que nous ne pouvions croire qu'il fût venu sans cela, veu ce que nous luy en avions escrit si expressément, et que le retardement retourneroit sur leur dommage, ayans affaire à gens qui n'oublient rien à dire sur telles longueurs.

Sur ce, ils nous protestèrent n'avoir lors pouvoir de passer outre, nous prians de leur donner terme jusques au jour de samedy[1], dans lequel ils s'asseuroyent d'aporter toute résolution pour passer et accorder toutes choses. Nous leur dismes que les payemens se faisoyent aujourd'huy et que demain on feroit les logis le long de la montagne, pour passer sammedy, et qu'il faudroit qu'il retournast nécessairement vendredy au soir[2].

Mais, ayant mesuré son chemin depuis le dix heures, le temps à faire son raport et avoir les dépesches, il nous asseura de ne pouvoir retourner le vendredy au soir ; qu'il le feroit s'il estoit possible, nous asseu-

1. Le 22 août, *n. s.*
2. Le surlendemain 24 août, *n. s.*

rant qu'il y seroit sammedy[1] aussi matin que s'il y avoit couché. A quoy enfin nous accordasmes sur une si bonne espérance qu'il nous donna de retourner avec un accord final de toutes choses, nous priant de l'asseurer aussi qu'avant ledit jour et heure de son retour l'armée n'entreroit point ès terres de Son Altesse[2]. Ce que nous leur promismes (saschans bien que plus tost elle ne pouvoit passer la montagne[3]) et, pour nous contenter davantage, ils nous promirent aussi d'envoyer ledit sieur de Buhy en toute diligence pour nous advertir dès le vendredy au soir, nous priant cependant de nostre costé pourveoir à empescher tous actes qui pourroyent interrompre un si bon œuvre. A quoy nous promismes de fere tout devoir, sur l'asseurance que nous en avoyent donné les François. Et, nous ayant baillé par escrit leurs responces et offres par escrit de leur main, et nous lesdits articles apostilléz à eux, ils montèrent à cheval et s'en allèrent en diligence, me priant ledit sieur de Tantonville de prendre la peine de dresser un estat des vivres au plus près selon le nombre de l'armée affin que ce fut autant de fait, ce que je luy promis et le fei[4].

Après disner nous retournasmes à Quatznen et trouvasmes, au-dessus de Kratzfeldt[5], le sieur de Clervant

1. Le 22, *n. s.*
2. Son Altesse ici désigne le duc de Lorraine et non Jean-Casimir de Bavière, comme d'habitude.
3. Cette restriction ne se retrouve pas dans les *Mémoires*.
4. Suit dans les *Mémoires* l'exposé d'un accord, que, du reste, Jean-Casimir avait désavoué presque aussitôt; cf. l'annotation des *Mémoires*, t. III, p. 65.
5. *Crastatt* ou *Krastatt*; avant 1871, comm. du cant. de Marmoutier, arr. de Strasbourg, Bas-Rhin; actuellement en Alsace-

en son coche qui alloit au cartier pour fere advancer ses Suisses qui ne trouvoyent plus rien où ils estoyent, lequel nous conta que, pendant que les payemens se faisoyent, le capitaine Cormont et le sieur de Mallroy, son frère[1], estoyent allé visiter la montagne pour la fere nettoyer et oster les empeschemens qui y estoyent, tant d'arbres abatus à travers que de roches roulées et de pourveoir au passage affin qu'il fust sans difficulté. Nous luy demandasmes s'ils n'avoyent point autre commandement que cela qui peust interrompre le bon train auquel nous venions de laisser la négociation de Lorraine que nous luy discoursumes entièrement comme dessus, dont il fust bien aise, espérant que ses Suisses en auroyent quelque payemant; et, nous asseurans qu'ils n'estoyent là envoyéz que pour nettoyer ledit passage, je prins occasion de changer propos et luy parler d'un gentilhomme appelé le sieur d'Espaux[2], que nous avions entendu d'autres que d'eux estre venu de l'armée de Monsieur de Guise vers le sieur de Quitry et avoir parlé à luy, luy demandant s'il le cognoissoit et que c'estoit de son voyage, afin que cela ne laissast point de soupçon aux esprits des estrangers s'il venoit à leur cognoissance. Il nous dit qu'il estoit venu vers ledit sieur de Quitry et estoit adressé à luy pour quelque négociation, ou de faire quelque surprise de place au nom du roy de Navarre,

Lorraine. — La forme fautive *Kratzfeld* doit provenir d'une confusion de l'auteur entre le nom de ce bourg et celui d'une forêt, voisine aussi de Saverne, le *Kreuzwald*.

1. Lisez : *son beau-frère;* voy. ci-dessus, p. 12, *note* 5.

2. Le sieur d'Espaux, « gentilhomme huguenot bien advisé », dit de lui La Huguerye dans ses *Mémoires* (t. I, p. 370). Il avait été autrefois attaché au duc d'Alençon, frère de Henri III.

s'il estoit mis en garnison, ou d'amener tout son régiment en l'armée, qu'il avoit apporté des lettres du roy de Navarre, qu'il estoit venu des forces de Monsieur de Guise, que quant à luy il ne le cognoissoit point et ne sçavoit que c'estoit tout cela, que ledit sieur de Quitry disoit qu'il estoit son voisin. Ils nous disoyent ce qu'ils vouloyent, et, comme ils nous avoyent de tout celé la venue de ce gentilhomme, ils nous en pouvoyent déguiser l'occasion que nous craignons, veu leurs intelligences, principalement du sieur de Quitry (auquel le roy de Navarre s'adressoit en toutes choses) qui nous estoyent desjà suspectes. Je lui dis que ce ne seroit rien qui vaille, et que la nourriture de ces intelligences-là, si libre en ceste armée, n'engendreroit rien de bon. Il adjousta que le sieur de Quitry luy avoit presté des chevaux pour passer la montagne. Je luy respondi qu'ils estoyent plus fins que nous et nous avoyent tousjours vaincu en cela, qu'il valoit mieulx user de ce que Dieu nous avoit mis en main que de telles practiques qui sont ordinairement doubles, lesquelles pourroyent nous attirer la malédiction de Dieu, que nous en craignons de mauvais effects, les priant de bien prendre garde à telles choses et ne nous laisser point mener au trébuchet[1]. Et, retombans sur nostre négociation et l'espérance que nous avions de quelque bonne fin dedans sammedy, six heures du matin, nous le priasmes encores comme le plus sage et moins passionné de tenir la main, qu'il ne se feit rien au préjudice d'icelle comme nous en avions fait promesse audit sieur de Tantonville sur leur parolle

---

1. Toutes ces explications de Clervant relatives au sieur d'Espaux ne figurent pas dans les *Mémoires* (t. III, p. 67).

et asseurance, afin que, négocians cela de leur consentement et pour leur bien et soulagement en ce qu'ils s'excusoyent de ne leur pouvoir négocier à cause de lettres et commandemans contraires qu'ils avoyent du roy de Navarre, apportéz par Beauchamp qui nous avoyent aussi fait recognoistre leurs intelligences en court, nous en receussions point de blasme.

Lors, il nous dit, sans y penser, que ce qu'on avoit fait à Pfaltzbourg [n'estoit rien][1], ce qui nous donna occasion de luy demander que c'estoit; et, ne le nous pouvant celer, il nous dit qu'il venoit du cartier de Monsieur de Bouillon, où on avoit ammené de grand matin le capitaine Stephen, gouverneur du chasteau de Pfaltzbourg, qui estoit sorti sur la parole du sieur de Cormont, qu'ils l'avoyent ammené à Monsieur de Bouillon, sans estimer y estre contrevenu pour apprendre des nouvelles des ennemis seulement. Nous luy respondismes que nettoyer la montagne et prendre les capitaines des places sur la parolle estoyent choses bien différentes; que nettoyer la montagne et ne passer pas pourtant ne faisoit point de tort à la négociation; mais, prendre les gouverneurs des places, les emmener, retenir et interroguer estoyent actes d'hostilité contre ce qu'ils nous avoyent promis; dont nous craignons un grand changement et ne doubtions pas que ledit sieur de Tantonville en auroit quelque alarme à son retour et la porteroit toute chaude à Nancy, qui pourroit tout gaster, le priant de fere renvoyer promp-

---

[1]. Les *Mémoires* (t. III, p. 68) complètent ainsi la phrase, autrement incompréhensible. — Sur l'importance stratégique de Phalsbourg, cf. une lettre de Ségur à Jean-Casimir du 25 juillet/4 août (citée *Ibid.*, en note).

tement ledit capitaine Steffen et luy faire escrire en poste à Nancy qu'il a esté renvoyé à nostre requeste sans avoir receu aucune incommodité, ce qu'il nous promit de faire par lettres si tost qu'il seroit arrivé.

Ainsi nous nous séparasmes, cognoissans tous les jours de plus en plus leur mauvaise volonté, veu que nonobstant leurs promesses de ne rien faire au préjudice de cest affaire, au mesme temps que sur ceste asseurance d'eux nous traittions à Saverne, ils faisoyent tels actes d'hostilité à la veue mesmes de ceux qui négocioyent avec nous, exprès pour rompre tout et nous faire honte; dont nous fusmes très marris, et, arrivéz à Quatznen, en feismes raport audit sieur baron qui le trouva aussi fort estrange, ayant esté fait sans son sçeu et contre leur promesse, et délibéra de leur en parler dont il me donna charge pour demain que nous devions estre ensemble au matin. A mon arrivée, le sieur Steffen me feit dire qu'il n'avoit point encores les obligations et que, quant à luy, il n'estoit pas délibéré de se désaisir des denniers qu'il ne fust garni de ses descharges, me priant d'en avertir le sieur de Quitry, afin qu'ils ne fussent ignorans du mal qu'ils faisoyent par ceste longueur, et que, encores que la monstre fut faite, les denniers ne seroyent point délivréz qu'il n'eust lesdites obligations et quictances, ce que je fei promptement, voyant l'importance du fait, et en escrivis audit sieur de Quitry. Celuy qui m'aporta mes lettres m'aporta une responce sans aucune asseurance que générale et des paroles de bravade, me remettant à demain dont je m'estonnay fort, voyant si peu de soin en telles gens de tout ce qui les touchoit de si près qu'il sembloit qu'ils n'eussent autre dessein que nous mener sans ordre à tort et à travers à une ruine préméditée, n'en pouvans que mal juger, puisqu'ils faisoyent tant de deslay en chose si juste, et promis audit sieur Steffen que j'irois demain au matin avec luy, affin qu'il veit quel devoir j'y aurois fait tant de bouche que par lettres[1].

* * *

Le jeudy 10° d'aoust[2], pendant que ledit sieur baron se préparoit pour aller au lieu assigné où se devoyent trouver les François pour faire les logis de l'armée à l'œil près et ès environs de Saverne, affin de puis après passer la montagne, j'allay de Quatznen avec le sieur Steffen à Marlen, pour avoir l'obligation et les quittances des sieurs de Clervant et de Quitry, ce que pressoit ledit sieur Steffen, voyant qu'on vouloit desloger et ne voulant passer plus outre ny faire la distribution de ses denniers qu'il n'eust ses obligations et quittances, lesquelles ledit sieur de Quitry n'avoit point encor envoyées. Nous les trouvasmes desjà partis pour aller au lieu assigné sur un haut qui regarde Saverne et le païs d'alentour, duquel lieu on devoit faire le logis à l'œil, et allasmes après eux jusques-là où, ayans parlé à eux, ils nous feirent responce qu'elles n'estoyent pas faites et que sans faute nous les aurions ce jour-là et le pouvoir, s'il estoit possible, dont je

1. Pour tout ce dernier alinéa, la version des *Mémoires* (p. 69-70) est légèrement différente. Les deux récits se complètent l'un par l'autre.

2. Le 20, *n. s.* — Le texte des *Mémoires* pour ce paragraphe (p. 70-73) est un peu moins développé, mais à rapprocher de lui pour l'exacte connaissance de ces petites intrigues. — Cf. notre *Introduction*.

leur avois baillé les minutes pour les expédier, afin qu'il n'y eust rien à redire, nous asseurans qu'ils avoyent, dès hier au soir, envoyé encores exprès à Strasbourg audit sieur de Ségur pour les avoir et nous prians d'excuser les difficultéz de cest homme là, duquel nous cognoissions les fascheuses humeurs, estans bien marris de ce que, à l'occasion de ceste poursuite si juste, il nous eust donné, comme il leur donnoit aussi pour cela, tant de subject de mescontentement, que ce n'estoit pas de Son Altesse ny de nous qu'il parloit si indiscrètement, mais de son propre maistre, de son roy, de tous princes, et, quant à eux-mesmes, qu'ils en avoyent tousjours à souffrir pour l'advancement des affaires. Je leur respondis que, quant à moy, j'estois il y a longtemps fait à telles difficultéz, que je n'avois jamais receu que le mal pour le bien et que je ne m'estois tant offencé pour mon particulier, encores qu'il me fust bien mal aisé à digérer telles indignitéz, que, pour telles injures faittes à Son Altesse contre vérité et raison, après avoir succé jusques aux os et tiré de luy plus qu'il n'estoit obligé, qu'un si mauvais commancement nous faisoit assez prévoir et craindre une mauvaise issue ; mais que j'espérois que Dieu auroit esgard à la piété et débonnaireté de Son Altesse, qu'ils, par leur très grande instance et très humbles prières, vouloyent mettre en la bourbe jusques aux oreilles, que Dieu le conserveroit et garderoit de tout danger et vengeroit de si détestables ingratitudes. Je leur parlay aussi encores du fait du capitaine Stephen, affin qu'ils le restablissent promptement pour remédier à l'interruption qui en pourroit survenir en l'affaire de Lorrainne, dont ils s'excusèrent, jettans cela sur le sieur de Cormont, et m'asseurèrent de le fere remmener à leur retour. Je parlay audit sieur de Cormont, qui m'asseura n'avoir rien fait en cela que par exprès commandement, ce qui me faisoit de tant plus recognoistre leurs malicieux desseins, principalement du sieur de Quitry, lequel, se voulant excuser du fait du sieur d'Espaux, ayant sceu dudit sieur de Cormont que j'en estois adverti, n'eust autre responce de moy si non que c'estoit un baston à deux bouts. J'aprins lors d'un amy que, sur les plaintes que j'avois fait de la prise du capitaine Steffen contre leurs promesses que, nonobstant ce qu'ils m'avoyent dit, il ne le vouloyent rendre et ne cesseroyent de rompre ceste négociation pour engager Son Altesse, en quelques termes d'inimitié et jusques à irréconciliation s'il leur estoit possible, avec Monsieur de Lorraine, et qui faisoyent d'ailleurs entendre en Lorraine par quelques Lorrains à leur dévotion, qu'on ne me voulust nommer; mais je m'en doubtay bien que, quelque mine que fist Son Altesse et ses serviteurs, il ne tenoit qu'à eux que ce ne fut fait de ceste négociation; que, s'ils y estoyent bien affectionnéz, ils n'avoyent pas quant à eux moyen d'y résister, et que ce qu'ils faisoyent n'estoit que par intelligences avec eux et pour leur servir d'excuse; et, pour preuve de cela, que tout le fruit de la guerre de Lorraine appartenoit par accord à Son Altesse.

Je tins cela secret, pour ne faire tort à celuy de qui je l'avois seu[1], qui me le fist jurer que pour ne mettre les affaires en quelque désordre par une cognoissance d'un si meschant artifice qui vérifioit de plus

---

[1]. Il l'a révélé dans les *Mémoires* (t. III, p. 74) : c'était M. de Monlouet.

et me faisoit cognoistre leur but, me résolvant pour y remédier de nous bander, au contraire ; à l'effect de ceste négociation, pour en venir à bout s'il estoit possible, ou du moins, en estans empeschéz par eux, purger Son Altesse de ces meschantes impostures-là ; faire voir clair aux Lorrains jusques au fond de ceste négociation et asseurer de ce costé-là l'Estat et affaire de Son Altesse autant qu'il me seroit possible, cas advenant que nos affaires n'eussent bon succès, comme nous n'avions pas grand subject de l'espérer. Et, comme je disois à celuy qui m'advertissoit que Son Altesse seroit bien estonné d'entendre cela, il me dit qu'ils avoyent un homme près de luy à leur dévotion, qui luy feroit trouver cela bon et toutes choses de leur part pendant nostre absence. Je luy demanday qui ; mais il ne me le voulut jamais nommer, sinon que Ségur estoit retourné en ceste espérance de faire trouver tout cela bon à Son Altesse ; par ce moyen je ne pouvois penser qui et craignons que ce fust quelque invention et ne pouvois cognoistre personnes près de Son Altesse de ceste qualité-là qui se meslast d'affaires, et me résolus de tenir tout secret et faire comme dessus, le remerciant bien fort de ses advis.

Et, après avoir faict ces logis, dont la main droite fut baillée aux reittres et lansquenetz, la gauche aux François et les Suisses au milieu au-devant de Saverne à Cratzfelds, nous retournasmes à Quatznen, où je fus esbahy que les François n'envoyoyent point encores leurs obligations et quittances. Estant jà tard, ledit sieur Stephen pria le secrétaire Carben d'y aller, par lequel j'escrivis encor un mot audit sieur de Quitry pour les luy délivrer, ce qu'il ne peut obtenir quelque instance qu'il fist et s'en retourna sans rien fere ; ce qui mist ledit sieur Steffen en grande peine et fut cause que je luy promis d'y retourner encores demain matin, nonobstant les difficultéz que j'avois receu en ceste poursuite, qui m'en devoyent assez détourner, si je n'eusse eu le service de Son Altesse en plus grande recommandation que mon particulier. Voilà comme il falloit courir après eux pour avoir choses si justes et raisonnables ; mais, je désiré[1] avoir la copie du comte[2] signé de Son Altesse, qu'ils avoyent demandé pour charge et justification de la délivrance desdites obligations et quittances, pour les porter demain au matin.

* *

Le vendredy xi[3], j'allay au matin à Marlen, où je pressay tant, en remonstrant que les gens de guerre demeuroyent à payer à faute de cela, que je les emportay avec moy, n'ayant peu encores avoir le pouvoir de la seconde levée, dont alléguoyent pour excuse les difficultéz et refus dudit sieur de Ségur, lequel, après avoir dépesché à leur instance lesdites obligations et quictances, n'avoit voulu expédier ledit pouvoir et s'en estoit allé là-dessus avec ledit cachet ; et, pour vérifier cela, ledit sieur de Quitry me monstra les lettres que ledit sieur de Ségur luy en avoit escript de sa main, par lesquelles, quant audit pouvoir, il lui mandoit pour toute raison qu'il ne vouloit jamais avoir affaire à Son Altesse, prians toutesfois de supporter ces imperfections-là et m'asseurans qu'ils feroyent faire

1. *Sic*, pour : *je désirai*, ou mieux : *je désirais*...
2. Lisez : *du compte*...
3. Le 21, *n. s.* — Ce paragraphe a passé, quelque peu réduit, dans les *Mémoires* (t. III, p. 73-74).

un cachet et l'expédiroyent de si bonne heure que je l'aurois assez tost pour l'envoyer à Son Altesse. Je leur dis que ce n'estoit pas que Son Altesse le désirast, mais que cela concernoit l'asseurance du rafreschement de l'armée, dont, pendant, nous ne pouvions et ne voulions nous reposer sur ledit sieur de Ségur, qu'ils disoyent en vouloir seul prendre la charge, saschant bien qu'il ne feroit pas mieulx qu'en la levée de ceste armée, laquelle il eust achevé de gaster du tout, si gens plus sages et advisez que luy ne s'en fussent meslés, comme ils confessèrent. Je leur communiquay nostre partement après disner, pour aller à Saverne parachever la négociation avec Tantonville, qui avoit promis de s'y trouver dedans demain, dont nous avions bonne espérance, veu les offres qu'il nous avoit faittes mercredy matin[1], pourveu qu'ils n'eust rien gasté et bien r'habillé le fait de Pfalzbourg et renvoyé ledit capitaine Steffen, comme ils nous l'avoyent promis et m'asseurèrent plusieurs fois avoir faict, afin que, s'il estoit possible, on commenceast demain à passer la montagne. Estant de retour à Quatznen, je délivray ladite obligation et quittances audit sieur Steffen et l'asseuray d'avoir délivré la copie de son compte, afin que cela ne le retardast plus et que le trésorier Wicker continuast le payement des gens de guerre, qui se faisoit lentement, attendant lesdites asseurances.

Environ les trois heures après midy, Monsieur de Potlitz, Couvrelles et moy retournasmes coucher à Saverne, pour y trouver ou attendre ledit sieur de

---

1. L'avant-veille; voy. ci-dessus, p. 76-83.

Tantonville, qui ne vint point ce jour-là, ny le sieur de Buhy, que nous espérions y devoir arriver au soir, pendant que ledit sieur de Tantonville achèveroit les affaires pour arriver le lendemain à l'heure promise; et, ne voyant ledit sieur de Buy, nous demeurasmes à doubter de quelque altération intervenue pour l'entreprise faite par les François sur Pfaltzbourg ledit jour de mercredy, dont ledit sieur de Tantonville, ayant eu cognoissance, en repassant la montagne au mesme temps, avoit donné advis à son maistre. En l'attendant, nous conférasmes et demeurasmes résolus au pis aller de prendre le sieur de Tantonville au mot pour la neutralité, le passage et estape et 50,000 écus, au cas qu'il n'aportast rien davantage, estimant un grand bien de ce passage par estapes d'entrer frais en France et éviter les maladies qui autrement se fourreroyent dans l'armée et la diminueroyent grandement, et de pouvoir donner quelque chose que nous trouvasmes en passant loger à Cratzfelds.

* * *

Le samedy XII d'aoust[1], Monsieur de Potlitz et moy estans demeuréz à Saverne, nous n'eusmes aucunes nouvelles dudit sieur de Tantonville, ny du sieur de Buy, sinon par une lettre qu'il nous escrivit et que nous receusmes environ les 11 heures, nous promettant d'estre à nous à midy; mais il ne vint point et fut retenu par les François, qui avoyent passé la montagne. Les principaux desdits François vindrent vers nous environ midy, pour communiquer avec nous de

---

1. Le 22, *n. s.* — Ce paragraphe a été presque textuellement reproduit dans les *Mémoires* (t. III, p. 74-75).

leur volonté de passer dès ce jour-là. Nous leur dismes que nous n'avions point encores de nouvelles de Monsieur de Tantonville ; que le sieur de Buy nous avoit asseuré par lettres qu'il viendroit à midy ; que nous attendrions tout ce jour-là, encores que nous eussions grand doubte qu'il ne fust empesché et que le sieur de Tantonville fût adverti de son retour par leur entreprinse dernière de Pfaltzbourg, au grand préjudice de la négociation, laquelle, veu ce qu'avons accordé mercredy[1], eust esté ce jour conclue, au grand bien des affaires et soulagement de l'armée. Pourquoy, leur passage n'estant pas encores prest, ny l'artillerie encores arrivée au cartier des Suisses pour leur délivrer et la fere monter avec eux, ils dilayèrent jusques au lendemain dimanche ; cependant Couvrelles estoit allé fere advancer l'artillerie à Cratzfelds, cartier des Suisses, pour la leur délivrer selon leur obligation, pour laquelle nous fusmes aussi, M. de Potlitz et moy, à Cratzfeld, où je fis signer l'obligation après avoir veu l'artillerie.

⁎

Le dimanche 13 d'aoust[2], comme les Suysses passoyent la montagne, Monsieur Potlitz estant demeuré attendant et voyant passer lesdits Suisses à la porte, je veis le sieur Érard avec quelques François, auquel je parlay, luy demandant qui estoyent ceulx de sa compagnie, qui me dit que c'estoit le capitaine Steffen, qu'ils menoyent encores à Pfaltzbourg contre ce qu'ils nous avoyent promis tant de fois ; et, n'ayans point

---

1. Le 19 ; voy. ci-dessus.
2. Le 23, *n. s.* — Même observation que pour le paragraphe précédent.

des nouvelles desdits sieurs de Tantonville et de Buhy, trouvasmes expédient d'aller à Pfaltzbourg pour veoir si nous en aprendrions quelque chose ; nous y trouvasmes le capitaine du Trot, que le sieur de Quitry avoit laissé dans le chasteau (duquel ils s'estoyent aussi saisis sans nous dire mot, qui nous dit qu'il ne l'avoit point veu ; autant nous en dit le *Schaffner*[1] de Pfaltzbourg que nous fusmes voir ; et, ne pouvans aller jusques à Lixen[2] ce jour-là pour ce qu'il estoit tard, nous passasmes la nuict audit Pfaltzbourg.

⁂

Le lundy 14ᵉ d'aoust[3], Monsieur le baron et partie de ses régiments monta la montagne et passa à Pfaltzbourg ; où nous estions, Monsieur de Potlitz et moy, n'ayans point des nouvelles, et allasmes avec le sieur baron loger à Lixen, où le sieur de Quitry avoit logé le soir devant et en tous les villages qui en dépendent sans avoir esgard à l'advertissement que nous luy avions donné de conserver cela apartenant à Son Altesse. Nous n'eusmes point aussi des nouvelles à Lixheim.

⁂

Le mardy 15ᵉ d'aoust[4], nous demeurasmes à Lixen

---

1. Mot allemand signifiant *pourvoyeur;* cet officier répond assez exactement à nos intendants militaires.
2. *Lixheim;* avant 1871, chef-lieu de cant. de l'arr. de Sarrebourg, Meurthe ; actuellement en Alsace-Lorraine.
3. Le 24 août, *n. s.* — Même observation.
4. Le 25 août, *n. s.* — Ce paragraphe a passé presque textuellement dans les *Mémoires* (t. III, p. 76-79), mais dans ceux-ci il est suivi d'un fort curieux « Estat des vivres nécessaires par chacun jour à l'armée dressé à la prière dudit sieur de Tantonville. »

pendant que l'armée passoit la montagne pour venir chacun en son cartier; et feis une depesche à Son Altesse par Monsieur de Potlitz, qui s'en résolut de s'en retourner de là, puisqu'il n'avoit aucunes nouvelles de Buhy, que nous seumes après avoir esté retenu par les François, et les lettres arrestées, l'empeschant de venir à nous; et, afin de cognoistre évidemment le devoir auquel Monsieur de Potlitz s'estoit mis de la part de Son Altesse, nous fusmes d'advis qu'il luy en escriroit une lettre bien ample; laquelle je luy dressay afin de luy faire voir qu'il n'avoit tenu à nous de mettre fin à ladite négociation du soulagement de ses païs, laquelle lettre je luy fis tenir par le gouverneur de Sarrebourg[1]; et, après veu passer les lansquenetz, nous vinsmes loger à Eich[2] près dudit Sarrebourg.

*
* *

Le mecredy 16 d'aoust[3], nous allasmes au matin chez Monsieur de Bouillon, qui estoit demeuré encores en son cartier près Lixen, selon que ledit seigneur nous avoit adverti par homme exprès pour adviser à toutes choses à l'entrée de Lorraine. Ledit sieur de Bouillon estoit malade, et Monsieur le comte, son frère, présida au conseil en sa place.

La première chose que feirent les François, ce fust

---

1. *Sarrebourg;* avant 1871, chef-lieu d'arr. du dép. de la Meurthe; actuellement en Alsace-Lorraine.

2. *Eich;* avant 1871, hameau de la comm. de Reding, cant. et arr. de Sarrebourg, Meurthe; actuellement en Alsace-Lorraine.

3. Le 26, *n. s.* — De ce paragraphe, les alinéas 1, 4, 5, 7 et 8 ont seuls passé dans les *Mémoires* (t. III, p. 79-89), — et alors à peu près textuellement, sous les réserves indiquées ci-après en note. — Cf. notre *Introduction*.

de demander le restablissement du conseil selon qu'il en avoit esté parlé et remis à Marlen[1]; et, nonobstant ce que nous avions tant affectueusement remonstré à part audit sieur de Clervant touchant ce qu'il nous avoit proposé des sieurs de Beauvoir et de Vezines et ce que nous en avions dit modestement en plain conseil à Marlen, ils les nous proposèrent et remonstrèrent encores opiniastrément en l'assiète dudit conseil; ce qui nous feit résoudre du peu d'espérance qu'il y avoit de bons succèz et croire qu'ils avoyent quelque chose au cœur à nostre ruine, veu le peu de confidence qu'il y auroit au conseil et à l'administration des affaires, et advisasmes ensemble que, considéré leur impudence, à laquelle n'avions peu remédier par raisons et remonstrances, et ne le pouvant plus faire que par voye extraordinaire, qui seroit de dangereuse conséquence, nous les laisserions fere sans autre forme de consentement pour ne préjudicier à nos remonstrances faites selon la capitulation; et, quand ils nous demandèrent si nous en estions content, nous trouvasmes c'est expédient de respondre qu'ils sçavoyent par la capitulation ce qu'ils avoyent affaire et que ce n'estoit à nous à leur rien prescrire davantage. Sur ce, ils les nommèrent six : Clervant, Quitry, Beauvoir, Monlouet, Digoine et Vezines[2]. Tous lesquels acceptans la charge avec dissimulation d'excuses, Beauvoir commença à dire effrontément qu'il n'ignoroit pas qu'on n'eust mal parlé de luy et mis son nom en très mauvaise odeur vers le roy de Navarre, Son Altesse et les

---

1. Le 7/27 août; voy. ci-dessus, p. 62.
2. Ils ne sont pas nommés dans les *Mémoires* (t. III, p. 79).

églises, qu'il leur estoit très humble serviteur et feroit paroistre qu'il n'avoit jamais fait autre chose que son devoir, et quiconque en avoit parlé en avoit menti et qu'il luy feroit la raison de ceste parolle; ce qu'il dit en beaucoup des propos, comme il est plus discoureur que conseiller et homme de guerre. Ledit sieur de Vezines le poursuivit, mais avec quelque modestie, disant qu'il avoit quelque occasion de parler ainsi que ledit sieur de Beauvoir, mais qu'il avoit toujours espéré que le temps descouvriroit la vérité de ses actions. Nous, ayans ouy ces propos que nous voyons tendre à querelle et s'adresser sourdement à nous sur le récit que ledit sieur de Clervant leur avoit peu fere de ce que confidement et en secret on luy avoit respondu, nous dismes que nous ne scavions pas à qui ils parloyent de telle façon au conseil, où on n'avoit jamais ouy permettre ny tenir tel langage, et pour cela ne luy pouvions-nous encores respondre, mais asseurions la compagnie que, comme ils feroyent bien, bien leur en viendroit; au contraire, sentiroyent-ils les premiers les plus grandes incommoditez de leurs fautes; qu'on ne fait point boire un asne s'il n'a soif; espérants que Dieu regarderoit au zèle et à l'affection de ceulx qui avoyent abandonné leurs maisons pour servir à sa gloire, pour les conserver et maintenir par autre voye puisqu'on voyoit si peu d'espérance d'un si mauvais commancement; que Dieu voulust tenir le choix et eslection; les prians de vouloir fere donc le serment à l'observation de la capitulation selon la forme et teneur en toutes leurs délibérations et conseils sans y contrevenir ny souffrir estre contrevenu par quiconque et en quelque sorte que ce soit. C'estoit le seul moyen qui nous restoit pour empescher les mauvais effects de leur eslection. A ceste première et tant juste requeste, après ce bel establissement de conseil fait avec des démentis, laquelle estoit la base et fondement d'icelluy, les voilà tous muets, et se regardoyent l'un l'autre. Nous les pressasmes une fois, deux fois, devant qu'ils parlassent, nous faisans enfin cognoistre par leurs excuses et tergiversations ce qu'ils avoyent il y a longtemps au cœur : de ne rien tenir de tout ce qu'ils avoyent promis. Nous leur déclarasmes que sans cela nous ne pouvions passer outre à résolution quelconque, que leur signature propre les y condamnoit, affin que là-dessus ils nous dissent leur dernière volonté, leur remonstrans que c'estoit bien loing de s'efforcer tous les jours de le fere voir en effect que d'en refuser la promesse desjà faicte et jurée par aucuns d'eux et ratifiée par le roy de Navarre, leur maistre, des voluntéz duquel nous n'attendions pas un tel changement ; que ce commancement, encores un coup, nous faisoit prévoir la ruine de l'armée, à la conservation de laquelle on avoit pourveu autant qu'il estoit possible par ladite capitulation, au lieu de laquelle ils vouloyent introduire un conseil et par la pluralité des voix nous amener à leurs résolutions préoccupées, que les six voix ne leur estoyent accordées pour destruire mais pour conserver leurs promesses ; enfin, n'y pouvans plus reculer, ils furent contraincts de lever les mains et faire la promesse à laquelle ils adjoustoyent ces mots : « tant qu'il leur seroit possible. » Je leur remonstray qu'il n'y avoit rien impossible en ladite capitulation et qu'il estoit raisonnable de faire le serment absolut et sans condition. Sur quoy, ils tergiversèrent encores. J'adjoustay que, s'ils avoient eu ce dessein, ils le devoyent dire lorsqu'ils la traittèrent, leurent et releurent, corrigèrent, signèrent et jurèrent, et qu'on eust lors, estans les choses entières, advisé à ce qu'on l'eust deu faire, non pas attendre à ceste heure, laissant couler le temps artificieusement pour enveloper tout le monde en leurs desseins; qu'ils nous faisoyent bien cognoistre, au refus qu'ils faisoyent de jurer une chose jurée en gros et en général, ce que nous en devions espérer en détail et en particulier; qu'ils avoyent eu communication de ladite capitulation à Marlen pour la voir (ceulx qui ne l'avoyent veue) signée et jurée; que les promesses estoyent réciproques; que nous avions plus fait que promis; que, si leur avions promis quelque chose dure et difficile, nous leur remonstrerions, l'occasion s'en présentant; qu'ils feissent de mesmes, et lors chacun adviseroit de son costé ce qui seroit à faire pour le bien. A la fin, ils jurèrent absolument, mais de telle sorte que nous jugeasmes bien que c'estoit de bouche seulement et que n'en devions pas beaucoup espérer, que ce que nous-mesmes ferions exécuter pour le bien des affaires et nostre conservation, cognoissans desjà bien à tous leurs propos les intelligences qu'ils avoyent et vouloyent suivre contre ladite capitulation.

Cela fait, nous entrasmes en délibération de la division des forces pour marcher à l'avant-garde et battaille, suivant ce qu'en général avoit esté résolu à Marlen, dont, en particulier, ne pouvions adviser à cause que le collonnel Bouck avoit encores ce jour-là monté la montagne et l'avions rencontré au chemin allant en son quartier; de sorte qu'il fust résolu que ledit sieur baron résouldroit avec les collonnels qui seroyent les deux régiments de reittres qui marcheroyent à l'avant-garde les premiers, un de plus forts et un de plus foibles avec le feld-marschalk, et ainsi conséquemment de logis en autre, pour lesquels deux régiments seroit donné despartement en l'avant-garde audit feld-marschalk si à propos qu'ils ne fussent pas beaucoup esloignez de ceux de la bataille, derrière laquelle le cinquiesme régiment demeureroit en forme d'arrière-garde, si besoin en estoit, avec l'infanterie qui seroit tirée de la battaille ou avant-garde à cest effect; d'avantage, qu'en faisant le logis de l'armée les mareschal de camp et feld-mareschal, après avoir veu quels villages seroyent propres à fournir de vivres aux Suisses, que nous préférions à toute l'armée (scavoir trois villages s'ils estoyent grands, quatre ou cinq moyens, six petits); ils regarderoyent ensemble, ayant fait le logis de toute l'armée, de quelles bicoques, chasteaux, bourgs et villages et autres lieux ès environs d'icelle, on pourroit tirer argent, munitions et vivres pour l'armée, principalement aux séjours pour sur ce en estre ordonné par conseil selon la capitulation; que tous butins et rançons on prendroit le cinquiesme pour l'armée; dont ledit sieur baron fut prié d'advertir les collonnels et le sieur Wicker pour en faire la poursuite, comme les collonnels feroyent de leur costé, affin qu'il n'y eust point de contrediction. Nous parlasmes aussi encores du fait du sieur de Mouy, lequel fut confirmé pour résolu, ainsi qu'il avoit esté à Marlen; ce que les François feroyent exécuter au premier jour et chemin de l'armée.

Après ces reiglemens, les conseillers françois

vindrent au gros de leur intention, pour laquelle ils avoyent fait establir et assembler le conseil et feirent la proposition de la guerre en Lorraine par ledit sieur comte, et, pour nous y exhorter, nous feirent bailler une lettre surprise par ledit sieur de Cormont de Monsieur de Lorraine à son bailly de Nancy, commandant tous actes d'hostilités contre nous et nous feirent communiquer par ledit sieur de Quitry une lettre qu'il disoit luy avoir esté escrite par le roy de Navarre et apportée par Beauchamp, qui portoit commandement de faire la guerre en Lorraine, nous remonstrans qu'il ne falloit plus rien espérer de Monsieur de Lorraine. Sur quoy estans venus les François aux voix, ils discoururent[1] amplement tous l'un après l'autre : que ledit sieur de Lorraine estoit en bref le chef de la ligue, l'autheur de tous leurs maulx et le nourrisson de la guerre en France ; qu'il aspiroit par ses practiques et armes à la courronne de France ; que, sans son authorité et moyens, ses cousins[2] n'eussent jamais rien osé entreprendre ; qu'il estoit caution de leurs promesses et traictez avec le roi d'Espagne ; que d'ailleurs nous voyons par ses lettres sa résolution de nous empescher et ruiner ; et tousjours se targeoyent de ce commandement du roy de Navarre, lequel seul ils disoyent devoir suffire, quand il n'y auroit autre raison, et

1. La Huguerye donne dans les *Mémoires* les noms des premiers « discoureurs » : Quitry, Beauvoir La Nocle, Vezines, le baron de Digoine, auxquels va s'ajouter (ici même) avec plus de violence M. de Clervant ; ce qui semble donner à son ami M. de Monlouet un rôle à moitié lorrain, qu'il ne tenait pas à faire connaître au duc Jean-Casimir (voy. ci-dessus, l'*Éphéméride*, p. 89-91, sous la date du 10/20 août). — Cf. notre *Introduction*.

2. Les Guises, issus d'un fils puîné du duc René II, aïeul du duc Charles III, alors régnant en Lorraine.

là-dessus conclurent tous à qui mieulx mieulx au feu, à l'eau et au sang avec telle résolution que nous pensions desjà voir la Lorraine ruinée.

Le sieur de Clervant adjousta à son opinion là-dessus, plus que les autres, qu'il ne s'estimoit point, ains ne pouvoit que grandement louer le bon naturel de Son Altesse, qui ne pouvoit oublier une amitié si bien et de si longtemps bastie avec Monsieur de Lorraine, son parent, son amy et son voisin; dont il pouvoit mieux parler que les autres, en ayant esté tesmoing, et eu cest honneur d'estre nourri auprès de ces deux princes, mais qu'il croïoit aussi que, pour ce respect-là, Son Altesse ne vouldroit empescher le bien de leurs affaires, qui requéroit telle conclusion bien qu'elle fust hors de la capitulation, comme Son Altesse l'avoit touché en sa responce; de laquelle capitulation, néantmoins, on pourroit tirer en conséquence ceste entreprise; qu'il estoit très humble serviteur de Monsieur de Lorraine et bien marri de voir entrer le mal si avant, luy estans particulièrement obligé de sa délivrance dernière, mais que, veu le commandement exprès du roy de Navarre son maistre, il avoit la bouche close, et, n'y pouvant contredire, ayant spécialement, plus que toute la compagnie, cognoissance d'une plus grande occasion qu'a ledit sieur roy de Navarre de se prendre du malheur présent à Monsieur de Lorraine, lequel, pendant que, pour entretenir ledit sieur roy de Navarre, le sieur de Malroy son frère, du consentement dudit sieur duc, négocioit naguères et peu avant ce trouble au maire de Marsaul[1] le mariage

---

1. Corrigez : *Mont-de-Marsan*, conformément au texte des *Mémoires* (t. III, p. 82).

de Madame la princesse de Navarre[1] pour Monsieur le marquis son fils[2], auquel ledit sieur de Clervant en particulier s'affectionnoit et faisoit tout ce qui luy estoit possible envers le roy son maistre, ledit duc de Lorraine sollicitoit d'ailleurs la Ligue, en laquelle il est entré contre luy et pour sa ruine particulière, laquelle insincérité avoit tant offencé le roy de Navarre qu'il sçavoit qu'il ne l'oublieroit jamais; nous priant à ceste fin, pour la conclusion de son propos, de ne faire difficulté en ceste résolution, de laquelle le profit en reviendroit à Son Altesse, et d'en dire nostre advis et volonté.

Sur quoy, par advis prins ensemble, nous remonstrasmes pour le bien des affaires tout ce qu'auparavant avoit esté respondu par Son Altesse et ce que nous sentions desjà d'incommoditez de leur pas à ceste résolution. Sur le commandement et intérest, nous dismes qu'il l'avoit peu faire et déclarer lors de la capitulation; à quoy on eust respondu que ces lettres et prétendu commandement estoyent comme une surprise les armes en main, mais que, ladite capitulation ne portant rien de ceste guerre, comme il n'en avoit aussi jamais esté traitté et parlé, quoy que die ledit sieur de Clervant en conséquence de quelque article, aussi n'estoit-il raisonnable de l'excéder, veu nommément les incommoditéz très grandes et peu de fruict de

1. Catherine de Bourbon, sœur du roi de Navarre, dont Mme la comtesse d'Armaillé a écrit la vie.
2. Henri de Lorraine, d'abord titré *marquis de Pont-à-Mousson*, puis *duc de Bar*, qui épousa en 1599 cette même Catherine de Bourbon, après beaucoup de mariages manqués de la part de celle-ci, entre autres celui qu'elle désirait, avec son cousin le comte de Soissons.

ceste guerre, qui estoit ce qui avoit fait affectionner Son Altesse à la négociation de Lorraine avec leur consentement (contre lequel ils l'avoyent tant traversée et mesdit de ceux qui s'y employoyent) avec l'amitié qu'il a occasion de porter à Monsieur de Lorraine, lequel on n'a point encores veu armé contre ce parti, sinon autant que leurs menaces et actions luy ont contraint pour sa conservation, ainsy que ses serviteurs le nous avoyent déclaré de bonn'heure (ce qui estoit dit, non pour justifier ledit sieur de Lorraine, mais pour la vérité[1]); que nous avions assez d'ennemis sans en faire davantage; qu'il estoit prince d'Empire et libre pour favoriser ses parens avec telle raison et plus grande que l'on n'avoit d'ayder au roi de Navarre, sans toutesfois vouloir pour cela entrer en guerre contre personne du monde; qu'ils sçavoyent davantage les exceptions de la capitulation des collonnels qui excluoit de leurs armes l'Empire et les princes et estats d'iceluy[2], et chacun collonnel, particulièrement son prince et seigneur féodal, y en ayant parmy les nostres aussi de ceste qualité-là[3], de l'intérest très grand de tous lesquels il y alloit en ceste entreprise qui nous mouvoit avec toutes les raisons précédentes de ne pouvoir pas consentir à leur résolution.

Ils feirent sur nostre responce des grandes instances pour tirer de nous ce consentement, mais en vain; et,

---

1. Cet entre-parenthèses n'a point passé dans les *Mémoires* (t. III, p. 83).

2. « ... quel est (*ce qu'est*) le sieur duc de Lorraine,... » ajoutent les *Mémoires* (t. III, p. 83). — Cf. notre *Introduction*.

3. Au lieu de cette phrase, on lit celle-ci dans les *Mémoires* (t. III, p. 84) : « ... quel est ledit sieur duc de Lorraine, du colonel Dommartin,... » — Cf. notre *Introduction*.

n'ayans peu avoir autre chose de nous, ayans plus d'esgard aux collonnels présans qu'au bien, seurté et conservation de Son Altesse absent, résolurent seulement que ledit sieur baron en communiqueroit ce jour mesmes ausdits sieurs collonnels, affin d'entendre demain ce qu'ils auroyent à dire là-dessus pour respondre promptement si on assiègeroit Sarrebourg ou non.

Nous feusmes advertis que ledit sieur de Buy estoit là, mais nous le veismes point et l'envoyasmes cercher pour parler à luy et savoir au vray à quoy il avoit tenu que ne l'avions peu revoir à Saverne, comme il nous avoit promis et escrit. Ledit sieur baron pria le sieur de Couvrelles de sçavoir de Monsieur de Clervant ce qu'il y avoit au vray d'espérance au faict de Lorraine et le prier qu'il considérast bien ce que nous avions remonstré ; à quoy il avoit entre tous les François plus d'intérest. Couvrelles récrivit qu'il luy avoit dit qu'il n'y avoit point d'espérance et que Monsieur de Guise avoit tout rompu[1]. Et, pensant ledit sieur de Clervant nous gagner par cela, nous envoya Monsieur de Buy à Eich, lequel nous dit bien que Monsieur de Guise estoit intervenu qui l'avoit empesché, mais que Monsieur de Lorraine et tous les Lorrains, excepté trois[2], y estoyent tous affectionnéz, jusques aux dames et damoiselles, qui offroyent tous leurs joyaulx pour destourner cest orage de leur pays ; ce qui nous devoit, au contraire de l'opinion du sieur de Clervant, affec-

1. Cf. l'intéressante note ajoutée par l'éditeur des *Mémoires* (t. III, p. 85), en manière d'éclaircissement.
2. Ils sont nommés dans les *Mémoires* (t. III, p. 84) : MM. de Rosne, de Pange et de Bassompierre. — Cf. notre *Introduction*.

tionner davantage à ceste négociation et non pas l'empescher en secondant en cela les conseils de Monsieur de Guise, qui la craignoit tant; ce qui nous meut, — ayant apris de luy comment et pourquoy les François l'avoyent retenu et empesché de venir à nous et ses lettres de passer, — de le prier de fere encores un voyage à Nancy pour advertir Son Altesse[1] de la résolution ouverte des François à la guerre contre luy, laquelle nous ne pouvions plus empescher ni le siège de Sarrebourg s'il ne mettoit à fin ceste négociation, le prians de faire diligence; ce qu'il nous promit, et print des chevaux de poste dudit gouverneur de Sarrebourg, mais à son retour il fust encores une fois empesché par les François de venir droit à nous près Blamont. A l'issue du conseil, Monsieur de Bouillon me pria de monter en sa chambre, où il se plaignit fort à moy, à l'instance du sieur Kettler[2], de ce qu'on différoit à faire la monstre de ses deux cornettes et les payer comme les autres, me priant d'en parler audit sieur baron et d'y tenir la main, d'autant qu'ils estoyent levez et venus sur parolle et que cela luy pourroit nuire à l'advenir. Je luy dis que je n'y fauldrois pas, mais qu'il me sembloit qu'il leur devoit faire faire monstre avec les autres; que j'avois ouy dire qu'il y avoit fort peu des reistres en ses cornettes et qu'on jugeroit qu'il auroit attendu si tard pour les remplir des autres; qu'il seroit meilleur, puisqu'il y avoit si peu des gens, de n'en fere qu'une cornette; qu'aussi bien scavois-je, pour ne luy rien dissimuler, qu'il y

1. C'est-à-dire le duc de Lorraine.
2. Kettler ou Ketler, gentilhomme du duc de Bouillon, originaire du duché de Clèves (*Mémoires* de La Huguerye, t. II, p. 222).

avoit fort peu d'argent de reste et qu'il n'y avoit pas pour faire leur monstre, mais seulement un prest attendant qu'on achevast à les payer des premiers denniers. Il insista néantmoins tant sur cela qu'il voulust la monstre estre faicte à son plaisir, et leur fut après disner baillé des commissaires qui trouvèrent après disner cent chevaux multipliez en cinq cens cinquante, tant le mesnage leur estoit en affection[1].

Estant de retour à Eich, je dressay les extraicts du conseil de ce qui devoit estre communiqué aux collonnels, dont leur fut en outre baillé par ledit sieur baron un mémoire pour y bien adviser entr'eux, affin d'en respondre demain au conseil, comme nous avions fait ce jour-là de nostre costé et adverti ledit sieur baron de leur bien remonstrer qu'estans seuls et non apuyéz de l'authorité d'aucun prince qui print leurs affaires en main pour les maintenir, ils avoyent à bien regarder et pourvoir d'eux-mesmes à leur conservation et affaire autant qu'il leur fust possible, affin de ne s'en prendre à autres qu'à eux-mesmes s'ils n'y faisoyent leur devoir comme luy, qui jusques icy y avoit travaillé de tout son cœur mais ne pouvoit seul, avec toute l'authorité qu'ils luy avoyent donnée, empescher le mal s'ils ne luy aydoyent et qu'ils advisassent bien ; ce qu'il feit affin de descharger Son Altesse en tous événemens de leurs recours à luy en leurs affaires. Le pouvoir pour la seconde levée me fut baillé ce jour-là

1. Le texte des *Mémoires* (t. III, p. 86-87) est, pour cet alinéa, très différent de celui de notre *Éphéméride,* sans le compléter du reste d'une façon appréciable ; car, le résumé du conseil de guerre, où est discuté le plan de campagne entre Dohna et les officiers allemands, qui contient ce passage, se retrouve ci-après dans l'*Éphéméride,* sous sa vraie date du 17/27 août.

audit conseil, ne l'ayant peu avoir plus tost à cause dudit sieur de Ségur, qui le refusa et dit ne vouloir pas avoir affaire à Son Altesse, à laquelle je feis une dépesche, que je luy envoyay avec ledit pouvoir par son *Schaffner* à Lixen. Il fust aussi derechef donné charge aux sieurs de Beauvoir et Vezines de dresser les reiglements et ordonnances générales de l'armée pour les fere publier et observer soigneusement. Je baillay audit sieur de Clervant les minuttes des estats et apointemens dudit sieur baron, des officiers généraulx et autres de l'armée pour les expédier au commancement de la guerre selon ladite capitulation.

⁎

Le jeudy 17 d'aoust[1], nous séjournasmes encores à Eich et ès environs de Sarrebourg, et fusmes au conseil au cartier, où Monsieur de Bouillon s'estoit aproché de nous, et avec nous les collonnels ausquels nous avions dès hier communiqué la résolution des François de faire la guerre à toute outrance en Lorraine[2]; à quoy nous n'avions voulu consentir, tant pour ne rien faire au préjudice de nos capitulations que pour éviter la ruine évidente de l'armée, afin qu'ils advisassent de leur costé à tenir aussi roide à ce qui les touche là-dessus et le bien remonstrer audit conseil selon le mémoire

---

1. Le 27, *n. s.* — Ce paragraphe a passé presque textuellement dans les *Mémoires* (t. III, p. 83-93); cf. la précédente note.

2. Sur cette résolution, cf. le *Discours de ce qui s'est passé en l'armée étrangère*,... de François de Coligny-Châtillon (impr. par le regretté Jules Delaborde à la suite de la biographie de ce personnage, 1886, in-8º, p. 469-491); la lettre de Quitry du 26 décembre 1587 (5 janvier 1588, *n. s.*), ci-après, nº II de l'Appendice; le Mémoire anonyme, attribué par nous au même Quitry, *ibid.*, nº IV; celui de des Réaux, *ibid.*, nº VI.

qui luy avoit esté baillé par ledit sieur baron, affin d'éviter par une commune résolution aux inconvéniens généraulx et particuliers qui nous menaçoyent à l'occasion de ceste entreprise, leur déclarant tout ouvertement que, s'ils ne luy aydent en cela, il ne peust seul empescher les François par ses remonstrances d'exécuter leurs desseins ; qu'ils n'ont pas un prince de l'authorité seule duquel leurs affaires se peussent conduire et qu'il faut qu'ils aydent à bien faire leurs affaires ou qu'ils souffrent le mal entier de leur connivence sans s'attendre à l'authorité ny secours de prince quelconque, puisqu'il n'a pleu à Dieu en disposer un seul d'entreprendre ce voyage et leurs affaires ; qu'il ne tiendra pas à les advertir à toutes occasions de ce qui semblera bon ou nuisible à leurs affaires, pourveu qu'ils veuillent faire l'un et faire l'autre sans se laisser par un d'eux persuader à autre chose. Ces remonstrances leur estant faillies, non sans cause, tant pour n'avoir point de prince à qu'ils eussent recours que pour y en avoir entre eux que les François practiquoyent pour nous empescher ce moyen et dernier remède des affaires ; nous entrasmes au conseil, qui fust tenu soubz un arbre devant l'église à cause de la maladie dudit sieur de Bouillon.

La première chose que feirent les François fust de proposer l'entreprise de Sarrebourg, puisque toute l'armée avoit passé la montagne et arrivée en ses cartiers, affin de ne perdre temps et poursuivre aussi après partout où le chemin de l'armée et l'occasion s'adresseroit. Sur quoy, nous, ayans prins advis ensemble et voyant qu'ils nous vouloyent faire danser malgré nous, leur remonstrasmes que ce n'estoit point chose résolue, sinon entre eux, et qu'ils sçavoyent bien ce qui leur avoit esté hier par nous remonstré sur cela et le renvoy du sieur de Buy à Nancy; que ne pouvions consentir à ceste résolution-là tant pour le bien des affaires générales qui ne se pourroyent plus faire en France, où les églises demeureroyent en croppe, quand ceste armée auroit esté consommée en Lorraine pour affoiblir la Ligue et asseurer les affaires de l'Estat, auquel ils regardoyent plus davantage pour le respect particulier des gens de guerre qui n'avoyent esté levéz pour cela et avoyent en leurs capitulations des exceptions du tout contraires ausquels nous avions esté priéz d'en communiquer devant que passer oultre. Cependant, nous estions advertis que, contre ceste résolution, le sieur de Quitry, [qui] nous vouloit tacitement embarquer en ceste guerre, que plus que tous il affectionne, auroit de son authorité privée sommé ladite ville de Sarrebourg (dont il s'excusa, appellant ceste sommation une signification seulement faicte à ceulx de la ville de fournir vivres à l'armée); que les collonnels estoyent avec nous pour remonstrer de leur part ce qu'ils avoyent arresté ensemble sur ce point, comme ils feirent lors par escrit en quatre articles, qui contiennent sommairement : quant au premier, que s'amuser à faire la guerre en Lorraine est du tout préjudiciable au service pour lequel ils ont esté levez, se fourrant desjà par la nécessité des vivres de grandes maladies à l'armée, et, si telles incommoditéz continuent, comme il est à croire, par un séjour en Lorraine, que leurs cornettes deviendront si foibles en peu de temps qu'elles ne pourront plus servir en France, tant par les maladies que retraictes de plusieurs, estans en païs si voisin du leur, s'asseurans que les gens de pied n'estoyent pas en meilleur estat; le deuxième article, que leur *Bestallung*[1] porte précisément des exceptions esquelles la Lorraine est comprinse, ayans à craindre des grands inconvéniens si on les y arreste, voyant bien à l'exemple de la poursuite que fait un gentilhomme contre le régiment de lansquenets ce que peut fere un prince contre eux, au danger de ne pouvoir après librement retourner en leurs maisons, où ils sont desjà assez tormentéz pour raison de ce voyage; le troisième article, que leur retour de France en Allemagne en seroit du tout incommodé et empesché d'autant qu'ils auroyent à repasser foibles par un païs ennemi ou après sans arquebuserie ne se pouvans plus asseurer d'estre conduits à leur retour comme on leur a promis, puisqu'on leur a mancqué de promesses en tant des choses à l'entrée de ce voyage; le quatrième article, que, quand bien on n'auroit esgard à ces raisons tant pugnantes et autres qu'on laisse pour estre assez cognues et que nonobstant icelles on les vouldroit presser de passer outre en ce dessein, si est ce qu'on ne le pourroit que premièrement on ne leur eust donné claire asseurance de leur desdommagement et garentie en cas de recherche à cause de ceste entreprinse, ce qui n'estoit aucunement en leur puissance quand il ne suffiroit mesmes aux moindres choses qu'ils ont promises, les prians à ceste occasion de laisser cela et regarder à les mener à faire le service pour lequel ils sont levéz en France le plus tost que fere se pourra sans s'arres-

---

1. Ce mot a déjà été expliqué; il signifie *brevet de nomination*.

ter, consommer en Lorraine et se ruiner au milieu de tant d'incommoditéz qu'ils reçoivent desjà à l'entrée. Et après ils se retirèrent.

Ces remonstrances empeschèrent fort les François, voyant qu'ils n'y pouvoyent respondre ne satisfaire; mais ils trouvèrent incontinent un expédient de fere ce qu'ils vouloyent et de contenter les collonnels, leur faisant entendre, par le sieur de Dommartin, que leur intention n'estoit que pour avoir des vivres, lesquels Monsieur de Lorraine auroit tous fait retirer dans les villes; qu'il falloit en avoir ou mourir de faim, et que, en ce faisant, ils se comporteroyent de sorte qu'il n'y auroit aucune violence, mais que par l'apréhension du canon et de la force ils amèneroyent ceulx de Sarrebourg à ceste résolution de leur fournir vivres et nécessitéz. Je veis bien que c'estoit un artifice pour faire taire les collonnels et faire cependant obliquement ce qu'ils désiroyent, et le remonstray à ceulx qu'il apartenoit. Mais les collonnels ne pressèrent plus pourtant et se laissèrent aller; de sorte que, sans nous y pouvoir plus opposer seuls, il fut résolu au conseil d'envoyer ainsy presser la ville: premièrement, à faire toutes choses à la discrétion de Monsieur de Bouillon; et, si par ce moyen ils commençoyent à venir à composition, leur demander XII^M escus, des vivres pour deux jours, quarante chevaux d'artillerie et autant pour les vivres avec toutes leurs pièces de fonte, poudres et armes pour armer les François désarméz; ce qui fut baillé en charge au sieur de Couvrelle, et de leur dire qu'ils eussent à se résoudre là-dessus dedans midy; autrement on useroit de la force. Ledit sieur de Couvrelles raporta n'avoir peu rien fere, penchant un peu du costé des François et désirant tirer profit de son artillerie ; de sorte que les François résolurent de faire la nuict l'aproche de l'artillerie et la leur monstrer à la diane pour les mener à composition sans violence, comme il fust faict et ordonné que toute la cavallerie et infanterie se trouveroit en armée à la diane autour de la ville pour faire mine de la vouloir forcer.

Les François, pour nous amorcer à la guerre en Lorraine, pressez du capitaine du Trot de le retirer au chasteau de Pfaltzbourg, le voulurent mettre entre nos mains. Nous, voyans l'artifice et la conséquence à laquelle ils tendoyent, ne voulusmes le recevoir, les prians de considérer en cela de quoy leur servoit ceste guerre, ne sçachans que faire des places après les avoir prises et de le remettre ès mains du capitaine Steffen ; ce qu'ils ne voulurent fere pour la réputation, disoyent-ils, mais entre les mains des habitants, qui estoyent la pluspart de la religion, lesquels, pour estre bien traictez du capitaine Steffen, ne faudroyent de luy les rendre.

*
* *

Le vendredy 18° d'aoust[1], estans encore à Eich, nous ouïsmes l'alarme environ les trois ou quatre heures après minuict vers le cartier du collonel Bouck, que le sieur de Rosne et autres capitaines [attaquèrent] avec

---

1. Le 28, *n. s.* — Ce paragraphe a passé à peu près textuellement dans les *Mémoires* (t. III, p. 93-98). Pour l'événement qui y est raconté, cf. Claude de la Châtre, *Discours contenant les faits... de l'année 1587* (Paris, D. Millot, 1588, petit in-8°), p. 8 ; et *Mémoires de ce qui s'est passé en l'armée du roy de Navarre, du 23 juin au 13 décembre 1587* (dans le Recueil A-Z ; Paris, 1745-1761, 24 vol. in-12 ; lettre G, p. 204).

bonne trouppe de cavallerie et infanterie. Et en ayant ledit collonnel peu auparavant esté adverti tant par le bruit qu'ils faisoyent, qui s'entendoyent de loin par le silence de la nuict, qu'autrement; ils le trouvèrent à cheval, les attendant au devant de son cartier en bonne dévotion. Le combat fut rude et la charge furieuse, en laquelle ledit collonnel perdit son cartier-maistre et trois autres et quelques blesséz, mais il eust sept prisonniers, et plus de cinquante demeurèrent sur la place qui avoyent tous mine de vieulx soldats, et plusieurs blesséz qui se retirèrent à Fénestrange[1], maison du marquis d'Havré[2], et plusieurs escartéz, dont quelques-uns furent trouvéz cachéz ès villages près Lixen; et, si les François eussent fait loger de l'arquebuserie près d'eux, comme ils y estoyent obligéz, ledit collonnel eust eu moyen de fere un beau coup. Cependant que ledit sieur baron alloit voir plus outre que c'estoit, il me renvoya du cartier du feld-mareschal, aprochant le jour à Sarrebourg pour en son absence estre présent à toutes choses et veoir que violences ne fussent faites selon la promesse d'hier, tendant seulement à avoir vivres, argent, munitions et commoditéz qui avoyent esté portéz des villages dans la ville.

Je me hastay pour y estre de bonne heure présent

---

1. *Fénestrange* ou *Fénestrange*; avant 1871, chef-lieu de cant. de l'arr. de Sarrebourg, Meurthe; actuellement en Alsace-Lorraine.
2. Charles-Philippe de Croy, d'une illustre famille brabançonne, né en 1549. Dans les troubles des Pays-Bas, il avait pris parti pour le roi d'Espagne contre les *gueux*. Il avait un commandement dans l'armée, que le duc de Parme menait alors en Lorraine. — *Maison* semble devoir être pris ici dans le sens de *quartier-général* plutôt que dans celui de *propriété*.

au traicté et trouvé[1] le *Schaffner* de Lixheim en chemin qui venoit, comme je luy avois dit, pour conserver sa maison, dans laquelle estoyent les comptes, papiers, instrumens et enseignemens des affaires de Son Altesse, lequel je menay avec moy, comme je luy avois tousjours asseuré, si tel cas adviendroit, et, ayant tournoyé la ville pour aprocher par le chemin par lequel on avoit mené l'artillerie, j'arrivay au cartier des Suisses et trouvay que la ville s'estoit desjà rendue par composition, laquelle on avoit fait sans nous attendre contre ce qu'on devoit et qu'on avoit promis, dont je feis plainte; mais ils me respondirent qu'ils avoyent prins l'occasion aux cheveux, s'asseurant que nous l'aurions agréable pour éviter à la violence, encores qu'ils n'eussent point parlé des vivres par la composition qui avoit esté hier leur couleur et les eussent du contraire excepté. J'entray dedans et menay ledit *Schaffner* avec moy, où je commancay à voir beaucoup des désordres contre la capitulation; soubs couleur de cercher les armes par les maisons, on y desroboit tout ce qu'on pouvoit, de sorte qu'au lieu de 400 musquets et harquebuses et 200 corselets de Milan et picques qu'il y avoit tant des soldats de la garnison que des habitans, on n'en peust mettre ensemble 100 arquebuses et 80 corselets. Tost après, je veis entrer Monsieur de Bouillon ayant avec luy, au lieu de sa compagnie et maison, plus de 1,000 chevaux et 500 hommes de pied; ce qui me feist haster d'aller au logis dudit *Schaffner*, lequel je feis marquer et réserver.

Et, voyant si grande compagnie, contre la promesse

1. *Sic,* pour : *je trouvai...*

qui ne faudroit à y faire du désordre, je le remonstray audit sieur de Bouillon et ce qui se passoit desjà dans la ville, ayant eu beaucoup de peine à garder ce peu d'armes pour les bailler au sieur de Mouy afin d'en armer ses gens, d'autant qu'on les avoit desjà retiré ailleurs pour les bailler à d'autres. Ledit sieur baron y arriva, mais, n'y voulant entrer, voyant les désordres et les Suisses qui vouloyent forcer la ville, en laquelle ils avoyent veu entrer tant des François contre leur promesse, et tout le monde en tirer et jetter par dessus les murailles tout ce qu'il pouvoit; ce que je remonstray encores en vain, requérant, selon que ledit sieur baron m'avoit escrit, puisqu'on y procédoit de telle façon contre la promesse sans ordre quelconque et que la maison et gardes dudit sieur de Bouillon faisoyent le plus de mal et d'insolence, qu'au moins on réservast des vivres pour les Allemands qui estoyent à la campagne, comme hier on leur avoit faict entendre; ils avoyent ce qu'ils désiroyent, sans avoir aucun esgard à cela, chacun ne s'amusant qu'à faire bonne chère et fouiller son logis; qui fust cause que, après avoir disné avec ledit sieur de Mouy et luy avoir fait délivrer lesdites armes, je feis encores une plainte en vain, craignant quelque désastre à cause de désordre. Et, comme j'allois et venois par les rues pour fere ce qui me seroit possible, les Allemands reistres, voyans les François jetter les meubles par dessus les murailles à leurs gens qui estoyent dans les fossez, s'adressèrent à une porte vers le cartier où estoit campé le régiment de Fritz von Werren[1], laquelle ils forcèrent et emmenèrent tout le bestail à corne, y entrans en telle foule que je pré-

---

1. Lisez : *Verren;* cf. les *Mémoires* de La Huguerye.

voyois un meurtre évident, dont j'adverti les François, me plaignant à ceux que je rencontrois de ces désordres, leur remonstrant que ce n'estoit pas là le moyen de conserver ainsi l'union de l'armée en bandant ainsi les nations l'une contre l'autre pour le pillage à faute d'ordre pour empescher le mal, qui estoit venu si avant qu'on en estoit aux armes, et desjà un des gardes dudit sieur de Bouillon et un sien laquais irrlandois avoyent esté tuéz. Pour quoy je montay à cheval et m'en allay au cartier pour donner ordre que du moins nos reistres et lansquenetz n'entreprinssent rien davantage ; comme ils ne feirent sur la promesse qu'on leur donna de leur bailler des vivres ; dont ledit sieur baron escrivit incontinent au sieur de Bouillon, affin qu'il y voulust donner ordre ; qu'autrement on ne pourroit pas empescher les reistres et lansquenetz d'entrer en la ville comme les autres ; et, ayans faict retirer tout le monde d'auprès de la ville, nous retirasmes au cartier.

※
* *

Le samedy 19 d'aoûst[1], nous receusmes de gran matin responce de Monsieur le comte de La Marck, au lieu de Monsieur de Bouillon, qui dormoit, pour le fait de l'ordre que nous l'avions prié de donner meilleur à Sarrebourg, tant pour les vivres qu'autres choses, dont nous asseurant, il prioit ledit sieur baron d'y aller et mener avec luy les *Proviand-maistres*[2] des régimens ;

---

1. Le 29, *n. s.* — Ce paragraphe a passé à peu près textuellement dans les *Mémoires* (t. III, p. 97-107), sous les réserves faites ci-après en note.

2. *Proviant-meister*, en allemand, maîtres des approvisionnements, sorte de fourriers.

mais, n'y ayant voulu entrer auparavant pour les désordres commis contre la parole, il s'en excusa et y envoya lesdits *Proviand-maistres;* qui fut cause que ledit comte vint vers luy à Eich, et avec luy les sieurs de Vezines, de Monlouet, de Lurbigni et Villernoul. Et fut entre nous résolu : pour les vivres, qu'ils seroyent délivréz auxdits Prouiant maistres, lesquels ils nous asseurèrent estre desjà dans la ville; quant aux munitions qui estoyent dedans, environ cinq milliers de poudres, que le sieur de Couvrelles les feroit charger; pour les chevaux d'artillerie, qu'il estoit aussi après et en y avoit bien 120, mais ils avoyent prins les meilleurs; pour les armes, qu'elles avoyent esté délivrées au sieur de Mouy pour achever d'armer son régiment; sur le point du rabais des 10,000 escus, en considération des vivres et autres choses qui avoyent esté prinses, nous leur dismes que c'estoit leur faute et à eux à la réparer, qu'ils avoyent fait la capitulation sans nous, qu'ils fissent de mesme du reste s'ils vouloyent; toutesfois, cela fut remis au premier conseil. Et, pour ce que le sieur de Clervant, en faisant la capitulation, avoit donné sa parolle aux cautions et hostages de ladite somme, il requiert par le sieur de Villernoul qu'on les laissast en sa garde, comme on feit jusques à ce qu'on en eust autrement advizé. Le rendez-vous fut prins à Hurbigny[1] pour demain entre Saint-George[2] et Blamont[3] pour nous y trouver tous

1. *Ibigny;* avant 1871, comm. du cant. de Blamont, arr. de Lunéville, Moselle; actuellement en Alsace-Lorraine.

2. *Saint-Georges;* avant 1871, comm. du cant. de Blamont, arr. de Lunéville, Moselle; actuellement en Alsace-Lorraine.

3. *Blamont,* aujourd'hui chef-lieu de cant. de l'arr. de Lunéville, Meurthe-et-Moselle.

à six heures du matin et y adviser de toutes choses. Et, d'autant qu'à cause de l'excès commis à Sarrebourg, les estrangers estoyent fort mal contens des François, craignoyent d'en recevoir quelque mauvais traittement d'eux, tant en leurs personnes, en allant de cartier en autre, selon leurs affaires, qu'en leurs bagages, qui sortirent le lendemain de Sarrebourg, fort chargéz de vivres et meubles, ils prièrent ledit sieur baron d'en escrire et parler aux collonnels pour empescher cela, ce qu'il feist, et ainsi s'en retournèrent où les *Proviand-maistres* asseurèrent n'avoir plus presque rien trouvé aux caves et greniers. Ledit sieur baron envoya le rendez-vous partout et donna ordre de fere partir tout le monde de bon matin pour passer Sarrebourg devant que ledit de Bouillon en fust party et empescher par ce moyen que la ville ne fust achevée de saccager.

* * *

Le dimanche 20 d'aoust[1], nous délogeasmes d'Eich, Sarrebourg, et, ayans eu nos départemens à Hubigny, où ne fut traitté d'aucune chose, comme on avoit résolu, nous arrivasmes d'assez bonne heure au logis ès environs de Blasmont[2], aux fauxbourgs de ladite ville, à Barba[3] et autres lieux, où les François avoyent fait le logis de l'armée en intention de faire dès la nuict

---

1. Le 30, *n. s.* — Ce paragraphe n'a point passé dans les *Mémoires*. Pour les faits qu'il relate, cf. La Châtre, p. 9, et *Mémoires... du 23 juin au 13 décembre* (Recueil A-Z, lettre G, p. 204).

2. Lisez : *Blamont*.

3. *Barbas*, aujourd'hui comm. du cant. de Blamont, arr. de Lunéville, Meurthe-et-Moselle.

les aproches de l'artillerie, ayant ledit sieur de Quitry de bonn'heure fait sommer ladite ville pour sentir la résolution de ceux de dedans, qu'il espéroit trouver estonnéz de son chef-d'œuvre et ne devoir attendre l'artillerie.

* * *

Le lundy 21ᵉ d'aoust[1], nous séjournasmes à Serturville, à Chevillers[2], Barba et ès environs de Blaumont, que les François espéroyent prendre d'emblée, ayant logé dans les fauxbourgs un régiment des Suisses avec celluy de Villeneufve et l'artillerie fort près de là à cest effect; et dès hier avoyent fait recognoistre le tout par le capitaine Cormont, fait fere les aproches par ledit de Villeneufve, son fils, qui y perdit quelques bons hommes; c'estoit à son tour de fere l'effort et aller à l'assaut. Ce commancement fit cognoistre à son père que la fin en pourroit estre plus dommageable à son fils, qui d'ailleurs avoit réputation de mesnager trop sa vie. C'estoit aussi aux François de mettre pied en terre au besoin. Il y avoit dedans un capitaine qui ne feit point de contenance de s'estonner[3]. Outre cela, ils avoyent desjà jetté leurs furies et commençoyent à apeller les périls et incommoditéz au conseil, et ceste brave résolution de prendre toute la Lorraine s'attiédissoit à la françoise; de sorte qu'ils estoyent sur le change et en délibération de ne s'amuser plus à prendre places, mais, en passant, païs brusler, sacca-

1. Le 31, *n. s.* — Même observation que pour le paragraphe précédent.

2. *Ancerviller*, aujourd'hui comm. du cant. de Blamont, arr. de Lunéville, Meurthe-et-Moselle.

3. Il s'appelait Jean-Jacques Kiecler (note de M. de Ruble; *Mémoires*, t. III, p. 99).

ger, lascher estangs, noyer et gaster tout ce qu'ils pourroyent. Et, sur ce, nous vindrent d'eux-mesmes remettre en avant la négociation de Lorraine, de laquelle nous n'espérions plus rien, et nous escrivirent de la venue dudit sieur de Buy, qu'ils avoyent accoustumé de cacher et nous celer, nous priant, Monsieur de Bouillon, d'aller au conseil à Sertuville, pour voir ensemble ce qu'on pourroit fere sur son raport; dont nous fusmes bien estonnéz, n'en faisant plus d'estats par les ruptures qu'ils en avoyent fait exprès, ayant retenu et empesché ledit sieur de Buy de venir à nous, surprins au chemin les lettres qu'il nous escrivoit et, en hayne de ce qu'il s'employoit en cela, l'ayant injurié et tenu pour un traistre. Mais, n'entendans point jouer le canon que nous pensions ouïr de grand matin, nous aperçeusmes bien qu'il y avoit de l'encloueure au fait de leur résolution, et qu'il y avoit du changement, craignant de se perdre aux efforts, où il falloit pour leur honneur qu'ils allassent les premiers.

Nous allasmes voir ce que c'estoit, et, estans en la chambre dudit sieur duc de Bouillon, on nous présenta ledit sieur de Buy, qui se plaignit d'abordée à nous fort et ferme du tort qu'on luy avoit fait, non seulement de l'injurier en faisant ce qu'il pouvoit de bonne volonté et sans obligation, mais aussi du dommage qu'il avoit receu pendant son dernier voyage, et, en haine d'icelluy, en faisant brusler la maison du capitaine Neufville, où il avoit eu ses gens, hardes, papiers et chevaux, se plaignant tout ouvertement du sieur de Quitry, de la compagnie et commandement duquel il disoit cela estre provenu, et en demandoit raison sans laquelle il disoit ne se vouloir plus mesler de cest affaire et vouloit cercher sa raison ailleurs.

Il luy fut promis de luy fere raison et justice, et, lors, il nous présenta l'extraict d'une lettre de Monsieur de Lorraine au sieur d'Aussonville, portant accord de conférence par députéz de part et d'autre, demandant le sieur de Lorraine qu'on en envoyast tant des François que des estrangers; des François, les sieurs de Montlouet, de Beaujeu[1] et moy; des Allemands, Cloth, Rompff et Jose von Werden; faisant, ledit extraict, mention de quelque autre asseurance, dont ledit sieur de Buy se prétendoit avoir esté chargé par ledit sieur duc. Nous fusmes esbahis d'où venoit cela, toutesfois estant requis d'en dire nostre avis, nous opinasmes, quant aux Allemands, qu'on demandoit que c'estoit contre la forme des procédures, en tel cas de nommer les députéz de partie adverse et encores que ce fussent gentilhommes d'honneur, néantmoins, pour estre la première fois qu'ils portent les armes pour ce party, il sembloit qu'il y eust quelque dessein caché là-dessoubs pour rabiller l'esprit de Cloth mal content, et fere quelque chose avec les deux autres qui avoyent tousjours esté de party contraire, et brasser quelque mesnage; que toutesfois nous estions asseuréz qu'ils estoyent gentilshommes d'honneur et que nous raportions à leur advis qui fut semblable au nostre, et fut trouvé meilleur de remettre ceste négociation en son train, pour la poursuite par nous s'il y avoit aparence d'issue, dont il se faudroit enquérir dudit sieur de Buy, nous prians de le fere d'autant, disoyent-ils, qu'il s'en descouvriroit plus volontiers à nous qu'à eux.

1. Christophe de Beaujeu, seigneur de Saulges, ancien guidon de l'amiral de Coligny; cf. les *Mémoires* de La Huguerye, t. 1, p. 124, *note*.

Ils avoyent fait cependant apeller le sieur de Cormont pour venir fere son raport au conseil, de la cognoissance, par luy faicte, de la place de Blaumont[1]; lequel feist son raport assez confusément et mal, de sorte que nous cognusmes que c'estoit contre son jugement, estant bon capitaine, et un artifice pour couvrir leur honte, disant que le fauxbourg avoit esté gagné sans grande résistance, que ledit Villeneufve avoit fait ses aproches jusques sur le fossé et percé les logis au-devant, de sorte que, qui vouldroit battre la ville, il y auroit grande espérance de l'emporter, non sans perte d'hommes, d'autant que ceux de dedans tiroyent bien et sans cesse, et y avoit aparence qu'ils estoyent environ cinq cens arquebusiers là-dedans; mais que, en les forçant dans la ville, ils se retireroyent et toutes choses dans le chasteau sans qu'on les en peust empescher, qui seroit une nouvelle et plus grande perte d'hommes; que, pour y éviter, il luy sembloit qu'on devroit battre le chasteau le premier, lequel luy sembloit assez bon par dehors, n'ayant peu juger quel il est dedans par aucun avantage et commandement sur iceluy[2]; mais que, pour fere les aproches de l'artillerie, il faudroit fere des tranchées, estant toute campagne rase au-devant dudit chasteau; que, pour ce fere, il seroit besoin d'un bon nombre des pionniers, fascines et autres choses, sans quoy il ne pensoit pas qu'on le peut bien fere, sinon avec une grande perte d'hommes, à laquelle il revenoit tousjours, faisant la chose aussi difficile et dangereuse que si

---

1. Lisez : *Blamont.*
2. C.-à-d. : *à l'aide d'aucune colline le dominant* (puisqu'il était situé en plaine; voy. ci-après).

c'estoit le chasteau de Milan, ne se souvenans pas les François qu'ils nous avoyent dit, pour le trouver bon, que Blaumont ne valloit pas Sarrebourg et qu'il n'attendroit pas le cannon.

Et, à l'heure mesme, entra un capitaine qui avoit esté autrefois dedans, lequel dit que ce n'estoit qu'un chasteau de plaisir[1] et qu'il n'estoit point de deffence. Néantmoins ils continuèrent tous à dire leur advis sur le raport dudit sieur de Cormont, qui estoit résolu entr'eux sans nous, auquel toutesfois nous ne voulions nous opposer et puis nous dirent que, pour sauver l'honneur de l'armée, il faudroit feindre que ce fust à cause de ladite négociation de Lorraine qu'on eust retardé la baterie à nostre requeste, et couvrir leur deffaut de ce manteau, nous prians de parler audit sieur de Buy pour sçavoir ce qu'il jugeoit qu'on en pourroit espérer, ce que nous feismes en une chambre à part de toute nostre affection. Il nous dit qu'il jugeoit que, nonobstant les aigreurs intervenues par les hostillitéz passées et les empeschemens de Monsieur de Guise[2], il pensoit que, si on y vouloit bien et sincèrement procéder, qu'il y avoit encores de quoy en espérer quelque chose de bon, pourveu que cela fut traicté par personnes qui y eussent de l'affection et qui seussent bien rendre raison des choses passées; mais, quant à luy, qu'il ne nous pouvoit promettre de s'y plus employer, s'il ne luy estoit fait raison de ce que dessus, nous prians d'y tenir la main, ce que nous luy promismes fere comme il estoit raisonnable, nous

---

1. Nous dirions aujourd'hui : *de plaisance*.
2. Henri de Lorraine, duc de Guise, chef de la Ligue et commandant des troupes royales opposées à l'armée d'invasion.

ayant nommé les autheurs le sieur de La Thour, de la compagnie du sieur de Quitry, du commandement duquel il croïoit que cela avoit esté fait; sur quoy, il entra avec nous et en feist sa requeste verbalement, puis sortit; et, ayant fait raport de son advis, on nous pria de le renvoyer de nostre part bien instruit pour la justification de ce qui s'estoit passé et de luy fere tenir parole d'envoyer députéz à discrétion de part et d'autre, en quelque lieu, pour en traicter moyennant un bon sauf-conduit si autrement il ne pouvoit rien fere luy seul, et d'adjouster à nostre mémoire de recevoir les blesséz à Villeneufve, dans la ville, pour les fere penser, ce que nous promismes de fere, mais que ledit sieur de Buy ne vouloit retourner qu'il n'eust justice de son faict, laquelle nous requismes à bon escient, remonstrans que telle injure n'estoit pas faicte à luy qui pour son particulier n'avoit point d'intérest en cest affaire mais y avoit esté employé par d'autres qui pouvoyent estimer ceste injure-là estre faicte à eux, ayant d'ailleurs assez entendu comme on en parle de grands et de petis, requérant ledit sieur de Bouillon d'en fere justice et réparation et commandant audit sieur de Quitry de se saisir desdits sieurs de La Tour, ses chevaux-légers et les représenter au premier jour de conseil, pour respondre desdits excèz, sur peine de s'en prendre à luy-mesmes; ce qui fut ordonné de l'advis de tous ceux du conseil et promis par ledit sieur de Quitry de fere son devoir pour y satisfaire; et, quant à nous, que ne devions estimer qu'on voulust nous offencer à raison de ladite négociation au progrès de laquelle nous avions tousjours eu leur consentement.

Nous feismes raport audit sieur de Buy de ceste

résolution de conseil sur son fait, l'asseurans de tenir la main à l'exécution comme y ayans intérest, et le priasmes de venir avec nous à Achevillers[1], pour de là aller à Nancy et retourner en dilligence, luy donnans par mémoire les points qu'il feroit entendre à Monsieur de Lorraine, et charge d'aporter un sauf-conduit s'il ne pouvoit rien fere. Ledit sieur de Buy disoit que je ferois bien d'aller jusques à Nanci et ferois beaucoup plus que luy, et Monsieur le baron me pria de fere ce voyage s'il en estoit besoin, dont je m'excusay, tant pour ce que je sçavois bien que ce qu'en faisoyent les François n'estoit que pour couvrir leur honneur et qu'ils empescheroyent tousjours cela, que pour les dangers et injurieuses paroles desdits François. Toutesfois, ledit sieur baron m'en priant encores et n'asseurant ledit sieur de Buy, que, faisant moy-mesme, bien entendu[2], toutes choses, j'advancerois beaucoup plus que luy qui demeuroit court en beaucoup des choses qu'on luy objectoit, j'accorday d'aller en quelque lieu traicter avec un député de Monsieur de Lorraine, mais ce fut à condition que je n'irois pas seul et aurions des ostages; et fut ordonné Monsieur Wambolt[3] pour aller ensemble s'il en estoit besoin, priant ledit sieur de Buy de fere tant de devoir et diligence qu'il ne nous fust point besoin d'y aller, ce que j'accorday, non que nous eussions espérance de quelque chose, mais, du moins, pour fere nostre devoir, et descharger Son Altesse, tant qu'il nous seroit possible, des opinions imprimées

1. *Ancerviller*, déjà cité.
2. *Bien entendu*, c.-à-d. *si au fait de tout ce qui se passait*.
3. Le sieur von Bold, chancelier du baron de Dohna (La Huguerye, *Mémoires*, t. II, p. 411).

par les François d'aucune intelligence ny participation en tel excès, affin au moins que, les François ne se pouvans corriger au peu de respect qu'ils avoyent en cela à la conservation de Son Altesse, nous feissions tout devoir de lever de sa part tout soubçon et occasion de revenge et incommodité de ses affaires.

Comme nous achevions cest affaire avec les François, voilà venir un advertissement au sieur de Clervant que les lansquenetz avoyent pillé dans les logis des vivres tous ses grans chevaux et bagage. C'estoit une abbaye riche dont ils s'estoyent accommodéz, et sembloit que tousjours le sort tombast entre ledit sieur de Clervant et le collonnel Schregel, qui estoit là présent et feit tout devoir de monter à cheval pour y aller donner ordre[1]. A la fin dudit conseil, sur le changement fait par les François de leur dessein de prendre les places de Lorraine, fut dit derechef qu'il falloit brusler et noyer païs, et on ne faisoit que résouldre le partement dudit sieur de Buy. Monsieur de Bouillon, estant au lit malade, se print à dire qu'il falloit lascher l'estang de Diouze[2] et rompre la chaussée. Le sieur de Clervant respondit que la basse ville de Metz seroit noyée, et je dis au sieur de Bouillon qu'il y auroit assez d'ennemis sans en faire davantage, et quand il auroit envie d'interposer en cela son autorité et commandement sauf

---

1. L'incident raconté au début de cet alinéa ne figure pas dans les *Mémoires* (*loc. cit.*). — Sur ces pillages continuels, cf. le *Discours...* de Châtillon (Delaborde, p. 469), et les différentes pièces de notre Appendice.

2. Lisez : l'étang de Lindre, près Dicuze. — *Dieuze*, avant 1871, était un chef-lieu de cant. de l'arr. de Château-Salins, Meurthe ; il fait actuellement partie de l'Alsace-Lorraine.

son respect, il le devroit mieux dissimuler, et, après avoir eu le rendez-vous en la plaine d'entre Erbevillers[1] et Ogevillers[2], nous en retournasmes au cartier d'Achevillers pour dépescher ledit sieur de Buy.

* * *

Le mardy 22ᵉ d'aoust[3], nous partismes de Serturville, Barba, Achevillers et ès environs de Blaumont pour aller au rendez-vous en la plaine d'entre Erbevillers et Ogevillers, èsquels villages et ès environs, nous logeasmes et arrivasmes à bonne heure à Saint-Martin[4], la traicte estant petite, et logea ce jour Monsieur le baron avec le régiment de lansquenetz, dont j'estois bien aise, espérant que les reistres se pourroyent accommoder doresnavant à cela pour la seurté de leur logis, ausquels les François ne les accommodoyent pas d'arquebuserie et s'en servoyent eux-mesmes contre leurs promesses. Ce logis d'armée fut le seul bien fait par le mareschal de camp, ne pouvant fere moins par la nature du lieu. Ledit sieur de Buy, suivant ce qu'il avoit hier promis, arriva à Reclainville[5] de bonne heure, dont ledit sieur de Bouillon advertit ledit sieur baron, qui nous y envoya ledit sieur Wambold et moy pour adviser à ce qu'on auroit

1. *Erbéviller*, aujourd'hui comm. du cant. de Saint-Nicolas-du-Port, arr. de Nancy, Meurthe-et-Moselle.
2. *Ogéviller*, aujourd'hui comm. du cant. de Blamont, arr. de Lunéville, Meurthe-et-Moselle.
3. Le 1ᵉʳ septembre, *n. s.* — Ce paragraphe a passé sous les réserves ci-dessous dans les *Mémoires* (t. III, p. 107-116).
4. *Saint-Martin*, aujourd'hui comm. du cant. de Blamont, arr. de Lunéville, Meurthe-et-Moselle.
5. *Réclonville*, aujourd'hui comm. du cant. de Blamont, arr. de Lunéville, Meurthe-et-Moselle.

affaire sur le retour dudit sieur de Buy. A nostre arrivée, ledit sieur de Bouillon nous dit qu'il avoit aporté un sauf-conduit. Je luy dis et aux conseillers françois qui estoyent en la chambre qu'ils avoyent hier veu que Monsieur de Lorraine désiroit qu'il y eust quelcun de leur part, qu'à la vérité la négociation seroit plus entière et aporteroit plus d'asseurance, d'autant que, nous voyans seuls, ils craindroyent tousjours des effets semblables à ceux de devant et que ne peussions pas fere accomplir par eux; ce que nous leur promettrions, les priant à ceste occasion d'y envoyer quelqu'un et de nous dire le dernier mot, d'autant qu'il n'estoit plus tems de marchander et qu'il n'y avoit qu'un jour à négocier, affin d'aller tous ensemble bien résolus et asseuréz de nostre costé, nous asseurant au reste que, pendant que nous serions là, ils ne souffriroyent estre rien fait au préjudice de cest affaire, autrement nous n'y voudrions pas retourner et recevoir encores une honte sans rien faire ensemble qu'ils limitent bien le temps, affin que nous pressions la résolution ; sur quoy il print l'advis dudit conseil.

Vezines lui conseilla d'y envoyer, mais les autres l'en disuadèrent, et luy-mesmes n'y estoit pas bien disposé, alléguans que, puisque jusques là ceste négociation c'estoit conduite de leur advis par nous, qu'il estoit plus séant de la conclurre ainsi. Quant aux conditions, que nous en feissions le mieulx qu'il nous seroit possible, en laissant les deux articles derniers et taschans d'avoir la somme de 100,000 escus, et que dépeschessions tout en un jour s'il estoit possible, qu'il donneroyent ordre que rien ne se passeroit qui peust nous fere tort ny altérer l'affaire et ne passeroyent la rivière de Muz¹, qui passe à Limminville², que ce ne fust faict ou failli dans ce temps-là. Je demanday à voir le sauf-conduit que ledit sieur de Buy me bailla, et, l'ayant leu, je trouvay que le nom de sieur Wambolt n'y estoit point et en désiray la réformation pour sa seurté. Ledit sieur de Buy nous dit qu'il n'y avoit point de danger et qu'il y auroit autant d'ostages que nous serions, qui estoit le point principal de la seurté, qu'il avoit bien veu cela en chemin, mais que pour fere diligence il n'avoit voulu retourner.

Ceste résolution prinse pour partir demain et le sauf-conduit entre nos mains, j'apperceu le sieur de Cussi³ en un lieu à part du logis de Monsieur de Bouillon, qui estoit venu de la court et puis de Sedan vers luy avec passeport du roy, ayant passé à Metz et partout sans difficulté. Nous estions prests à nous en retourner, et on ne nous en disoit mot. Je demanday des nouvelles pour sentir ce qu'il diroit et veis bien qu'on estoit marri que je l'avois veu. Ils me dirent et feirent entendre par luy que le Roy⁴ désiroit surtout que nous feissions la guerre en Lorraine et sur la frontière des places de la Ligue, que cependant le Roy ne bougeroit et ne laisseroit aller personne à leur secours, retenant et apellant tout le monde près de luy pour cest effect; par ce discours, encores qu'il me dit fort peu, je sentis bien qu'il estoit courtisan et instrument

---

1. Probablement la Mossig, qui passe aussi à ce village de Marlenheim, souvent cité dans les pages précédentes.
2. *Lemainville*, aujourd'hui comm. du cant. d'Haroué, arr. de Nancy, Meurthe-et-Moselle.
3. M. de Cussy, messager ordinaire entre la cour de France et le duc de Bouillon ; voy. les *Mém. de La Huguerye*, t. III, p. 109, note.
4. Henri III.

ordinaire des intelligences et praticques de la court aux affaires de Monsieur de Bouillon, leur avoit apporté beaucoup d'autres particularitéz de la court, selon lesquelles ils commançoyent à mesnager leurs affaires, mais ils me célèrent l'occasion pour laquelle il estoit venu, en conséquence et preuve de ce qu'il m'avoit dit; ce que je sceu par quelqu'un d'entr'eux, en secret duquel j'aprennois souvent de leurs nouvelles secrettes, qui estoit que le roy accordoit au sieur de Bouillon la prolongation de la tresve afin que l'armée n'eust besoin de venir à Sedan[1], afin, disoit le sieur de Cussi, que rien ne nous retirast de la guerre qu'il disoit désirer que nous feissions en Lorraine[2].

Mais celuy qui m'aprint cela[3] me dit en très grand secret et avec serment pris de moy que c'estoit que le Roy craignoit principalement que, nous accommodans à l'entour de Sedan de villes et places fortifiables,

1. *Sedan,* aujourd'hui chef-lieu d'arr. du dép. des Ardennes.
Au commencement de l'année 1587, le duc de Guise avait investi Sedan et Jametz, sans autre motif que l'affiliation de leur souverain, le duc de Bouillon, au parti opposé à la Ligue, puis, le 27 avril, avait signé une trêve d'un mois, prolongée ensuite, mais que les exigences contraires des belligérants ne permettaient pas d'espérer de voir frayer les voies à une paix définitive. (La Huguerye, *Mém.*, t. II, p. 368 et 396, t. III, p. 110 et 111; cf. les excellentes notes à l'aide desquelles l'éditeur a éclairci chacun de ces passages.)
Bouillon aurait donc été charmé de détourner, au profit de ses intérêts particuliers, l' « armée de secours, » dont il venait d'être nommé généralissime, de l'objectif primitif qui lui avait été donné.
2. Cf. le *Discours...* de Châtillon (Delaborde, p. 469), les *Mémoires... du 23 juin au 13 décembre 1587* (RECUEIL A-Z, lettre G, p. 205), et les documents manuscrits cités par M. de Ruble en note des *Mémoires* (t. III, p. 110 et 111).
3. « ... et c'estoit M. de Monlouet, ... » ajoute-t-il dans ses *Mémoires* (t. III, p. 111).

nous feissions un canton advançant tousjours vers Paris, bastissions un chemin seur de Jametz en Allemagne pour en estre rafraischis et recevoir nouvelles forces et feissions si bien nos affaires que, ne pouvant venir à bout de nous, sinon par une paix à luy dommageable d'un costé, et ceux de la Ligue se fortifiant des païs et d'Allemagne contre nous, d'autre part, il se trouvast entre deux extrémitéz très grandes : ou de nous donner une paix et par ce moyen perdre toute créance dans les villes catholiques qui se donneroyent à la Ligue, se laissans persuader que desjà par icelle de beaucoup d'intelligences entre Sa Majesté et le roy de Navarre, ou de nous combattre et subir le hazard d'une bataille qu'il vouloit éviter, tant pour ne ruiner le roy de Navarre, lequel il disoit vouloir conserver pour fere teste à la Ligue, que pour ne tomber à la miséricorde des armes de la Ligue, dont il sçavoit les desseins ; que ce discours tendoit à nous fere fere la guerre en Lorraine et nous y consommer en luy donnant une victoire aisée, et par nostre ruine, et battant l'orgueil de la Ligue pour la rendre plus ployable et obéïssante, ou bien de laisser le chemin de Sedan et, prennant la gauche, nous consommer en traversant la France par l'incommodité de l'armée et les desgats que nous feroyent Messieurs de Guise en nous devançant et costoyant à toutes mains dans leurs gouvernemens pour nous trouver après en tel estat que la victoire luy en fust facile et le moyen acquis de fere taire et désarmer la Ligue, qui auroit esté seule incommodée de nos armes, tant en grandes despences qu'en perte d'hommes et desgast et ruine des païs et noblesse à eux plus affectionnéz.

Ce discours me sembloit fort vraysemblable principalement de luy, homme docte d'estat et d'entendement, et toutesfois je voulus attendre à croire ce que l'on me disoit, qu'on renvoyoit le sieur de Cussy avec pouvoir de prolonger ladite trefve pour Sedan, de n'y aller point, de gaster la Lorraine, puisqu'à faute de vivres on n'y pouvoit pas demeurer, et de prendre le chemin de la gauche pour aller joindre le roy de Navarre, et, quand nous aurions passé les rivières qu'il falloit passer, sçavoir : la Muz, Moselle et Modon, pour tourner à Sedan, pour lors advertir Monsieur le baron des incommoditéz de la gauche, s'ils la nous vouloyent fere prendre, luy jurant de tenir ce discours secret et d'en fere proffit sans le révéler à personne.

Ledit sieur de Bouillon estoit en l'armée sans autre conseil particulier que du ministre Montigny et du petit Roux[1], qui estoyent tous deux à la dévotion du sieur de Quitry, par le moyen desquels il luy faisoit fere ce qu'il vouloit, et, encores que ledit sieur de Cussi fust son serviteur, il estoit courtisan fort confident de Monsieur Pinard[2] aux affaires de son maistre, auquel il persuada de prolonger la trefve, à quoy personne n'oza résister à cause dudit sieur de Quitry qu'on tenoit le plus instruict de la volonté du roy de Navarre, qui luy adressoit tous ses commendemans, et ainsy ils feirent jouer à ce jeune seigneur deux personnages contraires, indignes de sa sincérité et bon naturel et de très dangereuse conséquence, ne se soucians pas qu'il en deust advenir ny aux églises ny audit sieur de Bouillon ny à Son Altesse, pourveu qu'ils

1. « ... son trésorier Le Roux... » (*Mémoires*, t. III, p. 113).
2. Secrétaire d'état du roi de France.

feissent tout au plaisir dudit sieur de Quitry, selon les intelligences qu'il entretenoit par le sieur des Marivaux, son cousin, confident du duc d'Espernon, avec le Roy; donc je remis à advertir en gros ledit sieur baron en temps et lieu, après les passages desdittes rivières, affin de luy fere cognoistre ceste malice et infidélité.

Comme nous prennions congé d'eux pour nous en retourner au cartier, nous ouysmes un coup de cannon et leur demandasmes que c'estoit, et, en entendans encores un, puis deux autres, après avoir fait semblant de ne sçavoir que c'estoit, enfin, ils nous dirent qu'ils pensoyent que c'estoit au chasteau de Gerbevillers[1], cartier des Suisses, qui avoyent fait difficulté de fournir des vivres. Je leur respondis que c'estoit chose contraire à ce qu'ils venoyent de résouldre avec nous, et qu'il y falloit donner ordre en diligence, afin que cela ne passast outre. Et, voyant qu'ils n'en tenoyent comte, tant ils estoyent enclins à tromperie et infidélité (veu que, au mesme temps qu'ils résolvoyent que nous irions à Limminville, nous promettans de ne rien fere au préjudice de cest affaire, ils avoyent donné le commandement de bastre ce chasteau sans nous en parler), nous y allasmes pour y donner quelque ordre et trouvasmes les Suisses desjà dedans, de sorte qu'il n'y eust moyen d'empescher le pillage du chasteau, quelque peine que print ledit sieur baron, qui y accourust comme nous et s'en courrouça fort au sieur de Couvrelles, l'accusant d'avoir fait contre son serment et promesse, et luy s'excusant sur le commendement dudit sieur de Bouillon, auquel

1. *Gerbéviller*, aujourd'hui chef-lieu de cant. de l'arr. de Lunéville, Meurthe-et-Moselle.

et aux François, il s'accommodoit trop pour tirer profit de son artillerie; et le menaça ledit sieur baron de luy en oster le commandement, se plaignant de ce que, le bourg estant assez grand et accommodé pour loger, on avoit pillé le chasteau appartenant au comte Reingraf, vassal de Son Altesse, duquel Couvrelles tira huict cens livres de pouldre, et tous les denniers, meubles, bestail et chevaux furent pilléz à nostre veue [1].

En ce mescontentement, nous en retournasmes et feismes entendre tout ce que nous avions fait audit sieur baron et le peu d'espérance qu'il y avoit de conduire ceste négociation à fin, veu l'infidélité des François, qui nous feit dès lors veoir, comme devant nos yeux, la ruine de l'armée, pleine de perfidies et intelligences contraires à la capitulation avec les maladies qui s'y fourroyent desjà si fort, à faute de vivres et à cause des mauvaises eaux, qu'elle diminuoit tous les jours beaucoup; ce qui nous feist tan plus résouldre de fere, ce nonobstant encores, ce voyage, tant pour n'y avoir regret et avoir ce contentement en nous d'avoir fait nostre devoir, que principalement pour descharger tant qu'il nous seroit possible Son Altesse de tout soupçon, danger et inconvénient à l'occasion de ceste entreprise.

⁎

Le mecredy 23 d'aoust[2], on séjourna audit Ogevil-

---

1. Sur cette affaire, cf. les *Mémoires... du 23 juin au 13 décembre* (Recueil A-Z, G, p. 204) et le *Mémoire* de Quitry (Appendice, IV). — *Ogéviller* est confondue avec *Gerbéviller* dans les premiers.

2. Le 2 septembre, *n. s.* — Ce paragraphe a passé à peu près textuellement dans les *Mémoires* (t. III, p. 116-118).

lers et nous partismes, Monsieur Wambolt et moy, pour aller à Gerbersvillers, logis du sieur de Clervant, trouver le sieur de Buy pour aller avec luy et prier, de la part dudit sieur baron, le sieur de Clervant de recevoir les ostages et les garder, suivant la confience dudit sieur d'Aussonville en luy. Il escrivit au sieur de Quitry de les recevoir en son nom et les luy envoyer. Je le priay aussi de garder ledit sauf-conduit dudit sieur d'Aussonville. Ayant les lettres dudit sieur de Clervant audit sieur de Quitry, nous allasmes avec ledit sieur de Buy au haut clocher, cartier dudit sieur de Quitry; que nous trouvasmes à la campagne en allarme, à cause de quelques troupes d'ennemis qui estoyent venu attacquer des soldats dudit sieur de Mouy en un moulin près Tibaumeny[1], son cartier, où il ne feit rient et luy baillay, à son retour, les lettres dudit sieur de Clervant. Nous attendismes là longtemps la venue des hostages, et, comme ils tardoyent, avec un trompette du sieur d'Aussonville, qui estoit au cartier dudit sieur de Quitry, nous priasmes ledit sieur de Buy d'aller les advancer, qu'autrement, ayans fait nostre devoir, nous en retournerions. Il y alla, et ce pendant nous disnâmes avec ledit sieur de Mommartin, et me fut dérobée ma pistole[2] au-devant du logis du sieur de Quitry. Après disner, ledit sieur de Buy retourna avec les ostages qu'il avoit rencontré en chemin, n'ayans osé s'advancer à cause de ladite armée et ayans esté un peu retenus au quartier dudit sieur

---

1. *Thiébaumesnil*, aujourd'hui comm. du cant. et de l'arr. de Lunéville, Meurthe-et-Moselle.
2. *Pistole*, synonyme archaïque de pistolet.

de Mouy. Lesdits ostages estoyent le sieur de Belleguise, lieutenant-collonnel du sieur de Routtigouti[1], et le capitaine Page du régiment dudit sieur d'Aussonville, lesquels ledit sieur de Quitry envoya audit sieur de Clervant par cinq ou six chevaux de sa compagnie, et nous allasmes droit à Limminville[2], trouvans en nostre chemin force vedetes vers lesquels nous feismes advancer le trompette, et arrivasmes à la porte de la ville bien bordée d'arquebuserie à nostre venue et nous feit ledit sieur d'Aussonville descendre par son logis. Il estoit desjà si tard que ledit sieur d'Aussonville avoit soupé et nous feit traitter en nostre logis. Après souper, nous l'allasmes saluer, et ceux qui estoyent avec luy, le priant de gagner du temps à faire ce pour quoy nous estions venus, n'ayans plus long terme que le jour de demain auquel nous devions retourner, et ce, d'autant que les François que ce n'estoit que pour nous amuser qu'ils estoyent rentrés en ceste conférence, sur quoy, il pria les gentilshommes et capitaines qui estoyent avec luy de se retirer, retenant seulement les sieurs de Montruel, de Roustigoutti et de La Bastide[3]. Et, estans tous assis à l'entour de sa table, ledit sieur d'Aussonville commença à nous dire que nous estions les plus que très bien venus pour l'occasion bonne qui nous y amenoit dont il s'asseu-

---

1. Lisez : *Artigotti*. — Chrétien d'Artigotti, grand chambellan du duc de Lorraine, d'une famille basque fixée dans ce pays en 1570 (Cayon, *Ancienne chevalerie de Lorraine*, au mot ARTIGOTTI).

2. Et non *Lunéville*, comme disent les *Mémoires* (t. III, p. 117). — Sur ce siège, cf. La Châtre, p. 8 et 9.

3. Jean-Blaise de Mauléon, seigneur de La Bastide, chambellan du duc de Lorraine, plus tard sénéchal de Barrois (*Lettres et Instructions de Charles III*).

roit que nous désirions bonne issue autant que luy, nous déclarant qu'il avoit esté extrêmement marri des actes d'hostilité qui avoyent esté commis par nos François contre les promesses et au préjudice et rupture de ceste bonne négociation, à laquelle il s'esbahissoit de voir nos François si contraires, ne pouvant estimer d'eux en cela, sinon que ou ils en ignoroyent le fruict, ce qu'il ne pouvoit croire, ou ils le vouloyent empescher, ce qui leur procédoit d'une aigreur véhémente qui les poussoit à offencer un prince qui n'a jamais offencé personne, à le fere armer, malgré luy, et par ce moyen incommoder grandement leurs propres affaires, mesmes qu'il confessoit bien (comme je luy dis par interruption) qu'il y en avoit de leur côté qui ne le désiroyent pas, mais que les raisons que ceux-là, sans les nommer, en avoyent très pertinentes (c'estoyent Messieurs de Guise), avoyent au contraire deu esmouvoir nos François de chercher cela très curieusement, et qu'au contraire il sembloit qu'ils eussent en cela très bonne intelligence avec eux et feissent leurs affaires, louant Dieu de ce que néantmoins il voyoit leurs négociations se renouer entre nous et luy, qu'il ne doubtoit point d'y aporter une bonne volonté et disposition et qu'à cest effect, il nous prioit de luy déclarer en quoy nous en estions demeuréz depuis que nous avions parlé à luy au-dessus de Saverne, afin d'adviser meurement à quoy nous en pourrions tomber, enfin, pour nous en résouldre ensemble et en advertir quant à luy Son Altesse en toute diligence et de ceste nuict. Sur quoy, je priay le sieur de Wambolt d'ouvrir le propos, et il me pria de parler pour avoir auparavant assisté à toutes choses. Ainsy je commançay à le remercier de l'honneur qu'il nous faisoit en sa bonne réception, l'asseurant que, si nous n'eussions eu une bonne volonté à l'issue de ceste négociation, par le fruict évident que nous en prévoyons de tous costéz, nous n'eussions tant travaillé à cela et ne fussions venu icy, particulièrement moy qui sçavois combien les François m'en vouloyent mal et me faisoyent des mauvais offices par tout à ceste occasion, pour ce que je ne me voulois vestir de leurs passions, aigreurs et animositéz qui leur faisoyent perdre le jugement et cognoissance du bien qui en estoit à espérer, estant ceste négociation la porte par laquelle eux-mesmes devoyent entrer en repos avec un acheminement et suite d'affaires qui en fut souvenue, auquel le sieur d'Aussonville mesmes pouvoit bien et honorablement servir si cest affaire pouvoit en estre conduit à une bonne conclusion après avoir esté désespéré par Monsieur le baron de Potlitz qui a fait l'espace de trois semmaines, de la part de Monseigneur le duc son maistre tous les bons offices qu'on eust peu désirer de l'intercession et prières de Son Altesse, et autant qu'il en eust peu employer pour son propre fait mesmes, comme il l'avoit escrit à Monseigneur de Lorraine en s'en retournant sur la rupture évidente de cest affaire. Ayant esté ledit sieur de Potlitz et le sieur de Couvrelles et moy qui estions très marris de ce qui avoit esté comme résolu avec le sieur de Tantonville à Saverne, le 9ᵉ de ce mois[1], à quoy nous espérions fere consentir les François, sauf à faire hausser la somme d'argent, avoit esté si malicieusement inter-

---

1. Le 19 août, *n. s.* — Voy. ci-dessus, p. 75 et suiv.

rompu par eux, lesquels ledit sieur de Tantonville, à son partement de Saverne pour aller faire son raport à Son Altesse et estre de retour samedy ensuivant[1], à six heures du matin, avec la résolution toute asseurée, avoit trouvéz allans, sous couleur de faire nettoyer le passage de la montagne, prendre et emmener le capitaine Steffen, gouverneur de Pfaltzbourg, ce que nous protestions avoir esté fait par eux à nostre desceu[2] et contre les promesses et asseurances qu'ils nous avoyent donné de ne rien faire qui peut altérer ceste négociation et que ne voudrions jamais participer à telles façons de fere, comme nous leur aurions très bien remonstré, à nostre retour de Saverne, et au sieur de Cormont qui avoit eu commandement de ceste entreprise, qui nous asseura, quant à luy, n'avoir rien sceu de nos affaires dont nous requismes la réparation en renvoyant promptement ledit capitaine en sa place, et ne nous faisant plus ce tort pendant que nous travaillons rondement en un affaire de telle conséquence, de nous vouloir charger d'un soupçon que nous eussions part en telles insincéritéz pour servir à tromperie et infidélité, ce qu'ils auroyent excusé le mieulx qu'ils auroyent peu et promis renvoyer ledit capitaine Steffen sans aucun desplaisir, leur asseurant qu'autrement nous tiendrions tout le mal d'eux et ne nous voudrions plus mesler de cest affaire, pour lequel sur ce parachever lesdits sieurs de Potlitz, et Couvrelles et moy retournasmes à Saverne le vendredy au soir, espérans que ledit sieur de Tantonville ne faudroit de

---

1. Le 22 août, *n. s.* — Voy. ci-dessus, p. 75 et suiv.
2. *Sic*, pour : *à notre insu...*

s'y trouver, le lendemain matin, comme il nous avoit promis, ce qu'il ne feist ny ledit sieur de Buy là présent, et ne nous escrivit rien, au moins n'avons receu nulles lettres de luy, lesquelles ont peu estre interceptées par les François, si non un petit mot de lettre dudit sieur de Buy que nous receusmes à dix heures, nous asseurans d'estre à nous à midy, jusques à laquelle heure nous l'attendismes et tout le jour en vain, et, pour ne détourner un si bon œuvre, voyans les François presser ce jour-là le passage de la montagne, nous les priasmes d'attendre encores jusques au lendemain, afin de veoir ce que ledit sieur de Buy nous apporteroit (lequel présent dit), qu'il avoit esté retenu en chemin par les François, lesquels l'avoyent empesché de venir à nous (pensens avoir desjà gagné toute la Lorraine) et l'avoyent arresté quelques jours avec des injures et outrages indignes jusques à le vouloir tuer (comme il croyoit qu'ils eussent fait sans le sieur de Clervant), et voyant que, tout le jour de sammedy passé, il ne venoit personne, nous couchasmes là et y attendismes encores jusques au lendemain à l'heure que les François feirent, après eux, monter les Suisses et l'artillerie ne les pouvant plus destourner de cela en bonne conscience pour ne voir aucune responce, nous disans, lesdits François, que leur passage hasteroit l'affaire, et néantmoins pour aller au-devant de leurs passions et empescher le mal, tant qu'en nous seroit, nous allasmes à Pfaltzbourg, espérans y trouver quelque nouvelles, et, voyans, le lendemain lundy, les Suisses et François s'advancer, allasmes jusques à Lixen exprès, faisant passer les reistres lentement en espérence d'avoir nouvelles dudit sieur de Buy ou dudit sieur de Tantonville, desquels n'entendans aucune chose et voyant ledit sieur de Potlitz sa plus longue demeure inutile pour voir les François et les Suisses se préparer à autres efforts avec l'artillerie délibéra de s'en retourner et escrivit à Monseigneur de Lorraine une lettre de toute sa négociation dont j'avois copie, recommandant à Monsieur le baron de Dona et à nous cest affaire-là au cas que l'occasion se présentast de nouveau d'y pouvoir fere quelque chose de bon, qui fut cause que voyant, au partir de Lixen, que l'armée alloit loger ès environs de Sarrebourg que les François vouloyent avoir comme Pfaltzbourg et continuer ainsi, nous advisasmes ne pouvoir mieulx fere que trouver moyen de dilayer ces effects, de jour en jour, espérans toujours, par le retour dudit sieur de Tantonville, avoir subject d'arrester telles exécutions, ou par le sieur de Buy, lequel, trouvans près Lixen, nous renvoyasmes exprès; mais, voyans lesdits François résolus de fere l'effort, nonobstant toutes nos très pregnantes remonstrances, ausquelles ils avoyent respondu par une lettre de commandement exprès du roy de Navarre, sur ce fait, ne trouvasmes plus autre expédient, veu la sommation de la ville desjà faite à nostre desceu que d'en advertir les collonnels pour interposer leurs remonstrances de ce qui les pouvoit toucher en telle entreprise, ce qu'ils feirent en telle et si bonne forme que nous espérions que les François y auroyent esgard, mais que, pour les contenter, ils leur avoyent respondu que ce qu'ils faisoyent n'estoit que pour avoir vivres et commoditéz pour eux, tout estant retiré dans ladite ville, que les sommations et l'aproche qu'ils vouloyent fere de l'artillerie ne tendoit qu'à cela sans vouloir user d'aucune force; que, la nuit ensuivant, nous avions esté bien marris de l'entreprise faite sur le logis du collonnel Bouck, bien qu'elle luy a esté fort honnorable, ayant bien cognu lors qu'il y en avoit aussi entr'eux qui vouloyent par ce moyen altérer l'affaire et contraindre les Allemands par force, comme nos François par artifices, à entrer en actes d'hostilité pour leur juste et nécessaire défense, de sorte que, pendant que nous estions empeschéz en ceste alarme, comme si cela eust esté fait par intelligence expresse avec nos François, qui faisoyent de leur costé les aproches de l'artillerie, je n'y peus arriver, sitost renvoyé par ledit sieur baron, que desjà ils n'eussent capitulé avec ceux de la ville; me plaignant à eux de ce qu'ils l'avoyent fait sans nous, ils m'auroyent respondu avoir en substance satisfait à leurs promesses et que ce qu'ils ne nous avoyent attendu par la formalité n'estoit procédé de mespris, mais pour, pendant nostre empeschement en ceste alarme, prendre l'occasion aux cheveux et venir au bout de leurs demandes, sans force et violences quelconques, mais par accord tel que je n'en pouvois rien dire, sinon que, pour les exhorter à le bien tenir et garder, j'entray dans la ville, où, voyant beaucoup des choses qui ne me contentoyent pas, et ny pouvant remédier par mes remonstrances, ny voulant participer, je m'en retournay fere raport de ce que j'avois veu audit sieur baron, lequel auroit fait tout devoir d'empescher le mal, et, au partir de ce logis, fait conserver ladite ville du pillage et laisser libre, sans garnison que les François y vouloyent laisser, comme ils avoyent fait à Pfaltzbourg; dont ils l'auroyent aussi fait retirer et remettre le chasteau en son estat ; que, venans ès environs de Blaumont, les François auroyent voulu continuer de mesmes, mais que le retour dudit sieur de Buy nous avoit aydé à rompre ce coup, sur le raport duquel nous aurions fait que d'obtenir de passer outre et empescher, tant qu'en nous seroit possible, tous désordres et espérances de renouer et ammener ceste négociation à quelque bonne fin, le priant de ne s'ennuyer de ce long discours, lequel j'avois trouvé convenable de luy fere pour luy mettre devant les yeux comme tout estoit passé depuis l'avoir veu jusques à ceste heure que, estans avec luy pour en fere une fin, je le priois que ce feust partout demain qui nous estoit limité par les François.

Lors, ledit sieur d'Aussonville me dit qu'il ne pensoit pas que je creusse de luy pouvoir persuader tout cela ; que ce n'estoit pas ce que disoyent les François, comme il en avoit esté adverti ; qu'il ne tenoit qu'à nous qu'ils ne nous pourroyent pas résister et que ce qu'ils faisoyent estoit par intelligence avec nous, dont tout le profit nous devoit revenir ; qu'il croyoit bien que nous ne faisions pas des François tout ce que nous voulions, veu ce qui s'estoit encores hier passé à Gerbersvillers après le sauf-conduit à nous délivré et les feux qui continuoyent de tous costéz, mais, comme nous l'avions asseuré et il s'asseuroit de la bonne volonté de Monseigneur le duc[1] envers son maistre[2], nous, qui estions ses serviteurs, pourrions bien empescher ces désordres, ayans toutes nos forces de la main, auctorité, crédit et moyens dudit sieur

---

1. Jean-Casimir de Bavière.
2. Le duc de Lorraine.

duc, lequel nous devions bien autrement respecter ès offices de son amitié ancienne avec son maistre; que toutesfois il avoit esté autresfois huguenot et sçavoit comme on trompoit les Allemands, en leur promettans merveilles pour les mettre à cheval et s'en mocquer après; mais que nous sçavions bien le moyen d'y remédier, si nous voulions, et qu'il estoit malaisé de croire autrement; qu'on penseroit tousjours que ce fust un jeu entre les François et nous.

Je vei bien d'où venoyent ces propos et me ressouvint de ce dont on m'avoit adverti sur le haut de la montagne au-devant de Saverne en faisant le logis, et le priay de ne passer outre en me permettant de respondre sur ce point, et luy dis que je le priois de ne trouver mauvais si je ne croïois pas qu'il adjoustast foy à tels propos; qu'il cognoissoit les François, que c'estoit un artifice d'eux, mais trop grossier pour empescher la négociation par ces soupçons, et que, si les choses estoyent en tel estat, nous aurions bien véritablement le moyen d'en parler et faire autrement que par des prières et remonstrances de Son Altesse qui sçauroit bien user de son autorité, — si aucune y en avoit, — estant prince allemand qui marche rondement en ses affaires; qu'il n'a véritablement tenu qu'en luy, en ayant extrêmement esté prié et pressé par le roy de Navarre et les Esglises, ausquels il n'a peu en bonne conscience dénier ce qu'il pouvoit fere pour eux, par ses prières envers les princes, sans offencer ses amis, du nombre desquels et des plus anciens, il tient Monsieur de Lorraine, mais tant pour beaucoup d'autres raisons conjointes à la charge, tutelle et administration qu'il a sur les bras des personnes, biens, estats et affaires de Monseigneur son nepveu[1], qui l'empesche assez, que, pour le respect de l'amitié qu'il a avec Monsieur de Lorraine, il s'est tousjours excusé de fere ce voyage, comme le dit sieur de Potlitz luy avoit fait assez entendre; que je m'asseurois qu'il estoit trop habille gentilhomme pour se laisser persuader cela, veu l'absence de Son Altesse qui n'eust pas voulu laisser partir une si belle armée sans un chef de telle authorité et conduite que luy, s'il s'en fust meslé si avant; quant à nous, qu'à la vérité les sieurs baron de Dona, de Wambold et autres estoyent ses très humbles serviteurs, mais ne luy estoyent obligéz d'aucun serment domestique, ayans prins congé de luy comme ont fait et accoustumé faire les gentilshommes ès cours des princes d'Allemagne, quand il leur prend envie de fere un tel voyage; quant à moy, que j'estois François et très humble serviteur de Son Altesse, mais que je ne luy avois aucune obligation pour laquelle il me voulust divertir de fere service à ma patrie et pour la liberté de ma conscience; que le respect de la bonne amitié qui est entre Leurs Altesses[2] nous solicitoit bien à désirer et pourchasser l'effect de ceste négociation, mais encores plus volontiers pour ce que nous la voyons conjoincte au but que nous désirions et au bien commun de part et d'autre; ce que j'avois dit, non pour excuser Son Altesse, qui est prince trop sage pour fere ainsi ses affaires, mais pour la vérité que je sçavois très bien et que je pourrois assez amplement

1. Frédéric IV, duc de Bavière, né le 5 mars 1574, fils et héritier du duc Louis V, ce dernier frère aîné du prince Jean-Casimir, nommé régent du duché pendant sa minorité.
2. Jean-Casimir et le duc de Lorraine.

et clairement vérifier s'il en estoit besoin, et que ce qui m'avoit meu de fere ce discours estoit pour ne laisser ès esprits des hommes aucun soupçon de nostre part, sachant que c'est le fondement de toute négociation sincère et bonne.

Sur quoy, se soubriant, le sieur de Montrueil dit que je serois un bon advocat d'une mauvaise cause, et Monsieur d'Aussonville, reprenant son propos, dit qu'il ne pouvoit nier que nous ne feissions en ceste qualité beaucoup de devoir, ayant pris peine de recognoistre luy-mesmes d'où venoyent les feux et désordres qui avoyent interrompu ceste bonne négociation et cognu évidemment que les Allemands n'y avoyent aucune part; que Monseigneur de Lorraine son maistre n'estoit point aussi si pauvre prince ne si destitué des amis qu'il n'eust bien de quoy en avoir sa raison si on le pressoit davantage, et scauroit bien cognoistre d'où luy procède tel traictement, pour discerner ceux qui en auroyent esté cause, mais qu'il estoit prince doux et paisible, et ne cherchoit que d'éviter le mal, et à cela tant que son honneur et affaires pourroyent porter; pour quoy, il ne reculeroit point de mettre fin à cest affaire, si nous ne nous rendions trop difficiles en requérant de luy choses impossibles ou indignes de son honneur et qualité, comme sont quelques choses contenues ès articles, dont nous luy baillasmes copie; qu'à ceste fin, il nous prioit de dire le dernier mot pour en faire une fin.

Je lui respondis que les articles ne venoyent point de nous; que Son Altesse[1] avoit eu prou peine de les tirer

---

1. Jean-Casimir.

du sieur de Ségur, duquel je croyois bien que l'intention estoit de rendre l'affaire difficile, mais que nous l'avions, depuis, souvent remonstré aux François et espérions les avoir amenéz à tel point que l'affaire se pourroit bien parachever, suivant ce que nous avions traicté depuis avoir parlé à luy avec le sieur de Tantonville à Saverne, avec lequel, par ses responces que j'avois en main, nous estions presques demeuré d'accord pour le premier article, du passage et estapes, pourveu qu'on donnast un peu de temps, qu'il y eust prix raisonnable aux vivres et qu'on logeast à la haye ; quant au temps et loger à la haye, que c'estoit chose dont on auroit bien tost avisé ; — mais, quant au prix des vivres, que cela ne se devoit fere, d'autant que par cest article nous tendions au mesnage des vivres pour le soulagement des subjects de Son Altesse[1], ausquels (en les faisant ministrer selon que j'en avois dressé un estat, à la prière du sieur de Tantonville, qui ne monteroit pas à 6,000 escus par jour, chose petite pour une telle armée), on sauveroit tous les jours vingt fois autant et encores plus de perte et de dégast, outre la diligence qu'on feroit fere à l'armée pour le plus prompt passage que fere se pourroit ; que c'estoit assez gaigné sur le soldat de le renger à ceste discrétion-là sans luy demander de l'argent, qui seroit le faire désirer de vivre à discrétion et tenir à l'opinion des François, et que ceste raison nous avoit servi à les contenter et rendre désireux de ceste négociation ; — quant à la somme sur laquelle ledit sieur de Tantonville nous a offert 50,000 escus, nous luy avions dit

---

1. Le duc de Lorraine.

que c'estoit peu pour distribuer à tant des gens, lesquels nous divertissions des saccagemens et pilleries ordinaires par espérance de quelque solde, que nous avions diminué cest article de moitié et modéré la somme de la solde d'un mois, demandée par ledit sieur de Ségur (qui monteroit à près de 400,000 escus) à 200,000 escus, et, pourveu que Son Altesse nous donnast de quoy rendre plus grand contentement ausdites gens de guerre, que, de nostre part, nous approcherions aussi tant de la raison que nous tomberions aisemment d'accord, et que cela ne sortiroit des coffres de Son Altesse[1], qui pourroit, au contraire, en faveur d'un si grand soulagement acquis par son respect à ses subjects, en tirer de la commodité pour ses affaires ; — quant au 3º article, pour la neutralité, que ledit sieur de Tantonville nous en avoit asseuré, pourveu que les deux derniers articles fussent ostéz et que l'armée n'entrast pas dans les terres de Son Altesse avant son retour, qui devoit estre le sammedy ensuivant[2], à six heures du matin, jusques au quel jour nous y avions pourveu, et encore tout ce jour-là, sans en avoir nouvelles et fait depuis tout ce que nous avions peu au deffaut de son retour, et quant à oster lesdits deux articles, que nous y travaillerions de si bonne sorte envers les François, que nous en avions bonne espérance, mais que son retour avec les trois premiers articles bien résolus nous en donneroit tel moyen que nous l'en oserions quasi dès lors asseurer ; que ceste neutralité estoit seulement pour fere croire aux François que Monsieur de Lorraine n'est et ne veut estre

1. Le duc de Lorraine.
2. Le 22 août, *n. s.* — Voyez ci-dessus, p. 75 et suiv.

ennemis qui est le fondement de ceste négociation, sans lequel on n'en pouvoit rien espérer; que nous estions ainsi demeurés éclaircis et résolus avec ledit sieur de Tantonville et en présence dudit sieur de Buy, qui me pouvoit reprendre si je disois rien autrement de ce qui s'estoit passé, que ce jour icy devoit estre comme le retour dudit sieur de Tantonville, priant ledit sieur d'Aussonville que, eu esgard aux choses si bien advancées, pour les raisons que je luy avois desduites, il voulust employer sa fidélité envers son maistre et son affection envers sa patrie à ce que demain à bonn'heure cela fust bien résolu; que, si je lui pouvois dire les raisons qui faisoyent tenir ferme aux François à fere la guerre à Son Altesse, il cognoistroit combien il luy importe d'expédier cest affaire, en sorte que nous en puissions donner advis à l'armée, pour la fere arrester quelques jours pendant qu'on dresseroit les estapes, en donnant incontinent des bons ostages de part et d'autre pour l'asseurance de toutes choses; que c'estoit là le vrai et seul moyen de parvenir où nous devions tous désirer, au grand soulagement des subjets de Son Altesse; que c'estoit tout ce que je luy en pouvois dire sans aucune feintise ou dissimulation, demandant audit sieur Wambold s'il luy sembloit que j'eusse oublié quelque chose. « — *Non, non*, dit le sieur d'Aussonville, *je m'asseure qu'il ne dira pas que vous n'ayez rien oublié, mais plus tost oublié à moins dire pour rendre l'affaire plus aisée* »; ne luy semblant pas raisonnable de traitter Monsieur de Lorraine si rigoureusement; que toutesfois il s'asseuroit que Son Altesse[1] feroit tout ce qu'il pourroit avec son

---

1. Le duc de Lorraine.

honneur; et, quant à luy, pour n'y perdre de temps, il s'y employeroit très volontiers et despescheroit à l'heure mesme le sieur de La Bastide vers Son Altesse[1], auquel il ne faudroit point de donner instruction pour ce qu'il l'avoit fait assister exprès à ce discours ; à ce qu'il feust tant mieulx instruict pour représenter le tout à Son Altesse à son lever.

Il estoit près de minuit quand nous retirasmes, après ceste despesche faite et promesse qu'il nous donna d'en avoir responce résolue dans demain midy.

*
* *

Le jeudy 24 d'aoust[2], l'armée partit de Reclainville et Gerbevillers pour venir loger à Froville[3] et ès environs de la rivière de Muz, cependant que nous estions, le sieur Wambold et moy, à Limminville, attendans le retour du sieur de La Bastide, qui nous devoit apporter responce sur le midy. Cependant, le sieur de Montreuil nous pria à disner, et, l'heure de midy estant passée, je désirois aller vers ledit sieur d'Aussonville, pour sçavoir si ledit sieur de La Bastide estoit venu ou à quoi il tenoit, n'ayant que ce jour-là à attendre ; mais ledit sieur de Montrueil nous pria de ne bouger et qu'il y enverroit. Depuis, n'estant pas encores hors de table, ledit sieur d'Aussonville l'apela, et, retournant, il nous dit que ledit sieur de La Bastide n'estoit point encores de retour, nous prians ledit sieur d'Aus-

1. Le duc de Lorraine.
2. Le 3 septembre, *n. s.* — Ce paragraphe a passé presque textuellement dans les *Mémoires* (t. III, p. 118-123), sauf les réserves indiquées ci-après.
3. *Froville*, aujourd'hui comm. du cant. de Bayon, arr. de Lunéville, Meurthe-et-Moselle.

sonville de ne nous ennuyer et que son retardement ne luy sembloit que bon présage. Quelque peu après, me doubtant de quelque chose, je voulus encor aller vers ledit sieur d'Aussonville pour voir ce qu'il me diroit; mais ledit sieur de Montrueil nous pria encores de demeurer et se mist à nous vouloir entretenir au jeu. Ledit sieur Wambold joua, m'asseurant bien que ce n'estoit sans cause qu'il nous arrestoit là soubs couleur d'honnesteté qui me fist encore plus désirer d'en sortir et d'aller au logis, où estans, vismes plusieurs chevaux sortir de la ville et apprismes que Monsieur de Guise n'en faisoit que sortir, qui me feit doubter que c'estoit pour rompre ceste négociation par une entreprise sur les nostres. Comme, pendant que nous négocions là, nos François ne faisoyent que brusler; ce qui me feit désespérer de l'affaire et prier ledit sieur d'Aussonville par ledit sieur de Buy de nous donner congé, voyans trois heures passées sans le retour du sieur de La Bastide et craignant qu'on nous voulust amuser par son retardement artificieux et faire cependant quelque entreprinse sur nos logis, qui n'estoyent qu'à une petite lieue de Limminville, sur la mesme rivière au-dessus, comme le sieur de Quitry nous logeoit tousjours exprès du costé de l'ennemy; mais il nous pria bien fort d'avoir un petit peu de patience et que ledit sieur de La Bastide seroit bientost de retour, que nous serions en tout cas demain aussi matin au cartier comme si nous y avions couché. Nous en prismes advis, ledit sieur Wambold et moy, et trouvasmes n'estre raisonnable à l'apétit de cinq ou six heures de retourner sans responce, et résolusmes d'attendre. Nous veismes amener de nos François arquebuziers prisonniers, qui auroient esté surprins en mettant le feu aux villages et respondu l'avoir fait par commandement, qui me feist encores plus doubter de quelque entreprise, et allasmes tost après souper avec ledit sieur d'Aussonville, qui nous en feit la plainte, dont je prins mauvaise espérance.

Estans à table, arriva le sieur de La Bastide, lequel, après souper, feit entendre sa charge au sieur d'Aussonville seul à seul, et soudain feusmes appelez en sa chambre, où il nous feit entendre que Monsieur de Lorraine estoit si irrité des feux qui continuoyent, mesmes depuis avoir renoué cest affaire, l'armée passant tousjours outre, que toute sa bonne volonté estoit converti en désespoir de pouvoir rien fere qui vaille avec nous, veu que les François, nonobstant les asseurances données aux Allemands, ne cessoyent leurs comportemens, recognoissant telle aigreur en eux qu'il n'en pouvoit espérer aucun fruict, nonobstant toutes les bonnes volontéz que les Allemands y sçauroyent aporter, lesquelles il recognoissoit bien et leur en estoit obligé[1]; et puisque desjà, l'armée advançant toujours en ses païs, il avoit suporté la moitié d'un si barbare traittement, se voyant à la déclinaison de la maladie, pour estre l'armée desjà au milieu de ses païs, Dieu luy feroit la grâce de supporter le reste et luy donneroit moyen avec ses amis et serviteurs d'en avoir la revenge; adjoustant ledit sieur d'Aussonville que l'on avoit forcé Son Altesse à cela, qui, de son

---

1. Cette phrase flatteuse sur les Allemands n'existe pas dans les *Mémoires* (t. III, p. 120). Elle énonce, du reste, un insigne mensonge. (Cf. les documents manuscrits cités, *Ibid.*; et p. 123, *notes*.)

naturel, estoit prince paisible et digne d'être conservé
pour s'employer à la paix, que les François cognoistroyent que tels conseils ne leur procèdent que de mal
affectionnées personnes à leur repos sous couleur de
quelques vengeances mal fondées, que Son Altesse[1] ne
s'estoit encores point voulu mesler de la guerre et
qu'ils l'avoyent contrainct à ce coup de prendre les
armes pour la juste et nécessaire défence de ses païs
et subjects, qu'il avoit assez de moyens et d'amis pour
en avoir la raison, que l'on verroit combien ceux-là
avoyent fait du mal aux affaires dont ils font mine de
chercher l'advancement, qui avoyent fait prendre les
armes à Son Altesse, au lieu d'aller sollicitant la paix,
comme il eust faict très volontiers. Ledit sieur de La
Bastide adjousta que ce qui avoit encores plus advancé
ceste résolution-là, outre l'insolence de nos François,
estoit l'extrême diligence que faisoyent tous les princes
amis et serviteurs de Son Altesse de le venir trouver
pour son secours en une si urgente occasion et que
dedans deux ou trois jours ils seroyent tous ensemble.
— « *Et bien*, dit lors le sieur d'Aussonville, *on verra
si ces brusleurs auront tant de courage de combattre
que de brusler et ruiner tant de pauvres gens, desquels
les larmes montent au ciel et crient vengeance.* »

A quoy je respondis que nous en estions très marris; mais que le moyen de les empescher estoit de
conclure cest affaire, au préjudice duquel il n'y auroit
si osé d'entreprendre quelque chose, sinon aux despens
de sa vie et de ses complices, et, si tous les François
faisoyent d'un accord les promesses qu'ils feroyent de

---

1. Le duc de Lorraine.

s'en abstenir, nous aurions lors très juste occasion de fere envers eux ce que tel cas mériteroit; et que, au lieu de rompre, Monsieur de Lorraine, sauf son meilleur advis, devoit se haster d'estraindre ceste négociation, pour couper broche à tels déportemens, lesquels, après ceste rupture, il nous seroit impossible d'empescher, tellement que tous les jours il n'en arrive au cartier desdits François, qui s'y résouldront à faire encores pis et passer toute ceste guerre en Lorraine, comme ils nous en ont fait desjà cognoistre leurs desseins et en estre sollicitéz par tels que Son Altesse[1] ne penseroit pas, fondéz sur de telles raisons que Son Altesse auroit de quoy y bien adviser; protestans quant à nous de n'en estre cause et de n'avoir cherché que toute douceur et amitié en cest affaire, auquel nous avions servi tant qu'il nous estoit possible pour empescher le mal, mais qu'il nous eust fallu attacher deux Allemands à chascun François pour les retenir[2]; qu'ils avoyent desjà retiré les Suisses à leur dévotion en cela, de sorte qu'à nous ne doit plus être imputé le mal qui en arrivera, y ayant apporté, en continuant ceste négociation, issue de la bonne volonté de Monsieur le duc[3] envers Son Altesse[4], tout le devoir qui nous a esté possible, jusques à en recevoir, Son Altesse et nous, de telles paroles d'eux que, s'ils sçavoyent comme moy tout ce qui s'en est passé, ils jugeroyent que, quand il eust esté question des estats de Son Altesse[5] et de

1. Le duc de Lorraine.
2. Ces bons Allemands! Nos campagnes ont connu en 1870-71 leur horreur du pillage.
3. Le duc de Lorraine.
4. Jean-Casimir de Bavière.
5. Le duc de Lorraine.

Monseigneur son nepveu[1], il n'y eust peu employer de plus affectionnées prières, intercessions et remonstrances qu'il a fait, du peu de fruict desquelles Son Altesse[2] sera très marri, le priant de bien penser à la conséquence de ceste rupture; quant à l'armée, qu'il avoit esté résolu qu'elle n'avanceroit point outre ceste rivière de Muz[3], attendant que ce fût faict ou failli de ceste négociation, ne pouvant plus vivre où elle estoit et attendant une résolution par tout ce jour qu'on nous a limité à nostre partement; que de cela je pouvois asseurer et que regarder à ce qui peut estre avenu aujourd'huy au délogement de l'armée seroit donner aux François de quoy nous presser de croire ce qu'ils nous ont desjà voulu persuader; que Son Altesse[4] n'avoit aucune volonté d'entendre à cest affaire et que tout ce qu'il faisoit n'estoit que pour gaigner temps et nous amuser, attendant ses forces et gaigner cela en négociant qu'on s'abstint de tels déportemens, que je le priois ne trouver mauvais si je luy disois qu'il me sembloit que rompre sur ceste occasion estoit se courroucer contre son ventre; qu'on feroit bonne justice de ce qui est arrivé depuis nostre partement contre ce qui nous avoit esté promis et sur quoy nous n'eussions jamais voulu venir icy, cognoissant bien les conséquences des tels excès, lesquels Son Altesse[5] pouvoit fere cesser pour peu de choses; que les François luy gastoyent plus de bien et de païs en un jour qu'il ne donneroit en faisant ce qu'on avoit advisé avec ledit sieur de Tantonville.

1. Voy. ci-dessus, p. 148, note 1.
2. Jean-Casimir de Bavière.
3. La Mossig.
4, 5. Le duc de Lorraine.

Il respondit absolument qu'il en estoit bien marri aussi, mais, puisque c'estoit la dernière résolution de Son Altesse[1], que ce n'estoit pas à luy de l'en presser davantage; que, en recognoissance de la bonne volonté des Alemands, assez évidente par les visitations des cartiers qu'il faisoit faire l'un après l'autre, Son Altesse[2] leur donneroit plustost 300,000 escus pour s'en retourner en leurs maisons, en laissant là ces brusleurs que 50,000 escus ny 100,000, par le moyen de ceste négociation pour leur servir; qu'il asseuroit de leur fere donner ceste somme-là, s'ils se vouloyent retirer, et que nous leur pouvions dire cela quant à eux.

Je luy dis que c'estoyent gens d'honneur auxquels on ne devoit pas espérer par ce moyen de fere oublier leur devoir; qu'on auroit bien recogneu et prévu cela en demandant les trois gentilshommes allemands pour députéz de nostre part, afin d'en traiter avec eux; et, quant à l'affaire, puisque je voyois que c'estoit une résolution finale, je ne pouvois fere autre chose que d'en regretter les piteuses conséquences, dont tous les gens de bien seroyent très marris, et Son Altesse[3] plus que tous, quand il en seroit adverti, pour l'amitié qu'il porte à Monsieur de Lorraine, tellement imprimée en son cœur de sa jeunesse qu'elle ne pouvoit mourir qu'avec luy, ayant espéré que de ceste négociation sortiroit un moyen d'une bonne réconciliation qui luy seroit très agréable entre le roy de Navarre et Son Altesse, si proches alliéz, lesquels il aime et honnore tous deux, à quoy nous nous employerions tousjours très volontiers plustost qu'à les aigrir et soliciter par advantage

1, 2. Le duc de Lorraine.
3. Jean-Casimir de Bavière.

à la ruine l'un de l'autre; mais que, n'ayant pleu à Dieu bénir la bonne affection de Son Altesse[1] en cest endroit, par les empeschemens qui y auroyent esté mis de tous costéz, chacun, à son très grand regret, verroit et sentiroit le malaisé à prévoir de telles extrémitéz; et demeuroit, quant à luy et tout ce qui en dépend, tousjours en sa bonne volonté d'aporter plustost ses prières et moyens à modérer qu'à aigrir les affaires, selon que ledit sieur de Potlitz l'avoit bien amplement escrit à Son Altesse[2], après n'avoir peu rien fere en ceste négociation.

Et, sur ce, nous ayans ledit sieur d'Aussonville remercié bien fort de nostre bonne affection et prié de la continuer aux occasions qui s'en pourroyent encores présenter, nous asseurant de mesmes de costé de Son Altesse[3], nous prismes congé de luy et de la compagnie, dont plusieurs nous recommandèrent leurs maisons; mais il ne voulust le nous donner ce soir, nous prians de desjeusner encores demain de bon matin avec luy, avant partir. Ainsi nous nous retirasmes en nostre logis qu'il estoit dix heures du soir[4].

*
* *

Le vendredy 25 d'aoust[5], l'armée séjournant encores à Fronville et ès environs, sur la rivière de Muz, nous

---

1. Jean-Casimir de Bavière.
2, 3. Le duc de Lorraine.
4. Suit dans les *Mémoires* (t. III, p. 123-124) un alinéa fort curieux, où La Huguerye s'étend sur le tort qu'a eu le duc de Lorraine de ne pas accepter l'arrangement qu'il proposait.
5. Le 4 septembre, *n. s.* — Ce paragraphe n'a point passé dans les *Mémoires*.

desjeusnasmes de bon matin avec ledit sieur d'Aussonville, faisant assez cognoistre, devant et après desjeuner, le regret qu'il avoit de la rupture de cest affaire, et prismes congé de luy. En partant, il me pria de dire au sieur de Clervant de se souvenir de ce qu'ils avoient conféré ensemble sur le pavé auprès du chasteau de Nancy, le priant encores de regarder encores à cela, à quoy de son costé il feroit aussi son devoir, estant bien marri de veoir les empeschemens qu'il avoit bien préveu. En nous en allant, d'autant que j'avois laissé mon journal pour éviter les inconvéniens, comme je pensay au raport que nous aurions à fere, je me trouvay fort empesché moy-mesmes sur les derniers propos dudit sieur d'Aussonville, desquels le raport me sembloit dangereux et pouvoir engendrer une périlleuse négotiation, s'il venoit à la cognoissance des Allemands, et qu'au contraire le taire ne nuiroit de rien ; qui fut cause que je me résolu en moy-mesme de n'en dire mot à personne pour éviter aux inconvéniens évidens de ceste ouverture, encores que je cogneusse bien le proffit des Allemands de ce costé-là, au lieu de leur ruine, aisée à prévoir du commandement, comportement et perfidie des François, espérant tousjours que Dieu y apporteroit quelque remède de sa main pour le repos des Églises.

Estans arrivéz à Froville, nous y trouvasmes les collonnels Dommartin et Werren, envoyéz vers le sieur de Bouillon pour fere encores leurs remonstrances et protester du feu que les François continuoyent à mettre partout et pendant nostre absence, contre ce qui leur avoit esté promis cy-devant qu'on donneroit ordre pour le moins que cela n'arrivast plus afin d'éviter aux inconvéniens qu'ils avoyent remonstré leur en pouvoir prévenir. De là nous allasmes, ledit sieur Wambold et moy, au cartier dudit sieur de Clervant pour fere remmener nos ostages. Nous trouvasmes les Suisses en allarme, où estoit ledit sieur de Clervant, qui retourna tost après, et le sieur de Beaujeu, venant du cartier de Monsieur de Dona, de la part de Monsieur de Bouillon, le prier de doresnavant prendre cartier avec luy afin d'adviser plus commodément aux affaires, selon les occasions, comme il me dit. Je luy demanday quelle responce il avoit eu dudit sieur baron. Il me dit qu'il s'en estoit excusé, remonstrant les incommoditéz qui adviendroyent s'il ne logeoit avec les collonels et *Ritmaistres*[1] les uns après les autres pour les entretenir et conférer ordinairement avec eux, qui estoit chose plus que nécessaire que jamais et practiquée de tout temps en semblables voyages, me priant ledit sieur de Clervant et luy de tenir la main à cela quand je serois de retour près de luy. Je leur dis que je me doubtois bien que ledit sieur baron leur auroit faict ceste responce et que nous n'estions pas à y avoir pensé pour nous soulager de la peine que nous avions d'aller tousjours de nostre cartier au conseil et estre présens à toutes délibérations; mais que nous avions tant trouvé d'incommoditéz en cela, principalement du costé des reistres, qu'il nous avoit fallu contenter de prendre plustost ceste peine-là que de tomber en d'autres plus grans inconvéniens; mais que, au lieu de cela, nous avions trouvé un expédient de fere les cartiers de Monsieur de Bouillon et de Monsieur le baron, [autant] que fere se

---

1. *Reitmeister*, en allemand *officiers de cavalerie*.

pourroit, comme nous en voyons assez de commodité, d'un cart de lieue ou de demi-lieue et de loger plustost moins au large, pour aller à toutes heures à pied de l'un à l'autre et y estre comme si on feust logé ensemble, en faisant cependant ce qui est nécessaire pour le contentement et entretennement des reistres, lesquels ledit sieur baron faisoit loger régiment après l'autre avec luy, affin de sentir leur estat et volonté et remédier à tout ce qui seroit nécessaire; mais que nous n'avions encore peu obtenir cela du sieur de Quitry, quelque instance que nous luy en ayons fait à tous les rendez-vous, faisant cependant cela de nous-mesmes au cartier qu'il nous donne, desquels nous prennons tousjours le plus proche pour ceste occasion, pour laquelle je les priay de faire que nous fussions tousjours logéz près dudit sieur de Bouillon, et que, son cartier estant fait, on prînt tousjours le plus proche pour ledit sieur de Bouillon, comme c'estoit la raison avec la commodité. Je dis audit sieur de Clervant ce que m'avoit prié ledit sieur d'Aussonville de luy fere entendre, qui me dist que c'estoit pour ce qu'il nous avoit dit au premier conseil après le passage de la montagne et qu'il m'en parleroit une autre fois avec plus de loisir.

Après disner, nous feismes monter nos ostages à cheval et les conduisismes par les cartiers desdits sieurs de Bouillon et baron et de là jusques au village plus proche de Limminville, tellement qu'ils furent contens de nous et nous demandèrent seulement nostre trompette pour aller avec eux jusques à la porte de la ville. Je les priay de dire audit sieur d'Aussonville que nous avions trouvé, en allant à eux, les collonels Wehren et Dommartin, députéz des reistres vers Monsieur de Bouillon pour fere les plaintes des feux, qui continuoyent encores depuis nostre partement, contre les promesses des François, avec toutes protestations et déclarations requises, les priant d'en advertir ledit sieur d'Aussonville, ce qu'ils promirent fere, affin qu'il cogneust tant plus qu'il ne tenoit à nous que tout n'allast bien ; et nous en retournasmes au cartier dudit sieur baron, auquel nous feismes raport de ce que nous avions faict, qui estoit rien, ny ayant eu ordre de rabiller les affaires à cause des feux qui ont continué à estre mis par les François pendant que nous estions à Limminville, où mesmes nous avions veu emmener de nos soldats françois prisonniers, qui avoyent esté prins sur le fait et confessé de qui ils en avoyent le commandement, ce qui avoit encores altéré l'affaire d'avantage que, voyans qu'à l'occasion desdits François nous n'avions peu rien faire, nous avions tellement fait cognoistre la vérité du costé des Allemans que pour le moins on ne leur imputeroit rien de tels excès, et d'avantage avions fait si évidemment paroistre la bonne volonté de Monseigneur le duc[1] (contre les artifices meschans desdits François) envers Monsieur de Lorraine pour le fait de ce passage qu'on en estoit content; nous asseurant pour le moins qu'à raison des actions desdits François il ne luy viendroit point d'inconvéniens, nous ayant esté déclaré au contraire vouloir demeurer en bonne amitié avec luy en nous priant, quant à nous, d'y faire et continuer tous les offices dignes de la conservation

---

1. Jean-Casimir de Bavière.

du bon voisinage et amitié entre ces deux princes, fondée sur tant d'occasions ordinaires, qui estoit ce que nous désirions fere, si ne pouvions par la malice desdits François parvenir au but de ceste négociation, mais que j'avois bien senty à quelques propos qu'il y avoit quelques particuliers mal affectionnéz à Son Altesse[1], qui voudroyent bien esmouvoir quelque chose contre luy à l'occasion des choses présentes, que j'apperceu estre trois, dont je cognus les deux premiers par circonstances, ce me semble, mais non pas le troisiesme; et, quant aux nouvelles des desseins et forces de Monsieur de Lorraine, à ce que j'avois recogneu qu'il n'avoit de quoy nous empescher pour passer partout et qu'il ne pourroit avoir sitost assez de forces pour cest effect, encores que Monsieur de Guise et tous les autres feissent toute diligence possible et en eussent asseuré ledit sieur duc de Lorraine pour le divertir de nostre négociation, que Limminville estoit bien fournie de guarnison et assez bien fortifiée et en bonne assiette, et, si les François avoyent tant allégué des difficultéz pour Blaumont, qu'elle n'estoit pas pour eux; qui estoit en somme tout ce que nous avions peu rapporter de nostre voyage; que Monsieur d'Aussonville y avoit fait tous les bons offices qu'on eust peu espérer d'un très fidelle serviteur de son maistre; qu'il cognoissoit bien que c'eust esté le meilleur d'en passer par ceste négociation, si nos François n'en eussent point diverti Son Altesse[2] par le point de l'honneur et entreprennant au contraire contre Pfaltzbourg et Sarrebourg, et puis me disant que Mon-

1. Jean-Casimir de Bavière.
2. Le duc de Lorraine.

sieur de Guise avoit de bons serviteurs en nostre armée, qui avoyent fait en cela tout ce qu'il eust peu désirer d'eux pour précipiter son maistre aux armes, et que, s'ils continuoyent, il auroit occasion de les bien aymer; que c'estoit à nous à y bien penser (ce qui me feist resouvenir de la venue d'Espaux vers Quitry), nous asseurans que nous estions trompéz et trahis et ne verrions jamais le roy de Navarre, qu'il le scavoit si bien qu'il n'en pouvoit ignorer.

*
* *

Le sammedy 26 d'aoust[1], nous partismes de Froville et ès environs pour venir à Bayon[2], Flainville[3] et autres lieux de çà de là le long de la Mozelle. Avant partir, nous eusmes nouvelles de Monsieur de Bouillon, qui nous prioit de laisser quelques cornettes derrière pour faire escorte aux Suisses, qui, ne pouvans, à cause du mauvais chemin et de l'artillerie mal attelée, aller jusqu'au cartier qui leur avoit esté donné, seroyent contraincts demeurer en quelque village sur le chemin, en danger de quelque inconvénient, s'ils n'estoyent accompagnéz de quelque cavallerie. Nous avons eu incessamment ceste difficulté là des Suisses et de l'artillerie, qui faisoyent si peu de chemin qu'il les nous falloit tousjours attendre, donnant loisir à l'ennemi de nous rompre à son aise toutes commoditéz au-devant, qui a esté une des causes de nos difficultéz et nécessi-

1. Le 5 septembre, *n. s.* — Quelques détails diffèrent dans le texte corrélatif des *Mémoires* (t. III, p. 125-126).

2. *Bayon*, aujourd'hui ch.-l. de cant. de l'arr. de Lunéville, Meurthe-et-Moselle.

3. *Flainville*, aujourd'hui comm. du cant. et de l'arr. de Lunéville, Meurthe-et-Moselle.

téz, ne pouvans fere de bonnes journées qu'il ne fallust après séjourner un ou deux jours pour les attendre. Nous arrivasmes d'assez bonn'heure au logis. Ledit sieur baron, demeurant à la campagne, attendant qu'il fust fait, eust advis de Monsieur de Bouillon et du conseil pour aller demain cercher l'ennemi en la plaine de Sainct-Nicolas[1]; et, veu l'espérance qu'ils donnoyent de fere quelque bon effect sur les advis qu'ils avoyent que l'ennemi nous costoyoit de près vers ce lieu-là et se mettoit en embuscades pour attrapper quelques-uns des nostres, il leur accorda qu'il iroit et se trouveroit demain à labaye de Beauchamp, à l'heure assignée, avec le nombre de cavallerie qu'on luy avoit mandé.

* * *

Le dimanche 27 d'aoust[2], nous séjournasmes à Bayon, et se tinst prest ledit sieur baron avec sa cavallerie pour aller au rendez-vous de l'abbaye de Beauchamp[3] et marcher de là droit vers Sainct-Nicolas pour tascher à attirer l'ennemi au combat en la plaine d'entre Sainct-Nicolas et Limminville, ou l'enfermer dans ledit Sainct-Nicolas et y faire quelque beau exploit. Mais il fcist un si vilain temps et pleust si fort que ledit sieur de Bouillon manda audit sieur baron, qui estoit desjà à la campagne, de ne bouger. Et, si on y feust allé, on eust trouvé une embuscade, qui fut des-

---

1. *Saint-Nicolas*, aujourd'hui comm. du cant. et de l'arr. de Nancy, Meurthe-et-Moselle.

2. Le 6 septembre, *n. s.* — Ce paragraphe est très écourté dans les *Mémoires* (t. III, p. 126).

3. *Beauchamp*, aujourd'hui hameau de la comm. d'Eulmont, cant. et arr. de Nancy, Meurthe-et-Moselle, et non *Béchamps*, comme le veut une note des *Mémoires* (t. III, p. 125).

couverte ce matin-là sur le mesme chemin. Le sieur de Mouy avoit envoyé de son cartier delà l'eaue[1] au-devant de nous sçavoir s'il devoit partir, veu le temps, pour aller à Beauchamp. Je luy manday que l'entreprinse estoit rompu à cause du mauvais temps, et que, dès le matin, Monsieur de Bouillon nous en avoit adverti de Flainville. On nous feist prier de passer l'eau ce jour-là pour advancer les Suisses et leur faire place à Bayon, où ils auroyent des moulins; mais les reistres n'en voulurent rien faire, en ayans besoin aussi. Après disner, les sieurs de Clervant, Quitry, Cormont, de Malroy et Hypolite vindrent à Bayon pour advizer de plus près à faire le logis pour demain au meilleur passage de la rivière de Colon, dont il feust résolu sur l'advis de Hypolite, cognoissant le païs; mais il nous feit faire une trop grande traicte jusques à Cintray[2], à cause des Suisses et de l'artillerie. Il feust aussi parlé d'assiéger les maisons des sieurs de Rosne[3] et Bassompierre[4], que les François vouloyent ruiner, mais cela fut laissé là.

*
* *

Le lundy 28 d'aoust[5], nous attendismes à Bayon que

---

1. La Moselle.
2. *Ceintrey*, aujourd'hui comm. du cant. d'Haroué, arr. de Nancy, Meurthe-et-Moselle.
3. Le château de Tonnoy (*Mémoires, loc. cit.*). — *Tonnoy*, aujourd'hui comm. du cant. de Saint-Nicolas-du-Port, arr. de Nancy, Meurthe-et-Moselle.
4. Le château d'Haroué (*Ibid.*). — *Haroué*, auj. ch.-l. de cant. de l'arr. de Nancy, Meurthe-et-Moselle.
5. Le 7 septembre, *n. s.* — Ce paragraphe a passé presque textuellement dans les *Mémoires* (p. 126-131). — Sur cette affaire du Pont-Saint-Vincent, cf.: lettre de Quitry à Ligny (*Appendice*,

l'artillerie et les Suisses fussent passéz, selon que Monsieur de Bouillon et le sieur de Clervant leur en avoyent escrit, d'autant que l'artillerie ne pouvoit partir devant neuf heures, à cause des chevaux qui s'estoyent hier defferréz, passasmes l'eau bien tard et nous rendismes delà l'eaue en la plaine au haut de la montagne au rendez-vous, laissans advancer lesdits Suisses, de crainte qu'on ne les attaquast à la queue. Nous trouvasmes encore au rendez-vous des pièces de campagne désattelées, sans aucune garde, pour ayder à tirer les autres, tant ceste artillerie donnoit de peine, estoit mal menée et incommodoit merveilleusement l'armée, comme il parut ce jour-là, qu'elle fut cause de nous fere attendre à partir après de dix heures et fere halte longtemps audit rendez-vous pour conserver lesdites pièces de campagne, qui estoyent toutes seules, jusques à ce qu'on les vint requérir.

Après nous advançasmes à la queue desdits Suisses, et, comme nous estions à my-chemin de Cintray, où nous allions loger, arriva vers nous un reistre au galop, envoyé par le feld-mareschal Rumpff, qui estoit allé au-devant fere les logis à l'ordinaire, nous advertissant de nous advancer en dilligence, qu'ils avoyent rencontré l'ennemi à Cintray, lequel ils poursuivoyent. Les régiments de l'avant-garde estoyent devant nous, et feist ledit sieur baron advancer ceux de la battaille, ayant de ce adverty le collonel Tilman, qui marchoit à nostre main gauche avec son régiment, afin qu'ils

n° II); La Châtre, fol. 10-18; *Mémoires... du 23 juin au 13 décembre* (Recueil A-Z, lettre G, p. 206-207); *Mémoires de Quitry, de Couvrelles et de des Réaux* (*Appendice*, nos IV-VI).

advançassent le pas avec l'artillerie pendent qu'il iroit pour entretenir l'ennemi.

En marchant au trot, nous trouvasmes Monsieur de Bouillon arresté en la plaine au-devant de Cintray; ledit sieur baron m'envoya vers luy pour luy dire ce que le feld-marschalk lui avoit mandé et qu'il s'advançoit pour le soustenir, qu'il luy sembloit que ledit sieur de Bouillon feroit très bien de fere acheminer les Suisses et le reste d'infanterie françoise et l'artillerie avec luy pour nous suivre le plus près qu'il pourroit, afin d'engager l'ennemi et prendre l'occasion, si elle se présentoit à propos. Le sieur de Beauvoir, se courrouçant, me dit que ledit baron avoit grand tort de ne venir parler audit sieur de Bouillon, qui l'en avoit prié. Je l'excusay et luy dis qu'il estoit pressé par son veld-marschalk et ne pouvoit dire autre advis que cestuy-là audit sieur de Bouillon, qu'il sembloit aussi le plus expédient; mais, au lieu de fere cela, laissant là les Suisses sans donner ordre à les fere advancer, il suivit ledit sieur baron, lequel, s'advançant tousjours, trouva que les ennemis avoyent desjà esté chasséz de Cintray, Puligny[1] et Acraigne, n'ayans pas eu loisir de manger ce qui estoit tout prest sur la table, où plusieurs furent tuéz et prins. Les ennemis, depuis Puligny, s'estoyent retirez le long des bois, à la main droicte, jusques au bout d'iceulx, joignant ladite rivière de Modon[2], où ils l'avoyent passé au gué, et demeura leur armée en bataille de l'autre costé de l'eau.

1. *Pulligny*, aujourd'hui comm. du cant. de Vézelise, arr. de Nancy, Meurthe-et-Moselle.

2. Le Madon, rivière prenant sa source au-dessus de Mirecourt et se jetant dans la Moselle à Pont-Saint-Vincent, en Lorraine.

Estant toute nostre cavallerie arrivée au bord de deçà, et le sieur de Mouy avec quelque nombre des soldats de son régiment, on attacqua l'escarmouche, pendant laquelle, si Villeneufve et les Suisses eussent suivi et que ledit sieur de Bouillon fust demeuré pour les fere advancer avec luy, comme on l'en avoit prié, cependant que nous eussions entretenu l'ennemi et fait advancer le collonnel Schregel, qui y arriva d'assez bonn'heure, il est sans doubte que dès ce jour-là nous eussions contrainct et obligé l'ennemi, et la victoire toute aparente eust esté nostre. Mais, ledit sieur de Bouillon ayant suivy et les Suisses et Villeneufve, logé en leurs cartiers avec l'artillerie, sans s'advancer aucunement, la nuict commença à venir et nous contraindre de regarder à nous loger dans les logis dont nous avions chassé l'ennemi, qui est le second logis bien fait que nous avons eu. Mais l'ennemy l'avoit fait; lequel de son costé garda les deux moulins et autres passages de la rivière et se logea à la haye, ainsi que nous devions fere, mais il fut advisé de loger ledit sieur de Bouillon dans le chasteau d'Acraigne, Monsieur le comte[1] et toute la cavallerie françoise dans le village, avec le régiment du sieur de Mouy, sauf quelques logis aux advenues du village réservéz pour ledit collonel Schregel et son régiment, qui logea la pluspart à la haye.

Ledit sieur baron fut renvoyé loger à Puligny et le reste de ses reistres à Cintray, où nous arrivasmes bien tard, et luy fut promis de l'advertir la nuict d'heure à autre et à la dhiane[2] de ce qu'il auroit affaire,

1. Le comte de La Marck, frère du duc de Bouillon.
2. La diane, c'est-à-dire l'heure du repas.

et qu'on envoyeroit en dilligence vers lesdits Suisses et Villeneufve pour les feré partir la nuict après s'estre rafreschis, affin d'arriver là sans faute de grand matin, nous plaignant bien fort de ce que ledit sieur de Bouillon ne les avoit fait advancer ce jour-là comme on l'en avoit prié, et la raison le vouloit. Ledit sieur de Beauvoir excusa cela sur la jeunesse du duc de Bouillon, qui avoit eu envie de se trouver à la meslée. On luy dit que ces envies devoyent estre mortes en un chef ou retenues par ceulx qui le gouvernoyent, et que cela estoit cause d'avoir perdu ce jour-là une belle occasion. Et, sur ces résolutions-là, chacun se retira en son cartier.

*
* *

Le mardy 29 d'aoust[1], ledit sieur baron feist de grand matin tenir tous ses reistres prests à monter à cheval au premier advis qu'il auroit dudit sieur de Bouillon, et, voyant qu'il n'en recevoit point, me pria d'aller vers ledit sieur duc de Bouillon pour sçavoir à quoy il tenoit qu'il n'avoit pas de ses nouvelles et sçavoir ce qu'il auroit affaire. En mon chemin, je trouvay le sieur Ketler, qui venoit advertir ledit sieur baron de fere monter à cheval et s'advancer vers ledit sieur de Bouillon. Je luy dis qu'il se hastast doncques et qu'il le trouveroit prest, et y a longtemps qu'il est bien esbahy de ce qu'on ne l'advertissoit point, qu'il m'y avoit envoyé, le priant de luy dire que je passois outre; et luy demanday si on avoit donné ordre à faire

---

1. Le 8 septembre, *n. s.* — Ce paragraphe a passé presque textuellement dans les *Mémoires* (t. III, p. 131-142), sauf ce qui est dit ci-après. — De cette relation rapprocher celles citées p. 168, *note* 5, du paragraphe précédent.

advancer les Suisses toute la nuict ; il m'asseura qu'ouy, et toutesfois on ne les voyoit point venir. Ainsy je passay outre vers ledit sieur de Bouillon, que je trouvay faisant la prière devant de sa cornette au-dessus d'Accraigne, le régiment de lansquenets au-dessus de luy, à sa droite, et le sieur de Mouy avec son régiment et 400 arquebusiers-lansquenets que le collonnel Schregel y avoit envoyé à l'escarmouche sur le bord de la rivière, où ils empeschoyent l'ennemi qui faisoit contenance de passer, et l'amusoyent, soustenus de la cornette du sieur comte de La Marck et autres cornettes françoises de l'avant-garde.

Ledit sieur de Bouillon me demanda si ledit sieur baron venoit. Je luy dis qu'il estoit tout prest à monter à cheval devant la diane, attendant de ses nouvelles, et m'avoit envoyé vers luy voyant qu'il n'en recevoit point, que j'avois trouvé Ketler en chemin ; que je m'asseurois qu'il seroit incontinent à luy ; mais qu'il s'estonnoit que les Suisses et Villeneufve avec l'artillerie ne s'estoyent point advancéz la nuict et que cela retardoit beaucoup. Il me dit qu'il y avoit encores renvoyé, estant en grand'peine, craignant que l'ennemi, qui estoit le plus fort d'arquebuserie, ne forçast le passage avant l'arrivée des reistres, dont il fust advenu de l'inconvénient, ayant l'ennemi de bonne cavallerie, si ledit sieur baron ne se fust hasté. Je l'asseuray encores qu'il seroit incontinent à luy et qu'il y avoit plus de trois heures qu'il estoit prest à monter à cheval. Je luy feis lecture des lettres de Monsieur de Lorraine, interceptés par le sieur Schregel, faisans mention de la venue de Sacremor[1], qu'il hastoit, et

---

1. Charles de Birague, dit *le capitaine Sacremore*, sans doute

présenté un prisonnier, gendarme de la compagnie de Monsieur de Luxembourg[1]. Il me pria de retourner encores haster ledit sieur baron, ce que je feis, et, l'apercevant venir en dilligence avec la *renne-fahne* et la cavallerie derrière luy, je retournay en advertir ledit sieur de Bouillon, afin de l'oster hors de peine. Si tost qu'ils furent arrivéz, ils descendirent en battaille vers la rivière, où ledit sieur de Mouy avoit à l'instant mesme forcé le moulin d'embas et mis à vau de route[2] ce qui estoit sur le bord, quand ils apperceurent nostre cavallerie, où il eust une arquebusade à la cuisse. Peu après arriva le régiment de Villeneufve, mais les Suisses tardoyent trop.

Après la prinse du passage de ce moulin, ceux des nostres qui avoyent passé l'eau, voyant l'ennemi se retirer vers le Mont-Sainct-Vincent[3], allèrent à l'autre moulin, au-dessous d'Accraigne, qui commende au pont qui est sur ladite rivière, lequel ils prindrent aussi, en recevant à miséricorde ceux qui avoyent esté

---

d'un nom de seigneurie, fils naturel de Louis de Birague, gouverneur du Piémont sous Henri II, et proche parent du chancelier de Birague (P. Anselme, t. VI, p. 495). — Il avait été envoyé en Italie par le duc de Lorraine pour y faire des levées (La Châtre, fol. 7). — A la fin de cette même année 1587, il devait périr assassiné par le duc de Mayenne, selon la recette habituelle aux princes de la maison de Guise pour se débarrasser des gens qui les gênaient (L'Estoile, *Journal de Henri III*, à la date du 30 décembre 1587).

1. François de Luxembourg, duc de Piney, capitaine et diplomate. — Lire le récit d'une de ses ambassades dans *Henri IV : le roi, l'amoureux*, par M. le comte Hector de La Ferrière.

2. *A vau de route*, synonyme tombé en désuétude de : *en pleine déroute* (*Dictionnaire* de Littré, au mot VAU DE ROUTE [A]).

3. *Pont-Saint-Vincent*, aujourd'hui comm. du cant. et de l'arr. de Nancy, Meurthe-et-Moselle.

là abandonnéz au-devant et à la teste de toute leur armée, qui ne s'efforça jamais de les retirer. Cela faict, estans maistres de la rivière, on résolut de fere passer l'avant-garde (les gens de pied françois et lansquenets) par ledit premier moulin, et la cavallerie au gué, au-devant de laquelle l'ennemy, se retirant le pas, passa le ruisseau au pied de ladite montagne Sainct-Vincent et s'arresta au pendant d'icelle. Peu après passa nostre battaille, à laquelle l'avant-garde feist place en s'advançant à la gauche, d'où estoit le chemin plus facile pour monter à l'ennemi. Et, cependant que les Suisses venoyent ainsi tard, ledit sieur de Mouy feist porter ses drapeaux, et se logea son régiment dans le village au pied de ladite montagne, sans résistence, qui estoit le plus beau passage; mais la montagne y estoit un peu roide.

Pendant que les Suisses venoyent, comme nous assurèrent leurs collonnels, venus devant pour nous prier d'attendre, ledit sieur baron alla trouver Monsieur de Bouillon au-devant de sa cornette, l'exortant et nous tous de se résouldre au combat et que jamais il n'en auroit une si belle occasion. Le collonnel Cloth, qui estoit de l'avant-garde, estoit prest et brusloit d'aller au combat.

Ledit sieur de Bouillon, malade, se laissoit conduire, sans veoir ces mouvemens en luy que Beauvoir nous avoit hier dit[1], et veis bien en sa contenance qu'on l'en divertissoit pendant que nous allions et venions; car ce n'estoit son humeur. Tout le monde s'efforçoit à l'exhorter. Le sieur de Buy, qui y estoit, luy dit plusieurs fois

1. Voy. ci-dessus, p. 171.

que, s'il laissoit passer ceste occasion, il s'en repentiroit toute sa vie, qu'il cognoissoit les soldats ausquels il avoit affaire, qu'il n'avoit autre arme que l'espée et qu'il marcheroit sur son bidet devant luy; mais, nonobstant tout cela et qu'on luy feist veoir l'infanterie de l'ennemi sans drapeaux qui se retiroit peu à peu vers le Mont-Sainct-Vincent, le long des vignes et boccages au pendant de la montagne, laissans seulement les hayes bien garnies de musqueterie et harquebuserie pour nous amuser seulement jusques à la nuict et éviter le combat, néantmoins on n'en pouvoit tirer une bonne et gaillarde résolution, encores qu'il n'y eust personne qui y osast contredire, ce qui me conferma en mon opinion. Enfin, à force de le presser et tous ceux qui estoyent près de luy, qui alléguèrent que la place de l'ennemi luy estoit fort favorable et à nous désadvantage, que nous avions trop peu d'arquebuserie, nous offrismes aussi de fere marcher toute harquebuserie allemande avec la françoise, comme à cest effect le sieur Schregel l'avoit desjà mis à part, voire tout le régiment, s'ils vouloyent qu'ils avoyent veu ce matin si bien faire, en regardant arriver les Suisses de là l'eau, le collonnel Tilman priant encores qu'on attendist qu'ils eussent passé l'eau ou bien qu'on montreroit n'avoir que fere d'eux, nous exortasmes tant que cela fut résolu, comme si on l'eust arraché d'eux et sans aucune gayeté de cœur, et d'entretenir l'ennemy avec les petites pièces pendant que les Suisses passoyent l'eau.

Cela fait, ledit sieur baron m'envoya fere advancer les petites pièces, que je trouvay desjà passées, lesquelles il feist loger au-devant dudit village où estoit le régiment du sieur de Mouy, et en tirer plusieurs volées, qui feirent esclaircir les ennemis et l'arquebuserie dans les vignes et retirer la cavallerie au sommet de la montagne. Le sieur de Vezines, qui faisoit beaucoup de devoir pour effacer la mémoire de ses actions passées, fust commandé d'aller recognoistre les passages dudit ruisseau plus haut au-dessus dudit village, qui estoyent assez fascheux, comme il dit, et mener le régiment dudit Villeneufve avec celuy dudit sieur de Mouy, demeurant audit village tout passé. Ledit sieur de Bouillon advertit le sieur de Quitry de ceste résolution, afin que l'avant-garde se disposast à cela.

Et les Suisses estoyent jà passéz, y ayant encores plus de jour qu'il n'en estoit besoin[1], quand voici venir le sieur de La Lobe de la part dudit sieur de Bouillon, qui vint dire audit sieur baron, qui avoit donné ordre à tout, qu'il le prioit de ne s'advancer encores et qu'il y falloit un peu plus meurement penser pour l'importance de l'affaire. Je cognus bien l'artifice du sieur de Quitry, qui vouloit refroidir toute ceste résolution, et tant fust cela différé pour en adviser que le jour et l'occasion se passèrent, la cavallerie de l'ennemi se tenant au sommet de la montagne pour soutenir son infanterie, qui se retiroit peu à peu à veue d'œil dans les vignes, hayes et boccages au pendant de la montagne.

Pendant ces longueurs artificieuses, comme si Dieu voulust advancer la meslée, six chevaux françois et reistres s'advancèrent de leur troupe delà le ruisseau un peu amont, deux cornettes de l'ennemy avec quelque harquebuserie descendirent, et y eust une

1. Tout cet alinéa est beaucoup plus développé dans le texte des *Mémoires* (t. III, p. 137-138).

escarmouche, où fut abattu et fort blessé en plusieurs endroicts le sieur de Salerne, gentilhomme gascon fort favorit de Monsieur de Guise, lequel ledit sieur de Quitry luy fit rendre, soubs couleur que c'estoit un homme mort, et interrompit ce commancement de meslée, ce qui me confirma encores davantage en mon jugement, joint que je sceu qu'il avoit fait de mesme auparavant audit sieur comte de La Marck, encores que peut-estre y avoit-il lors plus aparence d'attendre, et cela faict se retira vers ledit sieur de Bouillon, où, au lieu de parler du combat, il mit en avant la nuict qui estoit proche et qu'il falloit fere les logis. Ainsi le temps s'estant passé en dilayant artificieusement, le combat dont la victoire nous estoit comme toute asseurée s'en alla en fumée. Et, outre ceste faute, indigne des gens qui font tant les vaillans capitaines, au lieu de loger l'armée à la haye et ès villages proches pour entretenir par eux l'ennemi jusques au lendemain, s'il estoit possible, il feist repasser la rivière aux reistres et lansquenets pour retourner en leur logis, arrivans bien tard et sans y trouver, après une telle courvée, commodité quelconque que le couvert.

Lors fust cognu et confessé par beaucoup des François[1], voulans excuser la faute, combien de raison nous avions eu de tant presser la venue de Monseigneur le prince[2] et de Monsieur de Chastillon, lesquels n'eussent pas ainsi laissé refroidir une si bonne volonté des estrangers, et combien de mal avoyent fait ceux qui avoyent disuadé au roy de Navarre d'envoyer ledit sieur prince, qui eust esté un chef d'autorité, d'espé-

---

1. Même observation pour cet alinéa que pour l'avant-dernier.
2. Le prince de Condé.

rance et de créance, qui n'eust jamais laissé passer une si belle occasion et eust bien sceu faire taire ceux qui y eussent voulu directement ou autrement contredire, au lieu d'en donner la charge à un jeune seigneur sans autorité, expérience ne créance quelconque. Ils vouloyent mettre le feu par toute la Lorraine et la noyer en partie en rompant la chaussée de l'estang de Diouse; mais, quand ils veirent l'ennemi auquel il se falloit adresser, non aux maisons et à la terre, le cœur leur faillit et me souvint lors de ce que m'avoit dit le sieur d'Aussonville[1].

*
* *

Le mecredy 30 d'aoust[2], nous séjournasmes à Cintray pour reposer nos chevaux, fort harassez des deux courvées précédentes, et allasmes au conseil au quartier dudit sieur de Bouillon, comme il nous en avoit prié le soir devant, où il fut proposé et résolu que, pour les grandes nécessitéz de vivres qui estoyent communes à tous les gens de guerre, la recerche et distribution en seroit faite doresnavant esgalement pour tout, et qu'on y commanceroit dès ce jour en une petite ville proche du cartier des Suisses, qu'il n'entreroit plus personne dans les places que ceux qui seroyent députéz pour cela, afin de fere leur charge sans empeschement, tant pour lesdits vivres que pour toutes autres choses; et fut nommé le sieur de La

---

1. Voy. ci-dessus, p. 153-159, sous la date du 24 août/3 septembre.
2. Le 9 septembre, *n. s.* — Ce paragraphe et les sept suivants ont passé très résumés dans les *Mémoires* (t. III, p. 161-164); quant à ce que ces derniers renferment (*Ibid.*, p. 141-161) sous cette même date du 30 août/9 septembre, voy. ci-après, p. 197, *note* 3, sous la date du 2/12 septembre.

Tronche pour les François, le sieur de Malroy qui avoit la charge pour les Suisses; et ledit sieur baron me pria d'y aller jusques à ce qu'il eust pourveu d'un commissaire de sa part.

J'adjoustay à cela qu'il le falloit tous les jours, bien que principalement aux séjours il y avoit plus de loisir, mais que desjà on eust peu avoir recueilli beaucoup des commoditéz, si on eust exécuté ce qui avoit esté résolu en Elsats[1] devoir estre fait par le mareschal de camp en faisant les logis de l'armée, que cela ne se pouvoit mieulx fere que par luy en s'enquérant des environs dudit logis, comme tous ceux du conseil advouèrent.

Mais ledit sieur de Quitry dit ne pouvoir vacquer à cela, estant assez empesché en sa charge. On luy remonstra qu'il avoit son secrétaire, auquel il le pouvoit commander, ce qu'il accorda moyennant qu'on luy en baillast la commission et qu'il y tiendroit la main, ce qui fut fait, qui ne proffita de rien contre le mauvais mesnage et ne servit que brancqueter secrètement partout où son maistre l'envoyoit.

Après entra le sieur de Couvrelles, qui remonstra le deffaut de l'attelage de l'artillerie, qui avoit esté cause du retardement d'hier; sur quoy fut advisé de fere fere un cavalcade au-devant de l'armée pour surprendre et emmener quelque nombre des chevaux. Et fut ordonné le sieur de Beaujeu à cela, auquel on ordonna cent chevaux reistres que ledit sieur baron feist tenir prests avec la compagnie des chevaux-légers dudit sieur de Beaujeu et un nombre

---

1. L'Alsace, dont c'est le nom allemand.

d'arquebuserie à cheval, avec commandement exprès de ne laisser butiner aucun cheval à personne et les mettre tous ès mains dudit sieur de Couvrelles, qui iroit avec luy à ceste fin, que cela seroit fait pendant ce séjour pour nous venir rejoindre au premier logis ; que ledit sieur de Beaujeu dresseroit sa course vers Mirecourt[1], où il y avoit beaucoup des chevaux de charroy, et prendroit, en ce faisant, langue de l'ennemi si l'occasion s'en présentoit ; et luy fut ordonné de partir après disner.

Et, d'autant que nous n'estions point servis de l'arquebuserie françoise, promise pour loger près des reistres, et que le refus dudit de Villeneufve d'obéir audit sieur de Mouy empeschoit cela, en quoy n'avoit esté rien exécuté par les François de ce qui avoit esté résolu à Marlen et au premier conseil après le passage de la montagne, et que, estans tousjours logé près et du costé de l'ennemi, sans arquebuserie avec nous, il nous en pourroit arriver de l'inconvénient, nous pressasmes encor que ce différend fût vuidé, et l'ordre fut donné à ce peu d'arquebuserie qu'ils avoyent pour nous en servir selon lesdites promesses et résolutions. Il n'y avoit personne qui ne jugeast cela raisonnable, et, veu le devoir qu'avoit hier fait le sieur de Mouy, que ledit de Villeneufve devoit luy obéir ou quitter son régiment, puisque Monsieur de Chastillon ne venoit point. Cependant, quand ce fut aux advis, jamais personne n'en voulut dire le sien, à cause de leurs partialitéz en ce fait et pour ce qu'en effect ils nous vouloyent priver de la faveur

---

1. *Mirecourt*, ch.-l. d'arr. du dép. des Vosges.

de ceste arquebuserie et s'en servir; dont nous protestasmes contre eux et d'en advertir les collonnels. Ils nous promirent encores d'y donner ordre. Nous requismes cependant que ledit sieur de Mouy avec son régiment logeast près de nos reistres, pour les secourir au besoin. Le sieur de Mouy[1] l'empescha tousjours en disuadant le sieur de Mouy qui le nous avoit promis, et à cest effect de prendre le mot dudit sieur baron, nonobstant les inconvéniens et l'expérience que nous leur remonstrions que, s'ils y eussent pourveu dès l'Elsats, le collonnel Bouc eust eu plus grand avantage en défendant son logis près Sarrebourg; que tous les jours cela pouvoit advenir; qu'ils avoyent, quant à eux, des arquebusiers à cheval ordonnéz à la suite de chascune de leurs cornettes; que Monsieur de Bouillon avoit de bonnes gardes à pied et à cheval, et tousjours les Suisses près d'eux, protestans à faute de cela de prendre lesdits arquebusiers à telle solde que les autres, selon la capitulation, voire de ce jour, s'ils n'y pourvoyoyent. Nous requismes aussi la justice promise au sieur de Buy, qui nous avoit escrit de Tantonville[2], où il gardoit le chasteau, attendant à ceste raison que le sieur de Quitry avoit asseuré de représenter les deux gentilshommes de sa compagnie; que toutesfois il n'en faisoit rien, requérans lesdites justice et réparation promise; autrement, nous pourvoirions nous-mesmes à la première occasion ledit sieur de Quitry sur la retraitte desdits deux gentilshommes qu'il avoit fait escarter; et n'en peusmes jamais avoir raison

1. *Sic*, pour : *le sieur de Quitry*.
2. *Tantonville*, aujourd'hui comm. du cant. d'Haroué, arr. de Nancy, Meurthe-et-Moselle.

d'eux. Là nous fut baillée une lettre, surprinse allant au sieur de Bassompierre, qui luy donnoit advis du feu mis par Villeneufve en son village[1] en partant, le jour d'hier.

L'heure de disner estant venue, nous allasmes, le sieur de La Tronche et moy, avec le sieur de Clervant, et de là en ceste petite ville au-dessoubs de Vaudémont[2] pour les vivres, où, voulans entrer, trouvasmes le vin qu'on en tiroit desjà, et grand nombre des Suisses dedans. Toutesfois nous advisasmes d'entrer et leur fere entendre ce qui avoit esté résolu au conseil; ce qu'ils feirent mine de trouver bon; mais, cependant que nous feismes venir les officiers de la ville pour traitter avec eux, deffendans de n'en rien laisser sortir, il n'y eust moyen d'y donner ordre, ny alla[3] visitation des logis, estans tous les Suisses dedans qui l'empeschoyent. Et, ayans sceu que tous les plus riches s'estoyent retiréz au chasteau de Vaudémont, nous leur escrivismes avec toutes menaces possibles pour venir composer de la conservation de leur ville et maisons. Mais le gouverneur ne leur voulust jamais permettre, et, voyans que nous ne pouvions rien expédier à cause des Suisses pour le département des vivres, selon l'ordonnance du conseil, il nous fallut contenter de ce qu'ils nous baillèrent à leur discrétion, que nous feismes emmener, et repassasmes par le cartier dudit sieur de Bouillon.

Je luy en feist la plainte, afin que doresnavant il n'y

1. *Haroué;* voy. ci-dessus, p. 168 et *note* 3.
2. *Vaudemont*, aujourd'hui comm. du cant. de Vézelise, arr. de Nancy, Meurthe-et-Moselle.
3. *Sic*, pour : *à la visitation...*

eust que les commissaires qui entrassent dans les places pour recognoistre les vivres et en faire le département entr'eux, ce qu'il me promit, me priant de dire audit sieur baron que le sieur de Beaujeu n'avoit peu partir ce jour-là et qu'il partiroit au soir, le priant de se trouver demain en son logis au conseil pour adviser aux affaires et au chemin, d'autant qu'ils avoyent retenu quelques gentilshommes qui vouloyent entrer à Sedan pour ammener en l'armée des troupes qu'ils avoyent là, si on ne prennoit chemin comme ledit sieur de Quitry leur avoit persuadé, d'autant qu'ils ne pourroyent pas rejoindre l'armée. Je feis l'estonné, disant que nous sçavions bien de ces desseins-là et que nous en attendions de suivre les promesses et résolutions du chemin de Sedan; qu'il estoit à ceste heure temps de reprendre la droicte après avoir passé les rivières de Mozelle et de Modon pour aller droict à Jametz[1]; que, demain, il faudroit dresser ce chemin-là. Ainsi je m'en allay audit Cintray avec les vivres que je feis conduire et advertis ledit sieur baron de tout.

⁎

Le jeudy 31ᵉ d'aoust[2], nous séjournasmes encores à Cintray et ès environ, des deux costés de la rivière de Modon, et allasmes au conseil chez ledit sieur de Bouillon pour adviser aux affaires et au partement de demain; ledit sieur de Beaujeu estoit parti la nuict. Nous remonstrasmes au conseil que depuis cinq ou

---

1. *Jametz*, aujourd'hui comm. du cant. et de l'arr. de Montmédy, Meuse. — Sur le rôle que jouait indirectement cette place dans la conduite des opérations de l'« armée de secours », cf. ci-dessus, p. 133, *note* 1.

2. Le 10 septembre, *n. s.* — Cf. ci-dessus, p. 179, *note* 2.

six logis on nous avoit fait tousjours prendre la main gauche pour avoir, comme on disoit, les passages des rivières plus aiséz au haut et éviter les marets et mauvais chemins de la main droite ; qu'à ceste heure, ayant passé la Mozelle et Modon, il n'estoit plus besoin de tournoyer et falloit adviser de dresser nostre chemin à la route de Sedan entre Meuze et Mozelle, pour ne perdre plus de temps, et, selon cela, fere les logis pour demain en tirant vers au-dessus de Thoul[1], où l'ennemi s'estoit retiré pour tascher à l'attirer encores au combat, cependant que l'armée estoit assez encores fresche. Sur cela, sans attendre qu'on en demandast les voix, le sieur de Quitry commança à nous fere entendre que le chemin estoit mal aisé et qu'il y avoit trop de montagnes et bois à passer, èsquels l'ennemy auroit l'avantage sur nous ; qu'il vaudroit mieux encores passer la Meuze. Entrant peu à peu en propos de nostre route, à laquelle il confessoit entre temps d'adviser, en nous remonstrant que la guerre se faisoit à l'œil et que, si les incommoditéz nous détournoyent d'un dessein, il estoit raisonnable d'adviser meurement à un autre, et sur ce mit en avant toutes les incommoditéz du chemin de Sedan telles qu'il les discourut, depuis, à Taillancourt[2], ausquelles il adjousta le commandement qu'il avoit eu du roy de Navarre d'aller droit à la rivière de Loire vers Gien[3] ou La

---

1. *Toul*, l'un des *trois évêchés* réunis à la France sous Henri II ; aujourd'hui ch.-l. d'arr. du dép. de Meurthe-et-Moselle.

2. *Taillancourt*, sur la Meuse, aujourd'hui comm. du cant. de Vaucouleurs, arr. de Montmédy, Meuse.

3. *Gien*, aujourd'hui ch.-l. d'arr. du dép. du Loiret.

Charité[1] pour le joindre là ; que c'estoit un des points de la créance que Beauchamp luy avoit aportée, que tout cela méritoit qu'on y eust esgard, qu'on ne s'arrestast à la résolution du chemin de Sedan. Son advis fut suivy de tous les conseillers françois, adjoustans chascun leurs raisons particulières pour le fortifier, comme aussi ils avoyent desjà résolu entr'eux ; à quoy nous répliquasmes que nous avions bien recogneu leurs desseins depuis Blamont et que, pour ne nous oposer aux raisons qu'ils nous avoyent oposé des marets et mauvais chemins de la main droite vers Diouse et Chasteau-Salins[2] et les difficultéz du passage de la Mozelle, nous avions acquiescé ; que j'avois bien aperceu cela par les résolutions qu'ils avoyent pris secrètement sans nous à Reclainville, et la despesche que sur icelles ils avoyent fait aussi sans nous pour renvoyer le sieur de Cussi fere, au lieu de ce chemin, pour les affaires de Monsieur de Bouillon une prolongation des trefves avec le Roy, ne faisant point de cas, quant audit sieur, de le mettre en deux qualités contraires en un mesme temps, en paix mal asseurée du costé de Sedan et en guerre partout ailleurs, de très dangereuse issue à sa personne et affaire, et quant à nous en une manifeste ruine, chose au reste si honteuse qu'elle ne pouvoit rien produire de bon aux esprits des estrangers, sans avoir plus esgard à ce qu'ils nous avoyent de nouveau fait remonstrer, que

1. La Charité-sur-Loire, aujourd'hui ch.-l. de cant. de l'arr. de Cosne, Nièvre.
2. Château-Salins ; avant 1871, ch.-l. d'arr. du dép. de la Meurthe ; actuellement en Alsace-Lorraine.

ledit sieur de Cussi leur avoit apporté advis très certain que l'on ne pouvoit mieux contenter le Roy que de faire la guerre en Lorraine et ès frontières contre la Ligue pendant que Sa Majesté demeureroit ailleurs sans se remuer pour cela[1]; quant aux incommoditéz qu'il alléguoit du chemin de Sedan, que nous avions beau subject de répondre et oposer un plus grand nombre beaucoup des commoditéz de ce costé-là, telles qui furent depuis par nous remonstrées à Taillancourt et de très grandes incommoditéz au chemin qu'ils nous vouloyent fere prendre; quant au commandement qu'il prétendoit avoir du roy de Navarre par une créance de Beauchamp, que, ne nous en ayant point adverti, il nous faisoit avoir opinion que ce n'estoit autre chose que son advis couvert de ce beau manteau et que nous oposions à cela les résolutions prinses et promesses faites de ce chemin de Sedan que ledit sieur roy avoit ratifiées, qui ne voudroit changer de son seul mouvement une chose résolue avec l'advis et intérest d'autruy; que nous y oposions davantage les promesses dudit sieur roy par escrit audit sieur de Bouillon et par luy-mesmes de bouche tant des fois et en présence de tant des gens d'honneur de fere ce chemin-là pour les raisons très nécessaires et importantes qui en avoyent esté recognues et dont l'espérance en avoit esté donnée à la royne d'Angleterre et à Monsieur le comte de Leycester[2] pour les affaires du Païs-Bas qui s'y attendoyent et sur quoy estoit aussi principalement fondée l'espérance des

1. Cf. ci-dessus, p. 132-135, sous la date du 22 août/1er septembre.
2. Le célèbre favori d'Élisabeth d'Angleterre.

moyens de nostre rafraischissement par la venue dudit sieur comte de Leycester aux Païs-Bas, qui avoit esté beaucoup advancée par ceste espérance-là et ce qui en dépend, qu'il sembloit que, après avoir embourbé ledit sieur de Bouillon et nous en toutes sortes des difficultéz et fait acheminer l'armée sur ceste asseurance, on ne se souciast pas de la ruine qu'on sçavoit bien qui leur en pourroit après advenir, qui estoit un très mauvais jugement pour les estrangers, lesquels, voyans tant de desfauts en leurs promesses, non d'impuissance seulement, mais de gayeté de cœur et de très mauvaise foy, pourroyent sans reproche user du dernier article de la capitulation et fere leurs affaires s'ils n'avoyent plus d'affection qu'eux au service des Églises, et ledit sieur de Bouillon s'en pourroit retourner avec plus de raison pour éviter à sa ruine évidente quelque masque de trefve qu'on luy mette au-dessus pour la luy couvrir, que non pas à Marlen[1] lorsqu'il se meist en opinion de n'avoir pas le commandement de l'armée; que nous ne voulions passer cela ainsi et ne voulions nous retirer des résolutions prinses conjointes avec de très aparentes utilités.

Comme nous achevions de parler, le sieur de Malroy entra, qui bailla en présence du conseil deux lettres audit sieur de Bouillon de la part dudit sieur de Clervant. Je veis bien, comme je sçeu depuis, qu'on les bailloit en conseil exprès pour les y faire voir; mais on adviza de les nous céler pource que c'estoyent, comme j'ay très bien sceu, des lettres des Suisses pleines de submissions au Roy, fondement de leur

---

1. Le 6/16 août; voy. ci-dessus, p. 5.

négociation, qui depuis en est ensuivy, qui nous pouvoyent descouvrir leur résolution secrète de ce chemin et leurs secrètes intelligences avec le Roy, contre la capitulation, lesquelles ils ne nous vouloyent fere cognoistre. Et, pour nous feré perdre le jugement de cela, ledit Quitry et ses compagnons redoublèrent sur nos raisons et remonstrances et nous feirent bien cognoistre que nous avions à prendre garde à eux en ce département, nous voulant esloigner artificieusement de logis en autre de la main droicte pour nous embarquer sans dire mot sur la gauche sans considérer que la droicte que tenoit l'ennemi nous enseignoit la crainte qu'il avoit que nous la prinsions ; de sorte qu'on ne devoit plus rien espérer de leurs promesses si on ne leur faisoit bien tenir[1].

Sur ces propos, qui furent longs, on advertit le sieur de Bouillon que son disner estoit prest, ce qui feist lever le conseil. Et le secrétaire Le Roux, me prenant à part à la fenestre, nous remercia du soin que nous avions dudit sieur de Bouillon, nous priant de ne changer point d'advis et que ce seroit la ruine de son maistre et de nous ; qu'ils avoyent je ne sçay quelles entreprinses qu'on entendoit point, lesquelles ils céloyent audit sieur de Bouillon mesmes, luy voulant fere fere à baguète tout ce qu'il leur plaisoit, sans avoir aucun esgard à luy, auquel ils avoyent, à la vérité, fait fere ceste belle prolongation de tresve, qui ne pouvoit estre interprétée en bonne part et que Monsieur de Bouillon avoit esté contrainct par eux de la fere. Je luy dis que c'estoit audit sieur de Bouillon de regarder bien à luy et que,

---

1. En novembre 1587 ; voy. ci-dessus, p. 56.

sans le flatter, leur dessein estoit la veille de sa ruine
et de la nostre, que desjà ils l'avoyent chargé d'inimi-
tiéz et vengeances extrêmes des feus qu'ils ont mis
partout en Lorraine sous son nom et autorité; que
ledit sieur de Quitry m'avoit dit que c'estoit par son
commandement que le feu avoit esté mis en l'abaye
de Dompmevre[1], ce qu'il pouvoit avoir dit à d'autres;
qu'on s'en prendroit à luy, s'il n'y pourvoyoit bien;
que je m'esmerveillois qu'il n'avoit plus de résolution
et quelc'un près de luy au conseil qui eust tel esgard
à ses affaires; qu'il apartenoit à l'endroit de personnes
qui ne cerchent que d'embrener tout le monde et puis
les laisser là quand ceste armée seroit ruinée; que le
roy de Navarre ne le viendroit pas secourir de Nérac
à Sedan; que le sieur de Nueil s'estoit peu souvenir
de ce que je luy avois dit, il y eust à Pasques un an,
estant de retour d'Allemagne, malade au lit à Sedan,
où il me vint voir de la part dudit sieur de Bouillon,
lequel je voyois droictement au chemin de la ruine;
que j'avois lors prédit audit sieur de Nueil qu'il estoit
aisé à luy-mesmes de voir qu'il eust esté plus expédient à son maistre de laisser venir les François de
Sedan et n'en bouger jusques à ce que l'armée eust
esté quérir et y fere toutes choses nécessaires avant
qu'en partir et de ce quartier-là, quand on auroit eu
nouvelles du roy de Navarre pour l'aller joindre; qu'il
advertît bien son maistre et y prînt bien garde de son
costé, afin qu'ils ne se laissassent abuser[2]. Sur quoy

1. *Domèvre-sur-Vezouze*, aujourd'hui comm. du cant. de Blamont, arr. de Lunéville, Meurthe-et-Moselle, où il y avait alors
un couvent de chanoines réguliers.
2. Voy. *Mémoires* de La Huguerye, t. II, p. 351-353.

ayant parlé à son maistre, ledit sieur vint vers moy, auquel je répétay tout ce que dessus, dont il me remercia, nous prians de tenir bon et d'en prier ledit sieur baron de sa part, m'asseurant de fere toute instance.

Après disner, nous remontasmes en sa chambre, où ne se trouva lors ledit sieur de Quitry, et recommança ledit sieur de Bouillon à reprendre le propos du chemin, requérant ouvertement et avec larmes qu'on luy tînt la promesse qu'il avoit par escrit du roy de Navarre, qui avoit esté le fondement de sa venue en l'armée, et commanda au receveur Le Roux, pource qu'il estoit malade, de nous dire tout comme il estoit passé ; comme il feit bien au long depuis le commencement de ceste négociation, faite par ledit sieur de Quitry avec ledit sieur de Bouillon, jusques alors des promesses qu'on luy avoit faites de bouche et par escrit, et tant des fois réitérées, des despences et frais par luy faicts à ceste occasion et du piteux estat auquel en estoyent tombéz ses affaires, qui ne pouvoyent éviter une ruine si on les failloit à ceste heure de promesse, priant, au nom de son maistre, toute la compagnie d'y avoir esgard et ne rien changer en la promesse qui luy a esté faicte par le roy de Navarre et le sieur de Quitry. A quoy nous adjoustasmes par la bouche dudit sieur baron que semblable promesse nous avoit esté faicte et telle résolution prinse, laquelle nous ne pouvions changer.

Sur cela, Beauvoir, en l'absence dudit sieur de Quitry, se leva et, en colère, descouvrit manifestement leur dessein secret, adressant sa parole audit sieur de Bouillon et luy parlant comme à son page avec protestation contre luy des inconvéniens qu'il disoit devoir arriver du chemin de Sedan tant au roy de Navarre qu'à l'Estat, laissans là les Églises. Les autres conseillers se gouvernèrent modestement ; aussi n'estoyent-ils pas de l'intelligence secrette qui estoit restraincte entre lesdits sieurs de Quitry et Beauvoir.

Ledit sieur baron, oyant tels propos, s'en courrouça et dit que ce n'estoit pas ainsy qu'il falloit parler à son général, qu'i avoit très juste occasion de se plaindre et seroit bien insensible s'il ne voyoit la ruine en laquelle on le vouloit précipiter, et qu'il s'asseuroit que ce n'estoit point l'intention du roy de Navarre de voir ce jeune seigneur-là ruiné pour son service, comme il seroit s'il advenoit inconvénient de l'armée (les armes estans journalières) et s'il n'estoit bien pourveu à ses places, en faisant le chemin promis. J'adjoustay qu'il pouvoit bien voir qu'on ne se servoit de luy que pour en tirer comodité et sous son nom exécuter leurs volontéz à leur plaisir.

Nous ne peusmes résouldre de cela, qui fut remis au logis sur Meuze, lequel faisant, ils nous asseurèrent qu'on ne s'esloignoit point du chemin de Sedan, qui seroit plus beau delà la Meuze ; que cependant nous y penserions chacun de son costé. Nous résolusmes d'en communiquer ausdits collonnels, afin d'avoir leur advis après leur avoir bien fait entendre toutes choses. Sur quoy rentra ledit sieur de Quitry, qui donna le rendez-vous au-dessus de Barisi[1], où se devoit faire le logis entre Modon et Meuze.

---

1. *Barizey-au-Plain* ou *Barizey-la-Côte*, auj. toutes deux comm. du cant. de Colombey-les-Belles, arr. de Toul, Meurthe-et-Moselle.

Et, en ce faisant, entra le sieur de Lutzbourg[1] avec les ostages de Sarrebourg. Ledit de Lutzbourg requist qu'il fust renvoyé, nous remonstrans que nous avions six ostages pour les dix mille escus, qu'il n'y estoit point obligé par la composition, qu'il exhiba en original, et qu'il feroit plus pour le payement de cette somme estant par delà qu'icy. On le feist sortir et entrer lesdits ostages, qui nous requirent, au contraire, de ne laisser aller ledit sieur de Lutzbourg, d'autant qu'on ne feroit conte d'eux si estoit en liberté et ne serions jamais payéz ; que sa personne estoit la principale seurté de la somme, puisqu'il l'avoit traictée et donné sa parole au sieur de Clervant. Quant au rabais à eux requis de la somme à cause du desgat fait en leur ville contre la composition, ils nous suplièrent de le fere tel que tant plus tost nous en fussions payéz. Ainsi les ayans faict retirer, veu ladite composition et considéré d'autre part la remonstrance desdits ostages, nonobstant celles dudit sieur de Clervant, fust résolu que ledit sieur de Lutzbourg demeureroit pour la somme avec les ostages. Et, quant au rabais, nous remonstrasmes que la somme estoit destinée au payement des estrangers, qui n'auroyent pas faict le desgast et n'avoyent touché à ce qui estoit dans la ville ; que c'estoit la raison que ceux qui en avoyent tiré la commodité feissent cela, comme ledit sieur de Clervant, qui s'y trouva lors, le confessa, protestant que jamais il ne lui arriveroit d'engager sa parolle pour gens qui ont si peu de respect. Toutesfois, nous

---

1. Gouverneur de Sarrebourg pour le duc de Lorraine (*Mémoires de La Huguerye*, t. III, p. 76).

fusmes priéz d'acquiescer au rabais, qui fut faict de 4,000 escus, et la somme réduicte à 6,000 escus, à la charge de la payer dans trois semmaines et d'y pourvoir par lesdits de Lutzbourg et ostages, comme il leur fut déclaré, sur peine que, lesdites trois semmaines expirées sans y avoir satisfait, ils payeront la somme entière de 10,000 escus; dont nonobstant on n'a jamais peu estre payé, et y a eu de la faute aux capitulans, qui ne devoyent point perdre ostages, mais plustost moins d'argent content pour le public, comme aucuns feirent pour leur particulier.

En prononçant cest arrest auxdits de Lutzbourg et ostages, ils nous présentèrent requeste, tendant à fin de restitution d'une somme de sept cens escus que le sieur de Malroy avoit fait payer pour rençon à deux d'entre eux qu'il print sortans de leur ville pour venir composer de leur redition. Cela fut trouvé mal prins et fut parlé audit sieur de Clervant, qui promit d'en advertir son frère[1]. Fut aussi fait plaincte par le sieur comte de La Marc d'une insolense et désobéissance commise par le sieur de Pressaigny[2], frère dudit sieur de Quitry, en ce que, contre son mandement, il avoit esté si osé de forcer en sa présence le chasteau de son quartier, lequel il disoit avoir faict réserver, n'y ayant voulu loger, pource qu'il vouloit conserver ce qui estoit dedans au public et en ayder aux estrangers, asseurant que ledit sieur de Pressaigny y avoit pris en argent monnayé, vaisselle et meubles la valleur de

---

1. C.-à-d. son beau-frère; voy. ci-dessus, p. 12, *note* 5.
2. Antoine de Chaumont, seigneur de Persigny (P. Anselme, t. VIII, p. 889).

plus de dix mille escus ; ce qu'estant avéré par beaucoup de tesmoignages, on le remonstra audit sieur de Quitry, afin qu'il feist tout restituer par son dit frère sans en fere grand bruit pour son honneur et avant que les estrangers ne fussent advertis ; dont il feist fort peu de cas, l'ayant fait fere à sondit frère. Qui fut cause que, voyant que des compositions des villes, de prinses de chasteaux, de rançons, butins tout alloit en fumée et tournoit en faveurs et commoditéz particulières, nous feismes aussi une plainte, remonstrans qu'enfin tels déportemens viendroyent à la cognoissance des estrangers, qui entreroyent en très justes mescontentements pour se voir ainsi par eux frustré de ce qui est destiné à leur entretennement, affin qu'ils y pourveussent de bonn'heure et, laissant leurs amitiéz et particulier derrière, ils n'eussent autre soin pour le public de satisfaire à leurs promesses, qui avoyent esté dressées sur les deffaulx passéz, ne s'estant peu trouver autre moyen d'y remédier. Mais c'estoit parler aux murailles, et faisoyent prou de condoléances et promesses sans aucun effet, ainsi les requérans de donner ordre à tout cela et bien penser à ne changer le chemin. Ayans prins le rendez-vous, nous nous en retournasmes au quartier pour en advertir les collonnels et y pourvoir aussi de leur part. La nuict, je dressay une dépesche en Allemaigne afin de bailler au collonel Dommartin à Germigny[1] en passant pour la fere tenir après nostre partement.

***

1. *Germiny*, aujourd'hui comm. du cant. de Colombey-les-Belles, arr. de Toul, Meurthe-et-Moselle.

Le vendredy premier jour de septembre[1], nous partismes de Cintray et des environs la rivière de Modon, ayans receu le soir une lettre du sieur de Clervant, se plaignant des reistres logez à Puligny, qui avoyent osté un moulin aux Suisses pour y pourvoir, ce qui ne fut nécessaire pour le partement. Je m'advançay au chemin à Germigny, où je trouvay le collonnel Dommartin, auquel je baillay mon pacquet pour Allemaigne, et de là me trouvay au rendez-vous ès environs desquels fut nostre logis, où nous trouvasmes le feu mis par les Suisses en passant.

*
* *

Le samedy 2 de septembre[2], partit l'armée de Barisi et environs. Nous passâmes[3] devant Loup[4], qui est à Monsieur le comte de Salm[5], que j'adverty de fere conserver des coureurs avec Monsieur le baron ; et ne peusmes, à cause des bois et montagnes, aprocher de Monsieur de Bouillon, pour ce que nous tournoyons, et il alloit droit de Barisi au haut de Pagny-sur-Meuse[6] au rendez-vous, affin de communiquer avec luy des

---

1. Le 11, *n. s.* — Cf. ci-dessus, p. 179, *note* 2.
2. Le 12, *n. s.* — Cf. ci-dessus, p. 179, *note* 2, et ci-après, p. 197, *note* 3.
3. Comment expliquer que, durant ce « passage », Loup ait été dévasté (voy. un document manuscrit cité dans les *Mémoires*, t. III, p. 10, *note*)? C'étaient pourtant les amis de La Huguerye qui y avaient « passé ».
4. *Loup*, aujourd'hui comm. du cant. de Colombey-les-Belles, arr. de Toul, Meurthe-et-Moselle.
5. Paul, comte de Salm, grand chambellan de Lorraine (Moréri, au mot Salm).
6. *Pagny-sur-Meuse,* aujourd'hui comm. du cant. de Void, arr. de Commercy, Meuse.

advis qu'il nous avoit mandé de Messieurs de Lorraine et de Guise, qui estoyent à Thoul renforcéz des nouvelles troupes, qui avoyent pris à la queue de l'armée quelques Suisses et de leurs fourriers malades. Estans à Pagny, on feit les logis et fusmes logé ceste fois-là au-dessus de Pagny, sur la mesme rivière, plus esloignéz de l'ennemi. Sur le soir, ledit sieur de Bouillon nous envoya la dépesche originale du sieur de Villy[1], chambellan de Monsieur de Lorraine, surprins, retournant de Rome, par le sieur de Beaujeu en sa cavalcade au-devant de l'armée pour recouvrer des chevaux[2], dont je pris copie et la rendy le lendemain[3].

*
* *

Le dimanche troisiesme de septembre[4], nous séjournasmes à Taillancourt, Paigny et autres lieux le long de la Meuze en descendant à Vaucouleur[5], et y receusmes de gran matin lettres dudit sieur de Bouillon et du sieur de Quitry incluses pour aller à la ville de Vaucouleur advizer des vivres dès la nuict. Ledit sieur de Quitry y avoit fait entrer le sieur de Mommar-

1. Regnault de Gournay, seigneur de Villers, souvent cité dans les *Lettres et instructions de Charles III, duc de Lorraine,* publ. par Aug. Lepage.

2. Le 31 août/10 septembre; voy. ci-dessus, p. 183, — non la veille, suivant le récit des *Mémoires;* cf. la note suivante.

3. Ce que l'*Éphéméride* conte en quelques lignes, comme l'escamotant, occupe dix-huit pages des *Mémoires* (t. III, p. 142-169), avec toutes les pièces à l'appui. — Châtillon, dans son *Discours...* (Delaborde, p. 470 et 471), et Quitry, dans son *Mémoire justificatif* (n° IV de l'*Appendice*), font allusion à cette affaire. — Cf., ci-après, le paragraphe relatif au 18/28 septembre, et l'*Introduction*.

4. Le 13, *n. s.* — Cf. ci-dessus, p. 179, note 2.

5. *Vaucouleurs,* aujourd'hui ch.-l. de cant. de l'arr. de Commercy, Meuse.

tin[1] et autres gens à sa dévotion. Nous doutions pour cela que n'y trouverions plus rien. Toutesfois ledit sieur baron me pria d'y aller encores avec le sieur de Levenstein, cartier-maistre général, et nous chargea de passer par Taillancourt, cartier du sieur de Bouillon, tant pour y prendre les commissaires qu'il auroit ordonné que pour l'advertir que ce jour ledit sieur baron et les feld-marchal et collonels viendroyent vers luy; qui estoit pour parler du chemin et autres points contenus au mémoire qu'ils en avoyent dressé par l'advertissement qu'on leur en avoit donné sur le changement du chemin qu'on leur vouloit fere trouver bon et des inconvénians qui en arriveroyent sans faute, afin qu'ils y pourveussent à ce que je leur avois fait cognoistre à l'œil par une carte que je dressay des chemins, rivières et defabveurs de toutes parts, laquelle j'avois baillée audit sieur de Levenstain pour leur en parler aussi, afin qu'ils ne s'en prinsent à faute d'avertissement.

Et, les laissans consulter là-dessus, nous allasmes à Vaucouleur, où nous trouvasmes les François qui y avoyent esté toute la nuict et y estoyent encores avec le collonel Villeneufve, duquel les soldats emportoyent le vin. On nous voulut payer en disant que l'on y avoit rien trouvé, mesmes le sieur de Couvrelles, qui s'y trouvoit avec les autres. D'avantage on nous voulut fere croire que les habitans s'en estoyent tous fuis la nuict; qui fut cause que, cognoissans la malice et mocquerie des François, n'y vou-

---

1. Gentilhomme attaché au prince de Condé; cf. sur lui les *Mémoires* de La Huguerye, t. II, p. 356 et 360, et *passim* les *Lettres missives de Henri IV*.

lusmes pas entrer, craignans d'estre taxéz de quelque chose. Et, nous en retournant, voici ledit sieur de Mommartin nous prier de ne fere raport de cela aux collonels et de retourner à la ville. Ce que ne voulusmes fere; et, continuans nostre chemin pour en fere le raport, aperceusmes ledit sieur baron et collonnels allans de l'autre costé de la rivière au cartier dudit sieur de Bouillon. Par quoy nous cerchasmes un gué pour passer à eux et leur fere raport, comme nous feismes, et allasmes avec eux, où, estans arrivéz et montéz en la chambre dudit sieur de Bouillon, trouvasmes les conseillers qui les y attendoyent et pensoyent que je feusse encores à Vaucouleur.

Lors ledit sieur baron commança à leur proposer six points de la part desdits collonels : — le premier, qu'on commançast à prendre la route propre à tenir le chemin promis pour aller droit à Paris s'il estoit trouvé bon et estre ès environs le plus tost que fere ce pourroit, affin de cercher et presser les moyens de la paix avant que l'armée fût plus diminuée et affoiblie ; — le 2e, que le roi de Navarre soit adverti et suplié de s'advancer avec les forces promises et nous asseurer au vray où et quand le devons trouver pour joindre ceste armée, y envoyant cependant ledit sieur prince dans le temps préfix ; — le 3e, qu'on pourvoye à parachever le payement entier du premier mois de toute l'armée au plus tost, pour la nécessité où elle est depuis que la négociation de Lorraine a esté rompue par eux, dont on pouvoit tirer de quoy y satisfaire et contenter les Suisses, puisqu'aussi on ne voit point d'ordre à l'exécution de la capitulation au recouvrement des finances pour l'entretennement et rafraischissement de ceste armée, dont estoyent à craindre des grands inconvéniens et une ruine d'icelle ; — le 4ᵉ, que l'on commence à pourvoir plus exactement que les vivres soyent doresnavant départis également à tous les gens de guerre, d'autant que la nécessité le requiert ; — le 5ᵉ, que des affaires de la guerre qui seront à délibérer au conseil on envoye auparavant les points audit sieur baron, leur chef, pour leur en communiquer et aller au conseil instruit de leur advis ; — le 6ᵉ, que, pour la forme des logis, on veuille loger les reistres, lansquenets et le régiment de Mouy ensemble d'un costé, et la cavalerie et harquebuserie à cheval françoise et le reste d'infanterie françoise avec les Suisses de l'autre costé, changeant de main ou de teste l'un après l'autre pour le soulagement de tous, selon que l'ennemi se présentera.

Ces points ayans esté proposéz et requis par ledit sieur baron au nom des collonnels en langue allemande, ledit sieur de Bouillon les feist entendre aux conseillers françois. Ledit sieur baron désira se retirer avec ses collonels pour les laisser délibérer là-dessus, et eust esté le meilleur, veu leur résolution. Mais, estant prié d'assister et entendre ce qu'ils auroyent à réciter, ils leur accordèrent, n'osant pas ledit sieur baron y résister seul.

Ledit sieur de Quitry parla le premier et dit quant au premier point, qu'il ne l'aprouveroit jamais, et que tant la volonté du roy de Navarre que les raisons de fere la guerre y estoyent contraires, lesquelles ils ne voudroyent disputer en se contentant du seul commandement dudit sieur roy, duquel il dit m'avoir monstré les lettres, si ce n'estoit pour contenter les collonnels et leur fere cognoistre qu'il estoit conjoinct à la raison, de quoy il feit une longue déduction qui se raportoit à quatre points : le premier, que ce chemin seroit pour s'esloigner de la conjoinction du roy de Navarre, auquel il faudroit passer deux grandes rivières, Loire et Seine, pour joindre l'armée, chose à luy impossible, veu les armées qu'il auroit sur les bras pour l'en empescher et le peu de forces qu'il avoit pour se hazarder de les combattre; le second, que nous irions par le païs de Champagne, tout mangé par les forces de la Ligue, et tomberions en nécessité des vivres; le troisiesme, que c'est un païs tout traversé de rivières ingayables qui ne pourrions passer, n'ayans les ponts à dévotion, et plein de grosses et fortes villes, du tout au commandement de la Ligue, qui nous osteroyent tout le reste des commoditéz de la campagne, et jour et nuict par leurs garnisons harasseroyent nostre armée sans qu'il nous fust possible d'en prendre une seule; d'avantage, que le païs entre les rivières est estroict, et, quand nous serions arrivéz vers Paris, nous serions contraincts de retourner sur nos brisées et y endurer toutes les nécessitéz du monde, qui pourroit estre cause d'adjouster mal sur mal par un grand mescontentement de l'armée. C'estoit en somme ce qu'il dit au contraire pour son advis, que ledit sieur de Bouillon luy avoit accordé de dire le premier, afin de fere dire les autres de mesmes, comme ils feirent; et ne venoyent jamais au conseil que résolus entr'eux pour nous emporter tousjours par la pluralité des voix; qui fut cause aussi que les collonels avoyent résolu leurs articles avant que venir pour y pourvoir.

Sur quoy ledit sieur de Bouillon demanda l'advis audit sieur baron, qui dit ne cognoistre pas le païs et croire qu'il n'estoit pas changé depuis la résolution et promesse faite audit sieur de Bouillon et à nous d'aller droit à Sedan; qu'il estoit empesché de faire entendre ce qu'ils disoyent à ses collonels (ausquels le collonel Dommartin, par clein d'œil de Beauvoir et Quitry, que je vei plusieurs fois, persuadoit tant qu'il pouvoit le chemin de Loire, à nostre dommage, me faisant signe de parler — cependant que je fus requis — estant à l'autre bout de la chambre pour voir jouer la farce du changement qu'ils vouloyent fere, voyant comme ils se servoyent dudit sieur Dommartin pour divertir lesdits collonels de leur résolution).

Et dis quant à moy que je ne voyois point de raison de changer l'advis que nous avions donné au conseil près de Cintray sur ce point; que les raisons déduites par le sieur de Quitry et suivies par les autres ne sembloyent pas nous amener à ce changement, le chemin de Sedan estant fondé premièrement sur des résolutions prinses avec meur advis et sur les promesses du roy de Navarre, ce qui nous faisoit asseurer que Sa Majesté n'auroit voulu abuser de la jeunesse dudit sieur pour le tirer de son estat et maison sous ceste espérence, et puis, laissant là ses places dépourveues, qui tost ou tard en recevroyent un grand dommage, le contraindre d'aller à contre-poil; et, quant à ce qui nous en a esté promis et résolu avec nous, que Sa Majesté avoit généralement ratifié tout ce qui avoit esté promis et advisé avec eux, n'estimans pas qu'il y voulust aussi rien innover; qu'aussi ne voyons-nous rien par escrit contraire à cela, qui nous faisoit peu arrester au commendement prétendu par le sieur de Quitry, lequel m'auroit bien monstré une lettre qu'il disoit estre du roy de Navarre, mais que, encores qu'elle fust de Sa Majesté, ce que ne croyons légèrement (pour sçavoir qu'ils en font en une nuit autant qu'il leur plaist), qu'elle ne faisoit point mention de cela, qu'aussi ne me la montra-t-il que pour la guerre de Lorraine ; de dire que cela a esté comprins en la créance de Beauchamp, qu'on estend les créances comme l'on veut ; que c'estoit un point qui méritoit d'estre escrit ou mandé à ceux qui y ont intérest en termes exprès pour ne rien fere sans eux, selon la capitulation à laquelle nous estions asseurez que Sa Majesté ne voudroit contrevenir ; que Beauchamp l'eust aussi bien dit à nous qu'à eux ; que nous n'en avions jamais rien entendu, et, si on nous en eust communiqué lors de sa venue, nous eussions eu assez de loisir de luy remonstrer ce qui estoit résolu et promis et plus propre pour son service, qui est conjoinct à la conservation de l'armée, de sorte que nous apercevions bien que ce commandement-là n'estoit pas tel qu'on deust laisser à faire ce qui estoit le meilleur, que nous cognoissions mieulx à l'œil sur ceste frontière.

Et, pour respondre aux raisons alléguées, je dis : — quant à la conjonction du roy de Navarre, que nous n'en avions point des nouvelles de Sa Majesté et ne nous devions point acheminer avant que nous fussions très asseurez du temps et lieu où il se trouveroit sans faute pour nous y rendre en toute certitude ; qu'autrement nous irions comme matrats désenpennéz[1] sans savoir où, quand et comment, en grand danger d'estre contraincts ou de rebrousser chemin ou de retourner à l'une ou l'autre main[2], à faute de le trouver, avec mille incommoditez en nous promenant et marchant ainsi par la France incertainement, sans faveur ny retraicte quelconque, entre plusieurs armées, mourans de faim et toutes sortes de nécessitez, comme nous faisions desjà, ce qui ruineroit l'armée sans coup frapper; à quoy les estrangers faisans le service pour le roy de Navarre devoyent aussi avoir esgard pour leur conservation et leurs affaires; d'avantage, que ce n'estoit nostre intention que le roy de Navarre, duquel nous désirions la conjonction sur toutes choses, passast pour cest effect la rivière de Seine, ains attendre son advis certain où et quand il le faudroit aller trouver sans faute, et cependant aller fere la guerre vers Sedan pour ravitailler lesdittes places, changer nostre artillerie trop pesente et de ruine à nous plus que de proffit, à ceste occasion y retirer nos malades, raccommoder nos soldats et fere au-devant et aux deux mains[3] desdittes places tout ce qui seroit expédient pour leur ravitaillement, conservation et eslargissement, selon que les occasions s'en présenteroyent; entretenant en ceste frontière les forces de la Ligue

1. On appelait *matras*, avant l'invention de l'artillerie, de gros traits lancés à l'aide d'arbalètes; les plumes qui en garnissaient l'extrémité opposée en fer étaient destinées à assurer leur direction. La locution employée ici rend donc d'une façon aussi pittoresque qu'exacte la situation d'une puissante armée marchant sans objectif arrêté.

2. C.-à-d. : *çà et là*. — Cf., dans notre parler moderne : *à main droite, à main gauche*.

3. C.-à-d. : *tout autre;* cf. la précédente note.

pour laisser au roy de Navarre, qui demeureroit asseuré du roy par leurs discours, le loisir et le moyen d'assembler des forces promises plus tost que nous vouloir joindre avec si peu de forces qu'il a ; qu'il le faudroit aller quérir jusques en Gascogne et fere mourir l'armée de faim et de toutes sortes de nécessitéz avant qu'arriver à luy, qui luy seroit un beau secours ; qu'il estoit beaucoup plus expédient de dépescher vers Sa Majesté par plusieurs voyes et luy fere entendre nostre entrée dans le royaume et la guerre que nous ferions sur la frontière en Champagne et ès environs, advançant jusques à Paris, s'il estoit expédient à la faveur des places dudit sieur de Bouillon, en attendant qu'il eust mis les forces promises ensemble, et tellement compassé le temps et le chemin qu'il auroit à faire pour venir à nous comme à luy ; qu'il nous asseurast bien du temps que nous devrions prendre la gauche et du lieu pour nous y acheminer en seurté et sans faute ; — quant au second point, que les vivres de l'année présente que nous avions attendu exprès ne pouvoyent estre consomméz que s'ils estoyent retiréz dans les villes (ce qui ne peust estre encores), aussi seroyent-ils ailleurs ; que l'année est mauvaise partout et nous falloit bien résoudre d'en avoir par la force ; qu'il y en avoit en Champagne et Brie et Picardie et autres provinces de deçà, assez des petites villes et chasteaux, pour y en trouver sans estre besoin d'attaquer les grandes villes qui partout ne sont pas pour nous, puisqu'ils n'avoyent peu prendre Beaumont[1], et aurions

1. *Beaumont*, aujourd'hui comm. du cant. de Domèvre, arr. de Toul, Meurthe-et-Moselle.

tousjours les places dudit sieur de Bouillon, qui en feroyent magazin à nostre faveur ; — que, quant aux rivières, quand bien on voudroit aller jusques à Paris, on le pouvoit fere de Sedan sans passer rivière qui empesche, et qui en voudroit passer il y a prou des petites, èsquelles y a ponts aisés à forcer et une telle armée favorisée desdites places et du bon nombre de bonne artillerie et munitions qui sont dedans que partout, aussi bien qu'en Champagne, les ennemis nous harasseroyent à gauche et à droite et nous trouverions au bout de la carrière qu'on nous vouloyent faire faire tous deffaits et malades, sans faveur ni retraicte, et l'armée du roy, que nous inviterions par nostre foiblesse et presserions par nostre aproche, quand ce ne seroit que pour la réputation de nous achever de peindre d'une façon ou d'autre, au lieu qu'ils nous avoyent asseuré eux-mesmes que faisant la guerre à ceux de la Ligue, le roy nous laisseroit faire, que changer à ceste heure il falloit qu'ils eussent souvent des nouvelles, lesquelles ils nous celoyent ; que nous pourrions tellement incommoder ceulx de la Ligue ès provinces où ils sont les plus forts et leurs bonnes villes, en nous eslargissant au-devant des places dudit sieur de Bouillon, que leur crédit, forces et moyens en diminueroyent beaucoup ; — et quand bien, selon sa quatriesme raison, il nous fauldroit passer quelquesfois, non pas sur nos brisées, car le païs n'est point si estroit que cela, mais à droite ou à gauche d'icelles, qu'il n'y avoit point d'inconvénient, estans tousjours asseuréz derrière nous, attendans advis certain du roy de Navarre, ou par gens de sa part, ou par ceux que nous aurions dépeschéz communément, si ce n'estoit qu'ils craignissent (comme nous l'avons entendu, ce qui n'est à craindre) que ceste armée, estant trop près de sa retraicte, survenant un mescontentement par vos défaulx, se retirast plus aisément et pour y éviter la voulissiez embarquer au fond de la France, car elle est composée des gens d'honneur et bien affectionnéz, mais, au contraire, qu'ils avoyent plus tost à espérer du rafreschissement au besoin, faisant la guerre en ses provinces frontières, ce qui feroit enfin désirer la paix aux ennemis quand bien ils verroyent le desgast et les hazards en leurs païs et faveur, et par ce moyen se refroidir et retirer beaucoup de leurs partisans ; qu'il leur devroit suffire d'avoir desjà ruiné par leurs vengeances un fondement d'une brefve paix et mis l'armée ès nécessitéz et maladies où elle est en rompant la négociation de Lorraine, qui eust laissé Monsieur de Lorraine neutre pour s'y employer, au lieu de mettre, comme il fera, le verd et le sec pour avoir à nostre préjudice la raison des dommages que seuls ils luy ont faits ; d'avantage qu'il falloit avoir esgard à ce que je leur avois remonstré, qui avoit esté promis et proposé en Angleterre pour en avoir les moyens de nostre rafreschissement, et ne falloit ainsi abuser ceste princesse à l'accoustumer ; qu'ils regardassent donc à choisir le plus expédient et honorable qui semble estre le chemin promis, lequel, en faisant les choses susdites, ne rompoit pas le dessein de la conjonction du roy de Navarre, car c'estoit ce qu'on désiroit le plus et en quoy consistoit le salut des affaires, mais en luy donnant loisir d'assembler les forces promises et se résoudre du temps et lieu asseuré de nostre conjonction, rafraischir l'armée et la bien employer en ses quartiers, et partir après son advertissement pour l'aller joindre sans crainte de ne le trouver et d'estre à faute de cela subjects à une ruine inévitable.

Nonobstant toutes ces raisons et remonstrances, ils persistèrent et feirent tellement persuader aux collonels par ledit sieur Dommartin, qui estoit à leur dévotion, sans que ledit sieur baron et nous y puissions remédier seuls, sinon avec la résolution desdits collonels que, leur ayant estendu une carte sur la table et monstré le chemin pour aller droit vers Gien, recevoir le roy de Navarre, sans faute que nous trouverions sur l'autre bord de Loire, là ou auprès en bas, pour puis après aller vers Paris, ils leur asseuroyent qu'il n'y avoit pas un mois de chemin. A quoy je leur répliquay encores et leur remonstray à la mesure de la mesme carte, prenant la droite ligne, qui ne peut estre suivie par une armée, qu'au lieu de cinquante lieues que nous aurions à faire par le chemin promis ils nous en feroyent faire six-vingts, beaucoup de rivières à passer, Monsieur du Maine[1], qui nous rompt tout au-devant, nulles faveurs, nulles retraictes, rien à espérer de l'équipage de nostre artillerie, nulle asseurance du lieu et temps de la conjonction du roy de Navarre, ny des forces qu'il doit avoir, les maladies et nécessitéz desjà en grand nombre qui croistroit tous les jours et diminueront l'armée de plus de moitié, dont naistront des mescontentemens, lesquels, si on ne trouve le roy de Navarre vers Gyen, croistront plus fort en danger que

---

1. Charles de Lorraine, duc de Mayenne (ou du Maine, comme on disait alors de préférence), frère cadet du duc de Guise. Il avait un commandement important dans l'armée dont celui-ci était général en chef.

se voyant enferméz entre tant de rivières et de forces de tous costéz, et en tel estat il en arrive des inconvéniens irremédiables et une ruine aux affaires et à l'armée.

Ce nonobstant encores, les collonels se laissèrent enfin emporter à la persuasion dudit Dommartin, tellement que jamais pas un seul ne tint roide à la résolution qu'ils avoyent prinse pour le chemin promis, sinon que, en promettant d'aller droit jusques à Gyen, ils voulurent estre asseuréz de deux choses : d'y trouver sans faute le roy de Navarre, et qu'on ne leur feroit point passer la rivière. Quant à moy, je ne changeay jamais et, persistant en mon advis, protestay contre eux de la ruine évidente de l'armée, afin que la cause ne nous en fût attribuée.

Quant aux autres points, ils promirent ausdits collonels de fere tout devoir et dilligence et de dépescher promptement vers le roy de Navarre pour l'advertir de ceste résolution pour obéir à son commandement, afin que sans faute il se trouve sur l'autre bord de Loire (comme il estoit lors de ce discours venu pour recevoir le comte de Soissons[1]), afin d'éviter aux inconvéniens préveus ; et, quant à la plaincte faicte à l'ordre rompu au fait des vivres à Vaucouleur, cela fut apaisé sur promesse de ne plus faire le semblable, et fut ordonné au sieur de Couvrelles par ledit sieur baron d'y aller composer avec les autres commissaires pour les deniers et faire venir sa part de si peu de vivres qui estoit resté. Il composa à trois cens escus, qui estoit trop peu. Après,

1. Charles de Bourbon, frère cadet du prince de Condé. — Il avait récemment fait adhésion au parti du roi de Navarre, qui, pour lui faire honneur, était en effet allé à sa rencontre.

on alla fere le département pour demain, et, ayans prins nos logis, retournasmes au cartier. Je laissay aller les collonels et m'en vins seul par un autre chemin, bien fasché de prévoir une ruine évidemment projettée de ceste armée, et des collonels si faciles qu'on les tournoit comme girouettes à tout vent. Je rendy avant partir au secrétaire Le Roux la dépesche de Rome.

*
* *

Le lundy 4 de septembre[1], nous délogeasmes de Taillancourt, Paigny et villages voisins de Vaucouleur-sur-Meuse, ayans receu au matin lettres dudit sieur de Clervant pour communiquer de la querelle du sieur de Buy à la campaigne, respondant que ledit sieur baron luy en avoit escrit pour pacifier cela, le tout provenant des François, qui l'avoyent injurié à cause de ladite négociation de Lorraine, et vinsmes loger à Boisdignécourt[2], Toni[3] et lieux voisins, où je dressay une instruction et commission à Christoffle Ehem et au *Schultheis*[4] de la chancelerie pour aller doresnavant avec les commissaires des François et Suisses au recouvrement des vivres, argent et autres commoditez et pour départir proportionnement lesdits vivres à toute l'armée; et la leur baillay le lendemain matin afin d'estre bien instruits pour éviter aux abus qui s'y commettoyent au préjudice des Allemands. Comme à Vaucou-

---

1. Le 14, *n. s.* — Cf. ci-dessus, p. 178, *note* 2.
2. *Baudignécourt*, aujourd'hui comm. du cant. de Gondrecourt, arr. de Commercy, Meuse.
3. *Tonnoy*, aujourd'hui comm. du cant. de Saint-Nicolas, arr. de Nancy, Meurthe-et-Moselle.
4. *Schultheiss*, en allemand, *le chef*.

leur et au-dessous de Vaudemont, au partir de Taillancourt, nous laissasmes du tout la droite, qui fut le comble de nostre ruine.

* * *

Le mardy cinquiesme de septembre[1], nous partismes de Boisdignécourt, de Toni et ès environs pour venir loger à Germay[2] et ès environs d'Eschenets[3], ayans sceu que les forces de Lorraine nous alloyent au-devant le chemin de Bar-le-Duc, estimans que nous devions prendre la main droicte, comme nous devions faire si les François n'eussent changé de résolution. Estans arrivéz à Germay, je feis une dépesche avec la copie de celle de Rome pour envoyer encore en Allemaigne par le moyen dudit sieur de Dommartin, qui nous promit de la faire seurement tenir par sa belle-mère à Germigny et de là en Allemagne.

* * *

Le mecredy 6e de septembre[4], nous partismes de Germay et environs d'Eschenets, où j'envoyay de grand matin mon pacquet pour Allemagne audit sieur de Dommartin pour nous trouver à Vaulx[5] au rendez-vous ; et, passant par le logis dudit sieur de Clervant, qui estoit sur nostre chemin, il nous communiqua son

1. Le 15, n. s. — Cf. ci-dessus, p. 178, note 2.
2, 3. *Germay* et *Échenay*, aujourd'hui comm. du cant. de Poissons, arr. de Vassy, Haute-Marne.
4. Le 16, n. s. — Sauf le premier et le dernier alinéa, à peu près textuellement reproduits dans les *Mémoires* (t. III, et p. 164-173), le texte de ceux-ci est bien plus développé et additionné de diatribes furieuses contre Quitry.
5. *Vaux-sur-Saint-Urbain*, aujourd'hui comm. du cant. de Doulaincourt, arr. de Vassy, Haute-Marne.

entreprinse de Chaumont-en-Bassigny, et, selon qu'il la nous discourut, la trouvasmes bonne, luy promettans envoyer en son cartier, à nostre arrivée au logis, nos commissaires pour aller avec luy et estre présens à l'exécution de toutes choses, selon l'ordre qu'il nous avoit dit, que trouvasmes aussi fort bon. Et, sur ce, nous laissans le sieur de Malleroy, son frère, pour en adviser avec nous, print le chemin de la gauche pour en aller aussi résouldre avec Monsieur de Bouillon, afin de n'avoir autre chose affaire à son arrivée au logis que de préparer tout son fait pour marcher entre chien et loup. En chemin faisant, vers ledit rendez-vous, lieu pestiféré, on nous aporta lettres de la propre main dudit sieur de Chastillon audit sieur de Clervant, que nous ouvrismes, estans bien aises de sa venue, voyons qu'il nous advertissoit de son arrivée à Grésilles[1], ayant deffait le marquis de Varambon avec les Bourguignons, qui l'avoyent voulu empescher de passer; que les Italiens[2] venoyent après luy bien aisez à deffaire; qu'il avoit veu les Suisses allans au service du Roy, qui estoit peu de chose, désirant, au surplus, sçavoir de nos nouvelles, et que nous envoyassions au-devant de luy pour favoriser sa conjonction à nostre armée. Cela nous feit haster pour arriver de bonn'heure audit rendez-vous de Vaulx affin de tenir conseil là-dessus et y pourvoir en diligence[3].

1. *Griselles*, aujourd'hui comm. du cant. de Laigues, arr. de Châtillon-sur-Seine, Côte-d'Or.
2. Les renforts amenés d'Italie par le capitaine Sacremore; voy. ci-dessus, p. 174, *note*.
3. Cf. le *Discours...* de Châtillon (*loc. cit.*) et les *Mémoires* de Jacques Pape de Saint-Auban (impr. dans le *Panthéon littéraire* de Buchon).

Nous feusmes néantmoins trois grosses heures audit rendez-vous, la pluye tousjours sur le dos, attendans le sieur de Quitry pour faire les logis, duquel la demeure faisoit grand tort à cest affaire. Enfin, il y arriva et fut advizé sur ladite lettre d'envoyer au-devant dudit sieur de Chastillon deux régiments des reistres avec deux cornettes françoises et deux cents arquebusiers à cheval.

Le sieur comte de La Marc, à la persuasion du baron de Confergien, y voulut aller, laissant son avant-garde contre tout ordre, ce qu'on luy remonstra; nonobstant il y voulut aller et print avec luy ledit baron de Confergien et le sieur de Beaujeu et le baron de Langues pour la cognoissance du païs. Ledit sieur baron luy bailla deux régiments de Frideric von Werren et Dommartin, et, pour fere dilligence, leur fut baillé cartier advancé sur la main gauche et sur le chemin qu'ils avoyent affaire pour y aller bien repaistre eux et leurs chevaux et partir au commancement de la nuit, laissans leurs bagaiges et arriver à la diane sur la Meuze ; ce qui fust estimé estre assez sans y aller avec toute l'armée, qui y arriveroit peut-estre trop tard.

Cela fait et le partement arresté, chacun alla en son logis le long de la rivière de Marne, nous à Guimont[1] delà et ledit sieur de Clervant à Sainct-Urbin[2] deça pour aprester son fait et choisir les 200 corselets suisses avec hallebardes qu'il devoit mener à cheval

---

1. *Gudmont* (non *Curmont*, selon les *Mémoires*, t. III, p. 172, note), aujourd'hui comm. du cant. de Doulaincourt, arr. de Vassy, Haute-Marne.

2. *Saint-Urbain*, aujourd'hui comm. du cant. de Doulaincourt, arr. de Vassy, Haute-Marne.

avec 700 arquebusiers à cheval et 100 bons chevaux, laquelle montre il nous monstra suffire à son entreprise.

Nous arrivasmes d'assez bonn'heure au cartier, encores que les chemins et advenues de la rivière feissent difficulté, près desquels nous rencontrasmes le sieur de Quitry au passage de l'eau, qui, à ses propos, estoit marri de ladite résolution pour aller audevant dudit sieur de Chastillon, taschant à la faire changer et contremander le partement dudit sieur comte pour y adviser plus meurement; mais nous ne luy respondismes rien, sinon que ce n'eust esté mal fait d'aller avec toute l'armée si elle eust peu faire diligence, mais, puisqu'on avoit jugé cela suffire, c'estoit trop tard d'y penser, et que le retardement (auquel je sentis bien qu'il tendoit pour incommoder la conjonction dudit sieur de Chastillon, duquel il craignoit la venue) seroit de plus dangereuse conséquence audit sieur de Chastillon, lequel nous attendrions en ce logis, et, si survenoit quelque autre nécessité, on y adjousteroit.

*
* *

Le jeudy 7ᵉ de septembre[1], nous séjournasmes à Guimont sur Marne et tout le long de la rivière jusques près de Jeinville[2], attendans la venue dudit sieur de Chastillon. La nuict, environ minuit, les deux-cens cor-

---

1. Le 17, *n. s.* — Ce paragraphe, quoique contenant le récit d'une opération assez importante, n'est que résumé en quelques lignes dans les *Mémoires* (t. III, p. 173). — Sur son contenu, cf. La Châtre, fol. 20 et 21.

2. *Joinville*, aujourd'hui ch.-l. de cant. de l'arr. de Vassy, Haute-Marne.

dets suisses à cheval que ledit sieur de Clervant avoit menés avec luy à l'entreprinse de Chaumont, et nos deux commissaires avec eux, perdirent dans les bois la piste dudit sieur de Clervant à raison de l'obscurité de la nuit pendant la pluye, qui nous dura plus de six semmaines, avec ce qu'ils estoyent yvres, passèrent par nostre logis de Guimont et ne passèrent outre, ne pouvant trouver ledit sieur de Clervant, lequel, à ceste occasion, fut contrainct de s'en retourner sans rien faire, ayant perdu lesdits Suisses. Au matin, nous eusmes advis dudit sieur de Bouillon, par lettres du sieur de Quitry, que Monsieur de Guise s'aprochoit de nous et devoit venir ce jour-là de Moitié-sur-Sault[1] à Hone[2], une lieue de son cartier, nous envoyant le maistre d'hostel du sieur de Mouy, qui en avoit apporté l'advis en diligence d'un chasteau où il avoit esté envoyé en sauvegarde pour nous dire plus amplement, nous priant de fére monter tous nos reistres à cheval et les mener au cartier du sieur de Quitry, demi-lieue de Jeinville, ainsi qu'il avoit esté ordonné au sieur de Clervant de faire de ses Suisses. Pour quoy ledit sieur baron feit sonner la trompette, et furent les cornettes incontinent aux champs. Et, comme ils estoyent environ demi-lieue hors le village sur leur chemin, la pluye sur le dos, le sieur de Cormont vint au-devant d'eux les contremander, disant que ce n'estoit rien, qui estoit la vanité ordinaire du sieur de Quitry, qui ne faisoit que nous harasser inutilement, craignant surprinse

---

1. *Montiers-sur-Saulx,* aujourd'hui ch.-l. de cant. de l'arr. de Bar-le-Duc, Meuse.

2. *Osne-le-Val,* aujourd'hui comm. du cant. de Chevillon, arr. de Vassy, Haute-Marne.

sur luy et faisoit faire beaucoup des courvées aux reistres sans occasion. J'adverti le collonel Schregel en son cartier que cela seroit cause qu'il n'y auroit point de conseil, luy ayant aussi ordonné de tenir son régiment prest pour marcher, et aussitost je le feis contremander. Monsieur le baron contenta ses reistres en leur faisant distribuer le vin qui estoit au chasteau de Guimont.

*
* *

Le vendredy 8ᵉ septembre [1], nous séjournasmes encores à Guimont et ès environs, attendans ledit sieur de Chastillon. Où, environ cinq heures du matin, arriva vers nous le sieur de Betancourt, lieutenant dudit sieur comte, nous advertir de sa part que, la nuict de leur partement, les cornettes de Fridéric von Werren et une du sieur de Dommartin, la nuit dedans le bois pendant la pluye, avoyent perdu la piste des autres et, ne scachans où aller, estoyent retournéz en leurs logis ; auquel il nous dit estre arrivéz dès trois heures du matin, et ayant fait entendre audit collonel Fridéric que ledit sieur comte estoit à Pré-sous-la-Fauche [2], l'attendant, il l'avoit fait remonter à cheval avec un bon guide pour s'advancer jusques-là et passer outre avec luy, de sorte qu'il ne fut besoin d'y envoyer pour cest effect, regrettant ceste faute qui avoit esté commise ceste nuict-là, tant aux reistres qu'aux Suisses, pour crainte que ce retardement-là ne préjudiciast à la seurté dudit Chastillon ; lequel ledit

---

1. Le 18, *n. s.* — Ce paragraphe a passé presque textuellement dans les *Mémoires* (t. III, p. 173-177).

2. *Prez-sous-Lafauche*, aujourd'hui comm. du cant. de Saint-Blin, arr. de Chaumont, Haute-Marne.

sieur de Bettancourt nous dit estre desjà investi ; que Monsieur de Lorraine s'aprochoit de luy avec toutes ses forces ; que les Italiens estoyent bien advancéz au comté de Bourgogne, d'où venoyent aussi là les forces du marquis de Varambon, et qu'on les avoit asseuré que Monsieur de Mayne s'y acheminoit aussi et que Monsieur de Guise y seroit bientost. Pour quoy ledit sieur comte nous prioit d'adviser de bonn'heure à ce que nous aurions à faire pour les soustenir et conserver.

Nous luy conseillasmes d'aller en dilligence vers Monsieur de Bouillon et en advertir le conseil, et que, cependant, ledit sieur baron prendroit l'advis de ses collonels pour le porter ou envoyer audit conseil, afin de résoudre et faire tant plus promptement ce qui seroit nécessaire, et, après en avoir communiqué, ne trouvans lesdits collonels et feld-marschalk raisonnable de diminuer davantage leurs forces pour demeurer foibles en attendant, ny de laisser aussi en danger ceux qu'on y avoit desjà envoyé, ny ledit sieur de Chastillon mesmes, résolurent entr'eux estre le plus expédient sur ceste nouvelle occasion de rebrousser avec toute l'armée de ce jourd'huy, si faire se peut, et pour ceste cause donnèrent ordre de tenir tout le monde prest à partir. Et fus envoyé vers ledit sieur de Bouillon porter leur advis et presser la résolution et faire leurs excuses sur cela audit sieur de Clervant de ce qu'ils ne pouvoyent, à ceste occasion, aller disner avec luy ; et me fut baillé Beuterich pour les advertir de bonn'heure par luy de la résolution si je ne pouvois si tost retourner, et qu'en attendant de mes nouvelles ils se tiendroyent tousjours prests.

J'allay à Messé[1], où je trouvay ledit sieur de Bouillon au lit et tous ceux du conseil desjà partis pour aller au cartier du sieur de Clervant, qui fust cause qu'avec l'advis dudit sieur de Bouillon (auquel je remonstray qu'il n'estoit pas raisonnable de laisser aller ledit sieur comte[2]) je passay outre jusques à Sainct-Urbin, où je les trouvay tous, et leur feis entendre ce que ledit sieur de Betencourt nous avoit raporté, et ce que sur cela ledit baron et le feld-marschal et collonels avoyent advisé et m'avoyent donné charge de leur dire, comme il l'avoit promis audit sieur de Bettancourt, affin que là-dessus ils advisassent promptement à ce qui se pourroit fere au plus tost, et, voyant qu'ils remettoyent à en résouldre après disner et disoyent que ce ne pourroit estre pour partir ce jour que je demeurois là à leur requeste pour estre présent après disner à la résolution qui seroit prise sur son advis, laquelle je luy raporterois incontinent après.

Ledit sieur de Quitry faisoit ainsi le long, bien content, comme il paroissoit à sa façon, de cest accrochement et perte de temps. Je feis aussi les excuses dudit sieur baron audit sieur de Clervant, qui me communiqua à part les lettres qu'il escrivoit au roy de Navarre, l'exortant à s'aprocher de nous en dili-

1. *Mussey*, aujourd'hui comm. du cant. de Doulaincourt, arr. de Vassy, Haute-Marne.
2. « ... et que c'estoit à luy de desployer en cela son affection fraternelle, dont il ne feist pas grand signe de s'esmouvoir... » ajoutent les *Mémoires* (t. III, p. 175); plus haut (*Ibid.*, t. III, p. 174), La Huguerye a déjà noté, dans l'une des tirades que l'on ne trouve pas dans l'*Éphéméride*, cette indifférence du duc de Bouillon à l'égard de son cadet.

gence et l'advertissant succinctement de l'estat des affaires, remettant le surplus à la bouche de celuy qu'il envoyeroit, et me déclara y vouloir envoyer le sieur de Chalonge, mais qu'il le tenoit secret, affin que le sieur de Quitry n'en seust rien, d'autant qu'il ne le consentiroit jamais, craignant surtout que le roi de Navarre fût adverti d'autre que de luy ou par homme à sa dévotion, comme il advint quand il l'aperceust, y en ayant voulu envoyer un à sa porte, povre messager de Sedan nommé *L'Espagnol*, me monstrant les lettres qu'il escrivoit que je veis bien estre trop maigres, veu que le messager ne pouvoit rien porter en la bouche, et qu'il en escrivoit d'autres qu'il ne m'avoit pas voulu monstrer. Ce messager ne passa outre Vignori[1] et s'en retourna, disant n'avoir peu passer, qui n'estoit vraisemblable, mais aussi dressé pour frustrer nostre espérance et la promesse qui nous en avoit esté faite sur la Meuze.

Après disner, nous entrasmes en conseil, et, toutes choses bien débattues, encores que ledit sieur de Quitry y consentit, en y fut trouvé meilleur de rebrousser avec toute l'armée à Bazoilles[2] aux plus grandes journées qu'on pourroit, mais que de partir aujourd'huy il n'y avoit eu moyen, que l'artillerie ne pourroit faire si grandes journées. Ainsi fut résolu de partir de grand matin, le rendez-vous à Roches[3], les passages des

---

1. *Vignory*, aujourd'hui ch.-l. de cant. de l'arr. de Chaumont, Haute-Marne.

2. *Bazoilles-sur-Meuse*, aujourd'hui comm. du cant. de l'arr. de Mirecourt, Vosges.

3. *Roches-sur-Rognon*, aujourd'hui comm. du cant. de Doulaincourt, arr. de Vassy, Haute-Marne.

reistres et lansquenets chacun devant son logis, et que les collonels Bouck et Bernsdorff, plus proches des Suisses, se trouveroyent en la plaine de Sainct-Urbin pour faire la retraicte et marcher avec eux, à cause dudit sieur de Guise qu'on disoit estre près de Joinville, et fut commandé au sieur de Couvrelles pour plus grande diligence de partir dès ceste heure mesmes et faire faire ce jour-là une lieue à l'artillerie. Cela fait, je m'en retournay advertir ledit sieur baron, qui envoya de bonn'heure le rendez-vous aux collonels, et feit les commandemens ausdits collonels Bouck et Bernsdorff.

* * *

Le sammedy 9ᵉ septembre[1], nous partismes de Guimont de bon matin et, tant pour le bon chemin que pour éviter les bois, allasmes passer devant Villers-sur-Marne[2], cartier des lansquenets, et arrivasmes au rendez-vous à Roches, estant deux grandes lieues dudit Guimont où, nous estans assemblez au chasteau pour fere le logis de l'armée, arriva un soldat envoyé de l'armée dudit sieur de Chastillon nous advertir qu'il estoit investi et avoit besoin de secours. Ledit soldat nous dit estre sorti de Grésilles en danger et, luy demandant des nouvelles dudit sieur comte et de ses troupes, nous dit qu'il n'en savoit point et que ledit sieur de Chastillon n'en avoit point des nouvelles hier aussi quand il partit.

Sur quoy entrans en conseil nous pressasmes le dé-

1. Le 19, *n. s.* — Ce paragraphe a passé dans les *Mémoires* (t. III, p. 177-179).

2. *Villiers-sur-Marne*, aujourd'hui comm. du cant. de Doulaincourt, arr. de Vassy, Haute-Marne.

partement, craignant qu'inconvénient n'arrivast à faute de diligence. Ledit sieur de Quitry faisoit le long, disant avoir peine à faire les logis, pour ne cognoistre le pays, adjoustant qu'aussi bien estoit-ce fait ou failly et que la diligence ne serviroit plus de rien, tendant à laisser ceste entreprise et ledit sieur de Chastillon en danger. A quoy on répliqua que, n'en ayant point des nouvelles, il n'y avoit de quoy changer de résolution et, veu le propos du soldat et désir du sieur de Chastillon, il falloit partir et faire tout devoir possible.

Comme nous feismes, après avoir nos départemens bien tard, et usasmes de toute diligence pour arriver à Chalevraignes[1], nostre logis. Mais, estans mal guidéz par un soldat du baron de Langues, au lieu de nous mener à la droite vers Andelot[2], nous feit prendre la gauche au-dessus de Reniel[3] et passer beaucoup des bois si espais qu'il falloit aller à la file ; ce qui fut cause que nous ne peusmes aller audit cartier et demeurasmes à Jomberville[4], cartier de nos lansquenets, où les régimens de Bouck et Bernsdorff, qui avoyent marché avec les Suisses, arrivèrent fort tard la nuit, de sorte qu'il y eust encores des reistres toute la nuit en chemin qui n'arrivèrent que le lendemain à quatre heures du matin.

Pour quoy, ayans receu lettres dudit sieur de Bouillon, nous asseurans que le duc de Guise avoit

---

1. *Chalvraines,* aujourd'hui comm. du cant. de Saint-Blin, arr. de Vassy, Haute-Marne.

2. *Andelot,* aujourd'hui ch.-l. de cant. de l'arr. de Chaumont, Haute-Marne.

3. *Reynel,* aujourd'hui comm. du cant. d'Andelot, arr. de Chaumont, Haute-Marne.

4. *Humberville,* aujourd'hui comm. du cant. de Saint-Blin, arr. de Chaumont, Haute-Marne.

logé à Gran[1], près de nous, et nous priant, à ceste occasion, de nous advancer incontinent ou, à tout le moins, de partir de grand matin pour aller au rendez-vous à Bazoilles et se trouver tous près de luy pour marcher en bataille et faire advancer les lansquenets et bagaige à Chalevraignes, nous luy feismes responce que nos reistres n'estoyent encores arrivéz, qu'il y avoit encores beaucoup des cornettes et de bagage derrière, que, les laisser pour s'advancer si loing, l'ennemi estant si près, il n'y avoit pas raison, le priant d'y bien penser.

Après minuict, nous eusmes autres lettres de luy, nous advertissant que le duc de Guise avoit esté toute la nuict en embuscade au bois de la Boulois[2], demi-lieue de Vezannes[3], cartier du sieur de Quitry, et s'estoit, depuis, retiré au cartier de Lormenault[4], près duquel il nous falloit passer en allant à Bassoilles, et, changeant d'advis sur nos remonstrances, nous donna le rendez-vous en la plaine d'entre Saint-Belin[5], son cartier, et Vezannes, pour y estre à la diane tous ensemble et marcher tous ensemble, nous donnant advis du desgagement du sieur de Chastillon et de la desfaitte d'un régiment des ennemis qui l'avoyent investi,

---

1. *Grand*, aujourd'hui comm. du cant. et de l'arr. de Neufchâteau, Vosges.
2. Le bois de la Bouloire.
3. *Vesaignes-sous-Lafauche*, aujourd'hui comm. du cant. de Saint-Blin, arr. de Chaumont, Haute-Marne.
4. Le bois de Mureau, qui prend son nom d'un hameau faisant aujourd'hui partie de la comm. de Pargny-sous-Mureau, cant. et arr. de Neufchâteau, Vosges, et où existent encore les vestiges du monastère dont il est parlé à la page suivante.
5. *Saint-Blin*, aujourd'hui ch.-l. de cant. de l'arr. de Chaumont, Haute-Marne.

qui luy faisoit bien espérer de la conjonction dudit sieur comte. Nous promismes de faire tout devoir.

*
* *

Le x⁰ de septembre[1], nous partismes de grand matin pour aller au rendez-vous. Et fus envoyé devant par ledit sieur baron pour advertir ledit sieur de Bouillon qu'il venoit, mais que le collonel Cloth ne pouvoit partir si tost, faisant enterrer son autre fils qui estoit mort la nuit, tant la mortalité estoit desjà grande, et luy remonstrer que les reistres estoyent arrivéz si tard au logis qu'il en estoyent encores venus en partant, pour la grande courvée, destours et mauvais chemin et faute de guides, et qu'il y avoit encores beaucoup des bagages derrière afin d'adviser là-dessus à ce qu'on pourroit faire, ne luy semblant possible d'aller ce jour-là à Bazoilles, ce que ledit sieur duc remit au rendez-vous pour y adviser, et, se levant pour monter à cheval, en feit advertir ledit sieur de Quitry.

Je m'en retournay, trouvant ledit sieur baron desjà près de Saint-Belin, auquel je feis ce raport, et allasmes au rendez-vous, où, peu après, ledit sieur de Quitry nous vint trouver, et, sur ces remonstrances, fut advisé que nous irions seulement loger à Chalevraignes, ledit sieur de Bouillon à Pré-sous-la-Fauche, que les Suisses s'avanceroyent à Saint-Belin et Vezannes, et ledit sieur de Quitry prendroit un autre quartier. Cela fait, on feit advancer chascun au logis en marchant en bataille vers la gauche pour favoriser ledit sieur de Bouillon, allant au sien, près duquel on avoit avis qu'estoit ledit sieur de Guise au prioré de

1. Le 20, n. s. — Ce paragraphe a été reproduit textuellement dans les *Mémoires* (t. III, p. 179-183), sauf l'addition ci-après indiquée.

Lormenaut; qui nous donna occasion de croire qu'il alloit au devant dudit sieur de Chastillon et dudit sieur comte pour les desfaire et nous feit prendre résolution nouvelle d'aller bien repaistre les chevaux et partir à midy, toute la cavallerie allemande et françoise, excepté la cornette dudit sieur de Bouillon, qui demeuroit avec luy, et les Suisses et lansquenets et régimens françois pendant que toute la cavallerie s'advanceroit pour aller gaigner le pont de Bazoilles et le garder audit sieur de Chastillon et passer vers luy, s'il en estoit besoin pour le desgager; dont ledit sieur de Clervant fut chargé d'advertir ledit sieur de Bouillon qui s'estoit desjà advancé en son logis de Pré à cause de sa maladie; ce qu'il nous feit entendre avoir trouvé bon, priant ledit sieur baron de luy laisser deux cornettes de reistres. On l'asseura de mener toutes les cornettes, mais qu'on laisseroit beaucoup de cavallerie au logis où on retiroit tous les chariots pour esviter inconvénient qui lui serviront assez.

Nous partismes de Chalevraignes après midy, allans, tous les Allemands ensemble et trois cens arquebusiers allemands menez par le sieur de Lanty, droit à Bazoilles par la main droite et passans assez près dudit prioré, en intention d'attaquer ledit sieur de Guise qui en estoit desjà parti. Et les cornettes et arquebusiers à cheval par la main gauche pour descouvrir des deux costés ce que l'on pourroit desdits sieurs de Lorraine et de Guise que nous entendions s'assembler à Neufchastel[1], et faire chascun en son chemin ce que l'occasion requerroit[2].

---

1. *Neufchâteau*, aujourd'hui ch.-l. d'arr. du départ. des Vosges.
2. Entre le précédent alinéa et celui-ci s'en place un autre dans les *Mémoires* (t. III, p. 181-182), où l'auteur se montre navré

Nous arrivasmes à cinq heures près dudit Bazoilles. Et, en descendant dans le village, ayant fait advancer ledit sieur de Lanty avec sa trouppe le long de bois pour descouvrir, il rencontra un homme venant vers nous de la part dudit sieur comte avec lettres qui nous advertissoyent de sa conjonction avec ledit sieur de Chastillon, du dessein des ennemis pour les empescher et combattre, afin que nous feissions de nostre costé ce qui seroit requis, comme nous avions desjà faict; et dit de bouche qu'ils estoyent partis le matin de Grésilles et venoyent loger à trois lieues ençà, qu'ils avoyent deffait le régiment de Malianes et que demain au matin ledit sieur de Chastillon seroit au pont de Breinville[1], au dessoubz de Bourmont[2], pour y passer la rivière de Meuze, désirant que nous favorissions son passage, d'autant que l'ennemi s'aprochoit avec toutes ses forces; il nous advertit aussi qu'il venoit à passer à Bazoilles, où il avoit esté arresté et fouillé par les gens dudit sieur de Guise qui y estoit en personne, faisant rompre le pont, ce qui nous feit haster et advancer quelque troupe pour le descouvrir. Mais il s'estoit desjà retiré en diligence, nous ayant descouverts en bataille au pendant. Et là se trouvèrent aussi les cornettes françoises, et fut résolu sur lesdites nouvelles que nous irions repaistre à Bazoilles, où nous aviserions de ce que nous aurions affaire pour

---

d'avance des maux que la Lorraine allait avoir derechef à souffrir de la part de l'armée d'invasion. — Cf. l'*Introduction*.

1. *Brainville*, aujourd'hui comm. du cant. de Bourmont, arr. de Chaumont, Haute-Marne.

2. *Bourmont*, aujourd'hui ch.-l. de cant. de l'arr. de Chaumont, Haute-Marne.

favoriser le passage dudit sieur de Chastillon, trouvans bon de loger là pour entretenir ledit sieur de Guise en opinion que nous fussions venus pour luy garder le pont de Bazoilles, afin que ledit sieur de Chastillon feist le lendemain son chemin avec moins de difficulté.

Ainsi, estans logéz audit Bazoilles, à huict heures, nous entrasmes au conseil, où fut résolu que nous en partirions à deux heures après minuict pour arriver à sept heures à Brainville garder le pont et le refaire, s'il estoit rompu comme celuy de Bazoilles, et que nous deslogerions à la sourdine, pour estre les ennemis à Neufchastel, desquels les sentinelles pourroyent autrement descouvrir notre partement et monter l'eaue, comme nous de l'autre costé, en danger de rencontrer ledit sieur de Chastillon.

※
※ ※

Le lundy 11e de septembre[1], toute la cavallerie allemande et françoise partit de Bazoilles à deux heures après minuict, et arrivasmes à sept heures à Brainville, donnant l'alarme à Bormont et ès villages voisins, qui ne sçavoyent rien de nostre venue. Nous trouvasmes le pont rompu, lequel nous feismes refaire pour passer les gens de pied, demeurans en bataille jusques environ dix heures que nous aperceusmes des troupes au haut de la montagne delà l'eau, pour quoy, quelques cornettes de cavallerie passèrent l'eau pour descouvrir que c'estoit, et trouvèrent que c'estoit ledit sieur de Chastillon; lequel estant passé à nous

1. Le 21, n. s. — Ce passage a passé textuellement dans les *Mémoires* (t. III, p. 183-185).

avec salves de son arquebuserie, on le feit advancer pour aller à Milières[1], cartier qui luy fut donné en l'armée, demeurant la cavallerie allemande en bataille au-devant du pont, qui feist passer quelques chevaux delà l'eau pour empescher quelques chevaux sortis de Bourmont de fere dommage au bagage dudit sieur de Chastillon, à la queue duquel nous retournasmes droit en nos logis sans avoir trouvé empeschement quelconque en ceste conjonction. Ledit sieur de La Marc raporta une fièvre continue de ce voyage-là ; aussi estoit-il trop rude pour luy, comme il luy fut remonstré au partir de Vaux, mais on ne l'en peut divertir.

**

Le mardy 12e[2], nous allasmes le matin à Pré[3] chez Monsieur de Bouillon, où ledit sieur de Chastillon le feit saluer, et entrasmes au conseil pour le chemin qu'il falloit reprendre, que l'on jugea bon au-dessous de Montéclair[4] pour repasser la rivière de Marne au-dessoubs de Chaumont, et fut prins le rendez-vous pour demain en la plaine de Montesclair, au-dessoubz duquel furent logéz les lansquenetz à Andelot. Après,

---

1. *Millières*, aujourd'hui comm. du cant. de Clefmont, arr. de Chaumont, Haute-Marne.
2. Le 22, *n. s.* — De ce paragraphe, le second alinéa seul a passé dans les *Mémoires* (t. III, p. 185-187). — Sur la jonction de Châtillon qui en fait l'objet, cf. le *Discours...* de Châtillon (Delaborde, p. 470), La Châtre (fol. 21 et 22), les *Mémoires... du 23 juin au 13 décembre* (Recueil A-Z, lettre G, p. 294), les nos II, IV, V et VI de l'*Appendice*, et les *Mémoires* de Saint-Auban.
3. *Prez-sous-Lafauche*, déjà cité.
4. *Montéclair*, aujourd'hui hameau de la comm. et du cant. d'Andelot, arr. de Chaumont, Haute-Marne.

fut advisé à l'artillerie, qui estoit si mal attelée qu'elle ne pouvoit avancer. On se cottiza au conseil pour acheter des chevaux, et fut faitte une somme de 563 escus, qui fut délivrée au sieur de Couvrelles pour acheter des chevaux dans les bagages des gens de pied, qui furent ordonnéz estre prins les meilleurs au prix de cinq ou six escus l'un portant l'autre[1], et par ceux qui ne donnèrent argent furent donnéz des chevaux pour ledit attellage, commandant audit sieur de Couvrelles de faire advancer ladite artillerie. On avoit promis aux estrangers un séjour après tant de harassemens et de courvées, et fut advisé d'attendre à le fere au premier logis après le passage de Marne vers Chasteau-Villain[2], païs fort bon et gras, plein de bourgs et bicoques, dont on pourroit tirer beaucoup de vivres et d'argent, à quoy les François promirent de travailler pour en donner aux estrangers, suivant leur promesse de Taillancourt[3], dont on les feit resouvenir au conseil.

Le sieur de Monlouet y présenta une lettre à luy escrite par le collonel de Bassompierre, pleine de plaintes qu'il luy faisoit des feux de Lorraine et des menaces de revenge en France, lorsqu'il auroit ses brusleurs, et que le sieur de Guise luy avoit donné toutes les maisons de ceux de la religion qui sont en son gouvernement pour en faire à son plaisir. Tous les François furent lors bien estonnéz. Et, ledit sieur de Monlouet demandant ce qu'il auroit à respondre là-des-

1. Nous dirions aujourd'hui : ... *l'un dans l'autre*...
2. *Châteauvillain*, aujourd'hui ch.-l. de cant. de l'arr. de Chaumont, Haute-Marne.
3. Voy. ci-dessus, p. 197 et suiv., sous la date du 3/13 septembre.

sus, fut remis à sa discrétion de lui fere responce et excuse que ce n'avoit esté de leur sceu et consentement. Et ce fut lors à qui reméroit[1] le mieux les délibérations et résolutions faits en Lorraine faittes entr'eux en plain conseil près Sarrebourg[2]. Et tousjours, depuis, nous leur remonstrasmes qu'ils n'excusassent point leurs actions de telle sorte que le faict tombast sur les estrangers qui n'y avoyent point pensé, et que, en leur remonstrant le mal qu'ils faisoyent, on leur avoit souvent prédit qu'après [que] les François auroyent bruslé en Lorraine, les Lorrains brusleroyent en France.

Après disner on se retira aux cartiers pour partir le lendemain, et lors fut assoupie la désobéissance de Villeneufve, qui se présenta audit sieur de Chastillon pour luy obéir et le recognoistre son collonel-général, n'ayant auparavant voulu recognoistre le sieur de Mouy, estant artificieusement suscité pour frustrer les reistres du service de l'arquebuserie promise. Au soir, nous eusmes advis du sieur de Bouillon que ledit sieur de Guise estoit encores retourné près de luy à Mont[3] et Fréville[4], afin que s'il entreprennoit quelque chose la nuit sur son logis ou sur celuy du sieur de Quitry, qui disoit estre le plus à craindre, les reistres fussent prests à le secourir ensemble de partir le lendemain de bon matin pour aller au rendez-vous et advancer un peu vers luy pour le favoriser à son deslogement.

*
* *

1. Lisez : ... remémoreroit (rappellerait)...
2. Voy. ci-dessus, p. 184-192.
3, 4. *Mont-lès-Neufchâteau* et *Fréville*, aujourd'hui comm. du cant. et de l'arr. de Neufchâteau, Vosges.

Le mecredy 13ᵉ de septembre[1], nous partismes de Chalevraignes de bon matin, aprochans à la droite dudit sieur de Bouillon, comme il l'avoit désiré. Et, sortans les Suisses de Saint-Belin, environ 500 de ceux de Basle, ne voulans suivre leurs enseignes, prennoyent le chemin pour s'en retourner en Suisse; et les fallut contraindre se ranger sous leurs enseignes avec les armes par la cavallerie françoise et le régiment de Cloth qui faisoit bonne mine, mais de loing, n'en voulant pas aprocher de trop près, de peur que ses reistres n'entendissent le langage des Suisses et y prinssent exemple. Après les avoir fait retourner à leurs enseignes, nous vinsmes au rendez-vous devant Montéclair, où les mareschaux de camp françois furent si mal soigneux de la réputation de l'armée qu'ils traictèrent avec le gouverneur du chasteau et luy donnèrent ostage de garder sa maison du feu et les environs et que luy ne tireroit point sur nous en passant la rivière, et vinsmes en nos logis, au-devant dudit chasteau une lieue, au village où estoit la maison dudit gouverneur, que nous conservasmes à la requeste dudit sieur de Bouillon, qui avoit donné pour ostage le controoller[2] de sa maison, le sieur de Jolytemps.

**

Le jeudy 14 septembre[3], nous partismes d'Andelot, du village dudit gouverneur de Montéclair, et vinsmes au rendez-vous en une grande plaine, une lieue au-devant de la rivière, où ledit sire de Clervant trouva

1. Le 23, *n. s.* — Ce paragraphe ne figure pas dans les *Mémoires*.
2. Lisez : *contrôleur*.
3. Le 24, *n. s.* — Ce paragraphe n'a point passé dans les *Mémoires*.

expédient de remettre son entreprise sur Chaumont, qu'il vouloit encores exécuter, à quand nous aurions passé la ville et en serions esloignéz d'un autre cartier pour les rasseurer et leur oster l'alarme la nuict devant nostre partement. Je receu lettres dudit sieur de Chastillon, qui ne s'estoit peu trouver au rendez-vous devant Montéclair, me priant de luy envoyer le cartier de toute l'armée pour dresser quelque entreprinse sur Chaumont aussi ; mais il estoit trop tard, et allions en nostre cartier de Villersec [1] et Sagecourt [2]. Nous trouvasmes sauvegarde à Septmoutier [3] sans nostre sceu et sans ordre pour les vivres et argent. Ainsi qu'il avoit esté advisé, nous passasmes la rivière au pont de Conde [4].

*
* *

Le vendredy 15 de septembre [5], nous estions prests à partir pour nous advancer au cartier de Chasteauvillain, où le séjour avoit esté remis. Mais ledit sieur de Chastillon vint vers nous avec lettres dudit sieur de Bouillon, nous priant d'attendre à demain, afin de faire cependant advancer l'artillerie qui estoit demeurée derrière. Ledit sieur de Chastillon adjousta quelques raisons pour une surprise qu'il vouloit exécuter. Quant à celle de Chaumont, on n'y trouva pas grande apparence, y ayant de compagnies dans un bon faulxbourg, asseurées d'estre receües dans la ville à la première

---

1, 2, 3, 4. *Villiers-le-Sec, Sagecourt, Semoutiers* et *Condes*, aujourd'hui communes du cant. et de l'arr. de Chaumont, Haute-Marne.

5. Le 25, *n. s.* — Le texte des *Mémoires* (t. III, p. 187-189) est plus développé, mais semble embelli, du moins en ce qui concerne le second alinéa, de quelques détails romanesques. — Cf. l'*Introduction*.

nécessité. Nous ne pouvions pas beaucoup espérer de cela pour avoir desjà failly, bien que les moyens n'en eussent esté descouverts. Le gouverneur de Montéclair, voyant le feu à Andelot, retint l'ostage qui luy avoit esté laissé.

En ce logis de Villersec furent descouvertes les patentes aportées de Lorraine aux reistres par un reistre renvoyé de prison avec un trompette de Monsieur de Lorraine et envoyées par le collonel Bernsdorff, ès mains duquel elles estoyent tombées, audit sieur baron, qui les feit traduire en françois, qui les feit communiquer au premier conseil, pourvoyant à ce que la cognoissance n'en vint aux orreilles des reistres, qui commançoyent desjà fort à se mescontenter, et retenant le trompette pour emporter la responce qu'il seroit trouvé bon d'y fere. Les François vouloyent qu'on les feist chastier, mais on ne trouvoit pas qu'il fut coulpable, n'ayant apporté, comme il dit, lesdites lettres et seulement conduit le prisonnier sans en rien sçavoir, et puis on craignoit d'esventer le moins du monde la cognoissance de ce faict-là, qui estoit dangereuse.

**

Le sammedy 16ᵉ septembre[1], nous partismes de Villersec, Sagecourt et autres lieux voisins pour venir au rendez-vous à Bricon[2], où nous fut baillé logis à Sirefontaine[3], Maranville[4] et autres lieux. Ledit sieur

---

1. Le 26, n. s. — Ce paragraphe ne figure pas dans les *Mémoires*.
2. *Bricon*, aujourd'hui comm. du cant. de Châteauvillain, arr. de Chaumont, Haute-Marne.
3, 4. *Sexfontaines* et *Maranville*, aujourd'hui communes du cant. de Juzennecourt, arr. de Chaumont, Haute-Marne.

de Bouillon laissa Marmesse[1] à sa compagnie et se logea plus près de Chasteauvillain, à Bellefontaine[2], afin d'avoir des commoditéz dans la ville, où il avoit eu envie de loger luy et son frère. On me pressa fort d'aller audit Chasteauvillain pour les reistres avec les commissaires des François et des Suisses ; je m'en excusay, ayant veu les désordres passéz et ne m'en voulus plus mesler pour le peu d'espérance que je voyois de reigler les choses comme il appartenoit. Enfin, le sieur de La Tronche n'y voulant pas aussi aller si je n'y estois, je fus contrainct d'y aller tout droict, laissant aller les cornettes en leurs cartiers, ésquels il avoit esté résolu de séjourner sincq ou six jours.

A nostre arrivée audit Chasteauvillain, nous feismes tout devoir de sçavoir les vivres et commoditéz de la ville, laquelle, le capitaine du lieu désirant estre soulagée, nous aydoit fort peu, et d'autre part ledit sieur de Bouillon y vouloit encores venir loger et son frère malades. Le sieur de La Tronche et moy luy en remonstrasmes la conséquence et que tout le monde y voudroit loger comme luy et qu'il en adviendroit comme à Sarrebourg[3] qui fust presque cause d'un grand inconvénient ; qu'il estoit aussi bien logé là qu'au chasteau du comte[4] et qu'en la ville il ne trou-

1. *Marmesse,* aujourd'hui comm. du cant. de Châteauvillain, arr. de Chaumont, Haute-Marne.
2. *Bellefontaine,* aujourd'hui hameau de la comm. et du cant. de Châteauvillain, arr. de Chaumont, Haute-Marne.
3. Voy. ci-dessus, p. 182.
4. Ludovico di Ghiaceti, dit Adjacet, comte de Châteauvillain par la grâce de ses écus depuis 1578, type du parvenu arrogant et vil, mendiant la faveur de Henri III en faisant du splendide

veroit aucunes commoditéz telles qu'il pensoit, et, quand il y en auroit, qu'il les auroit à son plaisir pour en user là, ce qu'il accorda à la fin. Dès le soir nous feismes assembler la bourgoisie, et fut accordé avec eux, eu esgard à leur pauvreté, qu'ils donneroyent trente pièces de vin seulement, mais qu'ils vendroyent tout le reste à bon prix à l'armée qui n'en avoit guières beu depuis l'Elsats, comme il fut exécuté le long du séjour et de toutes les autres denrées de ladite ville. Nous feusmes advertis que le vin du comte estoit gardé à Inteville[1], dont nous advertismes lesdits sires de Bouillon et baron, afin qu'ils y envoyassent pour l'avoir et le bailler aux reistres qui en avoyent besoing et on bailleroit le pain aux Suisses, comme il fut fait, nonobstant les remonstrances du sieur de Villernoul, qui estoit dédans Inteville avec la sauvegarde qui en avoit esté hier accordée, en laquelle n'estoit rien compris de ce qui n'appartenoit pas audit sieur de Inteville[2].

***

Le dimanche 17e[3], nous feusmes au conseil, où se

hôtel où il le recevait parfois un musée d'obscénités (Brantôme, t. IX, p. 49). Pour que rien ne manquât à sa honte, il avait pris pour femme Mlle d'Atri, une des plus aguerries miliciennes de l'*escadron volant* de Catherine de Médicis.

1. *Dinteville*, aujourd'hui comm. du cant. de Châteauvillain, arr. de Chaumont, Haute-Marne.

2. Joachim, baron de Dinteville. Depuis le 20 décembre 1579, il était lieutenant général de la Champagne, dont le duc de Guise était gouverneur. Il mourut le 1er octobre 1607. (P. Anselme, t. VIII, p. 717.)

3. Le 27, n. s. — Rapprocher de ce paragraphe le texte parallèle des *Mémoires* (t. III, p. 189-193), tantôt plus, tantôt moins complet, et écrit dans un esprit visiblement différent (cf. l'*Intro-*

trouvèrent les sieurs de Schregel et Wambold, avec lesquels je remonstray ce que nous avions fait à Chasteauvillain ; que les vins du comte estoyent retirez à Inteville ; qu'il n'estoit pas raisonnable que tout ce qui estoit retiré à Inteville fût comprins en la sauvegarde, au dommage et ruine de l'armée, qui avoit esté assignée à séjourner en ce logis pour s'y rafreschir. Sur quoy fust arresté que les vins du comte seroyent retirez dudit Inteville et fut escrit audit sieur de Villernoul pour y satisfaire, comme il feit.

Nous remonstrasmes aussi le grand besoin qu'il y avoit que ledit sieur de Bouillon donnast bon ordre à recouvrer de tous costez pendant ce séjour argent et vivres ; que les reistres commançoyent fort à se mescontenter de tant de sauvegardes et la licence que prennoyent en oultre les François d'aller de leur authorité privée garder toutes les maisons qu'il leur plaisoit, de sorte qu'on ne pouvoit plus rien trouver, toutes y estans retirées ; et que de là venoit la nécessité en partie qui causoyent les grandes maladies, lesquelles estoyent desjà parvenues jusques aux collonnels, reitmaistres, gentilshommes et autres personnes de qualité qui souffroyent des grandes dizettes à l'exemple desquels on pouvoit juger ce que souffroit le soldat. Ils nous feirent des excuses, qu'encores estoit-il raisonnable que chacun recogneut les plaisirs receus de ses amis en les conservant et que jamais guières ne s'estoit veue où cela ne fust permis. Je

duction). — Le « départ » du trompette fixé dans les *Mémoires* au 27 septembre (7 octobre, *n. s.*) ne se retrouvera pas sous cette date dans l'*Éphéméride*. — Sur ce conseil du 17/27 septembre, cf. le *Discours...* de Châtillon (Delaborde, p. 470-471).

respondis qu'on ne voyoit guières des telles armées que ceste-cy, ne voyage si disetteux, auquel pour ceste occasion il convenoit avoir plustost esgard à la conservation de l'armée que des amis, lesquels nous ne voulions pas exclurre de toute gratification, pourveu qu'il se feist de sorte qu'il est promis et contenu en la capitulation en tirant des vivres et argent selon leur qualité et mérites. Ce qu'ils promirent de faire. Et néantmoins n'en fust oncques rien practiqué, ains les sauvegardes continuoyent. Les mareschaux de camp françois sauvoyent tous pour argent et les François se mettoyent de leur authorité privée dans les maisons pour les conserver.

Après, nous leur communiquasmes les deux patentes de Lorraine en original allemand et la traduction que nous avions faite en langue françoise, afin qu'ils veissent de quels moyens on usast pour tascher à ruiner ceste armée; que, s'ils savoyent les autres moyens qu'on y a encores tenu et comment on y a pourveu, ils s'en estonneroyent, les prians au nom de Dieu que cela leur servist d'exortation à s'efforcer au contraire de tout leur pouvoir à la conserver en bonne volonté et, en donnant satisfaction aux estrangers de leur comportement, éviter aux mescontentemens et ruines, qui se commançoyent à se fourrer parmy eux; et que, ayans faict lecture desdites lettres, nous les priyons de nous donner advis de la responce que ledit sieur baron et les collonnels y devoyent faire.

Ayant ledit sieur de Bouillon leu l'allemand et le François la traduction, ils les trouvèrent conformes, et ledit sieur de Beauvoir, prennant la parolle, nous vint à louer grandement de la dilligence à descouvrer, prudence à y remédier, fidélité et affection envers leurs affaires, nous alléguans que ce n'estoit la première fois qu'on avoit senty des tels artifices, dont il nous en comta des exemples des guerres passées, et une affection semblablement louable au comte Volrad de Mansfeld à René-le-Duc[1]. Nous remerciant très affectueusement de tant des bons offices, ils désirèrent sçavoir la façon, et leur fut dit que c'estoit par le moyen d'un prisonnier, comme ils se devoyent aussi asseurer que la difficulté des Suisses à Sainct-Belin venoit de là et qu'il estoit besoing et nécessaire d'y pourvoir en marchant, en sorte que les malades, qui estoyent en très grant nombre, fussent envoyéz devant avec les bagages, afin qu'ils ne demeurassent plus derrière pour estre prins et par eux descouvertes les infirmitéz très grandes de ceste armée, comme l'on pouvoit cognoistre à venir tous les jours ; qu'à cest effect il estoit besoin que quelques-unes de leurs cornettes demeurassent tousjours derrière à faire la retraicte de l'armée et empescher que cela n'arrivast plus.

Nous eusmes pour advis de la responce que nous aurions à faire une remise à la discrétion desdits sieur baron et collonels, qui estoyent tous personnages si honorables et affectionnéz qu'ils sçavoyent trop mieux qu'eux ce qu'ils devoyent respondre là-dessus et que, pour éviter aux pertes des malades, il seroit pourveu à ce qui avoit esté par nous remonstré, comme il fut résolu, et que les cornettes françoises le feroyent chasqu'un à son tour.

1. Le combat d'*Arnay-le-Duc*, en 1570 (et non *le duc René II de Lorraine*, selon une note des *Mémoires*, t. III, p. 191).

Au demeurant, nous remonstrasmes que voyant par la maladie dudit sieur comte, la seconde personne de l'armée défaillir à sa charge si importante dont pourroit advenir beaucoup d'inconvéniens à l'armée, il estoit besoin d'y pourvoir, que nous avions espéré [que], après l'arrivée de Monsieur de Chastillon là présent, on lui mettroit ladite avant-garde entre les mains, laquelle aussi bien n'avoit esté commise audit sieur comte que par provision, attendant sa venue; qu'on feist de mesmes de sa place au conseil, en sorte que le nombre en demeurast en son entier comme il avoit aussi esté accordé à Marlen[1]; que néantmoins on n'en parloit point; que cela avoit esté asseuré par nous aux collonnels qui le désiroyent, s'estonnans qu'on ne le faisoit pas, veu la qualité dudit sieur de Chastillon, conjointe à l'expérience et l'obligation commune à la mémoire de feu Monsieur l'admiral, son père.

Ledit sieur de Chastillon commença à s'en excuser fort honnestement et modestement, néantmoins fut par nous instamment requis de l'accepter. Tous les conseillers françois demeurèrent muets, la pluspart mal affectionnéz envers luy, pour tenir le party du sieur de Quitry, et furent si impudens que d'ozer nier ne se souvenir pas que cela eust esté réservé à Marlen. J'offry à leur en fere voir les discours et résultats du conseil, que j'avois avec moy, et néantmoins ils continuèrent en ceste malicieuse dissimulation, aymans mieulx toutes choses aller mal, pourveu que ledit sieur de Quitry commandast comme mareschal de camp en

1. Voy. ci-dessus, p. 61 et suiv.

l'absence dudit comte, ainsi qu'il prétendoit, selon l'advis qui m'en avoit esté donné, qui fut occasion de ceste remonstrance. Et tous s'y opposèrent, prians ledit sieur de Chastillon de ne vouloir consentir à cela, veu le tort qui seroit fait audit sieur comte qui avoit bien voulu prendre la peine d'aller au-devant de luy, ce qu'ils disoyent non par affection qu'ils luy portassent, mais pour continuer l'autorité audit sieur de Quitry sous le commandement immaginaire de ces deux jeunes seigneurs. Nous les en pressasmes fort pour le bien et conduite de l'armée; et, voyans l'instance que nous en faisions, fut demandé jour pour y adviser et nous en rendre responce.

Plus, fut proposé que, ledit sieur de Chastillon estant en l'avant-garde, néantmoins son infanterie fût conduite par le sieur de Mouy, son lieutenant, et logées par des reistres ainsi qu'il nous avoit esté promis, à faute de quoy nous, pour les y assujettir, userions du remède de la capitulation, les recevans à telle solde que nos gens de pied pour les y obliger, protestans cores une fois de le fere dès lors, au cas qu'ils n'accomplissent leurs promesses. Ledit sieur de Quitry ne se peut plus contenir et dit que, depuis la venue dudit sieur de Chastillon, nous voulions tout changer. Je respondis que ce n'estoit changemens, mais ordre résolu à Marlen et promesses contenues en la capitulation, nous estonnans bien fort que luy qui les avoit jurées et signées y voulust directement tousjours contrevenir, veu que ce n'estoit à luy à qui nous avions à nous en adresser qui sçavoit toutes choses et en devoit instruire les autres. Dont sourdit une contestation de luy, disant que nous prennions à luy de toutes choses.

Et, estant tard et ledit sieur de Bouillon voulant disner, nous cessasmes, et ledit sieur de Quitry me vint prendre à part à la fenestre, me tenant de propos qui tendoyent à me refroidir de telles poursuites et à m'accommoder avec luy sans plus entrer en telles contestations. Je luy respondis en un mot que j'estois obligé à un devoir; que je n'obmettrois pas chose du monde, sachant que des choses promises despendent le salut de cest affaire et de ceste armée et du contraire la ruine, et qu'il y devroit tenir roide au lieu de s'y opposer comme nous voyons ; que de jour en jour il faisoit des innovations, nous en voulans passer par ses jugements, nonobstant toutes nos remonstrances; que nous voyons assez clair nostre ruine des changemens passéz sans y en adjouster tous les jours, le priant de ne prendre mon affection à mon devoir au rebours, comme si ce fust pour lui fere desplaisir ; que ce n'estoit mon intention et qu'en mon particulier je luy ferois tousjours service; mais qu'en telles choses dont je cognoissois la conséquence, je ne pouvois et ne devois le dissimuler sans fere tort aux affaires et à mon devoir. Et passasmes l'heure de disner en tels et semblables propos, cependant que les autres estoyent à table.

Après le disner, ledit sieur de La Tronche et moy feismes ample raport de ce qui avoit esté trouvé au Chasteauvillain et comme gracieusement nous avions traicté avec les habitans de donner trente pièces du vin et vendre le reste à juste prix. Ledit sieur de Bouillon demanda ce qui avoit esté faict au chasteau. Nous luy dismes que nous n'y avions encores rien touché; qu'il y avoit peu du vin, d'autant que tout estoit à Inteville, comme nous luy avions dit au matin, dont il avoit ordonné; mais qu'il y avoit du bled en quantité, lequel il ordonna de prendre et faire tout mouldre pour les Suisses avec le vin qui estoit plus proche d'eux, laquelle ordonnance fut exécutée par les commissaires, et nous en retournasmes.

*
* *

Le lundy 18 de septembre [1], j'allay [2] de Chasteauvillain et rencontray ledit sieur baron qui y venoit selon qu'il m'avoit asseuré et les sieurs Schregel et Wambolt. Là fust encores remonstré le mescontentement des reistres à faute d'argent, de vivres et commoditez dont ledit sieur baron disoit craindre la ruine de l'armée, ce qui l'avoit meu pour les contenter en ce qui luy seroit possible d'entreprendre sur l'abaye de Clervaux [3] et de me presser de faire tout devoir à Chasteauvillain comme je faisois, en ayant fait avoir aux reistres 60 pièces, outre ce qui leur estoit vendu tous les jours et aux Suisses 20 pièces et 5,000 pains, et que, ayant ce qui avoit esté promis à Clervault audit sieur baron, ils auroyent esté assez bien en ce séjour et y auroit quelque peu d'argent pour leur bailler.

On leur remonstra qu'il en falloit fere de mesmes partout, et furent envoyéz gens à l'entour à ceste fin, mais sans effect, et aussi peu pour les chevaux d'artillerie qu'on espéroit tirer des forges pour en bailler

---

1. Le 28, n. s. — Ce paragraphe n'a point passé dans les *Mémoires*. — Cf. le *Discours...* de Châtillon (Delaborde, p. 471) et La Châtre, fol. 23 et 24.

2. C'est-à-dire : ... je m'en allai...

3. *Clairvaux*; aujourd'hui hameau de la comm. de Ville-sous-la-Ferté, cant. et arr. de Bar-sur-Aube, Aube.

audit sieur de Couvrelles, qui en demandoit, nonobstant les sept ou huict chevaux qu'il avoit eus à Sainct-Belin et 563 escus pour en acheter beaucoup, dont on n'a point veu de conte, que je dis au sieur Wicker devoir prendre de luy quand il receut les 300 escus de Vaulcouleur, et luy en baillay mémoire.

Ledit sieur baron se plaignit aussi que l'on ne voyoit autres choses parmy les François que trompettes et tambours de l'ennemi et une infinité d'autres gens venant librement vers eux soubs couleur de sauvegardes, leur remonstrans que c'estoyent autant d'espions qui venoyent aussi librement en l'armée qu'en leurs maisons; qu'il estoit nécessaire d'y pourvoir mieux que devant à ceste heure; que l'armée diminuoit fort tous les jours et le mescontentement y croissoit. Afin que cela ne fust descouvert, sur quoy fust faitte une ordonnance par ledit sieur de Bouillon que quiconques, trompette, tambour ou autre entreroit en l'armée, sans s'estre donné à cognoistre au cartier par lequel il entreroit, tant en faisant chiamades[1], qu'en parlant à ceulx qui y commandent et de là s'estre fait conduire vers ledit sieur de Bouillon et du conseil (pour donner cognoissance de sa venue, pour puis après estre envoyé au cartier qu'il auroit affaire); qu'il seroit prisonnier de bonne guerre. Mais cela ne fust jamais gardé par eux.

Ils remercièrent bien fort ledit sieur baron du bon office qu'il avoit fait en descouvrant lesdites patentes et y remédiant sagement, en quoy il s'estoit gouverné

1. *Chiamade* ou mieux *chamade*, terme de l'ancienne langue militaire, signifiant sommation d'avoir à se rendre (de l'italien *chiamata*, appel [de tambour ou de trompette]).

en gentilhomme d'honneur qu'il est, remettant la responce à sa discrétion et de ses collonnels, comme ils nous l'avoyent dit hier, se fians en luy comme en eux-mesmes comme ils avoyent très grande occasion, suportant ledit sieur baron leurs infirmitéz et desfauts autant qu'il luy estoit possible et remédiant d'autre part, tant qu'en luy estoit, aux mescontentemens qui en naissent parmy ses reistres, qui luy donnoyent beaucoup de peine à se bien gouverner entre ses deux très grandes extrémitéz.

On leur remonstra qu'il estoit besoin que chascun pourveust bien aux malades de ses troupes, afin que l'ennemi ne peust rien descouvrir davantage par les prisonniers qu'il avoit accoustumé de prendre à la file et queüe de l'armée, lesquels par leurs interrogatoires faisoyent beaucoup de tort à l'armée, selon qu'il avoit esté hier résolu.

Et, pour remédier autant que fere se pourroit aux mescontentemens des Suisses et reistres, désespérans par expérience ordinaire remède du costé des François en satisfaisant à leurs promesses, ledit sieur baron advisa d'en conférer avec ledit sieur de Clervant, tendant à si bien conjoindre et unir les collonels des reistres et Suisses que par une promesse réciproque, tant par leur commune conservation que de leurs affaires communs, ils fussent si bien liéz et obligéz l'un à l'autre que, nonobstant tous défauts des François, ausquels on ne voyoit point de remède, ils continuassent le service des Esglises soubs l'authorité du roy de Navarre et ne s'abandonnassent point l'un l'autre jusques après avoir, avec l'aide de Dieu, obtenu une bonne paix et par icelle pourveu à leurs affaires.

Dont estans tombéz d'accord, ils en feirent ce jour-là les serments et promesses solennelles à Orges[1], où ledit sieur de Clervant donna à disner audit sieur baron qui y alla seul, d'autant que ledit sieur Schregel n'y voulut aller à cause de sa querelle avec ledit sieur de Clervant. Ledit sieur baron ne rechargea rien au conseil du fait de Monsieur de Chastillon, se contentant de ce que nous avions hier proposé et requis.

Cela fait, ils s'en allèrent à Orges, et demeuray là pour assister à l'interrogatoire du sieur de Villy, prisonnier, avec les sieurs de Vezines, de Loignes et le secrétaire Roux[2]. Après avoir prins le serment de luy, il respondit sur nos premières demandes qu'il avoit esté apellé par Monsieur de Lorraine de sa maison, où il estoit ne se meslant d'autre chose que de son mesnage et affaire, pour estre envoyé premièrement en Bourgogne et Savoie pour le passage des chevaux-légers italiens que Son Altesse faisoit venir d'Italie; que, depuis, Son Altesse s'advisa de le faire passer à Milan pour les haster, s'ils n'estoyent advancéz; et, interrogué sur le nombre, qu'il estoit de 1,200 chevaux qu'il disoit devoir estre arrivéz à l'heure qu'il parloit. — En continuant son propos, dit, quant au voyage de Rome, que Son Altesse, voyant que de Milan il y pourroit estre en peu de jours, luy donna la charge d'y aller qui n'estoit autre ny plus ample que ses instructions portoyent, qu'il n'avoit aussi eu autre response du Pape que celle que nous avons veu avec le

---

1. *Orges*, aujourd'hui comm. du cant. de Châteauvillain, arr. de Chaumont, Haute-Marne.

2. Sur le début de cette affaire, voy. ci-dessus p. 197, *note* 3, sous la date du 2/12 septembre.

mémoire de Monsieur le cardinal de Pelevé[1]; sur un article duquel estant interrogué, portant : *Seront sur ceci notéz trois points*, sans autre déclaration, respondit lesdits trois points luy avoir esté déclaréz estre : le premier, que le nonce qu'il avoit envoyé en France avoit très bien fait sa charge; le second, qu'il luy avoit escrit que le roy se monstroit fort froid; et le troisiesme, que le mareschal de Biron avoit naguères remonstré au Roy qu'il avoit bien à regarder à luy et que bien tost entreroyent dans son royaume deux armées sur lesquelles il n'auroit point de commandement; et, quant au point de Gennes, que c'estoit pour les forces qui devoyent arriver d'Espaigne, lesquelles fortifieroyent son maistre. — Interrogué en quelle opinion on avoit le Roy à Rome et en Lorraine, respondit : comme peu affectionné en leurs affaires. — Interrogué quelle volonté y avoit le Pape, respondit : bonne; mais, pour ne rien précipiter, qu'il avoit esté d'advis de surseoir sa résolution jusques après avoir veu comme le roy se gouverneroit sur ce qu'il luy avoit promis par le cardinal de Joyeuse[2]. — Et, quand ce vint aux lettres de Madame la douairrière, mère de Monsieur de Lorraine, il respondit en avoir porté de Son Altesse à elle sans charge quelconque et avoir aporté ceste responce sans sçavoir aussi le contenu et n'avoir aucune charge de bouche, sinon de dire à

---

[1]. Pellevé, le fameux ligueur qui, dit-on, mourut de rage en apprenant l'entrée de Henri IV à Paris (1594).

[2]. François de Joyeuse, frère puîné du duc Anne de Joyeuse, favori de Henri III, nommé cardinal le 28 décembre 1583 et aussitôt envoyé à Rome comme « protecteur des affaires de France, » charge où « il fit bon devoir, » dit L'Estoile (P. Anselme, t. III, p. 839).

Madame la duchesse de Braunsweig[1] qu'elle feist souvent souvenir son frère de ne combattre point en son estat pour ce qu'elle avoit ouy souvent cela de la bouche de l'empereur Charles cinquiesme[2] et luy avoit commandé d'en dire autant à Son Altesse. — Interrogué sur ces mots : « *Et avec ceste occasion je désirerois bien que puissions jouir de la Couronne, qu'autresfois m'avez escrit, et me semble que le temps ne seroit mal propre d'y penser,* » respondit ne sçavoir que c'est cela, n'en avoir rien ouy ny eu aucune charge ny de ladite dame ny de Son Altesse ; quant à la créance, que c'estoit les affaires de France selon que dessus ; et, quant au renvoy aux lettres de son grand chancellier, il ne sçavoit que c'estoit et n'en avoit point eu, nous protestant ne sçavoir autre chose que cela, et se gouverna fort rondement et sagement en ce que les François taschoyent de tirer esclaircissement de luy sur ce point de la Courronne.

Ledit sieur baron me déclara avant partir que les reistres ne vouloyent point du fer dont je luy avois escrit, et je feis entendre selon qu'il m'avoit dit au sieur de Chastillon le peu de moyens qu'il avoit, lors d'obtenir des reistres ce qu'il désiroit pour son entreprise de Langres[3], veu l'estat où ils estoyent et qu'aussi bien luy serviroyent-ils peu en cela, qu'il print de la cavallerie françoise plustost que de faillir à un tel effect s'il y avoit bon fondement. Je feis aussi

---

1. Lisez : *la duchesse de Brunswick*. — Dorothée de Lorraine, sœur du duc Charles III, née le 24 août 1545, avait épousé le 26 décembre 1575 le duc Eric II de Brunswick. Elle mourut cette même année 1587. (Moréri, au mot LORRAINE.)

2. Charles-Quint.

3. *Langres*, aujourd'hui ch.-l. d'arr. du dép. de la Haute-Marne.

ses excuses audit sieur de Bouillon sur ce qu'il avoit demandé le régiment de Cloth, pour accompagner le sieur d'Esternay voulant aller joindre quelque noblesse qui luy venoit, d'autant que ledit Cloth estoit lors malade à la mort et ses reistres en pire estat que les autres, et après cela m'en retournay à ma charge.

* *

Le mardy 19ᵉ de septembre[1], nous séjournasmes encores. Et, voyans les François fere fort peu de devoir pour recouvrer vivres et argent, ledit sieur baron fut contrainct de s'y employer et, pendant qu'il m'avoit envoyé à Chasteauvillain, il mena le régiment de lansquenets et de sa cavallerie avec deux cannons à l'abaye de Clervault, pleine de vivres et de commoditéz en laquelle ledit sieur de Guise avoit mis guarnison sous la charge du sieur de Belleguise, lequel, se voyant prest à estre forcé et n'avoir de quoy résister, entra en composition et promit, par articles signéz de sa main, 3,000 escus, cent pièces de vin, 6,000 pains et quatre muids du sel, avec ostages pour le fournissement desdites choses par tout le jour de demain. Ledit sieur baron l'eust bien voulu forcer, comme il pouvoit, et laisser tout aux soldats comme ils en eussent voulu jouir, mais, considéré la nécessité et le mescontentement de ses reistres, il en désira tirer commodité pour y remédier. Il est bien vray que les François se sceurent bien gausser de ce traicté, entendans qu'on avoit deslogé de là avant avoir bons ostages dont ils s'estimoyent, veu que le sieur de Couvrelles

1. Le 29, n. s. — Ce paragraphe n'a point passé dans les *Mémoires*.

estoit un de ceulx qui traictoyent qui devoit mieulx cognoistre que les Allemands les gens ausquels il avoit affaire, pour quoy on l'avoit employé à cela.

J'envoyay de Chasteauvillain au secrétaire Carben les deux patentes de Lorraine pour y dresser la responce en allemand, et, ledit sieur Bouillon m'ayant mandé de me trouver au conseil, j'allay à Bellefontaine et l'adverti de la mort de Fridéric von Werren et de la maladie des collonels Cloth et Bouck, le tout de nécessité et mauvais traictement, y en ayant entr'eux qui n'avoyent beu vin depuis l'entrée en Lorraine, ensemble de ladite composition, sur la façon de laquelle ils firent le discours précédent.

Et après disner ledit sieur de Bouillon me communiqua au lit ce que ledit sieur de Quitry luy monstroit avoir receu du roy de Navarre, qui estoyent lettres aportées par le sieur d'Espaux, lesquelles ledit sieur de Quitry asseuroit estre vrayes, cognoissant bien la lettre du secrétaire, comme il disoit, et que ledit sieur d'Espaux estoit venu derechef vers luy l'advertir que Monsieur de Guise à son retour en son régiment près de Neufchastel, craignant que nostre armée tirast vers Auxonne[1], l'avoit choisi pour le mettre dedans avec son régiment et que là il exécuteroit ce qu'il avoit promis en se faisant maistre de la place s'il pouvoit pour le service du roy de Navarre qu'il disoit avoir laissé à Monsoreau[2] l'onziesme de ce mois (qui estoit le premier au vieu stile), avec mille

---

1. *Auxonne*, aujourd'hui ch.-l. de cant. de l'arr. de Dijon, Côte-d'Or.

2. *Montsoreau*, aujourd'hui hameau de la comm. de Vanzac, cant. de Montendre, arr. de Jonzac, Charente-Inférieure.

bons chevaux et 2,000 arquebusiers à cheval, qui s'estoyent aprochés de la rivière pour recevoir et joindre Messieurs les prince de Conty et comte de Soissons, ses cousins, qui estoyent prests de l'aller trouver avec une bonne troupe de gens de pied et de cheval, comme il avoit aprins encores du sieur de La Roigne qu'il avoit rencontré à La Flesche[1], en Anjou, retournant devers lesdits princes de la part dudit sieur roy, portant à Sa Majesté le jour de leur partement, davantage qu'il avoit veu à son département le sieur de Montglas dépesché et prest à partir pour venir à nous bien tost[2].

Je ne dis mot du fait de d'Espaux, duquel le retour ne me sembloit nécessaire pour cela, ayant peu faire ce qu'il avoit promis sans retourner, et me doubtay bien qu'il y avoit quelque autre chose entre luy et ledit sieur de Quitry duquel il estoit voisin, le tout couvert du masque de ceste négociation dont je n'eus jamais bonne espérance comme je luy dis, seulement sur ces advis bien contraires à ceux qu'on avoit d'ailleurs, ils proposèrent qu'il estoit besoin de desloger de gaigner les passages avant que l'ennemi y fust pour nous les rompre et empescher, nous confirmant par les advis du sieur d'Espaux en l'asseurance qu'ils nous avoyent donnée de trouver le roy de Navarre sur le bord de la Loire, afin d'y estre devant luy et aussi tost que luy, qui n'estoit pas assez fort pour nous y attendre long-temps, et qu'y estant de bonn'heure nous luy pourrions pourvoir de quelque passage.

1. *La Flèche*, aujourd'hui ch.-l. d'arr. du dép. de la Sarthe.
2. L'instruction que lui avait remise le roi de Navarre, datée du 15 septembre (*n. s.*), se trouve dans *Mémoires et Correspondance de Du Plessis-Mornay*, édit. Auguis, t. II, p. 515 et suiv.

Les sieurs de Schregel et Wambold y arrivèrent, qui ouvrent ces propos et leur remonstramses que, pour le deslogement, qu'il estoit bon de tenir le logis tout prest, mais qu'il estoit besoin d'en avertir ledit sieur baron, affin qu'il sceut desdits collonels ce qu'ils pourroyent faire, principalement à cause de Cloth, qui estoit un capitaine de valleur et dont l'authorité estoit fort nécessaire en son régiment, par quoy il estoit raisonnable d'avoir esgard à ce qui pourroit servir à sa santé. Nous adjoustasmes ce que nous avions hier renconstré des reistres, desquels le mescontentement croissoit fort à faute d'argent et de vivres, affin que l'on regardât à y pourvoir et que ce qui estoit promis de Clervant y pourroit bien ayder, mais qu'il y falloit aussi pourvoir de tous costez mieulx que ci-devant et ne falloit plus espargner personne, ayant plus d'esgard à la conservation de l'armée que des amis et ennemis, et leur feismes une recherche de ce que nous avions requis il y avoit deux jours, qu'on pourveust à l'avant-garde et qu'on la baillast au sieur de Chastillon, selon qu'elle luy avoit esté réservée à Marlen, et que c'estoit un membre de telle importance en l'armée qu'il ne pouvoit longtemps demeurer sans exercice ordinaire et sans capitaine d'authorité et d'expérience, ce qui estoit de tant plus nécessaire qu'ils nous disoyent devoir trouver l'ennemi sur le passage de la Seine, lequel les estrangers désireroyent plus tost trouver avec occasion de le combattre que de mourir tous les jours en si grand nombre à forces de nécessitez et disettes, à quoy ils reculoyent tousjours, n'y voulans entendre et remettans la responce qu'ils nous avoyent promise à une autre fois.

Enfin, à force de le presser, nous n'en peusmes tirer autre résolution, sinon que ledit sieur de Chastillon commanderoit en ladite avant-garde en l'absence dudit sieur comte, et, quant audit partement, qu'ils sursoiroyent à le faire jusques à demain, nous priant d'en advertir ledit sieur baron auquel ils envoyeroyent demain ledit partement et de tenir la main à la composition de Clervaut, comme de leur costé ils nous promettoyent fere tout devoir sans respect quelconque.

J'adjoustay aux nouvelles de la dépesche du sieur de Montglas que, par la supputation des jours, le sieur d'Espaux estant party le premier jour de ce mois et luy prest à partir incontinent après, il devroit estre arrivé, ayant esté ledit d'Espaux vers Monsieur de Guise et eu loisir de faire ses affaires et venir icy; que ledit sieur de Montglas pouvoit passer partout et avoir des nouvelles de ceste armée à dix lieues à la ronde, m'esbahissant bien qu'il n'estoit venu, veu le besoin que nous avions d'avoir advis certain du roy de Navarre, sur ce qu'ils nous avoyent tant asseuré de luy avoir mandé le chemin qu'ils nous faisoyent tenir, en quel luy et quand il se trouveroit sur le bord de Loire, afin de n'arriver là en incertitude très dangereuse, ce que nous craignons, ayans entendu que celuy qu'ils y auroyent dépesché n'avoit passé outre Vignori; qu'il seroit aussi expédient de ne nous pas trop haster, afin d'avoir par ledit sieur de Montclas advis du roy de Navarre pour nous gouverner au chemin; qu'il devoit desjà estre à nous et ne pouvoit faillir d'y estre bientost. Ce qu'ils jugèrent estre raisonnable, nous asseurans y avoir dépesché par plusieurs voyes et qu'ils espéroyent avoir ledit sieur de Montglas avant que passer Seine.

Ainsi nous nous retirasmes, et, en partant, ledit sieur de Bouillon me parla pour les sauvegardes des terres de Monsieur de Montpensier qui sont sur ladite rivière de Seine et me bailla les lettres qu'il luy en avoit escrit pour les faire expédier, comme je feis; et à mon retour à Chasteauvillain je trouvay des lettres du sieur de Couvrelles pour faire racoustrer des pièces de fer des affusts des cannons, ce que je feis, luy offrant du fer pour s'en servir en autres nécessitéz de l'artillerie.

***

Le mecredy 20e septembre[1], nous séjournasmes encores pour partir demain, qui fut cause que, après avoir fait délivrer aux Suisses toute la farine de Chasteauvillain pour faire plus de 50,000 pains et dix pièces de vin de reste, je m'en allay après disner passer chez ledit sieur de Bouillon pour prendre nos cartiers que j'emportay. Là me furent donnéz des advis que les François disoyent avoir esté envoyéz par leurs amis qui asseuroyent que le roy de Navarre estoit sur Loire avec ses cousins à la Charité, ce qui estoit faux et controuvé pour nous y mener plus allègrement en nous faisant oublier le regret qu'avoit chasqu'un d'avoir laissé le chemin promis, voyans mourir de nécessité tant des soldats, collonels et reitmaistres, comme Cloth et Werren, qui mourut en ce jour-là à faute de rafreschissement.

1. Le 30, n.-s. — Ce paragraphe n'a point passé dans les *Mémoires*.

Ces advis contenoyent aussi autres nouvelles, que le Roy avoit mandé de Sainct-Florentin[1] Sessac[2] à Cosne[3], à cause que ceux de Bourbon montoyent la rivière; c'estoyent les moyens par lesquels ils pensoyent remédier aux mescontentemens et meffiances formées des reistres qui servoyent au contraire à les accroistre, quand la faulceté estoit cognue, comme je les en avois souvent adverti en vain, d'autant qu'ils pensoyent faire assez de nous esloigner et embarquer si avant en France que ne peussions retourner.

Je les priay encores en présence du collonel Schregel de nous dire ce qu'ils avoyent résolu sur le faict de l'avant-garde à laquelle il falloit aussi bien pourvoir, estant ledit comte si malade qu'on n'en attendoit que la mort, afin d'en raporter la responce audit sieur baron et aux collonnels. Ils demeuroyent encores muets, et n'y en eust un seul qui ouvrist la bouche. Je fus adverty que cela se faisoit en faveur de Monsieur de Quitry, lequel, comme mareschal de camp, se vouloit tacitement subroger en ceste place qui me meut de presser encores davantage l'establissement dudit sieur de Chastillon en sa place au conseil et en l'avant-garde nonobstant leurs délais pour ce qu'il falloit oster du conseil ou Beauvoir ou Vezines et surtout frustrer ledit sieur de Quitry de son espérance, voyant bien que l'autorité dudit sieur de Chastillon au

1. *Saint-Florentin*, aujourd'hui ch.-l. de cant. de l'arr. d'Auxerre, Yonne.
2. François de Cazillac, seigneur de Cessac, qui avait épousé Claude de Dinteville, parente très éloignée du baron de Dinteville, cité plus haut (P. Anselme, t. VIII, p. 720).
3. *Cosne*, aujourd'hui ch.-l. d'arr. du départ. de la Nièvre.

conseil et à l'avant-garde pourroit fort diminuer la sienne, et n'en peusmes encores tirer autre chose, dont advertismes ledit sieur baron que je trouvay en peine de ce qu'il ne voyoit satisfaire à la composition de Clervault.

*
* *

Le jeudy 21 septembre [1], nous pensions partir, mais nous séjournasmes encores, en ayans prié ledit sieur de Bouillon la nuit, à cause du collonel Cloth, qui estoit malade à l'extrémité et en espérance de se porter un peu mieux, s'il estoit en repos ce jour-là, qui seroit propre aussi au collonel Bouck, lequel commançoit à se mieux porter. Nous espérions aussi avoir quelque raison de Clervault, comme Viridet, secrétaire du sieur de Quitry, l'avoit escrit, mais tost après il envoya lettres d'un autre, que le sieur de Belleguise apelle La Courtine, par lesquelles j'apperceu la collusion et mocquerie et perte de temps que nous ferions en nous amusant à ces parolles-là, ce qui nous feit croire avec grande aparence que ledit Viridet s'entendoit avec eux, ayans bon advertissement que le sieur Beaujeu estoit entré en convention secrette pour la conservation de ladite abaye, moyennant un bon présent audit sieur de Quitry et à luy, qui feit cognoistre la traverse que ledit sieur baron recevoit en cela par le moyen dudit Viridet; à laquelle il ne pouvoit plus remédier, la garnison de Clervault ayant esté renforcée et estans prests à desloger. Voilà comme nos François aydoyent à trouver des moyens pour contenter l'armée. Le

---

1. Le 1er octobre, *n. s.* — Ce paragraphe n'a point passé dans les *Mémoires*.

trésorier Wicker, qui estoit allé à la Ferté-sur-Aube[1] pour recevoir les deniers de ceste composition-là, voyant qu'il se morfondoit après avoir receu les 200 escus dont j'avois composé avec ceux de la Ferté à Chasteauvillain, s'en retourna au cartier, et ledit sieur baron feit mettre le feu par tous les lieux de l'artillerie.

* * *

Le vendredy 22 de septembre[2], nous partismes de Sirefontaine pour venir à Autricourt[3], logis fort eslongné du reste de l'armée et bien près et à la teste des forces du sieur de Guise. En partant et chemin faisant, le feu fut mis par tout ce qui appartenoit à Clervault à cause de la perfidie. A my-chemin au-dessus d'Inteville nous descouvrismes une vedete après lequel on courrut. Il se mit à pied pour se sauver dans l'espesseur d'un bois. Mais le sieur de Levenstain le print et le tua, pour ce qu'il ne vouloit marcher ne parler. Le tour fait par Viridet fut cause qu'il ne s'osa depuis monstrer devant les reistres, qui l'eussent tué. Estans arrivez à Autricourt et le chasteau conservé par sauvegarde, nous y receusmes lettres dudit sieur de Bouillon, logé à Montigny[4], par le sieur de Cormont, envoyé exprès pour nous fere entendre la disposition des logis de Messieurs de Guise et du Maine depuis Chas-

---

1. *La Ferté-sur-Aube*, aujourd'hui comm. du cant. de Châteauvillain, arr. de Chaumont, Haute-Marne.

2. Le 2 octobre, *n.-s.* — Ce paragraphe n'a point passé dans les *Mémoires*.

3. *Autricourt*, aujourd'hui comm. du cant. de Montigny-sur-Aube, arr. de Châtillon-sur-Seine, Côte-d'Or.

4. *Montigny-sur-Aube*, aujourd'hui ch.-l. de cant. de l'arr. de Châtillon-sur-Seine, Côte-d'Or.

tillon-sur-Seine[1] jusques à Mussi-l'Évesque[2], sur le mesme passage que nous voulions et l'arrivée de Monsieur d'Aumasle avec forces nouvelles, les inconvéniens qui pourroyent arriver en continuant le dessein de passer à Poictières[3], que descendre au-dessoubs de Mussi seroit trop bas vers Bar[4] où la rivière ne seroit pas gayable, d'où aussi bien faudroit-il, après, remonter pour aller passer Yonne ; partant qu'il sembloit meilleur de passer au-dessoubs de Chastillon, laissant toutes leurs forces à la main droicte et pour cest effect faire le logis de demain à la gauche, nous faisans tousjours fuir l'occasion de combattre, d'autant que ledit sieur de Quitry s'estoit mis en la teste d'avoir l'honneur qui luy sembloit estre grand de mener ceste armée au roy de Navarre sans rien perdre, ne considérant pas qu'il en faisoit mourir plus de nécessité qu'il n'en fût mort en plusieurs combats, de sorte qu'au lieu de cercher l'ennemi, il le fuyoit tousjours. Sur quoy nous acquiesçasmes à leurs délibérations, et fut donné par ledit sieur de Cormont le département pour les reistres et lansquenets à Maisc, Pluly et Villotte[5] et le rendez-vous à Brion[6], et s'en retourna ledit sieur de Cormont sur ceste résolution.

*_**

1. *Châtillon-sur-Seine*, aujourd'hui ch.-l. d'arr. du départ. de la Côte-d'Or.

2. *Mussy-l'Évêque* ou *Mussy-sur-Seine*, aujourd'hui ch.-l. de cant. de l'arr. de Bar-sur-Seine, Côte-d'Or.

3. *Pothières*, aujourd'hui comm. du cant. et de l'arr. de Châtillon-sur-Seine, Côte-d'Or.

4. *Bar-sur-Seine*, aujourd'hui ch.-l. d'arr. du dép. de la Côte-d'Or.

5. *Maisey-le-Duc*, *Prusly-le-Duc* et *Villotte*, aujourd'hui comm. du cant. et de l'arr. de Châtillon-sur-Seine, Côte-d'Or.

6. *Brion-sur-Ource*, aujourd'hui comm. du cant. de Montigny-sur-Aube, arr. de Châtillon-sur-Seine, Côte-d'Or.

Le samedy 23ᵉ septembre[1], ayans dès le soir envoyé le département aux reistres, selon qu'il avoit esté résolu avec ledit sieur de Cormont, et en sortant d'Autricourt pour aller au rendez-vous à Brion, nous receusmes des lettres dudit sieur de Quitry portans changement de ce qui avoit esté hier arresté avec ledit sieur de Cormont et espérance de trouver ceux dudit conseil audit rendez-vous pour adviser à nous mieulx loger. Et au passage de Seine nous passasmes par le chasteau et beau bourg de Belan[2], apartenant au sieur dudit lieu, enseigne de la compagnie du sieur de Guise, conservé par le sieur de Quitry au milieu de l'armée contre ce qui en avoit esté remonstré au sieur de Mouy en sa présence à Bellefontaine[3], ayant mieulx aymé ledit sieur de Quitry nous approcher dudit sieur de Guise tant descouverts à la main droicte sur la rivière d'Autricourt et nous esloigner de Montigny et leurs autres cartiers de trois grandes lieues que de nous loger là-dedans, comme il faisoit ordinairement très mal la charge de mareschal de camp, ce qui faschoit tant les collonnels voyans le comte qu'il faisoit plus grand de conserver le village d'un ennemy que de les bien loger et comme il apartenoit à leur seurté, luy devant suffire de ne le couvrir en sorte du monde comme ils devoyent pour leur honneur, et d'empescher tous les jours ledit sieur de Chastillon de loger

---

1. Le 3 octobre, *n. s.* — Ce paragraphe n'a point passé dans les *Mémoires*. — Sur son contenu cf. le *Discours* de Châtillon (Delaborde, p. 471), La Châtre (fol. 24-28) et les *Mémoires* de Saint-Auban (*loc. cit.*).

2. *Belan-sur-Ource*, aujourd'hui comm. de Montigny-sur-Aube, arr. de Châtillon-sur-Seine, Côte-d'Or.

3. Voy. ci-dessus, p. 247.

près d'eux en luy donnant malicieusement cartier tout à l'oposité de l'armée.

Cela fut cause que nous en feismes la plaincte à Brion et prismes garde au despartement selon lequel ledit sieur de Quitry nous vouloit loger ès villages sur la gauche, tout au-devant de Chastillon-sur-Seine, fort esloignéz des autres cartiers et contre les bois, disant n'y avoir autres commoditéz.

Nous remonstrasmes que nous serions trop esloignéz du reste de l'armée et trop exposéz à quelque entreprinse de Monsieur de Mayne, qui pourroit venir de Chastillon à couvert jusques en nos loges, et, ne voyans aucun remède aporté par le sieur de Quitry, nous accommodasmes nous-mesmes le département avec le conseil.

Dont il fut très marri, et sembloit qu'il nous voulust encores aprocher de quelque incommodité de ce costé-là, comme il l'avoit faict de l'autre hier à Autricourt et plus bas, et disoit que c'estoit son estat, qu'il n'apartenoit à personne de s'en mesler.

Je luy dis qu'on voyoit tant des fautes en ses départemens, qui nous cousteroyent un jour la vie, qu'il nous estoit bien besoing de regarder pour cognoistre un peu le païs, que ne pouvions moins faire pour nostre conservation, et fut trouvé meilleur que nous logeassions Monsieur de Chastillon au-devant de nous à Massingey[1], delà la montagne, à la teste de Chastillon, et nous derrière, à Mousson[2] (qui a esté la seule fois que

---

1. *Massingy*, aujourd'hui comm. du cant. et de l'arr. de Châtillon-sur-Seine, Côte-d'Or.

2. *Mousson*, aujourd'hui hameau de la comm. de Barberey-Saint-Sulpice, cant. et arr. de Troyes, Aube.

Monsieur de Chastillon a esté logé auprès de nous), les régiments de Dommartin et Werren à Belan, qu'ils bruslèrent par despit, dont les François bien marris envoyèrent le sieur de Vezines me prier de tenir la main que cela n'arrivast plus qu'on brusleroit leurs maisons.

Je l'asseuray qu'on y feroit tout devoir possible et n'en arrivoit guères d'inconvénient de nostre costé; que je leur avois assez remonstré en Lorraine, lorsqu'ils me mettoyent le feu partout, qu'ils y accoustumeroyent tellement les gens de guerre qu'on n'y pourroit plus donner ordre; et que cela estoit advenu en despit du sieur de Quitry, qui les avoit logé à la baterie de l'ennemy pour conserver ce bourg-là au milieu de l'armée. Ce qu'il recogneut bien, estant gentilhomme sage et bien modéré.

Et, à faute d'avoir esté adverti de bonn'heure par ledit sieur de Quitry du changement, il nous fallut renvoyer deux régiments au cartier duquel ils estoyent répartis et les faire repasser l'eaue, qui estoyent des grandes incommoditéz et mescontentement aux reistres. Et quant au passage on advisa que de passer entre Mussi et Chastillon seroit se mettre entre les forces desdits sieurs de Guise et du Maine qui estoyent moyennes et gaillardes à cause de leurs rafraischissemens ordinaires dans les villes et nostre armée diminuée et harassée, de sorte qu'ils nous pourroyent faire beaucoup d'empeschemens au passage et avec beaucoup d'avantage, au-devant duquel ils estoyent desjà logéz et accommodéz, et qu'ils pourroyent entreprendre, cependant que nous forcerions le passage de Poictiers, de nous charger, ledit sieur de Mayne du costé de Chastillon et ledit sieur de Guise du costé de Mussi, ou nous combattre à demi passéz à leur choix selon l'avantage qu'ils y trouveroyent, n'y ayant qu'une petite lieue de Chastillon et Mussi au passage de Poictières, qu'il seroit meilleur de les tromper et passer au-dessus de Chastillon vers Chamesson[1], où se retira le baron d'Ygoine, malade, et que ce logis, comme nous l'avions faict, estoit propre pour les abuser d'autant qu'il estoit presque au-devant dudit passage de Potières entre Chastillon et Mussy, ce qui fut trouvé le plus expédient. Ainsi nous nous en allasmes au cartier, et ledit sieur de Chastillon allant au sien feit recognoistre les bois où on avoit eu advis qu'il y avoit eu quelque embuscade, et, estant arrivé à son cartier de Massingey sans rien trouver, nous escrivit qu'il avoit descouvert des troupes sorties de Chastillon, nous priant de luy faire demain au matin escorte à son deslogement pour éviter à tout inconvénient, n'ayant cavallerie plus proche que la nostre, qui faisions la teste avec luy. Nous l'asseurasmes de n'y faillir et que nous irions demain desjeuner avec luy.

⁎

Le dimanche 24 de septembre[2], nous partismes de Mousson et vinsmes prendre ledit sieur de Chastillon en son cartier, pour lui fere escorte et marche au rendez-vous avec nous, près de la grange au-devant de Chastillon, afin d'aller passer la rivière aux mou-

---

1. *Chamesson,* aujourd'hui comm. du cant. et de l'arr. de Châtillon-sur-Seine, Côte-d'Or.

2. Le 4 octobre, *n. s.* — Ce paragraphe n'a point passé dans les *Mémoires.* — Cf. sur son contenu les documents indiqués ci-dessus, p. 255, *note* 5.

lins, demy-lieue au-dessus de la ville, en marchant en bataille, et y eust quelques escarmouches que ledit sieur de Chastillon dressa contre ceux que ledit sieur de Mayne avoit mis hors de la ville, lesquels ne s'advançoyent pas beaucoup, qui estoit cause que les nostres les alloyent chercher et rembarquer jusques dans leurs faulxbourgs, où il demeura quelques ennemis. Ledit sieur de Chastillon y eust aussi un de ses capitaines blessé. Cependant, ledit sieur de Quitry s'estoit trop advancé de luy-mesmes pour aller recognoistre ledit passage, et, le trouvant sans résistance et de bon gué au-dessoubs desdits moullins, craignant quelque inconvénient, nous manda de nous advancer afin que le temps ne se passast, ayans à passer la rivière et grandes traittes à faire par delà, ne quelque difficulté nous pourroit empescher afin que nous le jugions, estans lesdits sieurs de Guise et du Mayne à Mussy, et Chastillon et leur infanterie entre deux à Poictières et autres passages, et feusmes esbahys de ne voir autre chose que ces petites escarmouches, se tenans tous dans la ville.

Ainsy, nous allasmes droit au passage, après avoir adverty ledit sieur de Chastillon, qui estoit à l'escarmouche, de se retirer et nous suivre de près pour faire espaule à son infanterie. Ainsy, marchans par escadrons, les bataillons de gens de pied près de nous, arrivasmes à la rivière et la passasmes sans aucun empeschement. Ledit sieur de Quitry, qui avoit faict le premier passage qui apartenoit au chef de l'avant-garde à faire par tel qu'il adviseroit, s'estoit logé avec sa compagnie fort petite sur le haut delà l'eaue, recognoissant s'il ne sortiroit rien de la ville de ce costé-là pour nous empescher ; mais il ne sortit rien, sinon, après que toute l'armée fut passée, il s'y feit encores une autre escarmouche près la ville le long de l'eau, où furent encores bien battus ceux qui estoyent sortis, desquels en mourut quelques-uns, et les autres se retirèrent. En les suivant, les nostres trouvèrent de leurs bagages qui venoyent encores pour entrer en la ville, lesquels ils pillèrent, trouvans dedans quelques cornettes. Toutes ces façons-là nous faisoyent cognoistre ce que j'avois tousjours jugé, qu'ils ne demandoyent qu'à nous laisser sortir hors de leurs gouvernemens, empeschans seulement que nous n'y feissions aucune surprinse pour nous laisser advancer entre les destroits des rivières, nous consommans tousjours par nécessitez en nous rompans ponts, vivres et moulins au devant et aux deux mains, attendans à nous attacquer quand ils auroyent recogneu nostre foiblesse et seroyent fortifiez par la conjonction de toutes leurs forces, nous poussans sur le bras du Roy pour nous mettre entre eux et luy, et le contraindre par jalousie de nous défendre, à l'exemple de leurs entreprises, sans rien hazarder en gros de leur costé, au lieu que, si nous eussions prins le chemin de Sedan, nous n'eussions eu affaire qu'à eux, avec toute commodité de nous rafreschir après ledit passage fait, laissans la retraicte aux François, nous allasmes en nostre logis à Nicé[1].

* * *

1. *Niccy*, auj. comm. du cant. de Laignes, arr. de Châtillon-sur-Seine, Côte-d'Or.

Le lundy 25 de septembre[1], nous séjournasmes à Nicé pour ce que ledit sieur de Quitry nous avoit mandé que les Suisses et l'artillerie estoyent encores derrière, et que ledit sieur de Couvrelles se plaignoit fort des chevaux, qui estoit une chose ordinaire, afin de leur donner loisir de s'advancer pendant nostre séjour. Il en avoit autant mandé audit sieur de Bouillon, qui le trouva bon, et nous escrivit au soir pour aller demain au conseil adviser aux affaires.

***

Le mardy 26 septembre[2], nous séjournasmes encores à Nicé, où fut enterré le collonel Cloth en la chapelle des seigneurs, après l'avoir obtenu du gentilhomme qui estoit au château, lequel nous luy conservasmes et luy feismes présent d'un cheval, affin qu'il eust soing qu'on n'y feit point d'insolence après nostre partement, et de faire graver en une pierre les armes dudit collonel avec une épitaphe, et allasmes cependant à Laigne[3], cartier du sieur de Bouillon, où, estans arrivéz, entendismes le danger de vie où estoit ledit comte, son frère, sans tenir aucune forme de conseil, comme c'estoit leur ordinaire. Dont ledit sieur baron se plaignit, demandant si c'estoit pour ne rien faire qu'on l'avoit fait venir là, et qu'il avoit des affaires assez en son cartier à entretenir ses reistres parmy tant de mescontentemens et nécessitéz dont ils meu-

---

1. Le 5 octobre, *n. s.* — Ce paragraphe n'a point passé dans les *Mémoires*.

2. Le 6 octobre, *n. s.* — Ce paragraphe n'a point passé dans les *Mémoires*.

3. *Laignes*, auj. ch.-l. de cant. de l'arr. de Châtillon-sur-Seine, Côte-d'Or.

rent dru comme les mouches, tout le monde se desgoustant fort de ne voir effect de promesse quelconque, à quoy il avoit beaucoup de peine à remédier.

J'adjoustay que nous voyons le mal si grand qu'enfin, si on n'y pourvoit de leur costé comme du nostre nous y faisions tout ce qui estoit possible, il n'y auroit plus de remède.

Ledit sieur de Quitry dit que ce n'estoit leur faute.

Cela nous fascha, et respondi de qui venoit donques la faute? n'y ayant en un accord que deux parties : celui qui promet et celuy qui reçoit les promesses, qui se plaint, et avec très grande raison, de ne luy voir rien tenir de ce qu'on luy a promis, et que c'estoit à luy, qui en parloit, à le scavoir et recognoistre mieux que nul autre.

Il adjousta qu'on se prennoit tousjours à luy de toutes choses, et je luy demanday à qui on se pouvoit mieux adresser pour l'effect d'une promesse qu'à luy, qui l'avoit jurée et négotiée et signée, et qui en devoit informer et instruire tous les autres et tenir la main par-dessus tous qu'elle fust bien exécutée; que nous leur en avions, dès le logis de Marlen, donné copie, afin que personne n'en peust ignorer; que nous leur en avions fait jurer l'observance au premier conseil estably en Lorraine, nous attachans à cela d'autant plus soigneusement que nous recognoissions, de faute de cela, nostre ruine estre toute évidente, et, néantmoins, nous voyons qu'on n'en tenoit comte, et, qu'ayant enduré tant de défaux, innovations et changemens d'eux, ils avoyent prins ply de ne s'en soucier plus; qu'on ne voyoit aucun effect de leurs promesses à recouvrer vivres et argent, pour le moins, pour accommoder les estrangers qui meurent à tas de nécessitéz pour leur avoir fait prendre un chemin sans fabveur, retraicte ny rafreschissemens quelconques; que, s'ils pourvoyent à cela pour le moins selon leurs promesses, on auroit quelque moyen de remédier au mal, mais que la cognoissance qu'ont les estrangers d'une infinité d'autres desfauts est cause que, comme ils s'en vont mourans tous les jours, aussi leur affection s'en va languissant.

Ledit sieur de Quitry se mit en colère et dit : « — *Vous faites plus de contraventions que nous.* »

Je luy respondis que j'avois bien aperceu qu'il vouloit entendre son premier propos, et qu'il mist la teste de son costé et moy du nostre, à qui en trouveroit une seule de nostre part, s'il ne vouloit apeler contraventions ingratement nostre patience; que je confessois à la vérité estre trop grande en leurs contraventions si extravagantes, et que cela dès le commancement les pouvoit avoir invité à continuer de pis en pis, et que, s'ils eussent eu à faire à moy, je les eusse bien empesché d'en faire une seule; mais qu'ils cognoistroyent que ceste pacience se tourneroit enfin en un si grand et furieux mescontentement et mal si irrémédiable qu'il regretteroit toutte sa vie d'en avoir baillé l'occasion; que nous avions plus à faire à nous garder d'eux que des ennemis, aux ruses et artifices desquels nous avions bien pourveu pour le salut de leurs affaires, mais que ne pouvions venir à bout d'eux; que c'estoit se mocquer de nous après nous avoir trompéz et abuséz et, sans vivres, argent et nouvelles du roy de Navarre, nous avoir précipité en des chemins, fait passer en des rivières, mis entre les ennemis de tous costéz, devant et derrière, de sorte qu'il ne se falloit point estonner si le soldat disoit communément qu'ils le menoyent à la boucherie; que c'estoit trop descouvrir ceste intention quand on en vouloit encores soustenir au lieu d'excuser les moyens et causes qui sont les desfaux ; que la fin couronneroit l'œuvre, estans résolus d'endurer plustost toutes extrémitéz que de laisser les Églises, mais non pas de les taire et céler, et m'offrois à faire voir à la compagnie une douzaine et plus de signalées et artificieuses contraventions issues plus de mauvaise foy qu'autrement, et que c'estoit à luy à qui seul on s'en devoit prendre, si on faisoit son devoir, plus qu'à personne du monde, mais que, pour le bien des affaires, nous supportions beaucoup du mal que nous voyons.

Quelqu'un des conseillers françois, qui cognoissoit bien le mal et la ruine de l'armée par son authorité, très mal choisie par son maistre pour le service des Églises, me feit dire par un de mes amis que je continuasse à parler rondement, ne me souciant de ses braveries et menaces, que toutes les gens de bien m'en sçavoyent fort bon gré et m'en avoyent beaucoup d'obligation, recognoissans eux-mesmes beaucoup plus de mal que nous en beaucoup des choses que nous ne sçavions pas, me prians derechef de continuer à toutes occasions faire establir Monsieur de Chastillon ; que, si nous n'y pourvoyons, ils voyoyent bien que, en le laissant faire, ceste armée s'en alloit tomber en ruine, du moins pour les Églises, ausquelles il n'avoit aucun esgard en la conduite des affaires à luy commises, mais à l'estat et grandeur de son maistre pour laquelle, s'il est expédient, il ruinera ceste armée sans faute par ses intelligences secrètes.

Et, laissant ceste dispute, je dis que pour le moins on regardast au despartement, puisqu'il n'y avoit autre chose affaire au conseil auquel on nous avoit apellé, ayans desjà expédié leurs affaires au conseil qu'ils tenoyent secrètement et sans nous ; que, quand on nous faisoit venir, ce n'estoit que pour nous faire soir à table et puis nous en venir.

Lors ledit sieur de Quitry se mit à faire les despartemens des logis devant tout le monde qui entroit librement en la chambre. On nous logea le long de la rivière d'Armanson jusques à Ancy-le-Franc[1], que ledit sieur de Bouillon retint pour luy, et vouloit encores avoir un village au-devant, qui est des apartenances de la maison ; mais il fut insisté au contraire, d'autant qu'il eust trop incommodé le logis de l'armée, et nous feit ce tort de conserver plus de 400 pièces de vin retirées de toutes parts en ladite maison pendant que les estrangers n'en avoyent point, qui estoit la façon dont nous estions ordinairement traictéz, nous mettans dans les logis où il n'y avoit plus rien et faisant garder pour leur plaisir et commoditéz les lieux où tous les vivres estoyent retiréz.

Nous feismes instance qu'on logeast ledit sieur de Chastillon près de nous, et, s'il vouloit loger à Tanlay[2]

1. *Ancy-le-Franc*, aujourd'hui ch.-l. de cant. de l'arr. de Tonnerre, Yonne.

2. *Tanlay*, aujourd'hui comm. du cant. de Cruzy-le-Châtel, arr. de Tonnerre, Yonne ; avec un château, existant encore et appartenant alors à Guy de Coligny, comte de Laval [Guy XX], cousin issu de germain de François de Châtillon (P. Anselme, t. VII, p. 156).

pour sa personne, qu'il eust son cartier près de nous, d'autant que nous avions à nostre main ledit sieur du Mayne proche de nous vers Monbar[1] ou pour entreprendre sur luy ou pour se mieulx défendre s'il entreprennoit.

Après disner, eux n'ayans fait comte de nos demandes, nous retirasmes au cartier où le sieur de Beaujeu vint avec nous pour avoir la sauvegarde de Maune[2], qui est au sieur de Sessac. Les reistres, voyans donner sauvegardes partout et qu'on ne leur fournissoit point de vivres, furent contraincts ce jour-là en nostre absence de commancer à faire courses, qui fut cause que, comme ledit sieur Beaujeu partoit avec la sauvegarde pour y aller, les reistres en retournoyent qui l'avoyent toute pillée, dont ledit sieur de Sessac se vengea bien depuis. Estant au logis, je feis extraict de mon journal des contraventions, tant aux conventions qu'aux promesses, et en dressay un cahier de 24 articles au lieu de 12 pour leur fere voir ci-après les occasions que nous avions de nous douloir de leur mauvaise foy. Le sieur comte mourut la nuit à Laigne de la maladie qu'il avoit raportée de Gresilles, et, faisant son testament, donna tout à sa seur[3]; où on recogneut de son costé le peu d'amitié

---

1. *Montbard*, aujourd'hui ch.-l. de cant. de l'arr. de Semur, Côte-d'Or.

2. Le château de *Maulnes* est aujourd'hui sur la comm. de Baon, cant. de Cruzy-le-Châtel, arr. de Tonnerre, Yonne.

3. Charlotte de La Marck, née le 5 novembre 1574. A la fin de cette même année 1587, elle devait hériter aussi de son frère aîné. Devenue ainsi duchesse de Bouillon, elle apporta de grands biens en dot à Henri de La Tour d'Auvergne, vicomte de Turenne

qu'il portoit à son frère[1] et celle que son frère luy portoit aussi en ce que, le lendemain de sa mort, y ayant deux mois qu'il estoit bien malade, il commança à estre gaillard et se mieux porter. En nous en retournant à Nicé, le sieur baron me dit que ledit sieur de Quitry me feist tuer[2] en allant et venant, et qu'il estoit besoing d'y prendre bien garde. Je luy dis que j'avois bien eu affaires à d'autres qu'à luy qui estoyent morts, et que je vivois encores; que je ne craignois rien en faisant mon devoir, estant asseuré que Dieu me conserveroit en m'acquictant de ma vocation pour son service.

* *

Le mecredy 27ᵉ de septembre[3], nous deslogeasmes de Nicé, et, passans par les cartiers èsquels les Suisses et l'artillerie s'estoyent advancéz, nous rencontrasmes le sieur de Clervant qui nous demanda un commissaire avec le sieur de Beauvoir en sa maison, où il pourroit traicter avec ceulx de Chablis[4] et autres ses voisins. Nous en feismes difficulté, cognoissans l'humeur de l'homme qui alloit là pour autre chose; toutesfois, nous en estans presséz, y envoyasmes le *Schulteis* de la chancellerie informé bien particulièrement de tout.

(15 octobre 1591), et mourut le 11 mai 1594 (P. Anselme, t. IV, p. 539, et t. VII, p. 169).

1. Voy. ci-dessus, p. 216 et *note* 2.
2. C.-à-d. me *ferait* tuer.
3. Le 7 octobre, n. s. — Ce paragraphe, pas plus que les précédents, n'est maintenu dans le texte des *Mémoires* attribuant à sa date une circonstance qui se relie à celle que racontent les *Mémoires*, mais non l'*Éphéméride*. Pour les incidents du 17/27 septembre, cf. ci-dessus, p. 234, et *note* 3.
4. *Chablis*, aujourd'hui ch.-l. de cant. de l'arr. d'Auxerre, Yonne.

Le sieur de Vezines avoit aussi prins la charge de traicter avec ceux de Tonnere[1], et arrivasmes de bonn' heure à Ravière[2], nostre cartier. En partant de Nicé, nous dépeschasmes la responce aux patentes de Monsieur de Lorraine par son trompette, qui fut renvoyé, et recommanday encores au chasteau de Nicé la sépulture du collonel Cloth, affin qu'il n'y fust commis aucune insolence.

*
* *

Le jeudy 28 de septembre[3], nous séjournasmes à Ravière, où nous receusmes au matin advis dudit sieur de Clervant que l'artillerie estoit encores demeurée deux lieues derrière, abandonnée des Suisses, qui fut cause du séjour pour l'attendre. On y envoya des chevaux et feit-on encores tout devoir d'en fournir en ce séjour quelques-uns de frais audit sieur de Couvrelles, qui se plaignoit tous les jours sans cesse. Nous feismes regarder parmy les reistres; mais ils ne s'en voulurent défaire ou ils les voulurent vendre trop cher argent content. Nous n'allasmes point ce jour-là à Ancy (où se trouva le collonel Schregel) et feismes une dépesche en Allemagne que ledit sieur de Clervant nous avoit promis hier de faire tenir seurement en Allemagne. Avant disner, ledit sieur de Bouillon nous feit advertir par ledit sieur de Vezines du voisinage dudit sieur de Mayne à Mombar avec 5,000 ou 6,000 hommes de cheval et de pied, afin d'en adver-

---

1. *Tonnerre*, aujourd'hui ch.-l. d'arr. du dép. de l'Yonne.

2. *Ravières*, aujourd'hui comm. du cant. d'Ancy-le-Franc, arr. de Tonnerre, Yonne.

3. Le 8 octobre, *n. s.* — Ce paragraphe n'a point passé dans les *Mémoires*.

tir nos reistres à Crey[1], mais nous avions plus certaines nouvelles qu'il tiroit à Monréel[2], comme ledit sieur de Bouillon nous l'advoua depuis, nous priant d'aller le lendemain à Ancy pour adviser aux affaires et passage d'Yonne pendant que l'artillerie s'advançoit, nous envoyans les habitans de Tonnerre et de Noyers[3] qui estoyent venus composer, lesquels nous renvoyâsmes en asseurance de nous trouver demain au conseil pour en respondre.

***

Le vendredy 29ᵉ de septembre[4], nous séjournasmes encores à Ravière et allasmes à Ancy de fort bonne heure, afin de demeurer tout le jour pour adviser aux affaires et veoir faire le despartement, duquel je portay l'instruction de nostre part pour tenir la main à nos logis, esquels on nous traictoit fort mal, tant pour la guerre que pour les commoditéz.

Estans au conseil, ledit sieur de Clervant proposa les grandes difficultéz des affaires de ses Suisses qui s'en vouloyent aller du tout, afin qu'on advisast à quelque bon moyen de les modérer et contenter. Sur quoy, il nous proposa des lettres supposées du roy de Navarre audit sieur de Bouillon en chiffre, lesquelles il luy

---

1. *Cry*, aujourd'hui comm. du cant. d'Ancy-le-Franc, arr. de Tonnerre, Yonne.

2. *Montréal*, aujourd'hui comm. du cant. de Guillon, arr. d'Avallon, Yonne.

3. *Noyers-sur-Serein*, aujourd'hui ch.-l. de cant. de l'arr. de Tonnerre, Yonne. — Le château de Noyers appartenait aux Condé. C'est de là que le prince Louis Iᵉʳ de Condé était parti pour la troisième guerre civile.

4. Le 9 octobre, *n. s.* — Ce paragraphe n'a point passé dans les *Mémoires*.

bailla toutes prestes, et fut instruict ledit sieur de Bouillon de les tenir en sa poche, affin que, quand les collonels des Suisses viendroyent, il leur tint ce langage, et leur tirast ladite lettre de sa poche, pleine de belles espérances et promesses, comme ils avoyent accoustumé de nous abuser; ce qui me feit émerveiller qu'ils nous eussent descouvert ceste tromperie, tant ils s'enfioyent en nous.

Toutesfois, cognoissans leurs artifices, cela me feit souvenir des lettres des Suisses au Roy au cartier de Cintray[1], et, considérant ce qu'on m'avoit naguères, il y avoit deux jours, fait dire, et ce que j'appercevois desjà d'acheminement de mauvaise foy et comme volontaire à la ruine de l'armée, je craignois que ce fust un préparatif masqué de doléances, et qu'ils commençassent par ceux qui estoyent à leur dévotion pour ce fait plus que nous, il fut résolu d'uzer de ce moyen, et, ne voyant pas qu'il fust suffisant, on en adviza d'un autre, qui estoit d'envoyer les collonels Dommartin et Schregel là présens, de la part des reistres et lansquenets, pour user de toutes remonstrances et exortations propres envers eux, notamment de l'union et conjonction faite et promise à Orges[2] de ne s'abandonner l'un l'autre pour quelque occasion que ce soit.

A l'arrivée des Suisses, Bonsteten porta la parole, au langage et contenance duquel je recogneus quelque chose d'artifice qui ne me plaisoit point. Nous leur remonstrasmes ces choses, et en fut fait comme il avoit

---

1. Voy. ci-dessus, p. 188 et 189, sous la date du 31 août/10 septembre.

2. Voy. ci-dessus, p. 243 et 244, sous la date du 18/28 septembre.

esté advizé, sauf que ledit sieur de Clervant ne voulust que ledit sieur Schregel y allast, avec lequel il ne se pouvoit remettre, mais je craignois que ce fut de peur de descouvrir quelque chose, et, d'autant que ce remède estoit venu de nous, il ne voulust avoir que ledit sieur de Dommartin, qui estoit à leur dévotion du tout.

Nous asseurasmes d'avantage ausdits Suisses de fere quelque chose pour leur soulagement à Tonnerre et autres lieux de ce cartier, et pour cest effect entrasmes en composition avec ceux de Tonnere pour 500 paires de souliers et du cuir pour autant, 1,000 aulnes de drap et du sel dix muids pour les accommoder, 10 chevaux pour l'artillerie et 200 escus pour l'abaye dudit Tonnerre, ensemble douze chevaux d'artillerie pour la conservation de Passi[1], maison du sieur de Mandelot[2], à l'instance du sieur de Villarnoul, qui convertit lesdits chevaux en 400 escus. Beauvoir estoit allé en sa maison, espérant aussi tirer quelque commodité de Chablis et par laquelle à ceux de Noyers, desquels ne peusmes avoir que du sel dont il nous fallut contenter pour le respect de Monsieur le comte de Soissons, leur seigneur, et de ce qu'ils avoyent esté fort travailléz de peste, que nous trouvions par tous nos logis. Ledit sieur de Beauvoir retourna sur le disner n'ayant rien fait à Chablis, comme il disoit, à cause de la garnison qui estoit entré dedans.

Cest ordre donné au faict des Suisses, qui nous don-

1. *Pacy* ou *Pacy-sur-Armançon*, aujourd'hui comm. du cant. d'Ancy-le-Franc, arr. de Tonnerre, Yonne.
2. François de Mandelot, gouverneur du Lyonnais. Il mourut à la fin de l'année suivante (P. Anselme, t. IX, p. 77).

noit très mauvaise opinion, on entra en délibération d'autres points, premièrement du passage d'Yonne, où on le prendroit. Ils alléguèrent qu'ils disoyent avoir de tous costéz, esquels on trouvoit tousjours fort peu de vérité. On parla d'aller droit à Crevan[1] l'assiéger et y passer par force, ce qui fut trouvé bon ; mais, depuis l'arrivée dudit sieur de Beauvoir, qui remonstra les difficultéz et longueurs, cela fut changé, et prins résolution de passer au-dessus au pont de Mailly[2], où les guéz seroyent bons, si la rivière ne croissoit au-dessus dudit Mailly par les pluyes, pour quoy il falloit se haster, car tousjours leurs advis tendoyent à ce but. Ayant vuidé ce point, on remit le reste après disner.

Je baillay mon pacquet d'Allemagne audit sieur de Clervant pour le faire tenir avec le sien à sa femme à Strasbourg, qui l'adresseroit seurement, comme il me le promit, en ayant un moyen duquel il s'asseuroit entièrement. J'apprins aussi secrettement le retour 2ᵉ du sieur d'Espaux vers ledit sieur de Quitry, dont il ne nous advertit encores point, ny depuis de celluy qui luy fut envoyé près Loire, je ne sçay pourquoy ; mais la fin qui descouvre toutes choses a fait cognoistre que ce n'estoit rien qui vaille.

Après disner, nous entrasmes au conseil, où fut parlé de la guerre et des advis qu'ils avoyent du voisinage, force et résolution desdits sieurs de Guise et du Maine à nos deux mains, par quoy il falloit bien prendre garde à nous loger et marcher serré et à pro-

---

1. *Cravant-sur-Yonne*, aujourd'hui comm. du cant. de Vermenton, arr. d'Auxerre, Yonne.

2. *Mailly-la-ville*, aujourd'hui comm. du cant. de Vermenton, arr. d'Auxerre, Yonne.

pos pour estre tant plus prest au combat selon les advis qu'ils en avoyent de leur conjonction à ceste fin au-devant d'Yonne, pour nous combattre et empescher au passage, ce que je ne pouvois croire; d'advertir encores le roy de Navarre pour avoir de ses nouvelles et estre tant plus asseuréz du lieu où nous le trouverions, veu que ledit sieur de Montglas ne venoit point.

Sur quoy nous opinasmes en nostre ordre, que nous avions souvent requis qu'il fust pourveu au premier point, au contentement des estrangers, tant que fere se pourroit comme il estoit raisonnable; que ne pouvions rien adjouster à ce que nous en avions dit, mais qu'il estoit nécessaire de contenter les estrangers en cela, de ne les esloigner point l'un de l'autre, veu l'opinion qu'ils ont conceu et que nous en dresserions une forme de nostre costé, laquelle nous practiquions ordinairement; quant à Crevan, dont ils demandèrent advis, que ne leur pouvions donner, ne cognoissant le païs ny la résistance, et que nous en rapportions à leur advis; pour le combat, qu'on ne désiroit rien plus qu'en avoir une bonne occasion généralle, les prians de ne la point éviter, mais de la chercher plus tost, ne croyans pas que ce soit l'intention desdits sieurs de Guise et du Maine, ny qu'ils se joignent plus tost que nous soyons près du Roy; quant à advertir le roy de Navarre, sçavoir s'il est sur Loire où on le doit trouver, que c'estoit ce que nous avions tant requis qui nous avoit esté promis quand on nous feit prendre ce chemin, que c'estoit trop tard et que cela seroit cause que, arrivans sur Loire, nous serions incertains de ce que nous aurions affaire ne l'y trouvans point et ne sçaschans quand et où il viendroit comme nous l'avions tousjours preveu.

A tout cela adjousta aussi le sieur de Beauvoir qu'il estoit temps de pourvoir à l'avant-garde, puis qu'il avoit pleu à Dieu retirer ledit sieur comte et qu'elle estoit deue audit sieur de Chastillon par les reiglemens fait à Marlen, comme il confessa que j'avois véritablement remonstré au conseil à Bellefontaine[1], quand luy et tous les autres dirent ne s'en souvenir, et autres discours de flaterie en présence dudit sieur de Chastillon, voyans n'avoir plus de moyen d'y reculer. Ledit sieur de Quitry toutesfois continua à y résister, allégans que c'estoyent deux charges incompatibles que l'avant-garde et autres raisons passionnées, voulant divertir ledit sieur de Chastillon de l'avant-garde, en le voulant despouiller de sa charge, qui luy estoit plus asseurée à la prochaine conjonction du roy de Navarre. Ce nonobstant, cela fut résolu, et d'avantage fut advisé de prier ledit sieur baron de commander ausdits collonels Bouck et Bernsdorff, les plus proches, de demeurer en bataille devant leurs logis jusques à ce que les Suisses fussent passez, affin que, s'ils en faisoyent difficulté, on les feist faire leur devoir, comme il en fust besoing, et en fallut venir jusques aux armes pour les faire marcher avec leurs enseignes, où il y en eut de tuéz, faisans beaucoup pis qu'à Sainct-Belin[2].

Ces résolutions prinses, procéda au département, mais avec si peu de secret que tout le monde y entroit, n'estant de merveilles si les ennemis en estoyent ordi-

1. Voy. ci-dessus, p. 247, sous la date du 19/29 septembre.
2. Voy. ci-dessus, p. 222 et 223, sous la date des 9/19 et 10/20 septembre.

nairement si bien advertis. Il y eust de la difficulté. Nous estions allé instruicts des logis à suffisance pour l'armée entre Noyers et Chablis, des deux costéz de la rivière ; mais les François se logeoyent tant au large et les gens dudit sieur comte faisoyent tant d'instance de la conservation des villages de Noyers que, soubs couleur de cela, on nous feist prendre le dessus de Noyers vers Monréal, du costé dudit sieur du Mayne, vers lequel on avoit commancé à nous loger tousjours depuis le passage de Seine que ledit sieur de Guise tiroit et esloignoit plus bas à la droicte. Et, nonobstant que cela fût ainsy appresté, les François ne laissèrent, depuis, de loger ès villages dudit sieur comte, dont ses serviteurs se plaignirent à nous, confessans avoir plus receu de courtoisie des estrangers que des François ; et cela fait nous en retournasmes au logis, nous plaignant au sieur de Bouillon que pour faire plaisir à ses amis il nous laissoit mourir de soif. Le sieur de Vezines nous communiqua une forme de bataille en laquelle il mettoit nos forces en tant de parcelles que feusmes contraincts de la réformer en esquadrons et battaillons entiers, ainsi qu'il suit de l'autre costé, adjoustans la teste de l'avant-garde au milieu de son croissant[1].

***

Le sammedy 30ᵉ et dernier jour de septembre[2], nous partismes et vinsmes loger reistres et lansquenets sur la rivière entre Noyers et Monréal. En arrivant,

1. Voyez à la fin du volume la reproduction de la « Forme de bataille » dessinée à cette place dans le manuscrit.
2. Le 10 octobre, *n. s.* — Ce paragraphe n'a point passé dans les *Mémoires*.

nous descendismes par des bois dans des vallons fort profonds et couverts, mauvais logis pour la cavallerie et de forts petits villages pleins de peste. Nous cerchasmes mieux autour, mais nous ne trouvasmes que des censes au haut de l'eau, ce qui nous contraignit de nous contenter pour la nuict. En venant, nous advisasmes de loger le collonel Schregel au plus proche de L'Isle-sous-Monréal[1], où estoyent retiréz tous nos hostes et leurs vivres et biens à la fabveur du sieur de Pitzi, affin que de nuict il taschast d'y entrer par surprise et y accommoder ses lansquenets, tous deschaux[2] et ayant besoin de beaucoup des choses, dont à l'arrivée ledit sieur baron en escrivit au sieur Schregel, luy donnant cest advis, avec commandement de faire telle dilligence à faire accommoder ses gens-là de ce qu'ils trouveroyent, que le lendemain il les peut retirer de bonn'heure et les faire marcher vers son logis pour aller ensemble en un autre cartier, cestui-cy estant du tout incommode tant pour les vivres et fourages que pour la guerre, et ayans ledit sieur du Mayne, qui taschoit à nous surprendre comme nous en fusmes advertis par lettres expresses, dont il advertiroit incontinent ledit sieur de Bouillon, comme il feist aussi tost par la rencontre du sieur de La Lande, de sa compagnie, qui s'estoit esgaré et nous avoit suivy, lequel nous remismes en son chemin avec nos lettres, luy faisant voir nostre mauvais logis pour le dire audit sieur de Bouillon, auquel ledit sieur baron me feit

---

1. *L'Isle-sur-Sercin*, aujourd'hui ch.-l. de cant. de l'arr. d'Avallon, Yonne.

2. C'est-à-dire *sans chaussures*.

escrire ses plaintes, ne voulant pas escrire luy-mesmes, dont nous eusmes responce la nuict, nous prians d'aller en son logis, mais nous estions résolus à desloger comme nous luy escrivismes.

Le collonel Schregel, au lieu de pouvoir exécuter ce qu'on luy avoit mandé, trouva le baron de Bar avec autres de la compagnie du sieur de Haraucourt gardant L'Isle de leur autorité privée, feignant en avoir le commandement dudit sieur de Bouillon, qui le désadvoua, pour quoy il capitula à 300 escus, six cuirs, six chevaux, qui luy furent délivréz, et nous vint trouver le lendemain plus tard que n'espérions à cause de sa composition.

*
* *

Le dimanche premier d'octobre[1], nous sommes partis du logis entre Noyers et L'Isle, ayans attendu le sieur Schregel pour aller tous ensemble prendre meilleur logis vers la rivière de la Cure qu'il falloit passer, lesquels on vouloit prendre le mesme jour, en nous logeant, à l'accoustumée, aux plus mauvais logis et plus proches de l'ennemi pour se couvrir de nous. En marchant et cerchant logis, selon les lettres qu'avions receu la nuict dudit sieur de Bouillon, nous passâmes près du logis du sieur de Quitry, beau bourg et grand, à une lieue d'où nous venions, qui nous feit passer outre et une lieue par delà, à Sassy[2], loger les régiments de

1. Le 11, n. s. — Ce paragraphe n'a point passé dans les *Mémoires*. — Cf. les *Mémoires*... du 23 juin au 13 décembre (Recueil A-Z, lettre G, p. 209), ainsi que ceux de Quitry et de des Réaux (*Appendice*, nos IV et VI).

2. *Sacy*, aujourd'hui comm. du cant. de Vermenton, arr. d'Auxerre, Yonne.

Bouck et Bernsdorff, pour nous tenir joincts de plus près et allasmes le reste plus avant une lieue jusques à Vermanton[1] où nous logeasmes, les reistres le long de la rivière et les lansquenets delà l'eaue, près et au-devant de nous, laissans à la main gauche les logis de toute l'armée. Nous trouvasmes les ponts et moulins desjà rompus par la garnison de Crevan. Avant partir, nous avions donné advis et raison de nostre département audit sieur de Bouillon, mais nous logeasmes mieulx qu'il ne nous ordonnoit par lettres dudit sieur de Vezines, que receusmes à Vermanton et une lettre du sieur de Clervant se plaignant que nous avions prins ce logis qu'il avoit choisi pour les Suisses, comme tous les jours ils avoyent les meilleurs. Estans arrivez, nous advertismes ledit sieur de Bouillon du logis que nous avions trouvé et pris en cerchant, afin de parachever selon le département de l'armée.

***

Le lundy 2ᵉ d'octobre[2], nous séjournasmes à Vermanton, attendans l'arrivée du reste de l'armée, que nous sçavions devoir loger sur ceste rivière pour passer Yonne au pont de Mailly. Et, encores que nous eussions escrit dès samedy[3] la nuict audit sieur de Bouillon nos incommoditez au logis précédent, qui nous forçoyent d'en prendre un autre, et, dès ceste nuict dernière, le logis où nous estions, ayans laissé deux

---

1. *Vermenton*, aujourd'hui ch.-l. de cant. de l'arr. d'Auxerre, Yonne.
2. Le 12, *n. s.* — Ce paragraphe n'a point passé dans les *Mémoires*.
3. L'avant-veille.

régiments à Sassy, à une lieue du sieur de Quitry, afin de nous joindre s'il en avoit besoin et de fere le despartement selon cela, néantmoins nous receusmes encores lettres de luy, désirans sçavoir cela de nous et se plaignant d'estre laissé derrière, et tost après il nous advertit avoir receu nos lettres, nous priant de fere les quartiers en dilligence avec les sieurs de Cormont et Mommartin venus de sa part pour cest effect. Comme nous feismes, et leur baillay une carte de nos logis et de ce qui restoit à Arcy, sur la Cure[1], et au-dessus et à la campagne au-devant, tant pour les Suisses que pour les François, n'ayans prins pour les reistres et lansquenets que Sassi, Vermanton et deux autres petits villages. Et, pour les accommoder d'escorte à leur deslogement, ledit sieur baron commanda aux collonels Bouck et Bernsdorff de demeurer encores à Sassi tout le jour, comme ils feirent. Mais, les autres ne venans ce jour-là en leurs logis, ils attendirent encores d'en partir, comme ledit sieur baron leur avoit mandé jusques au lendemain après disner pour s'advancer sur la Cure afin d'estre tousjours plus près des autres pour leur deslogement. Ledit sieur de Chastillon vint voir ledit sieur baron à Vermanton, pendant que ses troupes passoyent sur le pont que nous avions préparé, et s'en alla à Mailly préparer le passage à Yonne et voir que faisoit l'ennemy et s'il y avoit apparence aux advis du sieur de Beauvoir, qu'il se devoit joindre et trouver sur l'autre bord pour nous empescher le passage, affin de nous préparer au combat, ce

---

1. *Arcy-sur-Cure*, aujourd'hui comm. du cant. de Vermenton, arr. d'Auxerre, Yonne.

qui fut trouvé faulx (aussi n'y en avoit-il point d'apparence, veu que ledit sieur de Guise passoit à Joigny[1], au-dessoubs d'Auxerre, comme estoyent tous leurs advis et la plus part contrefaits pour nous faire aller à leur plaisir).

*_**

Le mardy 3ᵉ d'octobre[2], nous séjournasmes encores à Vermanton, attendans que les Suisses fussent advancéz, lesquels marchoyent fort lentement à leur ordinaire, et receusmes advis dudit sieur de Chastillon, qui estoit arrivé sur la rivière d'Yonne, qu'il n'avoit veu aucunes troupes des ennemis et n'y en avoir point d'apparence, nous priant de luy envoyer toute nuict des choses nécessaires pour la réfection du pont de Mailly qu'il avoit trouvé rompu. Il nous advertit aussi que les logis de deçà estoyent fort mauvais, afin de mander ce jour-là audit sieur de Quitry qu'on feist acheminer l'artillerie de bon matin et qu'il feit les cartiers delà l'eaue.

Nous envoyasmes par homme exprès ses advis audit sieur de Bouillon. Ledit sieur de Quitry ne trouva pas raisonnable de mettre deux rivières entre les Suisses et nous. Aussi n'estoit-ce pas l'advis dudit sieur de Chastillon (duquel il ne trouvoit rien du bon), et pria ledit sieur baron de se trouver ce jour-là à Arsy, où il se trouveroit au logis dudit sieur de Bouillon.

1. *Joigny*, aujourd'hui ch.-l. d'arr. du dép. de l'Yonne.
2. Le 13, *n. s.* — De ce paragraphe il n'a passé dans les *Mémoires* (t. III, p. 194) que quelques mots sur l'arrivée de Monglat au camp. — Cf. le *Discours*... de Châtillon (Delaborde, p. 472-473, et la lettre de Quitry du 5 janvier (*Appendice*, n° II).

Ledit sieur de Clervant nous asseura de garder la contribution de Tonnerre pour la despartir en commun, mais depuis il nous paya d'excuses : que les Suisses, amenans ladite composition dans leurs charrettes, avoyent esté chargéz de l'ennemi, qui leur avoyent tout osté et leurs bagages ; mais c'estoit que les Suisses s'estoyent accommodéz de tout ; ce que nous supportasmes pour l'estat où ils estoyent, et se vouloit par ce moyen excuser envers le collonel Schregel, qu'il n'aimoit pas, et l'en priver. Nous eusmes seulement du sieur de Bouillon fait évanouir la contribution des 200 escus de Tonnerre en faveur de sa tempte.

Le sieur de Malroy vint ce jour à Sassi prier Bouck et Bernsdoff de faire escorte aux Suisses ; mais ils avoyent desjà commandement de s'advancer jusques à nous, à cause de la trop grande journée qu'ils avoyent affaire au passage d'Yonne.

Ledit sieur baron ne peust aller vers ledit sieur de Bouillon et m'y envoya veoir ce qu'il seroit résolu pour passer demain la rivière d'Yonne, estant empesché avec le régiment de Cloth, qui désiroit l'avoir pour collonel, ce que nous eussions bien désiré qu'il eust accepté, mais s'estoyent des terribles gens. Il en avoit voulu bailler la charge au feld-marschalk, qui n'en avoit point voulu, les cognoissans bien, et luy aussi craignoit de s'en charger ; et cependant ce régiment demeuroit sans chef, qui fut un grand dommage. Celuy de Werren demeura aussi sans chef, d'autant qu'ils ne se voulurent point contenter du sieur de Dommartin, que ledit sieur baron leur avoit voulu bailler pour collonnel et faire deux régimens un. J'arrivay à Arsy peu avant ledit sieur de Bouillon, que le sieur du lieu, qui estoit en l'armée, ne voulut loger en son chasteau, et, quand il fut en son logis, tout malade, je le suppliay, pour ce qu'il estoit desjà tard, de faire faire le despartement afin que je l'emportasse pour partir demain à bonn'heure, puisqu'il me falloit aller loger delà l'eau. Il me pria d'attendre le sieur de Quitry.

Cependant je veis arriver le sieur de Monglas, lequel tarda quelque peu à bailler lettres audit sieur de Bouillon, et enfin luy en bailla quand il me veit sortir de la chambre d'où j'estois sorti exprès, voyant que je l'empeschois de faire ses affaires, qui me feit très mal juger de sa venue, se cachant ainsy de nous. Je rentray bientost exprès et veis les lettres qu'il avoit baillées ouvertes sur la table, dont je ne m'efforçay pas beaucoup de voir le subject, sçachant bien qu'on trompoit ledit sieur de Bouillon comme nous. Et, me renvoyant[1], il ne peut s'eschaper de parler à moy. Et, luy demandant s'il n'avoit point de lettres et charge vers ledit sieur baron et les collonnels, il me dit que non et qu'il n'avoit point apporté des lettres; cependant j'avois veu le pacquet plein des petites lettres. Je luy demanday des lettres du roy de Navarre. Il ne sçavoit que me dire et me laissa quand il veid entrer le sieur de Quitry, avec lequel il se mit en propos. Il estoit tard, je pressay ledit sieur de Quitry de me bailler le département et me dire ce pourquoy il avoit désiré la venue dudit sieur baron, qui estoit empesché. Il s'excusa pour n'avoir personne

---

1. Lisez : *... me revoyant...*

qui luy aydast à le faire, ne cognoissant le païs, car il ne faisoit les logis que sur le raport des paysans, où nous estions ordinairement trompéz et très mal logéz, et luy disant qu'on ne pourroit donc pas desloger demain, qu'il estoit desjà nuict. Nous advisasmes du moins de prendre un rendez-vous où il nous bailleroit nostre département, et convinsmes du rendez-vous au-devant de l'abaye des nonnains[1], sur la rivière, au-dessous de Mailly. Je le voyois fort pensif depuis avoir parlé audit sieur de Monglas, et, voulant sentir que c'estoit, m'aprochant un peu d'eux sans fere semblant de les escouter, j'entr'ouy ledit sieur de Beauvoir qui dit : « — *S'il ne s'y trouve, cela ira mal.* » Je ne pouvois sçavoir de qui il parloit, si ce n'estoit du roy de Navarre. Et toutesfois, voyans qu'ils se cachoyent ainsy de nous, je ne voulu pas enquérir davantage, sachant aussi bien qu'ils me desguiseroyent la vérité et qu'il nous falloit attendre ce qu'ils nous en voudroyent dire, mais il estoit bien tout sur Guillot le songeur.[2] Je leur demanday s'il n'y avoit autre chose que je deusse emporter. L'oyant ledit sieur de Monglas, il me dit que non tout froidement et qu'il se trouveroit demain de bonn'heure audit rendez-vous. Ledit sieur de Bouillon me dit qu'il nous avoit fait emmener du sel et qu'il prioit ledit sieur baron qu'il luy donnoit

1. L'abbaye des bénédictines de *Crisenon*, dont l'emplacement fait aujourd'hui partie de la commune de Prégilbert, cant. de Vermenton, arr. d'Auxerre, Yonne.

2. Allusion maladroite au vieux proverbe : *être logé chez Guillot-le-songeur*, analogue au nôtre : *vivre dans la lune* (Le Roulx de Lincy, *Le livre des Proverbes* ; Paris, 1846, 2 vol. in-8° ; t. II, p. 37). — La Huguerye entend dire par là qu'on ne pouvait pas tirer un mot de raison de M. de Monglat.

un peu de son vin en récompense, que le sieur de Cormont luy avoit dit estre bon, et envoya un lacquay avec moy.

Il estoit nuict, et rencontray en chemin les bagages de Bouck et Bernsdorff, qui venoyent camper le long de l'abaye, où Ketler avoit mis le feu. A mon arrivée, ledit sieur baron envoya le rendez-vous partout excepté à Dommartin, auquel je l'avois baillé, l'ayant trouvé au logis dudit sieur de Bouillon, et dis que Monglas estoit arrivé et que je n'avois rien peu tirer de luy, luy comptant tout, mais que j'estois bien trompé s'il ne nous apportoit quelque mauvaise nouvelle, car je les avois veu bien peneux, nous verrions ce qu'ils nous diroyent. Je receu une lettre du sieur de Sarasin touchant l'ordre que nous avions advizé pour loger et marcher au contentement de tous, que je baillay, depuis, audit sieur de Chastillon et fut trouvé bon. Il nous advertit du feu advenu au cartier des régiments dudit sieur de Chastillon, où les Suisses se devoyent advancer ce jour-là, et de l'ordre qu'ils avoyent donné pour en sçavoir la vérité et faire justice, d'autant que ledit sieur de Quitry ne cerchoit qu'occasion de jetter le chat aux jambes dudit sieur de Chastillon, à la venue duquel il dressoit tous les désordres et le mal qu'il faisoit[1].

Ceste forme de loger et marcher fut dressée à Vermanton, qui se peut tousjours observer à peu près, selon que le païs et l'assiette des villages le peuvent, logeant le sieur de Bouillon à couvert comme il doit

---

1. Voyez à la fin du volume la reproduction de la « Forme de loger et marcher » dessinée dans le manuscrit à cette place.

au milieu de l'armée, et les Suisses à couvert comme ils le désirent, sauf à rechanger de jour à autre les Suisses, l'un devant, l'autre derrière. Les reistres prests l'un de l'autre couverts de leurs lansquenets et des régiments de Monsieur de Chastillon, qui seroit à la teste où il doit et comme il désire aussi, demeurans encores les deux régimens du sieur de Mouy et de Villeneufve, l'un pour couvrir la cavallerie françoise à l'opposite des lansquenets et l'autre derrière près des Suisses et reistres, prennant tousjours douze villages seulement les plus proches que fere se peut, au lieu de s'escarter en 28 ou 30 villages, quelques fois changeant de main selon que l'ennemi se présente et le devoir des François.

* *
*

Le mecredy 4º d'octobre[1], nous partismes de Vermanton et vinsmes au rendez-vous de bonn'heure, où ledit sieur de Quitry nous vint trouver et nous communiqua une dépesche aportée d'Angleterre par le neufveu de maistre Geoffroy, que je prins de luy pour en avoir copie et luy rendis depuis, mais jamais il ne nous dit un seul mot de Monglas, qui avoit toute son addresse à luy, à quoy je prins bien garde, mais ils n'avoyent pas encores corrigé et accommodé sa dépesche pour nous en présenter une forgée de leur humeur et y estoyent bien empeschéz, sçachant que nous ne faudrions pas de recognoistre ces façons-là, encores que n'en feissions semblant. Il avoit avec luy Viridet, son secrétaire, que je feis advertir par le sieur

1. Le 14, *n. s.* — Ce paragraphe n'a point passé dans les *Mémoires*.

de Cormont de se retirer avant que les reistres le veissent, qui le tueroyent sans faute; de là, ayans nostre département, nous allasmes passer la rivière au gué, au-dessous du cartier des régimens dudit sieur de Chastillon, lequel nous trouvasmes delà l'eaue, qui nous monstra le chemin de nos logis qu'on avoit faits par l'advis du sieur de Coulanges et autres gentils-hommes du païs, qui disoyent nous venir joindre; mais c'estoit pour conserver leurs maisons et amis, car, tost après, nous ne les veismes plus. Je parlay audit sieur de Chastillon de Mailly-la-ville, dont j'avois advis qu'on avoit pris 800 escus pour la conserver. Il me le confessa, et sçavoit bien qui et qu'il me le diroit. Je sçavois desjà bien que c'estoyent les sieurs de Quitry et les sieurs de Mommartin et de Monchannerre, ses facteurs, qui ne faisoyent autre chose à tous des-partemens avec ledit Viridet, ce que je n'ay voulu dire à toutes occasions, mais je priay ledit sieur de Chastillon de se loger là-dedans pour rompre ses convenances et de nous donner un guide. Il nous donna le sieur de Coulanges, qui nous mena à Fouronne[1] et ès environs. Nous nous trouvasmes logéz droit à la teste de Monsieur de Guise vers Auxerre, et ledit sieur de Bouillon à Mery-sec[2], encores plus descouvert que nous du costé de Porrin[3], qui le contraignit de fere garde toute la nuit, comme il nous manda, nous priant

1. *Fouronnes*, aujourd'hui comm. du cant. de Courson, arr. d'Auxerre, Yonne.

2. *Merry-sec*, aujourd'hui comm. du cant. de Fouronnes, arr. d'Auxerre, Yonne.

3. *Pourrain*, aujourd'hui comm. du cant. de Toucy, arr. d'Auxerre, Yonne, dans l'ancien pays de Puisaye.

de jetter un corps de garde sur le chemin d'Auxerre. Voilà comme on faisoit les despartemens à propos par l'advis des paysans et encores pis par l'advis des gentilshommes, qui céloyent les villages qu'ils désiroyent conserver, au lieu d'aller voir et faire les logis à l'œil, comme c'estoit sa charge, et fere, en y allant avec sa cornette, le feld-marschal et la *Rennfanen* ce que l'occasion luy eust présenté pour la guerre, mais jamais on ne peut obtenir cela de luy, quelque instance et plaincte qu'on luy en feist, ny qu'il logeast ledit sieur de Chastillon près de nous.

***

Le jeudy 5ᵉ d'octobre[1], Monsieur de Bouillon nous feit séjourner et nous pria de l'aller trouver à Méri-Sec, comme nous feismes, après une faulce alarme que nous eusmes la nuit. Il nous feit entendre par le sieur de Cormont, venu exprès, que lesdits sieurs de Chastillon et de Quitry estoyent demeurez campez au-devant de leur logis qui leur avoit refusé l'ouverture, et avoit envoyé ledit sieur de Cormont pour luy mener deux cannons, sur quoy estans entrez en délibérations, le grand retardement que ce seroit, comme desjà cela estoit cause de séjour, pour à quoy éviter, les François nous remonstrèrent que le chemin auquel nous estions dressans la teste vers Gyen, où on nous vouloit mener, estoit trop couvert, qu'il seroit meilleur d'aller droit vers La Charité, sur laquelle le sieur de La Nocle, qui estoit arrivé au passage d'Yonne, avoit une belle entreprinse, que, si elle réussissoit, comme

---

1. Le 15, *n. s.* — Ce paragraphe n'a point passé dans les *Mémoires*.

il en avoit bonne espérance, ce seroit un beau passage ouvert que nous garderions au roy de Navarre pour nous venir joindre.

On ne nous dit encores rien du sieur de Monglas, estant fort estonné de cela, veu que j'estois présent à son arrivée à Arsy et avois parlé à luy. Mais j'apperceu bien que c'estoit desja quelque effect secret de sa venue de ce changement, et qu'ils nous vouloyent faire faire quelque chose sans y penser, qui fust cause que nous remonstrasmes cela devoir donc avoir esté faict le jour d'hier, sans nous loger si loing, pour retourner après; que cela ne faisoit qu'engendrer des mauvaises opinions aux reistres, qui se fascheroyent quand, après, il les faudroit faire prendre à la droicte; qu'ils nous disent librement l'occasion de ce changement, car je sçavois bien que ce chemin menoit droict à Gyen vers Chasteau-Rennard[1], où nous avions passé au voyage dernier[2], qui estoit bon païs. Jamais, pour cela, ils ne nous voulurent dire autre chose. Nous adjoustasmes que ne cognoissions point le païs comme eux, et, s'il estoit meilleur, tant pour le chemin que pour l'entrepriuse, qu'on regardast donc à faire les logis ès environs du cartier dudit sieur de Chastillon, afin qu'en ayans eu la raison nous allassions droit vers La Charité. Ainsy on dit audit sieur de Cormont que, cependant que l'artillerie s'advançoit selon le commendement donné au sieur de Couvrelles, il feit le despartement, et que nous serions demain de bonn'heure au logis. En pro-

---

1. *Château-Renard*, aujourd'hui ch.-l. de cant. de l'arr. de Montargis, Loiret.

2. L'expédition de 1576, déjà rappelée ci-dessus, p. 8.

cédant audit département, il s'y trouva tant de difficultéz qu'il fust trouvé meilleur que ledit sieur de Cormont s'en retournast en diligence, prennant seulement un rendez-vous auquel les mareschaux de camp se trouveroyent demain pour y faire les logis ou nous les aporteroit tout fait, et par advance fut prins un logis par ledit sieur de Bouillon, où il alla après diner pour s'oster de descouvert. Et, cela fait, nous en retournasmes au cartier.

***

Le vendredy sixiesme d'octobre[1], nous vinsmes de nostre cartier audit rendez-vous, assez près des logis dudit sieur de Chastillon, qui s'y estoit rendu, estans sortis la nuict tous ceulx de la ville, fors quelques femmes, de sorte qu'il ne fut besoin de l'artillerie. On nous avoit asseuré que nous trouverions les mareschaulx de camp au rendez-vous. Toutesfois, il n'y vindrent point, et nous fut là envoyé un autre despartement qu'à l'entour du cartier dudit sieur de Chastillon, de sorte qu'après avoir passé beaucoup de bois pour venir au rendez-vous, il nous en fallut encores passer beaucoup avant qu'arriver en nostre logis, à Thourry[2], nous ayans faict destourner de deux grands lieues et d'un beau chemin à faute de nous avoir adverti de la nuit de ce changement, qui nous fascha fort, et eussions eu bien de la peine à trouver le logis, n'ayans point de guides, sans le sieur d'Espeuilles, qui nous

1. Le 16, *n. s.* — Ce paragraphe n'a point passé dans les *Mémoires.*

2. *Thury*, aujourd'hui comm. du cant. de Saint-Sauveur-en-Puisaye, arr. d'Auxerre, Yonne.

mena, cognoissant le païs, pour y avoir une maison, que nous luy promismes conserver.

* *

Le samedy 7ᵉ d'octobre[1], nous séjournasmes à Thoury pour donner loisir à l'exécution de l'entreprise de La Charité devant que nous advancer, espérant que ledit sieur de La Nocle partoit ce jour à cest effect, ce qui fust remis au lendemain. Cependant nous allasmes au rendez-vous à Fossegillon[2], cartier dudit sieur de Bouillon, où se trouvèrent les conseillers françois, excepté Vezines, qui estoit malade, et mourut quelques jours après, et le sieur de Quitry, qui arriva bien tard avec Monglas, auquel il donnoit les instructions de ce qu'il nous devoit dire, de sorte que, en attendans le disner, nous entrasmes en discours de ce qu'il estoit venu faire, nous émerveillans, quant à nous, depuis son arrivée à Arcy, il y avoit quatre jours. On ne nous avoit rien dit, comme on avoit faict de la dépesche d'Angleterre, pour ce qu'il falloit qu'elle fût faicte par nous, encores que fussions séjourné au logis de Fourronne. Ils estoyent fort mornes sur cela, et commança à dire le sieur de Beauvoir que sa charge tendoit à nous fere aller au haut de la rivière, et que nous pouvions bien cognoistre nous-mesmes à ceste heure comme il estoit possible et expédient, comme nous le voulant dissuader; et à ceste fin dit qu'il estoit du païs et qu'il estoit tellement difficile d'y vivre, et l'ar-

1. Le 17, *n. s.* — Ce paragraphe est partiellement reproduit dans les *Mémoires* (t. III, p. 193-198).

2. *Fougilet*, aujourd'hui hameau de la comm. de Sougères, cant. de Saint-Sauveur-en-Puisaye, arr. d'Auxerre, Yonne.

tillerie et bagages de passer par le chemin qu'il nous faudroit faire en partant d'icy qu'il pouvoit avec vérité apeler ceste difficulté impossibilité (ce sont ses mots).

Ne faisant aucun comte de cela et disans qu'il faudroit regarder à quelque autre moyen et en advertir le roy de Navarre[1], adjousta[2] qu'il estoit aussi peu expédient que possible pour ce que savoit ledit sieur de Clervant qu'il nous monstroit, lequel en dit la raison plus ouvertement à cause de ses Suisses qu'il seroit impossible de retenir plus en l'armée, si on les menoit si près de Lion[3], qu'il faudroit pour aller au haut de la rivière, asseurant ledit sieur de Clervant qu'ils s'en iroyent tous sans aucun moyen de les retenir, redoublans que ces raisons estoyent si prégnantes qu'il estoit impossible d'entendre à la proposition dudit Monglas, et falloit adviser promptement à d'autres moyens pour en advertir le roy de Navarre en dilligence.

Nous dismes que c'estoit bien loing de trouver le roy de Navarre sur le bord de Loire, d'où nous n'estions que cinq ou six lieues, comme on nous avoit asseuré près de Gyen et La Charité; que nous nous estions bien tousjours doubté de cela et qu'on nous ruinoit de propos délibéré, nous ayant ammené icy à demy morts pour y trouver les ennemis de tous costéz au lieu de roy de Navarre; que nous ne cognoissions point le chemin et nous en raportions bien

---

1. Ce membre de phrase s'applique aux autres membres du conseil.
2. Suppl. : ... *le sieur de Beauvoir adjousta*...
3. *Lyon*, qui se trouve en effet sur la route de la Suisse.

à leur advis; mais, quant aux Suisses, que nous avions recognu un tel estat en eux que ceste raison-là estoit invincible et de laquelle le roy de Navarre, quand il seroit bien adverti pour aviser à autres moyens, qu'ils le devoyent desjà avoir fait, comme tant de fois ils nous l'avoyent promis et asseuré aux collonnels.

Sur ce, Monsieur de Bouillon se mit à table. Et, après disner, j'étois fort triste, prévoyant nostre ruine, mais plus de ce que je craignois ne me tromper pas beaucoup de juger qu'elle estoit artificieuse et par complot, quand, en attendant lesdits sieurs de Quitry et Monglas, pour employer le temps, ledit sieur de Clervant nous parla d'une lettre qu'ils avoyent advisé de fere escrire par ledit sieur de Bouillon au Roy, au nom de toute l'armée, pour empescher, disoit-il, que Sa Majesté ne se résolût à joindre la Ligue et nous combattre, luy donnant au contraire telle asseurance de nos forces qu'il en peust faire comme estat des siennes. Cela me fust encore un plus grand argument de mon advis, nous voyant préparer à estre mis en la main du Roy d'une façon ou d'autre, et les pauvres Églises demeurer derrière. Lors, ledit sieur de Clervant tira une minutte de lettre qu'il avoit dressée, qu'il feit lire en nostre présence, dont on nous demanda nostre advis.

Nous dismes que le texte de ceste lettre estoit formellement contraire à nos accords et capitulations, en premier lieu; secondement, que telles submissions estoyent de telle et si dangereuse conséquence que, au lieu de nous redoubter, on se mocqueroit de nous et seroit un subject de nostre ruine, naissant ordinairement de tels respects et intelligences (lesquelles nous veismes alors plus clair et en effect que devant); qu'il ne nous falloit pas abuser à ce chemin et puis à ceste contraincte, et qu'il estoit meilleur de suivre nostre premier chemin, tant pour éviter ces termes avec le Roy que pour les Suisses, qui n'eussent esté ny près de leurs païs pour s'en retourner, ny près du Roy pour s'en retourner davantage et nous en faire craindre les dangereux inconvéniens; que nous voyons bien qu'on nous voudroit enfin conduire à ce point que nous cognoissions de tout préjudiciable au repos des Églises, principal subject de nostre voyage; que c'estoit un conseil très dangereux, et, pour cest effect, nous y menoyent pas à pas secrètement, comme je le prévy bien dès le commancement du chemin et de la guerre en Lorraine, et des advis que j'avois eu.

Encores qu'ils feussent un peu estonnéz, néantmoins ils fortifièrent leurs propos de la volonté du roy de Navarre qui se gouvernoit ainsi, s'estant luy-mesmes en montant naguères pour venir vers nous retiré de devant le Roy et marché en arrière, en asseurant Sa Majesté qu'il luy céderoit tousjours sa place et se reculeroit dix lieues loing. Ceste confirmation de leurs propos nous confirma aussi en une asseurance d'intelligence avec le Roy à nos despens et des Églises contre tout devoir et promesses. Ils adjoustèrent que, quand bien il n'y auroit autre respect que pour retenir un peu le Roy par celuy qui y seroit envoyé, cela estoit expédient, et que, sur ce qu'il verroit par le moyen de Messieurs de Montpensier, d'Espernon et de Biron, il pourroit acheminer quelque chose nommément par la copie de la dépesche du sieur de Villy qu'il porteroit pour la faire voir à Sa Majesté et les desseins sur son estat.

Nous veismes que c'estoit une chose résolue entr'eux, qu'ils feroyent sans nous et peut-estre à nostre dommage. A ceste fin, trouvasmes nécessaire de nous y accorder par force et toutesfois réformer la lettre, en sorte que les submissions fussent telles que l'autorité et la force nous demeurast en la main pour en faire le service des Églises tant qu'il nous seroit possible, et à ceste fin entrasmes en la lecture et considération de la minutte de ceste lettre, de laquelle nous feismes modérer les submissions à ceste fin et retrancher quelques clauses dont le roy se pourroit servir à nostre préjudice. Et, quant à la clause de donner créance sur un gentilhomme qu'ils y vouloyent envoyer, nous leur remonstrasmes que cela estoit du tout contraire aux accords, qui desjà avoyent esté enfraints, en 24 articles, dont j'avois dressé le mémoire que j'avois en main; qu'il falloit plustost regarder à les préparer qu'à les continuer; et qu'il suffisoit, ce semble, pour s'acquicter d'un tel respect sans préjudice de la cause et des Églises, d'escrire une honneste lettre au Roy de l'occasion de la prinse de leurs armes, non contre son service, mais pour les employer pour la seurté de sa personne et conservation de son Estat contre la Ligue (pour, de laquelle luy fere voir les desseins sur son Estat et couronne, on luy envoya la copie de la dépesche du sieur de Villy, le suppliant d'y vouloir bien regarder et pourveoir à tels desseins en recognoissant ses bons et naturels subjects et usant des moyens qui se présentoyent pour mettre son royaume et subjects en repos, et que, s'il plaisoit à Sa Majesté voir l'original de ladite dépesche et entendre plus au long la bonne affection de ceste armée, il luy pleust choisir quelque gentilhomme à son service, de ses plus fidelles serviteurs, auquel on feroit voir les originaux et entendre toutes choses pour luy faire fidelle raport); et que, sur la responce que Sa Majesté feroit à ceste lettre, ainsi humblement et discrètement couchée, on recognoissoit qu'il tendist à quelque chose de bon pour les Églises et le service du roy de Navarre ensemble, lors il seroit temps et occasion d'y dépescher de toutes nations, selon l'ordre de la capitulation, pour entrer plus avant en traicté conforme à nostre devoir, promesse et vocation. Nous voyons bien qu'ils ne retrancheroyent pas volontiers cela, et encores ne sçavons-nous ce qu'ils en ont fait à l'original. Toutefois, pensans nous embarquer peu à peu en la négociation de leur dessein, ils feirent contenance de le trouver bon ainsi, et fut, selon cela, par nous réformée ladite lettre et advizé d'envoyer le pacquet par un trompette audit sieur de Montpensier pour le présenter au Roy[1].

Sur ces progrès de leurs desseins, je feis une résolution en moy-mesmes : qu'ils voudroyent bien nous faire entrer en quelque accord avec eux pour s'accommoder au Roy, mais ils cognoissoyent bien que nous ne le ferions jamais sans asseurer les affaires des Églises, auquel effect nous avions tant disputé avec eux pour l'article premier d'un projet de paix contenu en la capitulation, auquel ils ne se vouloyent pas obli-

1. M. de Ruble cite (*Mémoires* de La Huguerye, t. III, p. 198, *note*) deux copies de cette lettre datée du 20 octobre, *n. s.*

ger, qui estoit cause que je craignois et prévoyois que le Roy, ne voulant jamais entendre à cela, tant de son naturel que pour le respect de ses affaires avec la Ligue, ils prinsent le chemin auquel ils estoyent desjà fort advancéz de la ruine et dissipation de l'armée pour en faire tomber l'honneur au Roy et asseurer ses affaires contre les practiques de la Ligue et entretenir l'intelligence du roy de Navarre avec Sa Majesté pour la conservation dudit seigneur contre ladite Ligue, laissans là les Églises à une autre fois, que je voyois estre le plus couvert et artificieux moyen, et le plus facile et advancé, bien que nostre ruine et des Églises en fust advancée.

Après cela, ils nous parlèrent de la dépesche d'Angleterre, désirant le sieur de Buzenval; que, pour achever ce que j'avois commencé et advancé et luy depuis mon partement continué, nous y envoyassions un gentilhomme allemand de nostre part, auquel la royne[1] auroit plus d'esgard pour augmenter la somme qu'elle avoit desjà promise; sur quoy nous advisasmes entre nous que ce seroit comme innover nostre capitulation de recercher la royne pour nos payemens, craignans qu'ils n'eussent ainsi contrefait ceste instruction, qui n'estoit qu'un mémoire pour nous surprendre et nous payer de cela en faisant leurs autres négociations secrettes; et nous en excusasmes pour éviter à tous inconvéniens et maintenir la capitulation entière sur ce point, remonstrans que ceste dépesche devoit et pouvoit estre faicte par eux; que, s'il estoit question d'y envoyer un gentilhomme

---

[1]. La reine Élisabeth.

allemand, Monsieur de Bouillon en avoit à sa suite pour desguiser et advizer l'affaire comme ils adviseroyent. Sur cela, on nous pria d'escrire avec eux ; nous promismes d'y advizer avec les collonels, et, s'il estoit trouvé bon, nous en aporterions la minutte pour leur monstrer ; qu'ils dressassent cependant leurs affaires et feissent élection de celuy qu'ils y envoyeroyent.

Comme nous achevions ceste résolution, le sieur de Quitry et le sieur de Monglas arrivèrent, ayant esté longtemps à se résouldre sur ce qu'il[1] nous diroit. Il nous exposa sa charge en peu de parolles et nous exhiba son instruction pour voir le reste (ceste façon me feit doubter qu'il eust crainct de se couper en son discours). Ceste instruction[2] n'estoit en forme ordinaire, ny cachetée, ny contresignée, et avions tout subject de juger que ledit sieur de Quitry l'avoit ainsy accommodée pendant ces quatre jours qu'il avoit esté en l'armée, m'ayant dit qu'il n'avoit rien aporté et ne s'estoit voulu charger de rien. Je la prins pour en avoir copie.

On luy feit entendre les raisons susdites desdits sieurs de Beauvoir et de Clervant, remonstrans qu'on nous avoit persuadé de tenir ce chemin, à nostre grand regret, sur l'asseurance qu'on nous avoit donné d'y trouver le roy de Navarre sur le bord de Loire, nous alléguant que c'estoit son commandement aporté par Beauchamp, qu'il n'y auroit point de faute en cela et ne seroit besoing de passer la rivière ;

---

1. *Il,* c'est-à-dire *Monglat.*
2. Celle-là même qui est citée ci-dessus, p. 249, *note* 1.

que nous avions préveu ce que nous voyons de sa charge, et que nous en estions fort excusez jusques à ce qu'on nous y eust comme forcé, non par raison; car elle nous menoit ailleurs, mais par l'autorité et respect du commandement du roy de Navarre; à quoy ils ne dirent mot, ne le pouvans desguiser, tant il y avoit de tesmoins; et, quant audit sieur de Monglas, qui estoit arrivé trop tard, veu qu'il confessoit y avoir cinq semmaines qu'il estoit party d'auprès du roy de Navarre, qu'il nous avoit peu joindre aussi tost que ledit sieur d'Espaux, et que lors il nous eust esté libre de prendre ce chemin du haut de la rivière, qui nous est par leur advis propre à présent possible, si on ne veut ruiner l'armée par nécessité et dissipation; quant à nous, qu'il nous eust esté aussi bon d'aller au haut de la rivière tout droit que de venir à Gyen.

Il s'excusa, disant avoir fait tout devoir de nous joindre, avoir esté en Champagne et Troyes et plus haut, pour avoir de nos nouvelles, qu'il n'avoit peu (ce qui n'estoit vraysemblable, estant venu celuy d'Angleterre sans difficulté, et venans tous les jours gens en l'armée de tous costez, de laquelle on avoit nouvelles dix lieues à la ronde, et d'advantage, ayant ledit sieur de Monglas tant des moyens asseurez de passer partout que c'estoit une mocquerie), ce qui nous feit doubter de quelque cabale, et que c'eust esté un retardement artificieux pour nous laisser enfoncer en ces chemins et nous contraindre à toutes choses artificieusement. Il continua néantmoins tousjours en ses excuses et ne nous parla jamais d'autre chose, ny de passer la rivière, mais tousjours d'aller par la Bourgogne au haut de la rivière.

J'adjoustay que, après avoir esté quatre jours en l'armée, sans nous dire un mot de cela, et nous fere néantmoins passer plus outre vers La Charité, estoit subject de croire qu'on n'avoit pas voulu que le sceussions plus tost, nous esmerveillans que le roy de Navarre fust venu vers la rivière, s'en fut retourner au lieu de monter pour nous venir cercher, ainsy qu'ils nous l'avoyent asseuré.

Il respondit que le roy de Navarre n'estoit venu lors vers la rivière que pour joindre Messieurs les prince de Conty et comte de Soissons, lequel il joignit, estant ledit prince demeuré malade, et qu'encores auroit-il bien eu de la peine à persuader ses gens de guerre de venir jusques-là, qui ne luy avoyent voulu permettre que huict jours pour cest effect, et s'en retourner après.

Je dis qu'il nous falloit donc fere entendre ces difficultéz là et ne nous mettre point en avant par Beauchamp un commandement pour venir icy et puis nous laisser là et s'en retourner en Gascogne; que nous voyons bien nostre ruine par le défaut de sa conjonction promise et le chemin qu'on nous a faict fere sous ce prétexte et voyans bien où tend cela; mais que nous mourrons plustost que de rien fere où consentir contre nostre honneur et promesse, et, quand on nous aura ruiné, on ne gaignera pas beaucoup en nostre ruine, dont les causes et les moyens se descouvriroyent à la honte et confusion d'iceulx, qui la projettent et négotient; et que les Églises cognoistront tost ou tard à qui il auroit tenu qu'elles ne reçoivent le fruict espéré de ceste entreprinse.

Nous avions auparavant requis plusieurs points

que j'avois requis en un mémoire pour en presser l'exécution, mais nous n'en avons jamais peu venir à bout, encores qu'ils recognussent justes et nécessaires, tant pour l'entrée, assiète et forme de délibération au conseil pour le réel establissement dudit sieur de Chastillon en icelluy et en la conduicte de l'avant-garde, sur laquelle ledit sieur de Quitry usurpoit tousjours, que pour faire loger le mareschal de camp près dudit sieur de Bouillon, affin d'éviter aux désordres des despartemens de ne loger plus ès villes afin d'en tirer des commoditéz, de ne traicter plus d'aucune composition qu'au conseil et d'adviser aux moyens asseuréz de la conjonction du roy de Navarre dont le terme est expiré.

Ces choses prou discourues et mal résolues, on se retira avec résolution de séjourner encore demain pour faciliter l'entreprinse de La Charité, et la cavalcade accordée audit sieur de Chastillon, qui estoit venu prier ledit sieur baron à Thoury de luy bailler des reistres, lesquels, aymans ledit sieur de Chastillon, tant pour ses vertus que pour la mémoire de feu l'admiral, son père, s'y accordèrent volontiers. Et, pour leur en augmenter le courage, au lieu que les Françoys empeschoyent les vivres aux reistres, il leur feit distribuer beaucoup de vin et autres commoditéz de la ville de Perruze[1], son cartier, où il estoit entré la nuict par force avec son pétard, après avoir fait tout ce qu'il peut de douceur pour y entrer, eu esgard à Monsieur de Montpensier, qui en est seigneur.

*
* *

1. *Perrcuse*, aujourd'hui comm. du cant. de Saint-Sauveur-en-Puisaye, arr. d'Auxerre, Yonne.

Le dimanche 8ᵉ d'octobre[1], nous séjournasmes encores à Thoury, à cause de l'entreprinse de La Charité, qui fut remise par les François[2], contre nostre advis, désirans partir ce jour-là, et fut cause du séjour fait pour n'advancer trop vers ce quartier-là et ne leur donner l'alarme pendent qu'ils alloyent ce jour mesmes; ceste remise fut aussi cause de la ruine de l'entreprinse, d'autant que, pendant leur retardement, comme si le Roy en eust esté adverti par les confidens qu'il avoit en l'armée, il envoya le régiment de Jarzé pour y entrer, qui les devança et empescha, et pour tenir les forces du Roy en cervelle pendant que ceste exécution se feroit, de laquelle ledit sieur de La Nocle nous asseura du tout.

Ledit sieur de Chastillon entreprint une cavalcade le long de la rivière depuis Cosne, embas au-devant de nous, pour prendre langue et combattre ce qu'il rencontreroit, auquel effect ledit sieur baron luy bailla le feld-marschalk avec la *Rennfanen* et le collonnel Bouck avec son régiment. Ledit sieur de Quitry nous escrivit le lieu pour sçavoir où les troupes joindroyent les troupes dudit sieur de Chastillon; ses lettres vindrent tard et eurent aussi tard response, de sorte qu'il n'y peut aller, dont ne feusmes pas beaucoup marris pour ce que, ne s'accordant pas avec ledit sieur de Chastillon, nous craignions qu'il ne l'empeschast. Ledit sieur de Quitry envoya son secrétaire Viridet sur la rivière, sous ombre

---

1. Le 18, *n. s.* — Ce paragraphe n'a point passé dans les *Mémoires*.

2. Sur ces entreprises avortées, cf. le *Discours...* de Châtillon (Delaborde, p. 473) et les *Mémoires* de Saint-Auban (*loc. cit.*).

de garder la maison du sieur de La Borde. Il nous avoit donné espérance d'une négociation sur Cosne, qui fut exécutée par ledit Viridet et révélée au duc d'Espernon par leurs intelligences ordinaires, qui ne faillit aussitost à passer l'eau et entrer en Cosne et venir entreprendre sur le logis dudit sieur de Chastillon en son absence, le lendemain, et envoyer ledit Jarzé à La Charité, ce que nous avions tousjours creu estre venu dudit Viridet, qui ne faisoit qu'aller et venir partout de la part de son maistre et mesmes se fere prendre prisonnier.

Nous feismes résolution avec ledit sieur de Chastillon [1]   se trouvéroyent en la campagne d'entre le logis de Bouck et le sien pour partir de bon matin. Nous eusmes responce du sieur de Sarasin sur la prière que je luy avois faicte d'entreprendre un voyage vers le roy de Navarre avec Monglas, depuis l'arrivée duquel nous voyons encores plus d'incertitude que devant, voire une apparence de désespoir de la conjonction du roy de Navarre, dont nous avions trouvé nécessaire de nous esclaircir par homme fidelle et propre à bien recognoistre toutes choses, comme ledit sieur Sarasin, et avions tous esté de cest advis d'en prier ledit sieur Sarasin, qui estoit encores malade, et nous promit de le fere, estant guéri, s'il y avoit seurté pour luy avec Monglas, duquel je luy escrivis qu'il le sentist sans faire semblant de rien. Mais, Monglas, l'ayant recognu, feit tousjours depuis le long à partir, au lieu qu'auparavant il pressoit sa

---

1. Ici un ou plusieurs mots sont évidemment passés. Suppl. : ... *la Rennfanen et le régiment de Bouk*...(?); voyez le second alinéa de la page précédente.

dépesche, craignant que nous ne descouvrissions quelque chose, de sorte qu'ils tirèrent tousjours le partement dudit sieur de Monglas en longueur, sous couleur de la conservation du chasteau et bourg de Beaumont[1], qui est au premier président[2], son cousin[3], duquel je luy promis la conservation sans faute, affin que cela ne l'arrestast; et, nonobstant cela il ne bougeoit, de façon que sa longueur à venir à nous et sa longueur à s'en retourner nous donnèrent certain tesmoignage qu'il sçavoit bien qu'on ne se soucioit pas beaucoup de nous joindre.

Après disner, nous allasmes à Fossegillon, où ledit sieur de Chastillon se trouva, et ne fut parlé que des logis, lesquels on dressa, de sorte qu'on feit un logis entre là et la rivière, afin de donner loisir audit sieur de Chastillon qui devoit partir demain à la pointe du jour pour faire sa cavalcade sans alarme et rencontrer plus aisément quelque chose. Là se trouvèrent plusieurs du païs pour avoir sauvegardes, notamment un escuyer de Monsieur de Montpensier, qui nous bailla une liste des terres dudit seigneur pour les garder et un autre pour Sainct-Amant[4],

1. *Beaumont*, aujourd'hui comm. du cant. de Seignelay, arr. d'Auxerre, Yonne.
2. Achille de Harlay, comte de Beaumont. Né le 7 mars 1536, conseiller au parlement de Paris en 1557, président à mortier en 1572, il était devenu, le 6 janvier 1583, premier président, d'où le titre de *président de Harlay* sous lequel il est si célèbre. Il mourut le 23 octobre 1616, laissant une mémoire justement honorée; on sait son rôle en face de l'insurrection triomphante après la journée des Barricades (1588). Il avait épousé Catherine de Thou, sœur de l'historien (P. Anselme, t. VIII, p. 799).
3. Son cousin-germain (*Ibid.*, p. 798, 799 et 802).
4. *Saint-Amand-en-Puisaye* ou *Saint-Amand-les-Poteries*, aujourd'hui ch.-l. de cant. de l'arr. de Cosne, Nièvre.

apartenant au sieur de Jarnac; lesdits logis pour demain et le lendemain furent faicts en l'absence dudit sieur de Quitry, qui ne s'y trouva point. Il estoit logé à Antrain[1], et ainsi s'accommodoit ou des villes ou dans les villes au préjudice des compositions publiques après lesdits deux despartemens si publiquement que tout le monde y entroit, de sorte que l'ennemi estoit tousjours devant nous à nous rompre toutes commoditéz.

On nous monstra la lettre du Roy[2], qui avoit esté réformée. Le sieur de Monlouet tint bon à ce que quelc'un y fut envoyé, ayant grande envie de fere ce voyage. Nous remonstrasmes le préjudice à la capitulation et le peu de projet, qu'il suffisoit d'une bonne lettre et qu'encores eussions-nous mieux aimé qu'on n'eust rien faict du tout; mais que, nous ayans remonstré la volonté du roy de Navarre, nous ne pouvions pas du tout contredire à cela; que, toutesfois, ce n'estoit sans craindre que cela aportast plus de dommage que de proffit. Ceste lettre fut, deux jours après, envoyée d'Aligny[3] par un trompette avec la copie de la dépesche de Rome, à la grande instance dudit sieur de Quitry; nous en demandasmes copie, qui nous fut baillée. On nous pria encores d'envoyer en Angleterre; nous dismes que ne le pouvions fere et que nous escririons avec eux et leur monstrerions présentement la minutte de nos lettres s'ils vou-

1. *Entrains-sur-Nohain*, aujourd'hui comm. du cant. de Varzy, arr. de Clamecy, Nièvre.

2. C'est-à-dire : ... *la lettre destinée au Roy*...; voyez ci-dessus, p. 296.

3. *Alligny*, aujourd'hui comm. du cant. et de l'arr. de Cosne, Nièvre.

loyent; ils remirent cela à quand leur dépesche seroit preste. En faisant les logis, les Suisses et l'artillerie nous donnoyent tant de peine qu'il leur falloit tousjours fere un entrelogis avant qu'arriver au département de l'armée.

Cela fait, nous en retournasmes, et arriva la nuict la composition de Donzy[1], qui fut toute délivrée au collonel Schregel, en récompense de la composition de Tonnerre, que les Suisses avoyent retenue beaucoup plus grande sans comparaison.

**

Le lundy 9 d'octobre[2], nous partismes de Thoury et Fossegillon pour venir à Sainct-Sauveur[3], où on nous avoit logé fort escarts au milieu des bois et tousjours à la main de la Ligue. Nous eussions esté mieux à Sainct-Amand, mais la sauvegarde nous en empescha. Monsieur de Levenstain, cartier-maistre, estoit allé devant fere le logis. On luy refuza les portes et tira des arquebusades. La ville est à Monsieur de Nevers[4], qui leur avoit donné le cueur de nous faire ce refus. Il fut résolu, comme il avoit desjà esté practiqué par ledit sieur de Chastillon, de ne laisser ceste opiniastreté impunie, et, pour la réputation de l'armée, on aprocha, et, voyant la place assez bonne et de vieilles

---

1. *Donzy*, aujourd'hui comm. du cant. et de l'arr. de Cosne, Nièvre.

2. Le 19, *n. s.* — Ce paragraphe n'a point passé dans les *Mémoires*.

3. *Saint-Sauveur-en-Puisaye*, aujourd'hui ch.-l. de cant. de l'arr. d'Auxerre, Yonne.

4. Louis de Gonzague, duc de Nevers du chef de sa femme, Henriette de Clèves, un des principaux ligueurs.

murailles, le sieur Schregel la recognut plus particulièrement. Il n'y avoit guères des flancqs[1] et peu des gens dedans. Je dis qu'il y falloit aller à la sape d'un costé et à l'escalade de l'autre. Il n'y avoit guères des forces, et, d'autant qu'on n'estoit pas asseuré de l'emporter ainsy sans artillerie, ledit sieur baron dépescha promptement vers Couvrelles pour en amener deux pièces incontinent, à condition que, si sans cela on en pouvoit venir à bout, on le contremanderoit en chemin. Ceux de dedans, voyans les lansquenets à la sape et à l'escalade, perdirent courage et se retirèrent dans la grosse tour. Lesdits lansquenets y entrèrent. Ledit sieur baron leur laissa son logis pour les gratifier de leur dilligence et se logea avec ses reistres dans hameaux voisins, dépescha vers ledit sieur de Couvrelles afin de ne venir, dont il n'estoit pas besoin, car, sans cela, il ne fût pas venu, car son artillerie ne pouvoit jamais aller. De là, nous allasmes à l'abaye Aubas[2], afin de les fere rendre sur l'exemple de ceux de la ville. Ils demeurèrent opiniastres. On en laissa aussi fere aux lansquenets, qui l'emportèrent, et eurent en tous deux assez de butin. Ceux de la tour se rendirent à composition de la vie sauve pour tous les habitans, moyennant la somme de 3,000 escus, dont ils donnèrent douze ostages au collonel Schregel.

Monsieur de Bouillon, ayant veu les lettres qu'escri-

1. *Flancs...*, lisez : *flanquements*; c'est-à-dire que c'étaient des murailles unies, incapables d'offrir à l'artillerie d'autre résistance que leur masse.

2. L'abbaye de *Saint-Laurent-des-Aubats* (*Gallia christiana*, t. XII, p. 430). Il en existe encore d'importants vestiges sur le territoire actuel de la comm. de Saint-Laurent, cant. de Pouilly-sur-Loire, arr. de Cosne, Nièvre.

vions à Couvrelles, nous manda qu'il trouvoit nostre résolution bonne, nous envoyant la dépesche qu'il avoit receu du sieur de Quitry, où estoyent des lettres du sieur de La Nocle et de Mommartin, avec une lettre intercepté du sieur du Bat[1] au sieur de Grillon[2], pour nous persuader de faire en dilligence le chemin et gaigner le devant vers Gyen et de là vers Paris, veu l'estat de l'armée du Roy descouvert par lesdites lettres, et nous advertissoit aussi que l'entreprinse de La Charité n'avoit succédé, à cause du régiment de Jarzé, que le Roy avoit envoyé, lequel, ayant senty les nostres à la campagne, s'estoit retiré en fuyant dans les fossez de La Charité et avoit mis les habitans de la ville en alarme et sur leurs gardes, de sorte qu'il estoit impossible d'y rien faire. Sur laquelle dépesche nous luy dismes le lendemain nostre advis, semblable au leur, et conforme à ce qui avoit esté résolu à Taillancourt[3] pour parvenir à la conjonction du roy de Navarre, pour lequel haster il falloit dépescher promptement ledit sieur de Monglas, auquel nous adjoindrions quelcun de nostre part. Pour en suplier Sa Majesté, ils nous pressoyent d'envoyer en Angleterre. Nous nous en excusasmes comme le jour de devant, les priant d'observer la capitulation plus curieusement et réparer les contraventions selon que nous avions résolu entre nous de tenir roide à cela.

*
* *

1. Le baron de Batz, le fidèle serviteur du roi de Navarre; voy. *passim*, les *Lettres missives de Henri IV*.

2. Louis de Crillon (le brave Crillon). Sa vie a été écrite par Henri Garnier (Paris, Mame, 1885, in-8º).

3. Voy. ci-dessus, p. 197 et suiv., sous la date du 3/13 septembre.

Le mardy 10 d'octobre[1], nous donnasmes ordre de fere partir les lansquenets de bon matin de Sainct-Sauveur et de l'abbaye, en laquelle fut mis le feu à cest effect[2]. Et, estant desjà en chemin pour aller droit à Neufvi[3], selon qu'il avoit esté promis audit sieur de Chastillon et résolu au despartement à Fosségillon, nous receumes lettres du sieur de Bouillon escrites le soir devant, nous advertissant d'une entreprinse de l'ennemi exécutée sur le cartier dudit sieur de Chastillon, où commandoit ledit sieur de Mouy en son absence, et du passage de l'armée du Roy deçà la rivière, nous en envoyant la lettre d'advis du sieur de Quitry, qui jamais ne donnoit advis véritable, tousjours plein d'alarme, jamais un seul de quelque belle entreprinse; sur lequel faux advis il avoit fait honteusement et dommageablement rebrousser ledit sieur de Bouillon d'Aligny à son cartier à Bouy[4], cartier des Suisses, faisant d'un costé grand tort à la réputation de l'armée et, d'autre part, nous ostant le moyen de combattre avec advantage dans les plaines et landes au-devant de la rivière, où nous devions advancer au

1. Le 20, *n. s.* — Ce paragraphe n'a point passé dans les *Mémoires*. — Cf. le *Discours*... de Châtillon (Delaborde, p. 473), les *Mémoires... du 23 décembre au 13 juin*... (Recueil A-Z, lettre G, p. 210), les Mémoires justificatifs de Quitry, de Couvrelles, de des Réaux (*Appendice*, nos IV-VI), et les *Mémoires* de Saint-Auban (*loc. cit.*).
2. Rapprocher cet épisode des précédentes tirades de La Huguerye contre l'indiscipline et les rapines des contingents français en Lorraine.
3. *Neuvy-sur-Loire*, aujourd'hui ch.-l. de cant. de l'arr. de Cosne, Nièvre.
4. *Bouhy*, aujourd'hui comm. du cant. de Saint-Amand-en-Puisaye, arr. de Cosne, Nièvre.

lieu de reculer, en païs plain de bois, buissons et hayes advantageux à l'arquebuserie de l'ennemy, qui en estoit mieux garny que nous, et avoit 30 enseignes de Suisses tous frais, laissant cependant, et comme exprès, ledit sieur de Chastillon et nos reistres en grand danger sur l'advis de Viridet, son secrétaire, qu'il avoit envoyé, disoit-il, pour garder la maison dudit sieur de La Borde, nous contraignit de retourner, non que le creussions, mais d'autant que les François et Suisses le faisoyent, et retournasmes droit à Bouy, selon qu'il nous escrivoit. Et, aprochans à demi-lieue de là, nous receusmes autres lettres contraires dudit sieur de Bouillon, nous mandant que le sieur d'Espernon, qui avoit fait ceste charge (où il n'avoit point acquis d'honneur, y ayant laissé assez des siens et peu de ceux dudit sieur de Mouy, — entr'autres le capitaine La Place y fut blessé, qui en mourut depuis), s'estoit retiré à Cosne, et qu'on estimoit qu'il voulut repasser la rivière à ceste cause. N'ayans pour l'incertitude peu fere le logis, il nous mandoit demeurer à Sainct-Sauveur, où il nous envoyeroit le despartement duquel n'avions besoin, ayans eu le nostre sur la rivière de Fossegillon[1] et ne pouvans retourner à Sainct-Sauveur pour en estre trop loin et fort mauvais logis. N'estans qu'à demi-lieue de Bouy, nous résolusmes d'aller jusques-là et fus envoyé pour nous plaindre de telles inconstances et changemens sans causes vrayes qui, cependant, nous pourroyent aporter une perte véritable, tant dudit sieur de Chastillon et de nos reistres, qui nous attendoyent aujourd'huy à Neufvy, où cependant ils estoyent seuls logéz au-devant de l'armée du

---

1. Un de ces *rus*, sans nom, si nombreux en Puisaye.

Roy, que du sieur de La Nocle et de la cavallerie et infanterie françoise qui estoit allé à La Charité, se rafreschissans à Pouilly[1] sur l'asseurance de nostre arrivée cejourd'huy sur le bord de la rivière, en danger aussi d'y pouvoir estre attrappéz, sans pouvoir estre les uns ny les autres secourus de nous par ce honteux rebroussement contre et au préjudice de la réputation de l'armée, au lieu d'advancer dans les plaines pour gaigner nos advantages.

Je trouvay ledit sieur de Bouillon sortant de Bouy au-devant de nous, auquel je feis lesdittes plaintes, qui s'en excusa sur ledit sieur de Quitry, lequel, Beauvoir, voulant excuser, me dit qu'il ne faudroit donc jamais accord d'advis. Je luy dis que si, mais qu'il falloit regarder d'où ils viennent et de qui, et les contrepeser à la lettre du sieur du Bat pour en cognoistre la vanité et n'en prendre pas l'alarme si chaude et déshonorable que celle-là, et que c'estoit à un capitaine de sçavoir bien recognoistre cela ou ne s'en point mesler. Nous advançasmes, devisans de cela jusques audit sieur baron, auquel ledit sieur de Bouillon s'excusa encores, résolvans de loger là ès environs pour s'advancer demain sur la rivière et fere le chemin selon les lettres dudit sieur de Quitry en prennant le devant vers Gyen et Paris, et, après avoir desjeuné à la campagne, nous allasmes loger dans les hameaux près Péruze, nous ayant asseuré ledit sieur de Bouillon d'avoir envoyé vers ledit sieur de Chastillon l'advertir de ce retardement.

*
* *

1. *Pouilly-sur-Loire*, aujourd'hui ch.-l. de cant. de l'arr. de Cosne, Nièvre.

Le mecredy 11 d'octobre[1], nous partismes d'auprès de Péruze, ayant eu le matin advis dudit sieur de Chastillon par Éhèm qu'il s'estonnoit que n'estions venu hier et nous attendoit sur le bord de la rivière. Et, venans le chemin de Neufvi, nous receusmes advis dudit sieur de Bouillon, nous priant, pour le changement qui avoit esté faict du despartement, de laisser le village de Vaux[2] aux Suisses; mais il n'estoit plus temps, l'ayans desjà baillé au cartier-maistre des lansquenets qui estoit allé devant faire les logis. En allant, nous cogneusmes à l'œil le tort qui nous avoit esté fait au précédent despartement de nous escarter à Sainct-Sauveur dans les bois, veu les beaux villages exemptéz plus près de nos autres logis et en païs plus descouvert, qui estoit l'ordinaire du traictement que nous recevions en cela. En descendant à Neufvi-sur-Loire, nous veismes de l'autre costé de l'eaue l'armée du Roy en bataille, et, nous estans logéz avec les reistres qu'avoit mené ledit sieur de Chastillon, qui nous y attendoit, nous allasmes de plus près cognoistre toutes choses et trouvasmes l'autre bord desjà retranché au-devant de nous et du gué où pouvoyent passer deux ou trois chevaux de front, force arquebuserie dedans le retranchement, deux enseignes des Suisses en garde au-devant d'un hameau, sur le bord, et force cavallerie qui alloit et venoit.

Peu après, ledit sieur de Chastillon nous vint trouver, qui nous comta qu'il n'avoit rien faict, qu'il eust

1. Le 21, *n. s.* — Ce paragraphe n'a point passé dans les *Mémoires*.
2. *Vaux*, aujourd'hui hameau de la comm. de Sainte-Colombe, cant. de Donzy, arr. de Cosne, Nièvre.

bien peu attrapper Monsieur d'Espernon au retour de son entreprinse, n'eust esté le harassement de ses reistres, et aussi qu'il avoit esgard aux lettres qu'on avoit escrit au Roi, qu'il avoit trouvé en ce bourg un de ses lacquays demeuré derrière, par lequel, en le renvoyant, il avoit escrit audit sieur d'Espernon une lettre pleine de belles remonstrances, laquelle il nous leut en minutte. Nous luy dismes comme nous estions logéz seuls, descouverts et sans aucune arquebuserie, le prians d'y en faire venir loger sur le bord ou au-devant du retranchement du Roy. Il eust aussitost advis que le régiment de Villeneufve passoit sur le haut et luy envoya commandement de faire descendre en ce bourg 200 arquebusiers; mais il[1] n'envoya pas cent, que nous logeasmes en un hameau contre nostre bourg au-devant dudit retranchement, et leur feismes porter des vivres. Et, cependant, il[2] estoit allé voir le logis des régimens de Dommartin et Werren logéz au-devant de nous, et par le changement qu'avoyent fait les François qui avoyent quicté leurs logis au-devant d'eux tous descouverts au-devant de Cosne et l'armée du Roy. Monsieur de Chastillon retourna fort tard, qui, les ayant trouvé fort mal logéz, leur conseilla de s'approcher de nous, comme il nous dit, et, ayant soupé, vint avec nous voir les corps de garde, et les trouvans bien en ce peu qu'ils estoyent, s'en retourna en son cartier à Bouy, nous promettant de nous en envoyer quatre ou cinq cens arquebusiers, qui ne vindrent point, et nous convint faire grosse garde de

1. *Il* désigne le sieur de Villeneuye.
2. *Il* désigne cette fois le sieur de Châtillon.

nostre costé. Et, voyans cela, nous advisasmes de ne nous y attendre plus et de mander le régiment des lansquenets, qui, d'ailleurs, estoit logé à la teste de Monsieur de Guise, qui s'estoit joinct au-devant de nous et bien près avec son frère pour estre prests de nous, si de nuict on nous vouloit attacquer, comme trois bateaux de guerre, chargéz de mousqueterie, arquebuserie et pièces de campagne, arrivéz sur le soir au milieu de l'eaue au-devant dudit retranchement, nous donnoyent occasion de le juger et soupçonner.

Nous escrivismes aussi audit sieur de Bouillon, le priant de venir avec le conseil demain pour voir et adviser ce qu'on auroit affaire sur la contenance des forces du Roy pour y pourvoir. La nuict arrivèrent les régiments de Dommartin et Werren, qui se logèrent à la haye près de nous, et le régiment des lansquenets. Tout le reste de ce jour-là nous regardasmes au plus près qu'il fust possible au nombre et estat de nos forces, afin de sçavoir de quoy nous pouvions fere estat pour combattre si l'occasion se présentoit, ou éviter sagement le combat, selon cela. Nous trouvasmes l'armée fort diminuée par les maladies, tellement qu'en deux ou trois batailles qui les eust cerché nous n'en eussions pas plus perdu, à quoy il estoit besoin d'adviser, nous retrouvant entre deux armées ennemies devant et derrière si proches que rien plus en païs sans retraicte ne faveur, tout mangé par l'armée du Roy qui y avoit esté six semaines, nous attendans de pied coy, comme estant bien adverty que nous devions venir là. Nous ne pouvions trouver vivres à cause des sauvegardes.

Tout cela nous feit voir les inconvéniens que nous

avions préveu en ce chemin auquel on nous avoit précipité, ne pouvant faire autre chose que cercher moyen d'attendre la résolution du Roy en païs où nous peussions vivre cependant, comme en Beaulce, selon les lettres dudit sieur de Quitry, pour nous résouldre de ce que nous aurions affaire; ayans eu résolution du roy de Navarre, ne pouvans rebrousser par le païs que nous avions gasté, par lequel nous eussions eu sur les bras les forces fraisches de Monsieur de Lorraine, qui s'advançoyent. D'aller à mont[1], par le Nivernois et Morvant, il estoit impossible d'y passer, nous n'y voyans point aussi de moyen, veu nostre foiblesse et l'armée du Roy fraische au-devant de nous pour nous empescher, et celle de la Ligue à nostre queue pour nous combattre tous deux à demi passéz, nos troupes outre cela malcontentes, ne trouvans entre nous autre salut que d'aller à bas presser le roy de Navarre de s'aprocher et d'attaquer quelque passage, selon les advertissemens, pendant que nous entretenions les deux armées près de nous, cependant laissant le Roy occasion d'attacquer ceux de la Ligue, qui estoyent plus foibles, sur lesquels nous avions à espérer de l'avantage en les investissans de nuit par bons advis, nous costoyant de si près pour les forcer et deffaire. Mais jamais ceulx qui nous conduisoyent n'en voulurent rien faire s'ils ne se présentoyent en faisant chemin, dont ils se donnoyent bien garde, desquelles perplexités nous attendions à nous résouldre demain avec ledit sieur de Bouillon.

*
* *

1. *A mont*, locution identique à la nôtre : *en amont*.

Le jeudy 12 d'octobre[1], nous séjournasmes à Neufvi-sur-Loire, attendans la venue desdits sieurs de Bouillon, de Chastillon et du conseil, pour adviser à ce que nous aurions affaire à l'estat où nous estions; et, estant ledit sieur de Bouillon arrivé, nous nous plaignismes fort et fermé à luy de ce qu'il avoit changé de despartement et avoit prins autre cartier, et le sieur de Quitry aussi vers Gyen, nous laissans tous seuls et descouverts entièrement entre l'armée dudit sieur de Guise, qui estoit logé derrière nous à une lieue de Vaux, cartier de nos lansquenets, et l'armée du Roy sur l'autre bord au-devant de nous en l'estat qu'il pourroit voir; que leur changement et retraicte vers Gyen nous avoit contraint de faire venir loger les régimens de Dommartin et Verren à la haye près de nous, et les ayant laissé, par ce moyen, tous descouverts du costé de Cosne, seuls et escartéz à la mercy des entreprinses du Roy, qui faisoit passer à Cosne tant des forces qu'il luy plaisoit; que ce n'estoit leur honneur de loger ainsy les estrangers et se mettre, quant à eux, à couvert, nous exposans à tous dangers; que toute la nuict il nous avoit convenu estre à cheval et faire venir aussi à nous nostre régiment de lansquenets, à faute d'avoir peu obtenir plus de cent arquebusiers françois pour faire garde sur nostre bord au-devant de retranchement, bateaux de guerre et corps de garde françois et suisses du Roy; que les estrangers avoyent conceu une opinion qu'ils les vouloyent faire tomber en quelque inconvénient; que n'enten-

---

1. Le 22, *n. s.* — Ce paragraphe n'a point passé dans les *Mémoires*. — Sur le conseil de ce jour, cf. le *Discours...* de Châtillon (Delaborde, p. 474).

dions pas bien quelles intelligences ils avoyent, mais que les aparences en estoyent telles qu'ils avoyent grande occasion d'y prendre bien garde. — Et le menasmes voir toutes choses du haut d'un boccage au-dessus des vignes, où ils cognurent la vérité de l'estat de l'armée du Roy, duquel les gardes et bateaux tiroyent incessemment sur nous, qui, néantmoins, sur la déclaration qu'ils nous avoyent faitte à Fossegillon de la volonté et comportemens du roy de Navarre envers le Roy et sur le contenu de leurs lettres à Sa Majesté, nous estions contenu en telle modestie que notre conservation nous avoit permis. — Et puis que nous nous voyons misérablement trompéz de l'asseurance qu'ils nous avoyent donnée du commandement mesmes du roy de Navarre de le trouver sur ce bord, nous ayans fait prendre ce chemin sous ce prétexte et fait mourir par ce moyen plus de la moitié de nostre armée de nécessité, tenant ceux desjà comme morts qui y sont inutiles au combat par la maladie, nous ne sçavions que juger en nous voyans, au lieu de cela, conduits au trébuchet entre deux armées envoyées et ennemies, qui par jalousie l'une de l'autre s'efforceront de nous ruiner à qui mieulx mieux; que n'estions pas encores si grossiers que ne recognussions bien ces choses-là. — Puisque aussi par leur advis mesmes il est impossible de monter au haut de la rivière, tant à cause des chemins mauvais pour l'artillerie que pour le charriage et deffaut des vivres et principalement à raison de mauvais estat de nos Suisses, lesquels nous perdrions sans doubte, il falloit adviser à ce que nous aurions affaire, que, nous faire icy demeurer plus longtemps, il faudroit qu'ils retournassent en leurs premiers logis au-devant de nous, mais que cela ne laisseroit pas d'estre très dangereux, donnant loisir à l'ennemi de descouvrir notre grande foiblesse, voire plus grande que l'on ne pensoit, n'estant expédient qu'elle fust recognue pour nostre bien et réputation pour inviter nos ennemis à entreprendre sur nous, estans nos forces devenues si petites et au contraire le mescontentement tellement accreu par leurs comportemens que n'osions pas nous promettre beaucoup des choses; que cest estat-là nous faisoit aussi recognoistre qu'outre la promesse qui a esté faicte aux estrangers de ne passer point la rivière, quand bien on le voudroit désirer d'eux, ce seroit une témérité si grande qu'on la pourroit appeller un désir et délibération de les ruiner et d'en faire une gorge chaude au Roy pour sa réputation en les payant de telle monoye, ayant davantage au dos à deux lieues d'icy toutes les forces de la Ligue jointes et unies ensemble à nostre queüe, qui ne cherchent qu'occasion d'entreprendre sur nos troupes harrassées, malades et à demi-mortes, et eux frais et gaillards par les rafraischissemens ordinaires dans les villes dont le roy et eux disposent à baguette ès environs de leurs armées. — Et tant s'en faut qu'en cest estat misérable nous deussions espérer secours du roy de Navarre que, après avoir joint le comte de Soissons à Monsoreau, au lieu de venir à nous, comme il en devoit avoir esté adverti, il s'est retiré en Gascogne et nous tourne le dos; que, si Sa Majesté fust venue ençà avec 1,000 bons chevaux et 2,000 arquebusiers à cheval qu'il avoit, il eust passé partout s'il eust voulu, n'ayant le Roy ses Suisses, et, quand bien il les eust eu, pouvant faire telle dilligence qu'il eust passé partout à gué et nous eust joint en despit de tout le monde; qu'avoir laissé ce moyen-là sous ombre de je ne sçay quels respects estoit nous ruiner et abandonner du tout en proye; et, qui pis est, ledit sieur de Monglas ayant tardé à nous joindre pour nous venir solliciter en forme d'excuse à faire une chose à nous impossible quand il le nous a dit et fort facile s'il fut arrivé à nous quand il y pouvoit arriver, que ne sçavions que juger en cela, mais que, cependant, en telles difficultéz il falloit trouver quelque expédient, pour le moins entre plusieurs maulx le moindre et advertir en toute diligence le roy de Navarre, affin de nous venir joindre sur le chemin que nous adviserions, s'il luy plaist; sinon qu'il nous mande ouvertement ce que nous avons affaire sans nous laisser ainsi inutilement consommer.

Sur toutes ces remonstrances, on ne veit guères des responces, sinon forces excuses pour nous fere croire que le jour qui luisoit estoit la nuict et des parolles d'aucun effect, estans tous bien estonnéz. Quelques-uns se mirent à parler entr'eux de voir s'il y auroit point moyen de passer. On leur respondit, aussi en particulier, que, outre que ledit sieur de Monglas n'en aportoit rien, nous asseurant, au contraire, de la volonté du roy de Navarre que nous allions le trouver au haut de la rivière, qu'il avoit avec cela esté promis et tellement asseuré aux gens de guerre de trouver le roy de Navarre sur le bord, qu'ils ne passeroyent point la rivière; que leur proposer cela seroit leur persuader du tout ce qu'ils ne croyeroyent desjà que trop : qu'on les mène à la boucherie, et, après avoir consommé la moitié de l'armée en ce chemin, exposer témérairement le reste en proye et contre tout ordre et raison de guerre, veu la disposition de l'armée du roy au-devant de nous, le retranchement et gros cor-de-garde au-devant du gué, si petit qu'à peine y peut-on passer trois chevaux de front, plusieurs bateaux de guerre bien garnis de mousquetairies et pièces de campagne au milieu de l'eaue, trente enseignes des Suisses frais, force régimens d'arquebuserie, bon nombre de cavallerie toute françoise, le Roy en personne contrainct, quand bien sa volonté n'y seroit disposée, à nous combattre sur le passage et à demy passéz, à l'envie de ceux de la Ligue qui estoyent à nostre queue, espiant l'occasion de nous empescher et combattre de mesmes, oster au Roy cest honneur et par ce moyen le despouiller de toute autorité et créance entre les catholiques en l'accusant de connivence et intelligence avec nous, qui n'avions, au contraire, que peu de forces propres au combat et fort malcontentes, n'ayans pas, en reistres et François, deux mille chevaux de combat et n'ayans pas 1,500 lansquenets de combat; quant aux Suisses, que le collonnel Tilman avoit naguéres faict à nostre prière reveue de son régiment en comptant mesmes ceux de son bagage capables de porter armes, et n'avoit trouvé que 1,600 hommes de combat et tout le reste malades; que les deux autres régiments estoyent encores plus deffaicts; que, d'arquebusiers françois, il n'y en avoit point aussi 1,500 au combat; et que tout ce qui estoit de combat en l'armée ne venoit à 10,000 hommes de combat; à laquelle recognoissance nous avions travaillé exprès pour mesurer nostre portée et n'entreprendre rien témérairement ny mal à propos; et, d'ailleurs, que sur une dépesche dudit sieur de Quitry on avoit desjà résolu d'aller vers Gyen et de là vers Paris.

Tout cela feit esvanouir ces propos. De sorte qu'il ne fut rien mis en délibération touchant le passage de l'eaue, et vint-on à regarder où on pourroit aller pour le mieux, et enfin ne fut trouvé advis meilleur que d'aller séjourner et se refere en Beaulce, en attendant la résolution du roy de Navarre de ce qu'il voudroit faire pour nous joindre en ceste extrémité, l'en presser en diligence par ledit sieur de Monglas et de regarder à attacquer quelque passage pendant que nous entretiendrons les ennemis à l'entour de nous en nous rafraischissans en païs où il y eust des vivres, luy faisant bien au long entendre toutes ces remonstrances. D'avantage fust adjousté par les collonels qu'il y avoit longtemps qu'on leur donnoit espérance de leur payer le reste du premier mois ; qu'ils n'en voyoyent aucune apparence, ny des mesnages de l'armée, qui tournoyent au proffit de leurs particuliers, ny autres, priant qu'on eust esgard à leur nécessité et qu'on satisfeit à ce qu'on leur avoit tant promis, veu qu'ils cognoissoient que l'espérance qu'on leur avoit donnée de la conjonction du roy de Navarre et de recevoir contentement à sa venue n'estoyent que parolles sans effect, pourveu encores que pis n'en arrivast. Sur lesquelles doléances et remonstrances desdits sieurs de Bouillon et Conseil ne peurent que répliquer, ayans recours à leurs excuses et promesses ordinaires, nous asseurans d'advertir en dilligence par ledit sieur de Monglas le roy de Navarre de nous venir joindre pendant que nous attendrions en Beauce sa résolution et le lieu où il le pourroit faire ; qu'en attendant on cher-

cheroit tous moyens de les contenter et on donneroit aussi ordre de les mieulx loger et couvrir que par le passé, sinon que par le chemin qu'on alloit faire il y avoit trois grandes journées de mauvais logis, qu'il les falloit faire en dilligence pour entrer en Beauce, où ils seroyent très bien logéz, les priant d'avoir encores patience, puisqu'ils avoient tant enduré jusques-là, et faire leur devoir comme ils avoyent accoustumé ; qu'ils fairoyent de leur costé tout ce qu'ils pourroyent faire pour leur contentement et que ce n'avoit esté jusques icy faute d'affection et bonne volonté.

Sur ceste responce, nous leur aydasmes à contenter tout le monde, les prians de regarder à bien compasser lesdites mauvaises journées, en sorte que personne ne demeure derrière par tels païs qu'on ne cognoissoit point, s'en raportant à eux ; sur quoy j'alléguay de prendre le chemin au-dessoubz de Montargis[1] vers Ferrières[2], comme on l'avoit prins au dernier voyage[3], en venant de Moulins vers Paris, et que le païs estoit plus descouvert. Ils respondirent qu'il estoit tout mangé de la Ligue qui y estoit logée, et qu'on seroit incontinent au-dessus de l'autre chemin, duquel on prendroit le plus sec, plein et descouvert, mais qu'il se falloit résouldre de fere deux ou trois mauvaises journées.

Ainsy estant le conseil failly et chascun retiré, ledit sieur de Chastillon nous advertit qu'il avoit un lacquays de la damoiselle de Courcelles, qui seroit en

---

1. *Montargis*, aujourd'hui ch.-l. d'arr. du dép. du Loiret.
2. *Ferrières-Gâtinais*, aujourd'hui ch.-l. de cant. de l'arr. de Montargis, Loiret.
3. En 1576 ; voy. ci-dessus, p. 8.

cinq ou six jours auprès du roy de Navarre, par lequel il escriroit à Sa Majesté, nous demandant si nous voulions escrire, ce que nous feismes selon ce que dessus, le prians d'escrire aussi une bonne lettre afin d'advancer la conjonction qui estoit tant nécessaire, comme il nous asseura de fere, et s'en alla, puis nous luy envoyasmes nos lettres dès le soir en son cartier.

Ledit sieur de Chastillon feit le despartement et nous l'envoya la nuict. Le sieur de Couvrelles demeura le soir avec ledit sieur baron, et, devisans ensemble de nostre estat et du deffaut de leurs promesses, luy dit qu'il apercevoit qu'il ne falloit point attendre la conjonction du roy de Navarre; qu'il y avoit grande aparence du bruit qui court d'une communication secrète du roy de Navarre avec le Roy, depuis laquelle il a rebroussé droit en Gascongne, ayant arresté de ne nous joindre point, tant pour ne nous fortifier et descharger le Roy d'une contraincte de traicter avec nous de quelque paix dommageable à l'Estat et affaire du Roy que pour, au contraire, luy donner moyen de nous renvoyer sans mettre la main à ses finances, et que ce qu'on nous vouloit mener au haut de la rivière n'estoit que soubs ombre de cela pour nous pourmener et consumer, nous esloigner du Roy et surtout de Paris, et que indubitablement le roy de Navarre s'entendoit avec le Roy pour nous laisser tomber en tel estat, qu'il feit ses affaires contre nous selon que sa réputation le requéroit contre les bruits et intentions de la Ligue. Ledit sieur de Couvrelles ne disoit cela sans en bien sçavoir quelque chose, estant ordinairement entr'eux, qui ne se deffioyent pas de luy et, au contraire, s'en servoyent quelquesfois envers ledit sieur baron pour accommoder leurs affaires. Et, ledit sieur baron m'ayant communiqué cela, je luy dis qu'il y avoit toutes apparances du monde de le croire, et que je ne croyois pas que Monglas fût venu pour autre chose que pour advertir de cela ledit sieur de Quitry, son confident, affin d'y rapporter tous ses conseils et actions et que, veu tant d'indices que nous avions en leurs comportemens, je n'en doubtois point, ayant esté, devant que partir de Sedan, adverti de bonne part de ne me mesler de ses affaires, à raison de ladite intelligence dont on m'avoit asseuré, qu'aussi ne m'en fussé-je jamais meslé sans le sieur de Peuterich et luy.

*
* *

Le vendredy 13 d'octobre[1], nous partismes de Neufvy et ès environs pour venir à Blaineau[2], qui nous avoit esté baillé pour cartier, où nous arrivasmes de bonne heure, y ayant esté devant le sieur de Levenstein, auquel on avoit refuzé la porte, pour quoy ledit sieur baron s'advança vers la porte pour sçavoir que disoit le sieur de Blaineau[3] qui parla à luy de dessus la muraille; et, quelques remonstrances et promesses qu'il luy feit de garder sa maison, demeura néantmoins opiniastrément résolu de garder son bourg, à ce poussé par aucuns François, qui l'asseuroyent que nous en

1. Le 23, *n. s.* — Ce paragraphe a passé partiellement dans les *Mémoires* (t. III, p. 198).

2. *Bléneau,* aujourd'hui ch.-l. de cant. de l'arr. de Joigny, Yonne.

3. Gaspard de Courtenay, seigneur de Bléneau, chef d'une des branches cadettes de cette illustre famille, issue de la Maison de France au xie siècle, et qui, au xiiie, régna sur Constantinople (P. Anselme, t. I, p. 495).

irions ailleurs à l'entour, ce que nous ne pouvions seurement faire à cause de Monsieur de Guise qui estoit à deux lieues de nous, vers Chasteau-Regnard, nous suivant de logis en autre[1], sans que jamais les François ayent fait entreprinse sur luy, estant aisé de l'investir à une diane, en faisant marcher l'armée une nuict, et se logeoyent au contraire de l'autre costé. Sur quoy ledit sieur baron fut contrainct, pour la réputation de ses trouppes, de se résouldre à avoir la raison d'un tel refus, comme on avoit fait à Sainct-Sauveur et sur la rivière d'Yonne[2], estant bien marri d'estre logé dans les bourgs ferméz et forcé à ceste occasion de faire ses logis à la haye ès environs de ladite ville, la faisant investir par le régiment des lansquenets qui se logea dans les vignes, dépeschant vers le sieur de Couvrelles, pour faire venir l'artillerie toute nuit, et vers ledit sieur de Bouillon, et d'envoyer ledit sieur de Chastillon. Cela nous amusoit un jour, mais c'estoit la faute de ceux qui nous amusoyent à cela en nous logeant en villes et bourgs ferméz, contre ce qui leur avoit esté remonstré tant des fois qu'il estoit meilleur d'en tirer argent et vivres et nous loger dans les villages; mais on n'en tenoit conte, encores qu'hier on leur eust demandé de l'argent. On nous dit que le trompette dudit sieur duc de Bouillon estoit retourné sans aucune responce du Roy, raportant seulement de la bouche de Monsieur de Montpensier que Sa Majesté feroit responce quand ses

---

1. Cf. le *Discours...* de Châtillon (Delaborde, p. 475), et La Châtre, fol. 30.

2. Voy. ci-dessus, p. 311-313, sous les dates du 9/19 et du 10/20 octobre.

affaires le requéroyent. Nous ne sçavons s'ils nous ont caché le fonds de la responce, mais on vit bien lors qu'il eust esté meilleur de n'en rien faire, et sentismes bien à ceste responce que le Roy avoit quelque asseurance à nostre préjudice.

* * *

Le sammedy 14 d'octobre[1], nous séjournasmes dans les hameaux devant Blaineau, attendans l'artillerie. Les lansquenets avoyent desjà la nuit bruslé une porte. Ledit sieur de Blaineau et les habitans commencèrent à s'estonner, et, ayant practiqué avec lesdits sieurs de Bouillon et de Chastillon par[2] le sieur de Marvueil-Béthune, pour nous fere contenter de quelques submissions, affin de ne passer oultre, fut à cest effect envoyé vers nous ledit sieur de Beauvoir; à quoy nous entendismes d'autant plus volontiers que ledit sieur de Couvrelles escrivoit ne nous pouvoir amener l'artillerie si tost. C'estoit par les menées des François, qui nous vouloyent empescher de forcer ceste bicoque, laquelle ne pouvions forcer sans grande perte d'hommes, y ayans de bons arquebusiers dedans, pour quoy enfin nous tombasmes d'accord sur les articles signéz de part et d'autre, que nous avons; et, selon le premier, allasmes loger la nuict dans dite ville de Blaineau, en laquelle, contre les contraventions, ledit sieur baron ne peut empescher qu'on ne feist quelque insolence. Je fus logé par prière chez un honeste homme pour luy conserver sa maison et les affaires dudit sieur Blaineau.

1. Le 24, *n. s.* — Ce paragraphe n'a point passé dans les *Mémoires*.
2. ... *par le sieur*, c'est-à-dire : ... *par l'intermédiaire du sieur*...

Mon hoste avoit son fils, honneste jeune homme, advocat en la court de parlement de Paris, d'où il estoit venu fraischement, ayant accèz et communication avec beaucoup de gens d'autorité ; lequel, en conférant avec luy, me conta beaucoup de particularitéz, entr'autres : que le roy de Navarre ne nous joindroit point ; qu'il avoit communiqué avec le Roy et résolu de beaucoup des choses ; que Monsieur de Mompensier estoit allé trouver le Roy par l'advis et conseil du roy de Navarre ; qu'on tascheroit à nous envoyer comme vaincus, si on en pouvoit convenir avec nostre armée ; sinon, qu'on nous feroit le pis qu'on pourroit et que nous avions bien à regarder avec nous ; ce qu'il me répéta plusieurs fois sans me vouloir dire davantage, dont aussi je ne le voulois presser, n'en ayant autant dit en gros que ce que j'en croyois aisément. Il me dit seulement que c'estoit vers Sainct-Aignan[1], où ceste communication s'estoit faicte et qu'aussitost le roy de Navarre, ayant renouvellé et asseuré le compromis avec le Roy, secrètement fait avec le duc d'Espernon pour la réunion et conservation de l'Estat, en anéantissant par le Roy la Ligue, d'une part, et par le roy de Navarre, de son costé, le party des Esglises et de Monsieur de Montmorenci[2], avoit rebroussé chemin.

Environ midy, le sieur de Clervant nous manda que

1. *Saint-Aignan-le-Jaillard*, aujourd'hui comm. du cant. de Sully-sur-Loire, arr. de Gien, Loiret.
2. Henri, duc de Montmorency, maréchal de France, gouverneur du Languedoc et l'un des principaux chefs du parti des *Politiques*, allié aux protestants contre la faction anti-nationale de la Ligue.

l'armée du Roy descendoit de l'autre costé le long de la rivière comme nous ; qu'il estoit en peine pour estre demeuré derrière avec l'artillerie pour la favoriser en venant vers nous le chemin d'Osouay[1], logis du régiment du collonel Tilman, qui mourut en ce temps. Et, nonobstant ces advis qui se voyoyent à l'œil delà l'eaue et le passage de Gien proche pour la cavallerie du Roy afin d'entreprendre sur eux, les François, qui cognoissoyent assez la conséquence du voisinage de nos Suisses, tant à raison des autres Suisses qui estoyent au service du Roy que pour les moyens de Sa Majesté de les corrompre, veu l'estat auquel il estoyent, néantmoins, comme s'ils eussent quelque dessein là dessoubs, ils les menoyent et logeoyent tous du costé du Roy avec les François, et soudain voilà des Suisses, entre autres des fourriers, qui se laissent prendre allans faire les logis, par l'un desquels fust commencée la négociation du Roy avec lesdits Suisses, laquelle, si Tilman eust vescu, on n'eust pas tant osé advancer comme on feit soudain après sa mort. Il y eust alarme la nuict au cartier du sieur de Dommartin, à Chanssebraye[2], des gens de Monsieur de Guise, qui emmenèrent quelques chevaux du régiment de Verrent, qui faisoit mauvaise garde, estant desjà ce mal entre les reistres, par les mescontentemens qu'on ne leur pouvoit fere bien dresser leurs gardes. Monsieur de Chastillon fut de sa maison de Chastillon[3], où il estoit à la

---

1. *Ouzouer-sur-Trézée*, aujourd'hui comm. du cant. de Briare, arr. de Gien, Loiret.

2. *Champcevrais*, aujourd'hui comm. du cant. de Bléneau, arr. de Joigny, Yonne.

3. *Châtillon-sur-Loing*, aujourd'hui ch.-l. de cant. de l'arr. de Montargis, Loiret.

guerre[1], vers Chasteau-Regnard, d'où Monsieur de Guise estoit parti auparavant, où il avoit prins quelques prisonniers.

***

Le dimanche 15 d'octobre[2], après avoir eu les quatre ostages pour les quatre mille escus de Blaineau, nous en partismes assez tard, ne pouvant faire desloger les reistres, ny lansquenets, pour venir à Sainct-Hilaire[3], qui nous avoit esté donné pour cartier, distant de sept grandes lieues de Blaineau, fascheux et boccageux chemin, comme nous avoit dit ledit sieur de Chastillon, et qu'il y avoit de Blaineau jusques aux pleines de Gastinois douze ou quatorze lieues de mauvais chemin et païs, qu'il falloit passer dilligemment en deux journées pour esviter les dangers et désadvantages de ces chemins-là et qu'il feroit luy-mesmes le despartement pour en sortir en deux jours, qu'il avoit avec luy le sieur de Chemereaut[4], qui cognoissoit le païs et s'en enquerroit davantage au capitaine de sa maison, apellé Vaufin[5], qui luy en feroit une carte. Mais, en chemin faisant, nous recogneusmes bien qu'il avoit fait les journées trop longues et que

---

1. Cf. *Discours*... de Châtillon (Delaborde, p. 475).
2. Le 25, *n. s.* — Ce paragraphe n'a point passé dans les *Mémoires*.
3. *Saint-Hilaire-les-Andrésis*, aujourd'hui comm. du cant. de Courtenay, arr. de Montargis, Loiret.
4. Méry de Barbézières, seigneur de la Roche-Chemerault, grand maréchal des logis de la Maison du Roi, chevalier du Saint-Esprit depuis le 31 décembre 1585. Il mourut en 1609 (P. Anselme, t. IX, p. 94).
5. Charles de Bossut, seigneur de Longueval et de Vauffin (P. Anselme, t. III, p. 896).

la première journée eust esté assez grande pour marcher serré (veu que ledit sieur de Guise nous costoyoit de si près), au-dessus du pont de Chastillon et de la rivière, où il y avoit assez de bons païs, villages et plaines pour gister la nuit et ne faire que cinq lieues, et le lendemain passer de jour tous les mauvais chemins, destroits et marets voisins de Montargis jusques à Moulon[1] et au-devant, beau et plein païs et forces villages, n'y ayant que cinq lieues. Nous eusmes mauvaise opinion dudit Vaufin, qui avoit autres fois esté des nostres, et recognusmes bien les fautes de sa carte. Nous passasmes à Chastillon qu'il estoit desjà tard, ayant fait quatre grands lieues ; et, ayans fait la collation au chasteau, nous en vinsmes à Sainct-Hillayre, trois grandes lieues, et y arrivasmes toute nuit, de sorte que, quand ledit sieur de Chastillon voulust passer l'eaue au-devant, il y en eust qui faillirent à se noyer. Les lansquenets ne nous pouvoyent suivre, et, à leur occasion, les reistres de la retraicte[2] demeurèrent aussi derrière, ce qui nous mit aussi en grand peine, voyans que nous avions le despartement pour demain à Chasteau-Landon[3] et environs, distans de six à sept lieues, où si nous advancions demain, nous laisserions derrière lesdits reistres et lansquenets, en danger d'estre attaquéz bien loing de nostre secours ; qui feit trouver meilleur audit sieur baron de fere demain seulement une lieue en deslogeant pour faire place aux

---

1. *Moulon,* aujourd'hui comm. du cant. de Bellegarde, arr. de Montargis, Loiret.

2. *... de la retraite...,* c'est-à-dire : *... de l'arrière-garde...*

3. *Château-Landon,* aujourd'hui ch.-l. de cant. de l'arr. de Fontainebleau, Seine-et-Marne.

reistres et lansquenets qui estoyent derrière et les attendre.

***

Le lundy 16 d'octobre[1], comme nous estions prests à partir de Sainct-Hillaire, où nous avions tous logé à la haye, le sieur de Montglas nous vint trouver pour avoir la sauvegarde de Monsieur le président, son cousin, n'ayant voulu partir avant cela et me dit que nous estions mal logéz. Je luy dis que ne regardions pas tant au couvert, encores qu'il fust nécessaire en ce temps, qu'au voisinage de l'ennemy, à la teste duquel on nous logeoit tousjours sans aucune arquebuserie et en lieu fort désadvantageux à la cavallerie; que les François continuoyent tousjours en pis, se reculoyent des dangers et nous y logeoyent pour les couvrir, ne regardans pas que c'estoyent estrangers ignorans la langue et le païs; que ce leur estoit une honte, que nous avions eu la nuict passée des alarmes à Chanssevraye, cartier du sieur de Dommartin, et que nous pourrions bien estre à la veille de quelque plus grand malheur par leur opiniastreté, qu'ils contraindroyent enfin les Allemands de se loger eux-mesmes et que, s'il advenoit inconvénient de cela, les François s'en devroyent prendre à eux-mesmes, qui, peut-estre, ne s'en soucioyent pas beaucoup.

Pendant que je faisois cela avec ledit sieur de Montglas, le sieur collonel Schregel advança de grand matin jusques à nous et nous trouva desjà à cheval. Il pria ledit sieur baron d'attendre son régiment et les reistres qui estoyent derrière, et ledit sieur baron se plai-

1. Le 26, *n. s.* — Ce paragraphe n'a point passé dans les *Mémoires*.

gnit à luy du peu de diligence de son régiment en ceste nécessité et que c'estoit l'occasion de la demeure desdits reistres; qu'il sçavoit les grandes journées qui estoyent commandées; qu'il ne se falloit pas tant esloigner les uns des autres, qu'il feit plus tost tout jetter à ses lansquenets, qui s'estoyent tant chargéz d'hardes qu'ils ne pouvoyent marcher; que les François s'advançoyent et qu'il se falloit joindre à eux du plus près qu'on pourroit; qu'il feit une petite journée, une lieue ou peu plus, leur laissant ce logis pour leur faire place et s'advancer le plus qu'il pourroyent; et ne peut obtenir autre chose, estant desjà tout le monde à cheval.

Qui eust sceu ce qui devoit arriver, il eust esté meilleur de demeurer et les attendre audit Sainct-Hilaire. Ainsi, au lieu d'aller au Chasteau-Landon, qui nous estoit ce jour-là donné pour logis, contraints d'attendre lesdits reistres et lansquenets, nous feismes seulement une lieue jusques à Vimori[1], pour estre plus près d'eux. Estans là arrivéz à une lieue de Montargis, il y fallut quasi tous loger à la haye, lieu boccageux et advantageux à l'arquebuserie. Nos reistres avoyent, depuis leurs mescontentemens, commencé à fere mauvaise garde, qui estoit l'occasion des entreprises que dressoit ledit sieur de Guise sur nous, en estant bien adverti, et que les reistres logeoyent tousjours sans arquebuserie, disant souvent à ceux qui l'advertissoyent, qu'il ne les pouvoit croire, mais qu'il l'esprouveroit, s'estonnant fort de ce que tels colonels et si vieux capitaines feissent de si grandes fautes de

---

1. *Vimory*, aujourd'hui ch.-l. de cant. de l'arr. de Montargis, Loiret.

loger sans arquebuserie. La cause estoit qu'ils ne se pouvoyent pas bien accommoder avec leurs lansquenets et encores moins avec les François, qui les rendoyent lasches à poursuivre le logis dudit sieur de Chastillon avec eux. Le devoir estoit à la vérité d'en avoir tousjours avec soy, et m'en suis souvent estonné, et pour cela devoyent-ils estre encores plus soigneux de leurs gardes, dont les arquebusiers les eussent beaucoup soulagé, et pour cela le devoir des collonels estoit de ne descendre point de cheval sans avoir recognu les avenues de l'ennemy, leur place de bataille et ne voir jamais clorre le jour que leurs gardes ne fussent posées où et selon qu'il appartenoit; s'il y avoit du différend pour cela entre les cornettes ou du mescontentement qui les rendit plus mal soigneux, y donner ordre et, à faute de cela, mettre en garde les exempts. Nous avions un *Wachmeister*[1], le sieur de Stoyentin, fort honneste et sage gentilhomme, mais maladif et qui pis est fort peu de respect en sa charge et fort nouveau entre les reistres, dont j'ay souvent parlé au sieur de Levenstein qui me dit l'avoir remonstré dès Heydelberg. En somme, pour quelque différend ou autrement entre les régiments de Bouck et Bernsdorff pour cela, on ne fit rien de ce qui apartenoit aux gardes.

Nous n'avions point advis que Monsieur de Guise fût à Montargis. Aussi n'y arriva-t-il qu'après nous et fut aussi tost adverti que nous estions logéz à Vimori, une lieue de là seulement, et, sur ce qu'on luy avoit persuadé que ne faisions point de gardes,

---

1. *Wacht-meister*; en allemand : maréchal des logis.

entendant le désadvantage du lieu pour nostre cavallerie, se résolut aussi de faire un peu repaistre ses gens de guerre et fit donner du pain à ses gens de pied devant Montargis, pour venir à nous avec toutes ses forces, en retenant une partie avec luy pour soustenir et servir de retraicte aux siens en besoing, et le reste il envoya à la charge avec Monsieur de Meyne, son frère, demeurant derrière environ un cart ou demie-lieue. Au mesme temps que nous eusmes l'alarme, environ les sept heures, les ennemis, n'ayant trouvé aucune garde, forçoyent desjà les logis des collonels Bouck et Bernsdorff, qui fut prins, et est grande merveille que nous n'eusmes l'alarme plus tost des ennemis, mesmes qu'un seul cheval estant en sentinelle eust ouï d'un grand cart de lieue, d'autant que, comme nous en avons sceu depuis, ils menoyent un tel bruit, d'opinion qu'ils avoyent qu'on les menoit à la boucherie, que ledit sieur de Guise mesmes ne les pouvoit fere taire, encores qu'il allast par les bandes leur commander de ne fere point de bruit. Leur arquebuserie entrant desjà dans le village, il monte à cheval qui peut ; on se ramasse dans le village à la main droite et au-devant d'icelluy ; on y combat contre l'infanterie plusieurs fois, ne la cognoissant point, tant il faisoit obscur, que par le feu de leurs arquebusades qu'ils nous tiroyent fort près de nous, qui leur courrions sus après en tuant plusieurs, ores qu'ils fussent soustenus de la cavallerie dudit sieur de Meyne, qui se fourroit avant. La nuit n'avoit point de honte, et faut confesser que, à l'effroy d'une si soudaine alarme, plusieurs prindrent autre chemin, ne voyans goutte, et encores, de tous ceux qui se trouvèrent ensemble, je n'en vis pas grand nombre aller à la charge avec ledit sieur baron, que j'oyois souvent les appeller à luy, et, si toutes les cornettes qui estoyent logées là, — huict en contant la *Rennfanen*, — eussent fait leur devoir, comme je vis environ deux cens chevaux fere très bien auprès dudit sieur baron, c'estoit fait dudit sieur de Meyne et de toute leur armée, comme il a confessé, depuis, ne s'estre jamais trouvé en si grand danger de sa personne. Mais, pendant lesdites charge et combat, et l'infanterie qui pilloit et emmenoit les chevaux dudit village, environ l'espace d'une heure, ayans fait leur coup et craignant que ne fussions secourus et eux investis, emmenans force chevaux, de chariots et de prisonniers, se retirèrent, ayans perdu beaucoup d'hommes, en tel désordre et espouvante, oyans le grand nombre de nos trompettes et le grand bruict de nos chevaux, qui s'amassèrent en bon nombre, que, si nos reistres, au lieu de se tenir en bataille, où il les faisoit bon voir et garder les logis, eussent advancé à la droite pour couper chemin de la retraicte aux ennemis, ils les eussent tous deffaits et pris une infinité des prisonniers, s'estant merveilleusement escartéz, de sorte qu'il en fut encores trouvé le lendemain dans les vignes; mais on ne peut gaigner ce point-là sur eux, et ne bougèrent de leur bataille, envoyans recognoistre le logis qui avoit esté abandonné des ennemis et, après avoir demeuré en battaille jusques après minuict, ils retournèrent dans les logis, où chascun se fit penser, ledit sieur baron d'un coup de coutelas au front.

Les chevaux estoyent à la haye, à la main droite hors du village, ce qui les conserva hors du feu. Le coche du trésorier Wicker fut bruslé, et tous ses papiers dedans, au-devant de son logis. Le mot des ennemis estoit : *Vierge Marie*, qui cousta la vie de plusieurs d'entr'eux ; car aucuns de nos reistres, parlans françois, croyent de mesme, ce qui les faisoit rallier vers eux, où ils estoyent aussitost tuéz. Nous perdismes trois des ostages de Blaineau par la faute du prévost. J'ay dressé un discours de ceste alarme-là[1].

* * *

Le mardy 17 d'octobre[2], nous partismes assez tard de Vimori, ayans esté empeschés à recognoistre et enterrer nos morts, rateller les chariots de ceux qui avoyent perdu leurs chevaux de bagage, ce qui ne se peust si bien faire qu'on ne fust contrainct de laisser beaucoup de morts de nostre costé au combat : le comte de Kirchberg, enseigne du collonel Bernsdorff, le sieur de Molstein, maistre d'hostel dudit sieur baron, et autres, jusques au nombre d'environ vingt-cinq ou trente, et plusieurs valets demeuréz dans le village, ès

---

1. Cette alarme est connue dans l'histoire sous le nom de *Combat de Vimory*. Il serait curieux de connaître la relation à laquelle La Huguerye fait allusion ici (et de nouveau ci-après, p. 365), et qui n'a passé ni dans l'*Éphéméride*, ni dans les *Mémoires*. — Cf. le *Discours...* de Châtillon (Delaborde, p. 476 et 477) ; la *Lettre d'un gentilhomme français de l'armée du Roi à un sien ami, contenant ce qui s'est passé depuis le partement de Paris de S. M. jusqu'à la déroute des reîtres* (Recueil A-Z, lettre G, p. 236-238) ; La Châtre, fol. 30-32 ; les *Mémoires... du 23 juin au 13 décembre* (Recueil A-Z, lettre G, p. 210-211) ; les lettres d'Étienne Pasquier (liv. XI, n° 15, au t. II de ses *OEuvres complètes*) ; les *Mémoires* de Saint-Auban ; les divers documents de l'*Appendice* et les lettres inédites citées par M. de Ruble (*Mémoires* de La Huguerye, t. III, p. 200, *note 2*).

2. Le 27, *n. s.* — Ce paragraphe n'a point passé dans les *Mémoires*. — Cf., sur son contenu, les documents cités à la note précédente.

environs duquel il y avoit des ennemis morts quatre cens ou environ, entre autres bien quarente personnes de marque, gentilshommes et capitaines. Ils emmenèrent quelque nombre des prisonniers qui furent surprins au logis de Bernsdorff, Josse von Werden et plusieurs autres. Pendant que nous faisions cela, les lansquenets arrivèrent et marchèrent avec nous, comme il eust esté besoing qu'ils eussent fait le jour devant, et toujours nous allasmes en battaille droit à Montargis, la cavallerie tenant la droite et les lansquenets à la gauche, qui trouvèrent encores un gentilhomme du marquis d'Arques, caché dans la haye d'une vigne, ayant perdu comme plusieurs autres le chemin de sa retraicte, lequel nous asseura la mort dudit marquis, son maistre, au combat d'hier au soir et recogneut avec larmes sa cassacque de velours noir qu'avoit Ehem, nous confessant leur grand danger et désordre, si nous les eussions suivi, comme je les pressois autant que je me pouvois entendre.

Nous continuasmes de marcher ainsi jusques à la portée du canon de Montargis, espérant que ledit sieur de Guise en partiroit pour nous venir attacquer, mais il n'en sortit personne qu'un gentilhomme, nommé du Plessis-Beaulieu, qui estoit envoyé pour recognoistre leurs morts, avec un trompette, qui furent emmenez audit sieur baron, auquel ledit sieur du Plessis demanda ce congé, et luy fust respondu que nous en estions partis, ayant fait enterrer les nostres, et qu'il seroit aisé de recognoistre les leurs qui estoyent encores estendus sur la place. Il demanda quels prisonniers nous avions, si nous avions perdu quelques cornettes et si nous avions de leurs cornettes. Il luy fust respondu que nous avions de leurs prisonniers et qu'on en venoit encores de prendre cachéz dans les hayes; que nous avions perdu une cornette de vallets seulement et gaigné deux cornettes de leurs gendarmes, desquelles il demanda la couleur. On luy dit qu'une estoit de fueille-morte, accoustré de croix, croissant et franges d'argent, et l'autre de cramoisy rouge. Il pria de les voir et, les recognoissant, se print à souspirer. Enfin, il luy fut dit qu'il vint avec nous au logis et que nous le ferions tout voir, hommes, chevaux et cornettes; ce qu'il feit.

En marchant, nous rencontrasmes ledit sieur de Chastillon qui venoit vers nous, ayans eu advis de nostre combat, et fut aise d'en voir le succès, qui estoit honorable, et nous demanda la cornette de rouge cramoisi pour le porter avec luy à Vimori, où il alla voir la place et y trouva force gens de guerre ennemis, qui y estoyent venus despuis nostre deslogement recognoistre leurs amis et compaignons. Il les chargea et deffit soubs ladite cornette rouge qui les trompa. Il vid de nos chariots, lesquels il feit brusler. Nous arrivasmes à Moulon, ayant fait un fort mauvais chemin, plein d'hayes et de marests, auquel, si ledit sieur de Guise nous eust attendu avec son arquebuserie, il eust beaucoup endommagé nostre cavallerie.

*
* *

Le mercredy 18 d'octobre[1], nous partismes de Moulon et renvoyasmes ledit sieur du Plessis, luy ayant

---

1. Le 28, *n. s.* — Ce paragraphe n'a point passé dans les *Mémoires.* — Cf., sur son contenu, les documents cités ci-dessus, p. 337, *note* 1.

fait voir les chevaux et casaques, qu'il recognut entre autres le cheval du sieur de Cicoigne, qu'il disoit estre son frère avec larmes, lequel avoit une selle de velours verd, nous asseurant que ledit sieur de Guise avoit beaucoup perdu et perdroit encores après un tel combat non nécessaire, qui luy avoit porté dommage et perte de quarante gentilshommes demeuréz sur la place, plusieurs blesséz. Il recognust aussi les casaques et cornettes, celle de fueille-morte de Monsieur du Meyne, que portoit le sieur de Rouvray, qui fut tué, et l'autre, qui nous dit estre de son frère, mais avec peine. Comme nous sortions dudit Moulon, arriva le sieur de Couvrelles, qui nous vint dire sa chanson ordinaire : que son artillerie estoit demeurée et en danger d'estre perdue si près de Montargis si on n'y envoyoit escorte ; que les Suisses l'avoyent abandonnée et que ledit sieur de Chastillon y avoit esté hier soir jusques à dix heures et laissé quelques arquebusiers en garde. Je fus prié de Monsieur le baron d'aller là auprès vers Monsieur d'Haraucourt l'en advertir et le prier d'y aller et d'en advertir le sieur de Quitry, logé près de là, dont il ne fit pas grand conte, s'excusant que ses chevaux estoyent harasséz. Je retournay et trouvay ledit sieur baron environné d'un nombre des gentilshommes qui parloyent à luy pendant que les cornettes marchoyent droit à Chasteau-Landon. Ils luy remonstroyent leur estat et la perte de leurs chevaux. C'estoit le commencement du mescontentement de ce combat sans ayde d'aucun François et le fruict de la venue du valet de Josse von Werden, qui s'en estoit retourné le matin, ayant tenu plusieurs propos aux reistres de dangereuse conséquence.

Comme nous estions près de Chasteau-Landon, le sieur de Levenstain, qui estoit allé devant, retourna au-devant de nous pour nous advertir qu'on luy avoit refuzé les portes et tiré arquebusades, et qu'il y avoit garnison dedans. Nous voilà encores en tel estat qu'à Blaineau et nous falut loger à Préfontaine[1] auprès et les lansquenets avec nous, qui est la seconde fois que cela avoit esté fait, et eust esté meilleur tous les jours. Comme nous retournions à Préfontaine, le secrétaire vint à nous, aportant lettres de congratulation du combat de Vimori de la part dudit sieur de Bouillon et nouvelles de la victoire du roy de Navarre contre le duc de Joyeuse[2], entendue par la prinse de deux capitaines du duc d'Espernon, venans de l'armée du Roy avec prière de l'aller voir demain; dont ledit sieur baron s'excusa sur l'estat de ses reistres et sur le refus de ceux de Chasteaulandon, pour lequel forcer il chargea ledit sieur Le Roux de prier ledit sieur baron de sa part d'y envoyer l'artillerie et ledit sieur de Chastillon avec l'infanterie, comme il fit, luy commandant d'y mener ses régiments et au sieur de Clervant un régiment de Suisses. L'artillerie estoit encores à Sainct-Maurice[3], où on envoya pour la fere venir; jamais artillerie ne fut plus mal menée et ne donna tant de peine, et a esté avec les Suisses la plus grande cause de la ruine de l'armée.

1. *Préfontaines*, aujourd'hui comm. du cant. de Ferrières-Gâtinais, arr. de Montargis, Loiret.
2. La bataille de Coutras, livrée le 18 octobre, *n. s.*
3. *Saint-Maurice-sur-Fessard*, aujourd'hui comm. du cant. et de l'arr. de Montargis, Loiret.

Je receu au soir à Préfontaine lettre dudit sieur de Montglas, qui en aparence sembloit désirer partir, mais en effet avoit reculé jusques-là, tant à cause de la maison dudit sieur président que pour sa seurté, disoit-il. Nous publiasmes la nouvelle de ceste victoire parmy nos reistres pour les réjouir avec le combat de Vimori, qui leur avoit esté fort honorable, s'ils l'eussent bien pris. Mais un cueur mal content prend tout en mauvaise part; et disoyent que ceste nouvelle du roy de Navarre estoit une mensonge des François pour les tromper, encores que nous leur disions au contraire que ceste nouvelle estoit de telle conséquence que le roy de Navarre n'ait plus d'empeschement de venir au bas de la rivière et nous à luy pour le joindre; qu'ayant deffaict tout à plat l'armée dudit sieur de Joyeuse, toutes les portes d'Angoumois et du Poitou luy seroyent ouvertes; qu'il passeroit partout avec une armée victoirieuse et leur aporteroit contentement; que c'estoit à ce coup qu'il n'en falloit plus doubter; qu'autrement ledit sieur roy n'auroit plus d'excuse, et que toutes ces actions mesmes l'accuseroyent d'une volonté du tout contraire. Mais tout cela ne guérissoit point leur despit et mescontentemens, se voyant ainsy abandonnez et exposez aux entreprises des ennemis.

***

Le jeudi 19 d'octobre[1], nous séjournasmes à Préfontaine, à cause de Chasteau-Landon, et eusmes ce jour un grand mescontentement des reistres, desquels une partie déclaroit se vouloir résolument retirer, auquel,

---

1. Le 29, *n. s.* — Ce paragraphe n'a point passé dans les *Mémoires*.

n'ayant paru depuis Vimori, avoit beaucoup servi la venue du valet de Josse von Werden, soubz ombre de venir quérir des accoustremens à son maistre, tenant aux reistres des mauvais propos; que son maistre ne payeroit point de rançon et s'en alloit en son païs avec bon passeport; que ledit sieur de Guise en vouloit fere autant à tous ceux qui se voudroyent retirer, et choses semblables. On ne le devoit pas laisser entrer au cartier de Bouck sans l'amener audit sieur baron pour le retenir, luy bailler ce qu'il demandoit et le renvoyer avec son trompette; mais il fut longtemps en son cartier devant que ledit sieur baron en fust adverti, tant estoit grande la liberté d'entrer en ceste armée. Ledit sieur baron travailla fort à les modérer et remettre en bon train, et fut tout le matin empesché à cela, et pour les soulager je dressay un mémoire des points et arguments qui me sembleroyent propres à cela et surtout de faire venir les Suisses pour parler avec eux et leur remonstrer toutes choses, ainsi que les reistres avoyent faict à Ancy-le-Franc[1].

Comme on estoit empesché à cela, voilà arriver le sieur de Bouillon avec le conseil, congratulans ledit sieur baron et ses reistres du succès honorable du combat de Vimori et, les trouvans en ce mauvais estat, ce fut à eux de regarder d'y pourvoir et d'ayder en cela audit sieur baron des choses nécessaires. Ils se plaignoyent d'estre mal conduits, menéz par mauvais païs, y ayant un autre chemin plus sec et plus beau, d'estre mal logéz, seuls sans

---

[1]. Voy. ci-dessus, p. 271 et suiv., sous la date du 29 septembre/9 octobre.

arquebuserie et tousjours à la teste de plus résolu et vigilant ennemi et jamais couverts de personne; que plusieurs d'entr'eux avoyent perdu leurs chevaux, n'avoyent argent pour en acheter et pour ce ne pouvoyent plus servir; qu'ils avoyent souvent demandé des commissaires pour les conduire et n'en avoyent jamais peu obtenir, et plusieurs autres telles plaintes justes et vrayes et qui ne pouvoyent aporter qu'un tel mescontentement, comme on l'avoit souvent remonstré aux François, lesquels, là présens, nous exhortasmes de pourvoir à cela; que tout cela estoit fort aisé, ne pouvoit estre et n'avoit esté obmis ci-devant que malicieusement, ne se pouvans aucunement excuser ceux qui y devoyent pourvoir de leur charge qui ne l'avoyent fait, exprès pour mescontenter et ruiner l'armée; que la difficulté estoit seule à trouver de l'argent, qu'il falloit travailler pour en recouvrer jusques à dix mille escus et leur distribuer principalement aux plus malcontens et mal montéz. Sur ce point, jamais on ne veid gens plus froids, promettans de faire ce qu'ils pourroyent; mais ce n'estoit rien. Quant aux autres points, mille promesses et protestations de bonne volonté, tant de bouche que par escrit; mais, d'exécution, point, ledit sieur de Quitry faisant tousjours le logis au contraire, de sorte qu'on n'a eu jamais autre occasion de juger de luy, sinon qu'il tendoit par toutes ses actions, conseils et intelligences au mescontentement et ruine de l'armée. Ledit sieur de Chastillon promit de faire son devoir et de soliciter les autres, mais il y perdit sa peine. Je priay ledit sieur de Clervant d'envoyer son chirurgien audit sieur baron pour voir sa blessure, qui vouloit jetter des esquilles, ce qu'il feit, et d'envoyer demain matin ses collonels et capitaines plus affectionnéz, bien instruicts pour faire tout devoir à modérer nos reistres, comme nous avions faict à Anci-le-Franc, et les ramener par l'union qu'ils ont entr'eux de ne se point abandonner; ce qu'il feist aussi et envoya dix enseignes de Suisses au siège de Chasteau-Landon, selon qu'il luy avoit esté commandé.

⁎ ⁎ ⁎

Le vendredy xx d'octobre[1], ledit sieur baron travailla encores tout le matin à appaiser ses reistres, vers lesquels vindrent les collonels et capitaines suisses, qui leur remonstrèrent la ruine dont ils seroyent cause, aux Églises et au roy de Navarre, qui avoit gaigné une belle victoire et seroit bientost avec eux, le tort qu'ils feroyent à leurs affaires propres, singulièrement à leur honneur, tant en particulier qu'en général, à toute la nation, ce qui les rendroit odieux à tous leurs compatriotes mesmes et d'avantage qu'ils feroyent aux Suisses, en les abandonnant contre l'ordre promis et juré à Orges[2] et toutes telles remonstrances propres à les réconcilier, comme les reistres avoyent fait à Ancy; ce qui fut fait en la court du chasteau, où il y avoit une grande assemblée. A quoy les reistres opposèrent pour leurs responces leurs nécessitéz, la mauvaise conduite, le peu de foy qu'on leur tient et autres mescontentemens. Les Suisses respondirent qu'ils estoyent en pire estat et condition qu'eux, qu'ils n'avoyent rien receu (cela monstre qu'ils avoyent tout consommé

---

1. Le 30, *n. s.* — Ce paragraphe n'a point passé dans les *Mémoires*.
2. Voy. ci-dessus, p. 241-244, sous la date du 18/28 septembre.

jusques à leurs chaînes); que leurs soldats n'avoyent chausses, ne souliers, et le plus souvent de pain, de sorte qu'ils mouroyent de nécessité; que leur honneur les obligeoit et de surmonter toutes ces difficultéz et d'attendre, en gens de bien et d'honneur, ce qu'il plairoit à Dieu leur envoyer, espérans, veu la victoire du roy de Navarre et l'honneur que les reistres avoyent acquis audit Vimori; qu'il leur donneroit bonne issue de telles peines et mescontentemens. Et, ayant ainsi fait leurs condoléances, les exhortoyent à dresser leurs plaintes par advis commun et les présenter par ensemble audit sieur de Bouillon et conseil du roy de Navarre; s'ils n'y pourvoyent, qu'ils dépeschassent ensemble vers ledit roy de Navarre, afin d'y pourvoir; et que lors, selon cela, ils verroyent ce qu'ils auroyent affaire. Les reistres demeuroyent tousjours aigres et obtinéz. Néantmoins, ces remonstrances les adoucirent et les amenèrent à ce point de faire leurs plaintes afin d'y pourvoir dans dix-huict jours du roy de Navarre, comme il leur fut promis par un voyage exprès du sieur de Mommartin, mais ils ne luy avoyent pas commandé de retourner. Au moins on ne l'a point veu ny dans les dix-huict jours ny plus d'un mois après, encores qu'il eust commandement de fere toute diligence, mais nous n'en espérions rien, estans un des principaux supposts du sieur de Quitry et ministre du mal qui se faisoit; ce qu'ayant gaigné sur lesdits reistres, nous faisions estat que le temps les adouciroit et que nous leur ferions oublier leur mescontentement comme il eust été plus aisé de faire si les François se fussent gouvernéz envers eux comme nous les en avions prié, et ils l'avoyent promis, comme ils pouvoyent et devoyent faire ; à faute de quoy il nous les falloit contenter de parolles.

Après disner, les Suisses et reistres s'estant retiréz, arrivèrent lesdits sieurs de Quitry et de Mommartin ; ledit sieur de Quitry nous parla de l'entreprise de Montargis qu'Espaux, qui l'estoit venu trouver, asseuroit de mettre entre nos mains et qu'il y falloit laisser aller ledit sieur de Chastillon qui le désiroit et exécuteroit bien, ce que je trouvay mauvais dudit sieur de Quitry, d'avantage qu'ils avoyent nouvelles certaines du prince de Conty[1], qui estoit guéri, et n'ayant peu aller trouver le roy de Navarre à cause de sa maladie, il se préparoit pour nous joindre, en passant près de luy avec 500 chevaux et 1,500 ou 2,000 arquebusiers, avec espérance certaine de se loger en trois places, dont on tireroit de grandes commoditéz et rafreschissemens pour l'armée ; que, selon ce qui avoit esté dit et résolu hier au conseil d'advertir le roy de Navarre en diligence de l'estat de l'armée afin qu'après ceste victoire, il retourne la teste baissée et se haste de la venir joindre. Ledit sieur de Mommartin avoit esté choisi pour fere le voyage et passer par chez ledit sieur prince, pour le prier de fere diligence de fere ce que dessus et l'asseurer que nous irions droit à luy le chemin de Chasteaudun, mais qu'il n'avoit point d'argent pour fere ce voyage et s'attendoit à l'argent que nous lui avions promis rendre. Je luy dis, sur les degréz, que tout cela estoit bon et pourroit servir à racommoder les reistres pourveu qu'ils ne dissent rien qui ne

1. François de Bourbon, frère germain du comte de Soissons et frère consanguin du prince Henri Ier de Condé, leur aîné à tous deux.

fût vray ; quant à luy bailler de l'argent, nous n'en avions point et que c'estoit la plus grande maladie que nous eussions. Et, quant audit sieur de Quitry, je luy dis qu'il sçavoit ce que je luy avois toujours dit du sieur d'Espaux, que je n'en avois jamais eu bonne opinion, principalement en le voyant tant aller et venir vers luy sans effect ; que la nourriture de ces pratiques-là, tirées à la longue, ne valoit rien et que j'en avois toujours craint et craignois quelque mauvaise issue. Ledit sieur de Quitry dit qu'il falloit voir et qu'on se pouvoit bien garder des dommages. Ils en dirent autant audit sieur baron puis s'en allèrent, et, incontinent après, arriva ledit sieur de Chastillon nous demandant advis sur le voyage de Montargis. Je luy en dis tout autant qu'audit sieur de Quitry, que Normand à Normand il n'y avoit que la main. Il respondit qu'il estoit bien aise d'entendre cela et qu'il prendroit tant plus de peine de s'en donner de garde et nous dit à Dieu, s'en alla et nous promit à son retour de solliciter tous les François de faire promptement l'argent qu'on nous avoit promis pour les rançons de quelques gentilshommes.

Tout ce jour-là ainsi passé, je travaillay au soir à fere la dépesche du sieur Sarrasin que nous désirions envoyer vers le roy de Navarre avec le sieur de Montglas, pour recognoistre et faire entendre aussi toutes choses estans en grande peine pour nous voir tous les jours de plus en plus abuséz et quasi-abandonnéz, quand on nous tournoit le dos, au lieu de venir à nous toutes choses à souhait, après une victoire, dissiper artificieusement l'armée au lieu de l'accroistre par une telle conjonction, la remettant tantost au premier de novembre comme Montglas disoit qu'il seroit lors au haut de Loire, tantost par autre voye après avoir veu Monsieur de Mommorency. Nous n'espérions rien du voyage de Mommartin, nous asseurans, au contraire, que Quitry l'avoit choisi comme son confident pour aller rendre bon conte de ses artifices. Nous voyons Monglas reculer son retour sous divers prétextes. J'avois persuadé audit sieur Sarrasin de fere son voyage pour nous, mais, voyant que Montglas faisoit le long et forgeoit tousjours quelques difficultéz du chemin, ce voyage traîna tant qu'enfin il vint à néant, et retiray dudit sieur Sarrasin, qui ne vouloit aller seul, ladite dépesche, ne voulant aussi bien se fier à Mommartin pour aller avec luy, le cognoissant aussi bien que nous.

*
* *

Le sammedy 24ᵉ d'octobre[1], pendant que ledit sieur de Chastillon estoit allé à Montargis, ledit sieur baron accorda avec ses reistres du cahier de leurs plaintes qu'ils vouloyent donner audit sieur de Bouillon, auquel il avoit escrit, le priant de venir après disner à Préfontaine sur le disner et de manger avant que venir, pour le peu de moyen qu'il avoit de le traicter. Il y eut bien de la difficulté à résouldre ledit cahier; ledit sieur de Bouillon arriva à l'heure dicte que les choses estoyent encores en disputes. Je le menay au jardin, où il feit sa collation, advertissant ledit sieur baron de sa venue, qui me pria de luy dire et à ceux du conseil ce qu'il nous sembloit qu'ils auroyent à res-

---

1. Le 31, *n. s.* — Ce paragraphe n'a point passé dans les *Mémoires*.

pondre aux reistres quand ils leur bailleroyent leurs articles de pleintes qui estoyent quatre points : de les asseurer de la briefve conjonction du roy de Navarre vers lequel ils ont envoyé trois gentilshommes l'un après l'autre; que, s'il leur plaist, il y en dépeschera encores un et eux avec luy un autre de leur part, afin qu'ils voyent comme tout se passe; qu'on les logera et couvrira ci-après si bien qu'ils auront occasion de s'en contenter; qu'on donnera meilleur ordre au recouvrement des deniers pour les contenter; que le roy de Navarre en aportera une bonne somme; que la royne d'Angleterre en fournist une autre vers laquelle on dépesche pour la recevoir; qu'ils feront tout devoir de bransqueter tout ce qu'ils pourroyent sans plus donner des sauvegardes; qu'ils s'efforceront de tirer argent des terres du roy de Navarre en Vendômois; nous allons au-devant de luy; et, d'avantage, que Monsieur le prince de Conty les a asseuré de les joindre en bref avec bonnes trouppes de gens de pied et de cheval, et de les pourvoir de trois bonnes retraictes où ils rafreschiront et auront des commoditéz et de l'argent; que, pour cest effect, ils ont dépesché le sieur de Mommartin pour aller en dilligence vers luy et de là vers le roy de Navarre pour se haster.

Ils me promirent de faire cela, et aussi estoit-ce qu'ils disoyent pour nous contenter; toutesfois, il fut trouvé meilleur d'attendre à faire ceste responce par escrit. Je les requis de la part dudit sieur baron de faire du moins une somme de 6,000 escus et de luy fournir présentement une somme de 1,500 escus pour ayder à payer la rançon de quelques gentilshommes, ce qui contenteroit plusieurs de leurs amis qui luy ayderoyent à leur retour et apaiser le tout; ils feirent les difficiles. Je luy dis que nous prendrions les 800 escus de Beaune, qu'il n'en falloit plus que 700; que ledit sieur de Chastillon en vouloit bailler 200 escus, le sieur de Beauvoir 100 escus et son père 20 escus, que le reste estoit aisé à trouver. Pendant qu'ils estoyent au jardin arriva un gentilhomme, nommé Seneton, qui est au comte de Soissons, aportant encores lettres du roy de Navarre à eux et pas un mot aux collonels non plus qu'auparavant, et, quant à sa charge, ils ne nous en firent rien cognoistre, qui me feit doubter que c'estoit encores quelque chose qu'ils nous vouloyent celer. Cela me rendit plus curieux d'en sçavoir quelque chose, et apprins que c'estoit le roy de Navarre, au lieu de venir à nous la teste baissée après sa victoire, — que toutes les villes d'Angoumois et de Poictou estoyent en disposition de luy ouvrir les portes, — avoit licentié toute son armée et se retiroit à Nérac pour de là aller voir Monsieur de Mommorency. J'aprins davantage qu'une des principalles occasions qui le mouvoit à cela fut la hayne et jalousie qu'il portoit à Monsieur le prince, lequel il ne vouloit eslargir en son cartier[1]; ce que je tiens secret le plus qu'il me fut possible, pour estre ceste mauvaise nouvelle dangereuse à publier en

1. Le fait de la retraite du vainqueur, quoique assez singulier, était vrai en lui-même, mais sans avoir les causes mesquines que lui attribue La Huguerye. Condé insista, il est vrai, pour continuer la marche en avant; mais celle-ci ne pouvait avoir de résultats sérieux, et le Béarnais ne fit que son devoir dans la circonstance, en refusant de suivre les avis de son cousin, aussi incapable général que brave soldat et fanatique huguenot. Voy. du reste l'*Histoire des princes de Condé*, de Mgr le duc d'Aumale, t. II, p. 178.

l'occurence de la mauvaise disposition de nos reistres, qui eussent résolument[1], ce dont ils commançoyent fort à doubter, que le roy de Navarre les vouloit abandonner à la miséricorde des ennemis, et là-dessus eussent fait leur résolution de leur en retourner tellement qu'on ne les eust jamais peu retenir. Ledit sieur de Bouillon receut le cahier de leurs doléances, avec promesse de leur faire prompte responce par escrit, et s'en alla, voulant bien acheter des chevaux qu'avoyent gaigné les reistres à Vimori; mais n'avoit point d'argent pour les ayder à contenter.

Tost après nous receusmes advis dudit sieur de Chastillon qu'il avoit failli à estre attrapé à Montargis par la trahison dudit sieur d'Espaux, qui avoit tousjours communiqué avec ledit sieur de Quitry, et luy feit grand bien que nous l'avions adverti de prendre garde à luy, car je voyois bien qu'on le vouloit perdre. En se conservant, il ne peut si bien faire qu'il ne perdit 20 ou 25 bons soldats, qui entrèrent dans le chasteau pour le recevoir. Ledit sieur d'Espaux et son compagnon, ne s'estans peu retirer des mains dudit sieur de Chastillon, se trouvèrent prins[2]. Quand l'artillerie commença à jouer, ledit sieur de Chastillon les nous envoya pour les faire garder à nostre prévost et les interroguer, ce que je feis, m'ayant tousjours, par ses responces aux interrogatoires, couvert ses communications avec ledit sieur de Quitry de sa prétendue négociation, tellement

---

1. Suppl. : *cru* après *résolument*.
2. Sur cette affaire, cf. le *Discours*... de Châtillon (Delaborde, p. 478); les *Lettres de Pasquier* (loc. cit.); la *Lettre d'un gentilhomme français*... (RECUEIL A-Z, lettre G, p. 239); La Châtre, fol. 33 et 34; et les *Mémoires* de Saint-Auban (loc. cit.).

que je voyois que, si on l'eust pressé, on en eust tiré beaucoup des choses. Il respondit sur toutes ses allées et venues vers ledit sieur de Quitry à Marlen[1]; son retour de là aux troupes dudit sieur de Guise, où il avoit un régiment; comme il fut par ledit sieur de Guise envoyé à Paris, où il vid Madame la princesse douairière de Condé[2], qui le pria d'aller vers le comte de Soissons, son fils, lequel l'envoya au roy de Navarre pour l'advertir, preste à partir, comme il avoit veu; de son retour devers ledit sieur roy aux troupes dudit sieur de Guise, qui le dépescha pour s'aller mettre avec son régiment dedans Auxonne; de son voyage fait lors vers ledit sieur de Quitry (lequel il s'efforçoit beaucoup d'excuser, sans qu'on luy en demandast beaucoup des choses) près Chasteauvillain aux troupes dudit sieur de Guise; de son voyage suivant vers ledit sieur de Quitry près Tonnerre; comme là il fut descouvert, dont il envoya advertir ledit sieur de Quitry près Loire par son compagnon et d'autres choses[3]; que ledit sieur de Guise le feit mettre prisonnier et visiter son bagage, où il trouva des lettres du roy de Navarre et des chiffres; qu'il confessa tout; qu'on le vouloit faire mourir; que, avec l'ayde de ses amis, on luy avoit sauvé la vie, à condition de continuer sa négociation et feindre vouloir rendre le chasteau de Montargis pour y attraper ceux qui y viendroyent; qu'il avoit esté contrainct de le promettre

1. Voy. ci-dessus, p. 64 et suiv., sous la date du 7/17 août.
2. Françoise d'Orléans, veuve de Louis Ier de Condé, mère du prince de Conti et du comte de Soissons.
3. Ces allées et venues du sieur d'Espaux, ainsi que son intimité avec Quitry, sont confirmées par La Châtre (*loc. cit.*).

pour sauver sa vie; qu'on ne s'estoit pas contenté de sa promesse, selon qu'il luy avoit convenu bailler de ses amis pour cautions, pour lesquels ne laisser en peine il avoit esté contraint, à son regret, d'entreprendre ceste meschanceté, laquelle toutesfois il avoit taschél d'exécuter à la moindre perte d'hommes, notamment de qualité, que faire se pourroit; que souvent il avoit destourné ledit sieur de Chastillon et les sieurs de Sainct-Auban[1] et de Reboux d'aprocher, leur disant que c'estoit assez d'y envoyer quelques capitaines et suivre de loing, et confessa tout ce qui avoit esté convenu entre luy et le sieur de Mèneville de la part du sieur de Guise à ceste fin. Et, l'ayant interrogué s'il n'avoit point esté practiqué ou enchargé d'exécuter quelque chose sur le roy de Navarre, dit que non; qu'il estoit tousjours allé de son propre mouvement et en secret vers ledit sieur roy. C'estoit le sommaire de ses responces et de son compagnon, qui ne sçavoit le fonds de l'entreprinse de Montargis et pensoit que ce fût à bon escient; ils les signèrent tous deux; lesquels Quitry me feit souvent demander par le sieur de Beauvoir en tierce personne, et enfin par le conseil, auquel je ne les peu refuser, notamment après que les prisonniers eschappèrent des mains du prévost à Sainville en Beaulce[2]; et, encores qu'ils m'eussent promis de me les rendre, jamais je ne les ay

1. Jacques Pape, seigneur de Saint-Auban, l'un des capitaines des troupes amenées par François de Coligny-Châtillon et l'auteur des *Mémoires* souvent cités ci-devant et ci-après.
2. *Sainville*, aujourd'hui comm. du cant. d'Auneau, arr. de Chartres, Eure-et-Loir. — L'évasion eut donc lieu le 7/17 novembre; voy. ci-après.

peu ravoir, et cognus bien à ses instances là et aux façons et excuses dudit sieur d'Espaux qu'il y avoit quelque autre chose entr'eux qu'on eust apprins en le pressant, auquel effect nous leurs avions souventes fois dit qu'ils retirassent lesdits prisonniers pour leur faire et parfaire leurs procès, et que ce n'estoit pas à nous, que c'estoit au général, qui n'avoit ne prévosts, ne officiers de justice quelconque; et ce refus-là me feit encores doubter davantage et cognoistre l'occasion.

Ledit sieur d'Espaux offrit de retirer et renvoyer Bernsdorff et deux autres, si on luy vouloit sauver la vie. Je luy dis que nous ne voudrions pas faire ceste injure audit sieur Bernsdorff de traitter un tel change, mais qu'il feit cela de luy-mesmes avec ses amis, et, s'il en espéroit venir à bout, qu'il en recevroit beaucoup de faveur, mais il ne le peut faire. Après l'avoir interrogué sur le fait de Montargis et ses communications avec ledit sieur de Quitry; je luy demanday au vray les forces dudit sieur de Guise, lesquelles il me spécifia fort particulièrement, soubs espérance de quelque faveur, jusques au nombre de 1,000 chevaux bons, 600 chevaux-légers, 900 arquebusiers à cheval et sept régimens d'infanterie de 5,300 hommes de pied et 300 arquebusiers à cheval, non comprins ce qu'il attendoit de Lorraine par tout ce mois, comme je l'ay par estat bien particulier, ce que je désirois sçavoir pour cognoistre ce que j'avois tousjours creu qu'il estoit trop fort derrière pour entreprendre le voyage de la rivière au-devant de l'armée du Roy. Ledit sieur de Chastillon nous envoya 200 escus que Wicker receut pour la somme à quoy il s'estoit luy-mesmes taxé des 6,000 escus que nous demandions pour contenter les reistres, mais il n'y eust que Beauvoir qui bailla 100 escus et son frère 20 escus ; si chascun eust fait de mesmes, nous eussions trouvé 25,000 escus.

* * *

Le dimanche 22 d'octobre[1], après disner bien tard, nous partismes de Préfontaine pour nous loger ès environs de la muraille de Chasteau-Landon, pendant qu'on donneroit les assaults après la brèche raisonnablement faite, comme on espéroit avoir fait par tout ce jour, ensemble pour estre serréz, à raison des advis que nous avions que Monsieur de Guise avoit passé la rivière de Loing à Nemours[2], qui fut cause qu'on envoya le collonel Dommartin à la guerre avec les cornettes françoises pour le recognoistre. Ainsi vint l'armée loger ès fauxbourgs et abbaye[3], villages et hameaux ès environs de ladite ville. Incontinent après disner, ledit sieur baron m'avoit envoyé à la batterie vers ledit sieur de Chastillon pour voir en quel estat elle estoit, à cause des longueurs et ce que devoit faire. Ledit sieur de Chastillon demanda trois cornettes des lansquenets pour aller à l'assaut avec ses régiments, d'autant que les Suisses n'y vouloyent point aller, ne

1. Le 1er novembre, n. s. — Ce paragraphe n'a point passé dans les *Mémoires*. — Cf. : le *Discours...* de Châtillon (Delaborde, p. 477 et 478) ; La Châtre (fol. 34 et 35) ; les *Mémoires... du 23 juin au 13 décembre* (RECUEIL A-Z, lettre G, p. 211) ; la *Lettre* de Quitry à Ségur (*Appendice*, n° II) ; et les *Mémoires* de Saint-Auban (*loc. cit.*).

2. *Nemours*, aujourd'hui ch.-l. de cant. de l'arr. de Fontainebleau, Seine-et-Marne.

3. Ou mieux : *abbayes*, — les abbayes de Saint-Séverin et de Saint-Thugal, — qui toutes deux furent soigneusement pillées par les vainqueurs (Morin, *Histoire du Gastinois*. — Archives municipales de Château-Landon).

bougeans de l'abaye à boir force bon vin qu'ils y avoyent trouvé en abondance. Je demeuray un peu là, en atendant les advis qui croissoyent, et ledit sieur de Dommartin parti sans avoir attendu commandement dudit sieur baron pour aller voir ce que feroit ledit sieur de Guise, qu'on disoit vouloir secourir ladite ville. Je m'en retournay vers ledit sieur baron pour l'en advertir et le trouvay sortant de son logis. Dès le matin, ledit sieur de Chastillon luy en avoit escrit, confessant qu'il avoit raison de se plaindre de la longueur, et que le général, les mareschaux de camp, collonels et hauts officiers de l'armée s'y devoyent trouver pour, d'un advis commun, asseoir la batterie, le priant d'y aller aussi, et j'estois allé là en partie pour l'excuser à cause des grands empeschemens qu'il avoit avec ses reistres, mais les advis forcèrent d'y aller. Ledit sieur de Bouillon nous en escrivit aussi, nous asseurant qu'après avoir mis le conseil ensemble pour dresser la response aux articles des reistres dont nous le pressions, il iroit à Chasteau-Landon; et nous envoyast huict cens escus de la composition qu'ils avoyent faite, seuls et sans nous, avec la ville de Beaune[1]; que nous acceptasmes et feismes recepvoir à Wicker, à raison de la nécessité; autrement ne l'eussions fait, sachant ce qui estoit caché sous telles compositions sans nostre advis.

*
* *

Le lundy 23 d'octobre[2], nous séjournasmes devant

---

1. *Beaune-la-Rolande*, aujourd'hui ch.-l. de cant. de l'arr. de Pithiviers, Loiret.
2. Le 2 novembre, *n. s.* — Ce paragraphe n'a point passé dans

Chasteau-Landon, qui s'estoit rendue hier soir, voyans la brèche faite et nous presss d'aller à l'assault à la brune tant par la brèche qu'autres endroits. Le capitaine L'Amour, qui commandoit dedans avec une compagnie de quarante arquebusiers à cheval, composa la vie sauve seulement et se rendit audit sieur de Chastillon, qui en advertit ledit sieur baron de bonn'heure, lequel, n'y voulant encores aller, m'y envoya afin de mesnager toutes choses pour raccommoder un peu les reistres et advizer à les contenter. Il me bailla pour y venir le sieur Ehem et le *Schulteis*. Estant dedans, je feis entendre audit sieur de Chastillon que ledit sieur baron ne désiroit point entrer en la ville, encores que ce fût son logis, que préalablement on n'eust mis à part tout ce qui pouvoit et devoit servir au publiq, le priant y vouloir travailler et me vouloir fere représenter le capitaine L'Amour, son lieutenant et sa compagnie, pour servir à retirer autant des reistres, homme pour homme, leurs chevaux pour remonter ceux qui estoyent à pied, leurs armes pour bailler aux lansquenets, qui avoyent besoing d'arquebuses, et l'argent qui avoit esté trouvé sur eux pour en donner quelque contentement aux reistres ; en faire autant des habitants : leur faire représenter les deniers qu'ils ont contens pour faire composition avec eux pour leurs rançons, pour le rachapt de leurs meubles et exemption du feu, ne leur estant rien laissé que la vie, le tout pour donner aux reistres et les appaiser. Et, quant aux vins, bleds, avoine, bestail blanc et à

---

les *Mémoires*. — En rapprocher les documents cités ci-dessus, p. 337, *note* 1.

corne, en faire un estat pour les distribuer aux nations par esgales portions, selon qu'il a esté par ci-devant practiqué.

A quoy ledit sieur de Chastillon se mit aussitost à travailler et feit amener toute ladite compagnie par ledit sieur de Beauxjeux, auquel il l'avoit baillé en garde, dont je feis roolle, mais demandant leurs chevaux, armes et argent, jamais je n'en puis avoir la raison. Il feit après venir tous les habitans, c'est-à-dire ceux qui y estoyent de reste, car ils avoyent caché et tenoyent prisonniers les plus riches. J'en feis aussi roolles, et, leur demandant quels deniers contents ils avoyent, ils me dirent qu'on leur avoit tout pris la nuict, et ayant sçeu d'eux pendant que ledit sieur de Chastillon estoit allé à la brèche empescher l'entrée des Suisses qui vouloyent forcer ladite brèche, ils me déclarèrent qu'il y avoit dedans plus de 200 chevaux, en comptant ceux de la garnison et des gentilshommes et paysans réfugiéz, plus de 200 pièces du vin vieu et nouveau, grande quantité des bleds et d'avoine et grand nombre de bestail blanc et à corne, tant de la ville que des champs. Et, leur ayant parlé gratieusement et donné espérance d'une douce composition, sauf les vivres et chevaux, moyennant qu'ils fournissent tous ensemble une bonne somme d'argent content et qu'en ce faisant, maisons et meubles, tout leur seroit conservé du feu et pillage, ils me déclarèrent qu'il estoit trop tard, et que toute la nuict ceux qui estoyent entréz avec ledit sieur de Chastillon, au lieu de conserver et garder tout comme il leur avoit commandé, les ayant fait entrer seuls avec luy, à ceste fin s'estans logéz dans leurs logis, avoyent rompu leurs coffres et buffets et prins tout l'argent qu'ils avoyent en assez bonne quantité; qu'ils en avoyent autant fait aux capitaines et soldats.

De quoy me plaignant audit sieur de Chastillon, estant de retour, le sieur de Sainct-Auban, qui s'estoit logé au logis où nous estions assemblez, luy confessa en l'orreille qu'il avoit prins dans le buffet de la chambre 230 escus. Je luy repliquay que, s'il confessoit cela, il y en pouvoit bien avoir davantage, et que, si ledit sieur de Sainct-Auban, gentilhomme de qualité et d'honneur, duquel il s'estoit fié par-dessus tous, avoit fait ce tour-là, qu'il ne se falloit plus esbahir de la plainte que en faisoyent les hostes et les hostesses des sieurs de Beaujeu, de Couvrelles et de ses capitaines, qu'il avoit choisi pour luy ayder à conserver tout; que j'avois aussi esté adverti et sçavois au vray que, en dévalisant ledit capitaine et les soldats, ledit sieur de Beaujeu s'estoit saisi de la bource du capitaine L'Amour, en laquelle il y avoit 1,000 ou 1,200 escus; les sieurs de Sainct-Auban, Couvrelles et les autres avoyent fait de mesmes au sieur de Bellefontaine, lieutenant dudit L'Amour, et aucuns des soldats qui m'avoyent dit ne leur avoir esté laissé que la cappe et l'espée; que, les recevoir tous dévalisez et les habitans, je ne le ferois point qu'il ne feit préalablement restituer toutes choses en leur premier estat, au dire des uns et des autres, pour en faire ce qui estoit nécessaire en la disposition et nécessité de l'armée telle qu'il cognoissoit, selon qu'il en seroit advizé en présence des chefs; que c'estoit le logis que luy-mesmes avoit donné audit sieur baron; qu'il estoit bien marri qu'on le logeast en telles difficultéz à cause de la fermeture; et que, s'il estoit raisonnable d'en faire proffit particulier, c'eust esté plustost à luy qu'à un autre; mais qu'il n'y prétendroit rien et s'estoit reposé sur le bon ordre qu'il luy avoit promis d'y mettre pour le public; qu'il avoit choisi douze personnes de sa confidence pour cest effect; que je le priois d'en fere fere prompte restitution et fere rendre tout au public en ceste nécessité.

Il me respondit [que], quant ausdits sieurs de Beaujeu et de Couvrelles, il n'en vouloit point respondre, car ledit sieur de Beaujeu y estoit entré contre sa volonté, disant cognoistre ledit capitaine L'Amour et vouloir seulement parler à luy, et ledit sieur de Couvrelles disoit y avoir deu entrer pour les droits de sa charge et qu'ils s'estoyent saisis des meilleurs logis; quant audit sieur de Sainct-Auban et ses capitaines, qu'il en tireroit toute raison. Mais tous se mirent à forger excuses dudit sieur de Chastillon, qu'ils disoyent y estre entréz la nuict. Ledit sieur de Couvrelles, entendant mes plaintes, nous amena un pauvre paysan avec 20 escus en monnoye.

En somme, voyant tels traicts, et nonobstant que ledit sieur de Chastillon feit toute dilligence et devoir et de bouche et à coups d'espée, néantmoins, cognoissant les humeurs des coursaires à qui j'avois affaire, et que cependant les Suisses et lansquenets forçoyent les portes, voyant que je perdois temps, je me retournay vers ledit sieur baron, disant audit sieur de Chastillon que je luy ferois entendre ce que j'avois veu, et ne luy conseillerois pas d'y loger pour n'avoir part à la réputation du sac de ladite ville contre le bien des affaires et service du roy de Navarre et des Églises, comme il estoit advenu de toutes finnances et commoditéz depuis que l'armée estoit partie d'Allemagne, n'y ayant rien à espérer de la peine et grand devoir dudit sieur de Chastillon en cela.

Deux de nos grosses pièces se cassèrent en ceste batterie, qui fut petite, et furent enterrées la nuict en un lieu près de là, où elles avoyent esté braquées, de sorte que ledit sieur de Couvrelles n'avoit plus de quoy se plaindre, ne faisant autre chose tous les jours, ayant l'attellage de quatre pièces pour deux, et d'avantage un chemin beau et plein au lieu des mauvais chemins qu'il avoit passéz, et que néantmoins il ne peut aller plus loing qu'une lieue de Chasteau-Landon, de sorte que, à faute d'avoir esté en son logis de Boisse[1], la batterie de Bouenne[2] ne fut pas faicte, nous ayant envoyé ledit sieur de Bouillon demander l'artillerie à Briare[3], de laquelle n'avions point de nouvelles, n'ayant jamais veu artillerie plus mauvaise, ny moins industrieusement menée et mesnagée que celle-là, encores qu'on y feit souvent adjouster des chevaux, dont on taxoit les villes et chasteaux, et qu'on eust délivré audit sieur de Couvrelles 563 escus pour en racheter. Après disner, on nous envoya le département pour demain et furent quelques reistres logéz dans la ville pour boire du vin.

1. *Boësses*, aujourd'hui comm. du cant. de Puiseaux, arr. de Pithiviers, Loiret.

2. *Boyne*, aujourd'hui comm. du cant. et de l'arr. de Pithiviers, Loiret.

3. *Briarres-sur-Ehonne*, aujourd'hui comm. du cant. de Puiseaux, arr. de Pithiviers, Loiret.

En ce logis arriva Josse von Werden, duquel je trouvay la venue dangereuse et l'exemple de son partement encores plus, estant venu quérir son chariot et ses chevaux et hommes pour s'en retourner, veu aussi les propos de son valet à Moulon, m'estonnant de ce qu'il demeuroit si longtemps, allant alla[1] campagne avec nous, et avec luy un fils de Besme[2] que ledit sieur de Guise avoit envoyé pour voir et recognoistre nos cornettes, parler à plusieurs, encores luy fallut-il bailler de l'argent, qui eust bien servi à retirer quelques prisonniers qui fussent demeuréz avec nous. Il est bien vray qu'il promettoit de ne rien fere au préjudice de nos affaires, lesquelles il endommageoit assez par son exemple. Ledit Josse von Werden apporta lettres dudit sieur de Guise audit sieur baron, èsquelles il s'attribuoit la victoire du combat de Vimori. Ledit sieur baron délibéra de luy faire là-dessus une bien honneste mais véritable responce.

***

Le mardy 24 d'octobre[3], nous partismes de Chasteau-Landon pour venir en nostre logis de Briare, où, pour la seconde fois seulement, ledit sieur de Chastillon fut logé au-devant de nous vers Nemoux, où estoit ledit sieur de Guise, ce qui advint pour ce que ce fust le sieur de Cormont qui feit le despartement. Arrivans à Briare, nous trouvasmes encores le pont rompu et la rivière ingayable, de sorte qu'il nous y

---

1. *Sic*, pour : *à la campagne*, ou mieux : *en campagne*.
2. L'assassin de Coligny.
3. Le 3 novembre, *n. s.* — Ce paragraphe n'a point passé dans les *Mémoires*.

fallut y entrer à la file par-dessus les planches du moulin, et le lendemain feismes rabiller le pont pour passer l'artillerie et les Suisses.

∗ ∗ ∗

Le mecredy 25 d'octobre[1], nous séjournasmes à Briare, où ledit sieur baron traicta tout le matin avec les collonnels et reitmeistres et le collonel et capitaines des lansquenets, lesquels tous ensemble feirent résolution de demeurer et faire que leurs gens demeurent, sans avoir esgard au temps qu'ils ont préfix à Préfontaine de dix-huict jours, dans lesquels, s'ils n'avoyent responce du roy de Navarre, ils feroyent chose dont ils pourroyent respondre devant Dieu, l'Empereur et tout le monde. Et pour y parvenir advisèrent qu'il falloit avoir la responce des François à leurs plaintes, telle forme sur les quatre points que je leur avois proposé à Préfontaine qu'elle les peut contenter. Ledit sieur de Bouillon nous envoya là un despartement des logis mesmes où nous estions, qu'il donnoit aux Suisses, ce que les reistres ne voulurent souffrir; néantmoins, au lieu de Briare, leur cédèrent Coudray[2] et Maisoncelles[3], ledit sieur de Bouillon ne rendant autre raison de ce changement-là, sinon qu'il n'y avoit autre logis et passage pour les Suisses et l'artillerie, qu'ils faisoyent desloger à cause de l'aproche de l'armée du Roy et du refus des portes de Bouenne à ceste occa-

1. Le 4 novembre, n. s. — Ce paragraphe n'a point passé dans les *Mémoires*.

2. *Le Coudray*, aujourd'hui comm. du cant. de Malesherbes, arr. de Pithiviers, Loiret.

3. *Maisoncelles*, aujourd'hui hameau de la comm. de Coudray, cant. et arr. de Pithiviers, Loiret.

sion. Ainsi nous demeurasmes en nostre logis, et ils vindrent loger de là l'eaue à Manchecourt[1] et autres logis ordonnéz.

J'escrivis ce jour à ma femme du combat de Vimori et autres nouvelles, luy mandant de bailler mes lettres à Élisée Lescuyer pour les présenter, n'ayant jugé raisonnable d'escrire autrement par le secrétaire dudit Josse von Werden, qui repassoit par l'armée dudit sieur de Guise, auquel ledit sieur baron feit une bonne responce par son trompette, avec lequel il envoya ledit *Schultheis* avec argent pour retirer quelques prisonniers. Plusieurs voulurent avoir copie de ladite responce, la trouvans bien faite, et fut envoyée à la Court, de sorte que le Roy la veid, et là fut aussi seulement dépesché celuy d'Angleterre, par lequel nous escrivismes à la royne, à la prière et instance des François, et luy bailliay copie du discours de Vimori pour le faire imprimer. Le sieur de Chalonges fust envoyé avec luy au lieu d'un Allemand sans qu'on nous communiquast la dépesche comme on nous avoit promis, sinon qu'il m'asseura qu'elle estoit conforme à ce que j'avois remonstré de fere le tout tenir en Allemagne pour nostre rafreschissement.

Après disner, les sieurs de Cormont et de Lurbigny vindrent vers nous pour réformer ledit despartement, lequel ils nous avoyent hier donné, nous remonstrans qu'il n'y avoit autre passage que Briare pour l'artillerie et les Suisses ; nous accordasmes avec eux, de sorte que Briare nous demeura. Je sceu là secrètement que, sans

---

1. *Manchecourt*, aujourd'hui comm. du cant. de Malesherbes, arr. de Pithiviers, Loiret.

nous advertir, ny communiquer chose quelconque ni de la prison des Suisses, ny de leur voyage en Court, ils y estoyent alléz dès le logis précédent. On nous en voulut faire croire ce qu'on voulust depuis, en nous baillant un double d'instructions; mais nous doubtasmes bien, veu l'empeschement ordinaire qu'ils nous donnoyent au contentement de nos reistres, et que ce voyage estoit fait et dressé entre les Suisses et François seuls, qu'il y avoit de l'asne[1] et que, ne nous pouvans ruiner par nous-mesmes, d'autant que nous remparions tousjours au-devant de leurs fautes et desseins de nostre costé, ils avoyent trouvé ce moyen de nous amener à une plus grande difficulté et ruine.

**
**

Le jeudy 26 d'octobre[2], nous séjournasmes encores à Briare, d'où ledit sieur baron nous envoya, ledit sieur Wambold et moy, à Manchecourt pour presser la responce dudit sieur de Bouillon aux reistres, qui l'attendoyent tousjours, affin d'avoir de quoy les pouvoir contenter et faire acquiescer à la résolution prinse hier par les collonels, et pour cest effect la fere dresser selon nos advis précédens telle qu'elle leur donnast espérance de quatre choses : de la brefve conjonction du roy de Navarre, de laquelle ils désespéroyent, leur offrant d'y envoyer encores un gentilhomme avec lequel les reistres en envoyassent aussi un de leur part pour voir toutes choses, affin de gaigner temps; puis d'estre mieulx logéz et couverts ci-après; de rece-

1. Est-il besoin de noter ce pittoresque synonyme d'entêtement?
2. Le 5 novembre, n. s. — Ce paragraphe n'a point passé dans les *Mémoires*.

voir en bref de l'argent; et du fait dudit sieur prince de Conty; suivant ce que je leur avois dit à Préfontaine, ce que je leur fis encores attendre.

Après disner ils y travaillèrent et achevèrent ce qu'ils en avoyent commancé, puis entrèrent au conseil, auquel fut fait lecture des articles de plaintes des reistres et de leurs responces à chascun d'iceux. Dès le premier article, venant aux advis, quand on me demanda le mien, je dis que je ne pouvois leur dire autre que celuy que je leur avois déclaré avant disner. — Ledit sieur de Chastillon, estant lors assis près de moy, parla plus particulièrement et dit que cela estoit plein de récriminations, propre non pas à appaiser, mais à aigrir et fere croistre le mescontentement ; qu'il suffisoit en ses responces d'excuser le passé le plus doucement qu'on peut et promettre ce qu'ils désirent et leur est deu à l'advenir. — Le sieur de Quitry, qui avoit esté autheur de ceste façon de responce, ne peut et n'oza dire autrement. — Après lequel je prins la parolle et suivis le jugement dudit sieur de Chastillon pour le bien des affaires, m'offrant toutesfois de porter leurs responces telles qu'ils les bailleroyent, mais que nous leur prédisions le mal qu'ils feroyent plus grand. — Le sieur de Clervant se mit en cholère, dit que non, et, sortant de sa chaise, dit en l'orreille audit sieur de Chastillon, qui estoit venu fort tard après disner, que c'estoit une belle chose de voir ledit sieur de Quitry opiner au contraire de ce qu'il a fait et maintenu contre leurs remonstrances. Et, en estans ainsy demeurez résolus, ils nous promirent de les refaire, selon cela et ce que leur avions dit, et de les envoyer demain de bonn'heure.

Nous retournasmes à Briare et feismes le tout entendre audit sieur baron, qui travailloit en général et en particulier à raccommoder ses reistres. Lettres furent interceptés ce jour, qui nous apprennoyent la séparation des forces du Roy en quatre : une partie à Paris par le mareschal de Rets[1], l'autre en Poictou par le duc de Mercueur[2], estimant le Roy, ce qui se devoit aussi faire, que le roy de Navarre venoit la teste baissée, passant partout et victorieux jusques à Saumur, laquelle ville, assiégée par luy de delà et par nous deçà l'eaue, ne pouvoit subsister, selon les advis mesmes envoyéz de la Court par du Perron ; la troisiesme dans les garnisons de Gastinois pour nous empescher de nous prévaloir d'aucune place ; et la quatriesme près la personne du Roy. (Mais depuis, le Roy ayant esté asseuré du costé du roy de Navarre, n'envoya point en Poictou.) Furent aussi interceptés lettres de l'armée du duc de Guise, contenant une grande crainte que le Roy entrast à Orléans, avec la deffaicte du duc de Joyeuse et terreur de nostre armée, qui estoit encores redoutable. Je receu lettres à Briare dudit sieur de Chastillon qu'il envoyoit par le sieur de Somville cent escus, qu'il avoit retiré d'un de ses capitaines du butin de Chasteau-Landon, que Wicker receut.

*
* *

Le vendredy 27 d'octobre[3], après avoir tousjours

1. Albert de Gondi, duc de Retz, maréchal de France, l'un des promoteurs de la Saint-Barthélemy.
2. Philippe-Emmanuel de Lorraine, beau-frère de Henri III, et néanmoins l'un des plus ardents ligueurs.
3. Le 6 novembre, *n. s.* — Ce paragraphe n'a point passé dans les *Mémoires*.

pressé depuis Préfontaine la responce des François aux plaintes des reistres, enfin elle nous fust envoyée à Briare telle que j'ay [dit], et, nonobstant les remonstrances à eux faictes si peu agréables, et de si peu de contentement en effect qu'il la fallut réformer, à quoy ledit sieur baron travailla luy-mesmes pour la dresser, de sorte qu'elle ne peut altérer et au contraire fut propre à advancer et confirmer la bonne résolution qui avoit esté prinse mecredy[1], ce que nous feismes entendre auxdits François, affin qu'ils cogneussent tant plus de quel pied nous marchions, et que nous sentions bien aussi à ce qu'ils tendoyent.

Ledit sieur de Chastillon vint après disner à Briare. Et, sur ce que je luy avois encores escrit ce jour-là, le priant de donner ordre à fere restablir ce qui avoit esté prins à Chasteau-Landon et les soldats prisonniers, pour en fere eschange avec des reistres, et les habitans, pour en fere quelque rançon, commenceant par là à donner auxdits reistres quelque contentement et leur fere cognoistre qu'on y veut travailler à bon escient, dit au sieur baron qu'il estoit bien marry que l'affaire de Chasteau-Landon avoit si mal succédé, pour avoir esté si mal obéy, et, craignant qu'on luy en imputast quelque chose, offrit de mettre entre nos mains les prisonniers et tous ceux de ses gens qui avoyent prins ou habitans prisonniers ou argent, nous monstrant un accord fait pour renvoyer vingt soldats du capitaine L'Amour et avoir vingt reistres en eschange ou leur rançon, de laquelle le sieur de Bellefontaine, lieutenant de leur compagnie, demeuroit ostage et du capitaine

---

1. L'avant-veille.

L'Amour, qui avoit esté envoyé pour solliciter cela, entre les mains du sieur de Beaujeu, qui en avoit respondu (et néantmoins le laissa depuis évader).

Il fut respondu audit sieur de Chastillon que véritablement nous avions beaucoup espéré de Chasteau-Landon par le moyen de son intégrité et affection et redressement des affaires; qu'il y avoit deux cens chevaux pour monter autant de reistres, 40 arquebusiers, leur capitaine et lieutenant, homme de moyens et qualité, par le moyen desquels on pouvoit retirer autant des reistres, et 50 bons et riches habitans, desquels on pouvoit tirer 4,000 escus contens; que ses gens, Beaujeu et Couvrelles, avoyent tout cela entre leurs mains, outre les deniers contens qu'ils avoyent prins la nuict dans les coffres desdits habitans, 200 pièces de vin, forces bestail et bleds avec autres commoditéz; que tout cela eust beaucoup servi à contenter les reistres et leur faire bien espérer à l'advenir par son moyen; que j'y avois esté envoyé de bon matin à cest effect et avois veu cela n'estre provenu faute de son devoir, y ayant fait tout ce qu'il estoit possible, mais qu'il avoit baillé les brebis à garder au loup et que les douze qu'il avoit fait entrer avec luy avoyent tout prins; que, s'il n'estoit mieulx obéy, ny les chefs de l'armée, on ne pourroit jamais rien espérer d'ordre en tels affaires; à quoy il estoit besoing d'y pourvoir. Comme il nous asseura de faire de sa part, et faisoit à la vérité tout ce qu'il pouvoit pour conserver l'armée; mais il craignoit un peu d'estre déféré au roy de Navarre par ses confidens en l'armée comme interrupteur d'ordre, par eux mis à l'effect des volontéz de Sa Majesté.

Après ces discours, il nous parla, et le sieur de Monlouet avec luy, du regret qu'il avoit de voir passer tant des belles occasions de bien faire sans entreprendre chose quelconque, à cause de ces mescontentemens et du peu d'ordre et du commandement qu'il voyoit en l'armée; qu'il vouldroit qu'il luy eust cousté beaucoup et n'y estre jamais entré; qu'il avoit passé tant de hasards pour y venir, espérant y acquérir de l'honneur et de la réputation, mais, qu'en lieu de cela, si peu qu'il en avoit se perdroit et qu'on se mocqueroit de luy; qu'il cognoissoit bien les justes occasions que nos reistres avoyent de se plaindre comme il nous l'avoit escrit, et d'où en venoit la faute; qu'il vouloit travailler à y remédier; qu'il feroit doresnavant venir argent et vivres des villes et bourgs au lieu d'y loger, et en empescheroit d'autres d'y faire leur proffit particulier, sans plus rien craindre n'y avoir esgard à autre chose qu'au bien des affaires; que, pour l'honneur de Dieu, luy et ledit sieur baron advisassent ensemble à réparer tant de manquemens et prendre les occasions de bien fere, et pour cest effect regarder à mieux loger et marcher à présent qu'on est près des ennemis de tous costéz et aller à la guerre aux occasions.

Nous luy respondismes quant aux finances qu'il feroit très bien de prendre cela à cueur, estant à l'avant-garde, et d'empescher que l'autre ne marchast plus devant luy pour escumer tout; que cela aporteroit beaucoup de contentement aux estrangers et à luy beaucoup de réputation; qu'au reste, les reistres n'estoyent moins désireux de bien faire que luy; que, jusques icy et à sa venue, ils avoyent quelques autres en si mauvaise opinion qu'ils ne les eussent jamais voulu suivre, qu'ils l'aymoyent ; que, pour loger et marcher à leur contentement et au bien de l'armée, nous avions dressé une figure et baillé au sieur Sarrasin pour la luy bailler.

Il dit qu'il l'avoit receue et qu'il l'approuvoit, mais qu'il y en avoit d'autres qui vouloyent tout faire à leur fantasie, puisque ceste forme contentoit ceux qui vouloyent les reistres estre divisez en avant-garde et bataille et lesdits reistres pour estre logés près de l'un et de l'autre, et non aux quatre coins de l'armée, comme les autres désiroyent, pour s'en servir de tous costéz[1]; qu'il auroit tousjours bon nombre de reistres auprès de luy et luy près des reistres pour le servir aux occasions, le chef et les Suisses bien couverts ; qu'il la falloit suivre, qu'il la feroit doresnavant garder.

Et, quant à la guerre, nous luy dismes qu'il cognoistroit les reistres autant affectionnéz à cela qu'il le sçauroit désirer, ne cerchans autre chose que d'attacquer l'ennemi en gros, mais qu'il le prioit de ne les mener point de nuict par pièces, d'autant que, advenant inconvénient, comme les armes sont journalières, ne cognoissans la langue, ne le païs, ils ne se peuvent seurement retirer, mais jour et nuict en gros tant qu'il voudroit, et que, s'il vouloit investir ledit sieur de Guise ou autre, ayant bien recognu son logis, que les reistres ne demandoyent autre chose qu'à partir à quelque lune sur la minuict et arriver à la diane pour les investir et forcer ; qu'il en cherchast les occasions mais ne se laissast pas abuser aux advis qui sont ordinairement faux en ceste armée, afin de

1. Voy. la « Forme de bataille » reproduite à la fin du volume.

ne harrasser point et hommes et chevaux en ceste armée sans raison et éviter aux mescontentemens qui en arivent.

Cela luy pleust fort, et s'en retourna très content et résolu de fere tout ce que dessus, mais ledit sieur de Quitry l'empescha tousjours, faisant tousjours les logis au contraire et à sa fantaisie, envieux dudit sieur de Chastillon. Nous receusmes les despartemens pour demain. Mais les collonels désirèrent séjourner encores un jour pour s'accommoder du pain, d'autant que leurs gens, qui estoyent au moulin, ne pourroyent avoir fait plus tost; dont nous advertismes ledit sieur de Bouillon, le priant de remettre le partement jusques à dimanche[1] pour le contentement des reistres. Sur quoy il respondit qu'il en estoit en peine par les advis receus par ledit sieur de Chastillon et pour s'estre ce jour les Suisses advancéz jusques à Sermoise[2] avec l'artillerie, et le régiment de Cloth s'estre allé loger ailleurs de son authorité, qui nous feit cognoistre le peu de respect du régiment, qui, sans advertir ledit sieur baron, alloit demander logis aux François et, deslogeant, nous descouvroyent du costé de plusieurs sans nous en advertir aucunement, estanz logéz au-dessus de nous le long de la mesme rivière.

*
* *

Le sammedy 28 d'octobre[3], nous séjournasmes encores à Briare pour accommoder les reistres de pain

---

1. Le surlendemain.
2. *Sermaises,* aujourd'hui comm. du cant. de Malesherbes, arr. de Pithiviers, Loiret.
3. Le 7 novembre, *n. s.* — Ce paragraphe n'a point passé dans les *Mémoires.*

et de farine, dont ils avoyent faute. Ledit sieur de Bouillon feit translater la responce des François en allemand, la réformant selon qu'il luy sembloit expédient avant que la communiquer aux reistres, lesquels il sembloit qu'on voulust fere désespérer et perdre toute affection pour les récriminations dont elle estoit composée, ostant, de jour en jour, moyens audit sieur baron de les apaiser. Au soir, ledit sieur de Bouillon nous manda de nous trouver en nous deslogeant à Manchecourt, son cartier, pour marcher ensemble en bataille, à cause du sieur d'Espernon qui estoit venu à Pluviers[1].

***

Le dimanche 29 d'octobre[2], nous deslogeasmes de Briare et, suivant le mandement dudit sieur de Bouillon, allasmes droit en son cartier, au-devant duquel il nous attendoit, et marchasmes tout ce jour en bataille vers Pluviers, que nous laissions à nostre main gauche où on disoit estre ledit sieur d'Espernon, guettant quelque occasion. Ledit sieur de Bouillon tenoit la main gauche, et ledit sieur de Chastillon, bien loin devant luy, avec ses cornettes et régimens pour tascher à l'attirer; nous tenions la droite avec nos lansquenetz. Comme tousjours, ils ont prins la main du costé du Roy, dont ils ne craignoyent rien à cause de leurs intelligences, quelque bonne mine qu'ils feissent, et nous ont tousjours, en marchant au logis, fait tenir la main plus dangereuse du costé du sieur de Guise.

1. Nom ancien de *Pithiviers*, aujourd'hui ch.-l. d'arr. du dép. du Loiret.
2. Le 8 novembre, *n. s.* — Ce paragraphe n'a point passé dans les *Mémoires*.

Ledit sieur de Quitry, anticipant sur ledit sieur de Chastillon, avoit prins le devant, soustenu de quelques-unes de nos cornettes, qui le suivoyent de près, pour descouvrir l'ennemi et, en l'attacquant, l'amuser et engager; en quoy faisant fut prins le sieur de Bracqueville. Monsieur de Nemours se retira plus loing en un village dont nous eusmes advis dudit sieur de Chastillon, estans en bataille devant Sainct-Père[1], attendant que nos logis fussent faicts pour y entrer. Le feld-mareschal se trouvoit mal et s'estoit retiré de bonn'heure, et, si tost que ledit sieur baron eust cest advis, environ les cinq heures du soir, il l'en advertit et, nonobstant sa mauvaise opinion, il vouloit monter à cheval avec luy. Estans arrivéz sur le haut où estoyent encores les cornettes en battaille, en prindrent une partie et, nonobstant que leurs chevaux fussent harasséz, ayans esté dix heures ce jour-là en campagne, allèrent en dilligence à Alimville[2], cartier dudit sieur de Bouillon, luy pensans trouver, comme il leur avoit mandé, pour aller avec luy vers l'ennemy, et, au lieu de cela, ils ne trouvèrent personne, sinon en chemin quelques François s'en retournans en leurs logis, qui leur dirent que ce n'estoit rien. C'estoit des tours et alarmes dudit sieur de Quitry. Il faisoit un fort villain temps, et eurent les reistres la pluye sur le dos jusqu'à dix heures de nuict, qu'ils arrivèrent en leurs logis, ce qui les augmenta bien fort de nouveau, comme si cela eust esté fait exprès pour gaster ce qui estoit rabillé. Ledit

1. *Saint-Père,* aujourd'hui hameau de la comm. et du cant. de Méréville, arr. d'Étampes, Seine-et-Oise.
2. *Allainville,* aujourd'hui comm. du cant. d'Outarville, arr. de Pithiviers, Loiret.

feld-marschalk fust contrainct se mettre au lict aussitost qu'il fust arrivé au logis, tant ceste courvée l'avoit abattu, et n'en releva plus. Il sembloit que les François ne demandassent que la ruine des reistres, veu qu'on les avoit adverti tant des fois de prendre bien garde à ne commander point de courvées inutiles aux reistres, principalement pendant ce mescontentement, et ne les point mener la nuit à la guerre qu'avec toute l'armée pour une entreprise générale, et, s'il se présentoit quelque bonne occasion, que les François s'y employassent de nuict pour entretenir l'ennemy, attendant de bonn'heure et avant la diane, les reistres estans en advertis à propos se trouvassent près d'eux, et ainsy qu'il avoit esté résolu à Briare avec ledit sieur de Chastillon pour investir, avec l'armée entière, ou ledit sieur de Guise ou autre et les emporter, ce qu'ils ne voulurent jamais fere, ne s'amusans qu'à des petits advis presque tous vains et inutiles, par lesquels ils ne faisoyent autre chose que harrasser et mescontenter l'armée.

*
* *

Le lundy 30 d'octobre[1], nous advertismes ledit sieur de Bouillon du nouveau mescontentement où estoyent tombéz les reistres, à cause de la courvée fascheuse et inutile, se plaignant ledit sieur baron par moy, qu'au lieu de luy ayder par ses comportemens à les contenter et entretenir, il luy envoyoit journellement un nombre infini d'advis pour monter à cheval, lesquels se trouvans vains ne faisoyent autre

---

1. Le 9 novembre, *n. s.* — Ce paragraphe n'a point passé dans les *Mémoires*.

chose que mescontenter les reistres par tels harassemens, outre que cela avoit grandement advancé la maladie de feld-marschalk, que cela avoit taillé encores la besoigne audit sieur baron envers ses reistres qui disoyent de nouveau se vouloir retirer après les dix-huit jours, lesquels néantmoins il trouva encores moyen de retenir avec l'ayde des collonels et reittmaistres. Ledit sieur de Bouillon s'excusa en nous advertissant de ce qui se passast lorsque Backeville fut prins, lequel ils nous célèrent tousjours, et n'en peus jamais rien savoir que par un moyen secret, lorsque ledit sieur de Quitry l'avoit laissé eschapper par intelligence avec luy. Il nous advertit aussi que le Roy estoit passé à Sercottes[1], allant le chemin de Blois au-devant du roy de Navarre, lequel aprochoit de la rivière, ce qui estoit un advis controuvé, car le Roy, estant adverti aussi tost de nostre chemin de Chasteaudun[2], le voulut prendre et nous devancer, empeschant le prince de Conty de venir à nous, comme il estoit très bien adverti de tout ce que nous faisions et de l'estat de nos affaires.

***

Le mardy dernier jour d'octobre[3], nous séjournasmes encores à Sainct-Père, d'autant que les Suisses, desjà résolus à leur retraicte, disoyent ne vouloir mar-

1. *Cercottes,* aujourd'hui comm. du cant. d'Artenay, arr. d'Orléans, Loiret. — La nouvelle était exacte (*Lettre d'un gentilhomme de l'armée du Roy...,* déjà citée).
2. *Châteaudun,* aujourd'hui ch.-l. d'arr. du départ. d'Eure-et-Loir.
3. Le 10 novembre, *n. s.* — Ce paragraphe n'a point passé dans les *Mémoires.* — Cf. les documents manuscrits cités par M. de Ruble (*Mémoires* de La Huguerye, t. III, p. 200, *note* 1).

cher plus oultre pour attendre là le retour de leurs députéz, qui estoyent alléz vers le Roy sans nostre sceu et par intelligence seule avec les François, et user de la commodité des moulins de leur cartier; cependant ce qui nous amena une autre difficulté pendant que ledit sieur baron travailloit à raccommoder ses reistres, il y eust quelque fausse alarme pour laquelle on monta à cheval sans effect. Les députéz des Suisses arrivèrent au soir de la court.

* * *

Le mecredy premier jour de novembre[1], nous séjournasmes à Sainct-Père. Les lansquenets avoyent prins la nuict Méreinville[2] avec le pétard, d'autant qu'il leur avoit refuzé la porte. Le sieur Schregel composa avec les habitans à 2,000 escus, retenant les gentilshommes qu'il avoit prins dans le chasteau. Le sieur de Clervant vint, devant disner, vers nous nous advertir du retour des Suisses de la court, et qu'ils vouloyent venir vers nous; disans au reste froidement ne sçavoir qu'ils y avoyent faict et qu'il s'en alloit vers ledit sieur de Bouillon pour l'en advertir aussi et estre présent à leur rapport; mais à sa façon il estoit aisé à cognoistre qu'il dissimuloit par tant retennement[3]. En passant, il laissa ledit sieur de Malleroy, son frère, lequel il chargea de dire audit sieur baron qu'il avoit envie de luy dire quelque chose, mais à luy seul et avec asseurance qu'il ne le diroit à personne, mais

---

1. Le 11 novembre, *n. s.* — Ce paragraphe n'a point passé dans les *Mémoires*.

2. *Méréville*, auj. ch.-l. de cant. de l'arr. d'Étampes, Seine-et-Oise.

3. C'est-à-dire : *par tant de réserve*.

qu'il falloit oster toute défiance ; dont ledit sieur baron m'advertit, ce qui me feit recognoistre, tant par ce mot de deffiance que sur le subject des Suisses et ce que ledit sieur de Clervant ne luy avoit osé dire luy-mesmes cela, que c'estoit chose si secrette qu'il y avoit de l'asne au fait des Suisses et luy vouloit indubitablement déclarer quelque chose de la fin où tendoit ceste négotiation faite entr'eux et les Suisses pour tascher de la fere trouver bonne audit sieur baron et le persuader de s'y accommoder.

Bonstetten arriva tost après leur partement, — comme une farce jouée, — et nous feit entendre ce qu'il avoit fait au voyage, dont il estoit de retour, duquel il protesta avoir donné charge qu'on nous advertit, nous communiquant les lettres du Roy et leurs instructions sur icelles. Nous luy dismes que n'en sçavions rien et n'avions rien veu du tout. Il nous asseura que les François avoyent promis de le fere. Nous veismes bien que c'estoit une honneste excuse et que, ayant au commencement trouvé meilleur de faire cela sans nous, ils avoyent depuis trouvé plus honneste et moins suspect de nous en descouvrir quelque chose autant qu'il leur sembloit propre pour inviter nos reistres à l'exemple des Suisses de s'accomoder à la volonté du Roy, bien que ce ne fust de bonne volonté, au moins de nécessité.

En voyant l'armée aussi bien dissipée par la retraicte des Suisses, ledit Bonstetten, accompagné des Suisses de deux autres régiments, nous discourut comme, estans arrivéz à la court, Monsieur de Nevers, les voyant mal logéz, les envoya prier à disner, où ils furent, pendant lequel, et après principalement, ledit sieur les mit en termes de leurs affaires, auquel ils avoyent respondu avoir charge de ne parler à autre qu'au Roy; que cependant en discours ils s'estoyent laissé aller si avant de luy déclarer les raisons de leurs justifications et l'estat de leur levée avec la bonne volonté du Roy et sans aucun empeschement de Sa Majesté, lesquelles raisons ledit sieur de Nevers avoit trouvé pertinentes et fait en sorte qu'il s'empara de leur négociation et en parlant au Roy eust charge de traicter avec eux et les mener à Sa Majesté, lequel, ce disoit-il sur leurs justifications conformes à leurs instructions, leur parla fort rudement, leur disant qu'ils portoyent les armes contre le Roy et la couronne, qu'il estoit le roy ordonné de Dieu sur la France et qu'il portoit la couronne sur la teste, qu'ils estoyent venus sans son mandement et permission, qu'il vouloit qu'ils se retirassent en leur païs sans plus se laisser ainsi tromper, autrement qu'il romproit l'alliance avec leurs seigneurs et avoit le moyen de leur faire sentir en leur païs le mesme mal qu'ils luy faisoyent en son royaume, qu'il s'en estoit plainct par son ambassadeur à leurs seigneurs qui les avoyent désadvouéz, qu'il tenoit le roy de Navarre pour son ennemy mortel et tous ceux qui tenoyent son party, qu'ils eussent à satisfaire en bref à sa volonté, autrement il leur donneroit tout loisir d'eux en repentir et telles autres menaces auxquelles ils avoyent eu peu de loisir de respondre et faire leurs excuses, le Roy les laissant et leur donnant terme de cinq ou six jours seulement pour y penser et se résouldre.

Dit davantage ledit Bonstetten qu'ils avoyent demandé leur responce par escrit, ce qu'ils n'avoyent peu obtenir et s'en estoyent retournéz avec ceste déclaration verbale du Roy, sur laquelle ils désiroyent avoir nostre advis de ce qu'ils avoyent affaire, comme ils s'en alloyent aussy vers ledit sieur de Bouillon pour semblable occasion, prians ledit sieur baron de trouver son advis prest à leur retour afin de faire diligence de rapporter leur responce au Roy dans le temps qu'il leur avoit promis, ce qu'il luy fut promis, et s'en alla à Alainville.

Il estoit aisé à cognoistre, et par l'estat de leur levée et par les propos du Roy au contraire et par le choix artificieux du sieur de Nevers, qui est de la Ligue, que tout cela n'estoit qu'artifice, et que ce n'estoit aussi le fonds ne la vraye forme de leur négociation, mais un masque pour servir aux affaires du Roy avec la Ligue. Nous advisasmes, les sieurs baron, Schregel et moy, qu'il estoit expédient d'aller au cartier dudit sieur de Bouillon en dilligence, tant pour sentir toutes choses que pour porter nostre advis contenu en cinq articles tendans à retenir les Suisses et les empescher de retourner en court, envoyant leur responce faicte de l'advis général de l'armée par un trompette, affin de faire que nos advis fussent conformes et que la conformité attirast les Suisses à s'y conformer.

J'allay en dilligence pour prévenir le raport des Suisses et trouvay une grande froideur et nonchelance en nos François; mesmement au sieur de Clervant, aux gestes, actions et visage duquel, comme moins idoine à la dissimulation, il ne paroissoit pas qu'il fust en peine de l'affaire desdits Suisses, dont toutesfois l'affaire le touchoit de fort près, tant en l'honneur qu'en ces affaires, et toutefois, à ma grande instance et importunité, ils résolurent que nos points estoyent bons et seroyent par eux suivis en substance desguisée en parolles, affin que la conformité entière ne fust suspecte aux Suisses d'intelligence avec nous contr'eux. Cela me fit encore mal juger; toutesfois je fus contrainct de m'y accommoder pour ne descouvrir nostre opinion. Je désiray assister en leur conseil et action avec les Suisses sans faire semblant de rien; mais ils furent d'advis pour mesme raison et me conseillèrent de m'en retourner, ce qui me feit encores juger qu'ils ne vouloyent pas que je veisse plus clair. Ledit sieur baron m'avoit chargé de dire audit sieur de Clervant qu'il le prioit d'exécuter ce qu'il luy avoit fait dire par le sieur de Malroy ce matin de bonn'heure, afin de s'en servir selon l'occasion, et luy parlay ainsi obscurément, afin qu'il ne congneust que je sceusse ce que c'estoit. Il pensa un point et fut sur le point de m'en dire quelque chose, mais il se retint et me promit de le faire bientost.

Je l'en pressay encores le lendemain et après plusieurs fois, mais il n'en fit rien, qui fit assez juger qu'ils avoyent depuis trouvé mauvais de s'en descouvrir audit sieur baron, crainte de ne donner entrée à la cognoissance de leurs secrets, et que ne fussions pas gens pour nous accommoder à leurs honteuses intelligences ny faire chose contre nostre honneur. Le sieur de Présaigny estoit là quand j'y arrivay, remplissant le conseil d'alarmes de la part du sieur de Quitry, son frère, demandant ce qu'il avoit affaire et requérant qu'on y donnast ordre; que son frère n'estoit qu'un simple soldat en l'armée, etc. Ceste colère me donna subject d'apprendre la cause que je sceu en secret estre la prinse artificieuse de Bacqueville pour communiquer avec ledit sieur de Quitry; que, pour cacher cela, il le vouloit tenir comme son prisonnier et le mettre en telle rançon qu'il luy plairoit, en quoy estoit intervenu un différend d'un capitaine qui estoit à ladite prise, prétendant ledit Bacqueville luy appartenir, comme il luy fust adjugé, et, se trouvant là ledit sieur de Chastillon, auroit tenu la main que, eu esgard au soldat, on disposast aussi de la rançon à 500 escus seulement pour le contenter et retirer ledit sieur Bacqueville pour, par son moyen, ravoir le sieur de Bernsdorff. Ledit sieur de Chastillon y alloit à la bonne foy, ne sachant rien du secret du sieur de Quitry, qui, s'en mettant en colère soubs couleur d'une faulce alarme, feit évader ledit Bacqueville et retourner d'où il estoit venu, comme aussi avoit fait le sieur de Beaujeu du sieur de Fontaines, sans avoir jamais peu avoir raison de luy, qui estoit caution de tout cela.

Estant de retour à Sainct-Père, j'advertis ledit sieur baron de tout ce que j'avois faict. Quelque temps après, ledit Bonstetten repassa et nous dit n'avoir peu emporter l'advis du sieur de Bouillon, lequel avoit désiré le dresser avec conseil, et promis de l'envoyer ce soir ou demain de bon matin et de se trouver icy demain après disner, où ils viendroyent faire entendre ce qu'ils avoyent résolu sur les advis, le priant de tenir là son advis prest, de mesmes ledit sieur de Bouillon. Ce changement me donna occasion de juger qu'ils avoyent traicté quelque chose où ils n'avoyent pas voulu que je fusse présent, et qu'avoir résolu de fere venir ledit sieur de Bouillon estoit pour fere bonne mine et luy déclarer devant nous ce qu'ils avoyent résolu ensemble, ce qui fist surseoir l'advis dudit sieur baron affin de cognoistre si, sans cela, ils passeroyent oultre, comme ils avoyent faict au commencement.

⁎

Le jeudy 2⁰ jour de novembre[1], ledit sieur de Bouillon vint à Sainct-Père, et tost après y arriva le jeune Diespach, qui a esté nourri page du jeune comte de Laval, avec deux autres Suisses du régiment de Zurich et de Basle, et, pendant que ledit sieur baron estoit en une court en bas, parlant avec ses reistres de son advis auxdits Suisses, ledit sieur de Diespach, portant la parolle sans avoir eu nostre advis, dit en la chambre haute audit sieur de Bouillon, ayant voulu estre présent pour recognoistre toutes choses et asseoir jugement en peu de parolles assez hautes et insolentes qu'ils remercioyent ledit sieur de Bouillon du soing qu'il avoit d'eux et de l'advis qu'il leur avoit hier donné, mais, qu'ayans advizé entr'eux à tous moyens possibles de le suivre et s'y accomoder, ils avoyent trouvé qu'il estoit impossible de ce faire si on ne leur bailloit trois mois contens, qu'autrement, ils estoyent résolus de se retirer. Ledit sieur de Bouillon leur fit quelque peu de remonstrance là-dessus, mais tant luy que les conseillers françois s'eschauffèrent fort peu en leurs remonstrances et prières, et ne firent pas ce que le subjet requéroit d'eux principalement. Voyant cela, je descends en bas pour advertir ledit sieur baron, vers lequel les Suisses descendirent aussi, auxquels se

---

1. Le 12 novembre, *n. s.* — Ce paragraphe n'a point passé dans les *Mémoires*.

hastans de luy dire ceste résolution sans avoir son advis, il le leur déclara premièrement, sur lequel ils luy faisoyent entendre la responce telle qu'audit sieur de Bouillon, adjoustans, pour amadvouer et embarquer les reistres, qu'ils feroyent comme pour eux et leurs affaires propres.

Ledit Bonstetten arriva, qui fut cause que tous montèrent en haut en la chambre où ledit sieur baron parla bien à eux en cholère, faisant ce que devoyent fere les François, et leur remonstrant par le texte de leur capitulation en quoy ils estoyent obligéz envers le roy de Navarre et les Églises, nonobstant quelque occasion que ce fust, leur honneur et particulièrement la promesse qu'ils avoyent faicte et jurée aux reistres ; et, ne les voyant point esmouvoir de cela, ny du tort qu'ils feroyent aux Églises et aux affaires des reistres, protesta contr'eux de toutes choses jusques à leur dire que les reistres, plustost que d'endurer une telle honte et dommage par eux, s'employeroyent à les tailler en pièces, ce qu'il dit en présence des Françoys, qui estoyent muets et froids comme glace, assisté de ses collonels, ritmaistres et plusieurs gentilshommes, tenans tous un mesme langage ; ce qui estonna fort ledit Bonstetten et le feit tenir et changer un autre langage, disant que les choses n'estoyent pas tellement désespérées qu'il n'y eust moyen de les rabiller, qu'il s'y employeroit du tout, priant à ceste fin ledit sieur de Bouillon et baron, sieurs et conseillers françois d'aller demain en leur cartier à Gillerval[1] pour s'assembler tous en délibérer

1. *Guillerval*, aujourd'hui comm. du cant. de Méréville, arr. d'Étampes, Seine-et-Oise.

et résouldre par commun advis, d'autant que cela méritoit d'estre entendu par tous les collonels et capitaines.

Cela résolu, chascun s'en alla en son cartier, et ledit sieur de Malroy vint vers nous de la part de son frère, le sieur de Clervant, nous advertir que nous y vinsions en bonne compagnie, craignant qu'ils se voulussent resentir des propos que ledit sieur baron leur avoit tenus, comme s'il en eust appris quelque chose ou nous voulant intimider. Pendant que nous estions encores tous ensemble, le sieur des Escards, le bègue, arriva de la part du roy de Navarre, ayant passé chez ledit sieur prince de Conty, duquel il nous apporta lettres et asseurances de bouche de ses desseins et forces et de sa brefve conjonction. Je le menay avec son cheval en mon logis pour tirer les pacquets de l'arçon de sa selle. Estant en ma chambre et nous disant sa charge en présence dudit sieur de Quitry, sans nous avoir baillé aucunes lettres du roy de Navarre, qui estoit l'estat de sa victoire, son préparatif pour nous joindre et force espérence de contentement, je l'interroguay sur quelques points pour vérifier ce qu'il disoit, sur lesquels ne pouvant respondre, il respondit tout haut que le roy de Navarre luy avoit donné charge de dire ce qu'il vouldroit et qu'il l'advoueroit. Je respondis que c'estoit une despesche fort solide, et, pour faire un bon fondement, il nous advertit qu'il avoit sçeu de Monsieur le prince de Conty que Monmartin en estoit party, comme nous le voyons bien par les lettres dudit sieur prince. Ceste dépesche dudit sieur des Escards, sans aucunes lettres du roy de Navarre pour nous, nous feit encores bien cognoistre le peu d'espérance que nous devions avoir de sa conjonction qu'il remettoit après avoir rassemblé son armée, qu'il avoit licentiée et communiquée avec Monsieur de Montmorency, et me confirma en mon jugement de la dissipation artificieuse de l'armée.

* *
*

Le vendredy 3 novembre[1], nous fusmes à Gillerval avec environ cent chevaux, où ledit sieur de Bouillon, les conseillers françois se trouvèrent les premiers, estans tous assembléz, les collonels, ritmeistres et gentishommes près et derrière ledit sieur baron et tous les François d'autre costé vers la cheminée et les Suisses vers les fenestres, ledit sieur baron commença à leur parler et remonstrer bien amplement leur devoir et obligation, leur honneur, les inconvéniens, la ruine des affaires des Allemands, ausquels ils estoyent ainsi obligéz, la perte de l'occasion de bien faire et d'avoir une paix en bref avec un peu de patience; que, s'ils avoyent des incommoditéz, aussi avoyent les reistres très grandes, notamment depuis le combat de Vimori, et que néantmoins ils avoyent supporté leurs mauvais logis pour leur laisser les meilleurs, les priant et exortant, à l'exemple de ses reistres; qui estoyent apaiséz, de ne persister pas en ce qu'ils avoyent hier déclaré audit sieur de Bouillon et à luy par ledit sieur Diespach, mais de demeurer tousjours bien unis contre une mesme fortune jusques au dernier et attendre en patience la fin de ceste guerre par quelque paix honorable, comme ils ont juré et

---

1. Le 13 novembre, *n. s.* — Ce paragraphe n'a point passé dans les *Mémoires*.

promis et faire en cela autant pour le moins que leurs patriots ont fait en semblable occasion, l'an 1578, ne retourner plus à la court, qui est une boutique de division et corruption; et que, s'ils eussent esté advertis du commencement de ceste malheureuse négotiation, ils eussent fait leur devoir de les en divertir à l'exemple des reistres, qui, nonobstant tous leurs mescontentemens, ne se vouloyent jamais fere le tort que de communiquer avec l'ennemy. Et, voyant ledit sieur baron qu'il ne pouvoit rompre ce voyage et que Bonstetten en sa responce persistoit tousjours à dire qu'ils y estoyent obligez et l'avoyent promis au Roy, il requist d'eux que, s'ils ne vouloyent s'abstenir d'un voyage plus dangereux que le premier, du moins ils ne feissent et traitassent rien que par advis commun; que sur le scrupule qu'ils disoyent leur avoit esté mis en avant de la guerre du roy de Navarre contre la couronne, ils remonstrassent au Roy que, non seulement les Suisses, mais aussi les Allemands et François, n'eurent jamais ceste intention et ne le pouvoyent croire du roy de Navarre, qui leur avoyent promis toute autre chose; que, pour en estre certains et fere tout avec honneur, le Roy accordast des passeports pour envoyer, de la part des trois nations, vers le roy de Navarre, sçavoir et recognoistre son intention; que, s'ils voyoyent que ce fust de fere la guerre à la courronne, lors ils le prieroyent tous de leur donner congé et contenter les estrangers; que cest expédient seroit propre à fere prendre patience à leurs soldats jusques au retour de leurs députez de Gascongne; que cependant l'armée du Roy se dissiperoit, comme desjà elle commençoit, et celle de la Ligue aussi, à cause de l'hiver; que leurs députéz leur apporteroyent tout contentement, et, au cas que le Roy leur accordast lesdits passeports, qu'ils retournassent icy en ceste résolution pour partir tous ensemble; si, au contraire, le Roy les refusoit, qu'ils retournassent aussi résolus de ne fere autre chose que ce que, d'un commun advis des trois nations, il seroit trouvé expédient sur la responce qu'ils apporteroyent; demeurans tous par ce moyen en bonne union et intelligence pour ne fere rien les uns sans les autres.

Bonstetten, ayant donné espérance de rabiller toutes choses, avoit demandé audit sieur de Clervant qu'on luy feit ce passe-droit de luy délivrer le sieur de Lutzbourg pour asseurance de ses affaires particulières, ce que je fus d'advis de luy promettre et la place du collonel Tilman. Ces remonstrances et exortations faites par ledit sieur baron (ausquelles les François n'adjoustèrent rien et ne les vit-on jamais fort eschaufféz à empescher ce mal; qui nous faisoit tousjours croire que tout se faisoit de leur menée), le naturel des Suisses n'estant pas prompt à telles choses sans sçavoir bien où trouver leur descharge et que cela estoit provenu des remonstrances faites de la part du duc d'Espernon, du danger où le Roy et l'Estat estoyent prests à tomber par plusieurs intelligences qu'ils avoyent avec les Marivaux, La Ferté, Bacqueville et autres, tant à cause de l'entrée des forces de Monsieur de Lorraine que de celles du duc de Parme prestes à entrer, et que, ayans veu que n'estions pas d'humeur de nous laisser corrompre à telles persuasions et que, par conséquent, cela ne se pourroit faire, en général, de persuader l'armée de s'accommoder à la volonté du

Roy, il leur falloit fere par pièces et practiquer les Suisses pour l'entretennement de leur alliance par quelque mescontentement, ne se soucians pas, comme ils disoyent souvent, des Allemands, d'autant que, pour de l'argent, tout le monde en avoit et qu'ils en auroyent tousjours assez. Les Suisses se retirèrent en une chambre où nous eusmes peine de faire aller le collonel Fridéric de Basle, duquel nous faisions estat pour accommoder toutes choses, bien que depuis nous ayons sceu qu'il estoit un des premiers corrompus, et, ayans advisez ensemble, retournèrent à nous avec une résolution telle que portoit la remonstrance dudit sieur baron contenue au résultat qu'en fit le sieur Sarrasin, lequel les Suisses ne voulurent jamais signer; mais ce fut en parolles si obscures et ambiguës que je ne m'en pouvois contenter, cognoissant que c'estoit une promesse forcée qu'ils n'avoyent pas envie de tenir. En ce faisant, ils requirent quatre choses des François : qu'on les logeast mieulx pour la commodité des vivres; qu'on les couvrist, pour éviter à ce qui leur estoit passé la nuit auparavant en une alarme[1], que ceux d'Estampes[2] leur avoyent donnée, tué et prins de ceux de Basle environ 100, entre autres le lieutenant-collonel, que nous avions sceu avoir dit à Estampes au vicomte d'Auchy qu'on luy faisoit tort de le tenir prisonnier, qu'il ne l'estoit point de bonne guerre et qu'il avoit donné naguères la main au Roy pour se retirer en son païs avec ses compagnons selon la volonté de Sa Ma-

---

1. Sur cette alarme, cf. le *Discours...* de Châtillon (Delaborde, p. 480), les *Mémoires...* du 23 juin au 13 décembre (RECUEIL A-Z, lettre G, p. 212) et les *Mémoires* de Saint-Auban (*loc. cit.*).

2. *Étampes*, aujourd'hui ch.-l. d'arr. du dép. de Seine-et-Oise.

jesté (qui monstroit bien qu'ils estoyent venus résolus de leur retraitte et que tout ce qu'ils faisoyent n'estoit que pour desguiser et couvrir leur méschanceté et cacher la source de leur résolution, qui se descouvroit assez par le peu de résistance que les François y faisoyent); qu'on fit leurs descomptes en signant leurs roolles; et qu'on regardast à tous moyens possibles à pourvoir à la nécessité de leurs soldats. Ce qui fut promis et accordé, et, ayant ainsy convenu avec quelque espérance, nous nous retirasmes. Cependant que nous estions en ceste confiance, plusieurs Suisses devisoyent avec les Allemands, parlans très mal du roy de Navarre, soit à cause de leur mescontentement ou de ce qu'ils sçavoyent le fonds de ceste négotiation et le tort qu'on nous faisoit, joint que le lieutenant-collonel du régiment de Basle avoit, à son arrivée de la court, escrit audit sieur baron, l'advertissant en somme que, quant à eux, ils avoyent trouvé le Roy en bonne volonté en leur endroit, mais très mal affectionné envers les Allemands, lesquels il vouloit faire tailler en pièces, dont il l'avoit bien voulu advertir secrètement et en amy.

*
* *

Le samedy 4ᵉ de novembre[1], nous séjournasmes encores à Sainct-Père, et fut le baron empesché tout le matin à escrire de bonnes lettres aux trois régimens suisses pour les exorter à se résouldre et fortifier mieux que ce qui avoit esté hier arresté avec protestation de l'honneur et affaires des Allemands, et

---

1. Le 14, *n. s.* — Ce paragraphe n'a point passé dans les *Mémoires*.

envoyer lesdites lettres avant qu'ils partissent pour aller vers le Roy, mesmes envoyer son ministre vers les ministres des Suisses pour les exorter à servir à cela. Après nous allasmes au cartier dudit sieur de Bouillon où, après disner, comme tousjours, on nous commença à parler de plusieurs advis, tousjours pour nous intimider tous du chemin qu'on devoit tenir pour aller à Chasteaudun, et, d'autant qu'on apercevoit que le Roy en aprochoit, le tenir de sorte qu'on ne descouvrist pas que ce fust pour y aller. Il fut aussi parlé de nommer deux autres conseillers en la place des sieurs Digoine et de Vezines, et y vouloyent introduire le sieur de La Nocle pour achever leur fraternité très suspecte en conseil. Là fut aussi fait le despartement pour demain, selon la résolution du chemin, et tousjours force sauvegardes, fut disputé d'une prise des gentilshommes faite par le capitaine La Rivière, qui fut déclarée mauvaise. On eut nouvelles du prince de Conty qu'il espéroit venir à bout de ses desseins. Davantage fut advizé du moyen de loger les compagnies de cavallerie françoise, en sorte qu'elles, estant escartées, comme elles se logeoyent trop au large, se puissent néantmoins conserver la nuit et se trouver promptement ensemble pour surprendre l'ennemy qui en voudroit attacquer quelqu'une, et là fut aussi entamé quelques propos des moyens de disposer tout le monde à laisser les bagages et se mettre à cheval, au cas que les Suisses se retirassent, à quoy ledit sieur baron travailloit sans en dire mot; y avoit quelques jours qu'il avoit entendu le premier voyage des Suisses.

Le dimanche cinquiesme de novembre[1], nous partismes de Sainct-Père; les Suisses estoyent deslogéz dès hier et advancéz une lieue jusques à Pucey[2], à cause qu'ils estoyent trop près d'Estampes, subjects aux alarmes et sans estre couverts d'aucune cavallerie ny assistéz d'aucune infanterie, tant le logis estoit mal faict. Ayans passé Pucey, comme nous marchions en large campagne, où fut tué un loup à coups de pistole, aprochans d'un fonds, où nous joignit un tambour de Sainct-Paul, ramenant un soldat dudit sieur de Chastillon et un homme de la dame de Verrigny pour sauvegarde, nous veismes sortir plusieurs chevaux dudit fonds, l'un après l'autre, se retirant le long de la haye d'une vigne, et tout à coup la trouppe sortit, se retirant au gallop gaillardement. Nous feismes contenance d'aller à eux, ce qui les feit prendre la fuite entière, mais, ne pouvans croire que ce fussent ennemis, ceste occasion eschappa de deffaire la compagnie du vicomte d'Auchy, qui estoit là en embuscade, et pouvoit estre deffaite sans perte. Ainsi nous allasmes à nostre logis de Sainville, où nous arrivasmes de bonn'heure.

*
* *

Le lundy 6ᵉ novembre[3], nous séjournasmes à Seinville, où ledit sieur baron travailla encores tout le jour à raccommoder ses reistres, qui fut cause qu'il

---

1. Le 15, *n. s.* — Ce paragraphe n'a point passé dans les *Mémoires*.

2. *Pussay*, aujourd'hui comm. du cant. de Méréville, arr. d'Étampes, Seine-et-Oise.

3. Le 16, *n. s.* — Ce paragraphe n'a point passé dans les *Mémoires*.

ne peut aller trouver ledit sieur de Bouillon, lequel, à ceste occasion, envoya vers luy les sieurs de Beauvoir et de Lurbigny luy faire entendre la nécessité qu'ils disoyent y avoir de penser à nos affaires pour les advis qu'ils disoyent avoir des préparatifs que le Roy faisoit pour nous combattre, faisant faire et garnir toutes les compagnies de son armée de vivres pour dix jours, affin de camper près de nous, et, nous contraignant à camper, nous réduire à la faim, ou, en nous logeant au large, nous rendre subjects à estre tous les jours en danger de voir enlever nos logis et nous deffaire tous pièce à pièce et tels autres advis dont ils estoyent tous plains pour nous intimider, sans en voir l'effet d'un seul, aussi n'avoit le Roy besoing de cela, estant asseuré d'eux et des Suisses, par conséquent de la dissipation de l'armée à son contentement et plaisir, ne restans que les Allemands qui estoyent destinéz par intelligences à la boucherie, selon que ledit lieutenant-collonel de Basle nous avoit adverti, nous remonstrant à ceste fin ledit sieur de Bouillon, qu'il estoit besoing de séjourner encores pour estre et adviséz ensemble à toutes choses avant partir de ce logis; par quoy il prioit ledit sieur baron d'aller demain à Létuy[1], son cartier. Lesdits sieurs de Beauvoir et de Lurbigny nous advertirent aussi que, la nuit dernière, ledit sieur de Chastillon, qu'ils avoyent logé à l'opposite de nous près Jeinville[2] vers l'armée du Roy, et nous vers la Ligue tousjours, avoit esté

1. *Léthuin*, aujourd'hui comm. du cant. d'Auneau, arr. de Chartres, Eure-et-Loir.

2. *Janville*, aujourd'hui ch.-l. de cant. de l'arr. de Chartres, Eure-et-Loir.

chargé par le duc d'Espernon, suivi de 700 ou 800 chevaux, lequel ledit sieur de Chastillon soustint, conservant son logis, et chassa gaillardement avec trente chevaux, où le sieur de Cormont fut prins et emmené par ledit sieur d'Espernon à sa retraitte, qu'il feit plus dilligemment et plus loing quatre lieues qu'il n'avoit espéré, pensant seulement se retirer à Jeinville[1]. Ce jour, matin, ledit sieur baron fut adverti que le sieur d'Espaux et son compagnon s'estoyent sauvéz la nuit par-dessus un cartier de la muraille du bourg par la négligence de son prévost, lequel il priva de sa charge et le meit en seure garde. Il les avoit longtemps auparavant voulu rendre aux François, mais ils prioyent tousjours qu'on les gardast encore, attendant qu'on eust establi un prévost de leur part.

* * *

Le mardy 7e de novembre[2], nous séjournasmes encores à Seinville pour aller chez Monsieur de Bouillon à Létuy, où nous veismes un gentilhomme de Monsieur de Montpensier, venu vers ledit sieur de Bouillon, dont on ne nous dit jamais rien, me doublant bien que c'estoit pour parachever la practique des François de son costé, comme faisoit le duc d'Espernon par Marrivaux, Bacqueville, La Ferté et autres envers ledit sieur de Quitry et autres François par leurs intelligences ordinaires. Nous veismes d'autre part deux gentilshommes audit sieur prince de Conty, qui nous venoyent asseurer de son subit partement

1. François de Coligny ne parle pas de cette escarmouche dans son *Discours* (*loc. cit.*).
2. Le 17, *n. s.* — Ce paragraphe n'a point passé dans les *Mémoires*.

de sa maison, à cause que le Roy le vouloit faire investir par ses gardes, ce qui l'avoit empesché de faire les surprinses de Falaize[1], Alançon et une autre, et de mettre ensemble les gens de pied et de cheval dont il nous avoit asseuré par le sieur des Essards. Tout cela avoit esté descouvert au Roy avec nostre chemin de Chasteaudun, où il estoit venu loger devant nous. Voilà toutes ses espérences données aux reistres en fumée; voilà le rafraischissement des forces et payement auquel il s'attendoyent à la conjonction dudit sieur prince à-vau-l'eaue. Lesdits gentilshommes nous asseurèrent davantage que ledit sieur prince avoit esté contrainct pour sa seurté de prendre le chemin de Chartres pour aller au chasteau de Hallières[2] et éviter les forces du Roy, qui estoyent toutes sur le chemin de Chasteaudun que nous avions délibéré tenir pour aller à luy, nous prians de l'aprocher et le favoriser tant que de l'aller quérir, ce qui nous meit en une grande peine de changer le chemin de Chasteaudun, qui estoit le vray chemin de Loire et de Saumur, lequel changement lesdits François nous persuadèrent par ce moyen, nous asseurans que le Roy avoit aussi mis garnison à Bonneval[3], et que Sa Majesté.....[4], de sorte que c'estoit à nous d'advizer à autre chemin.

Nous ne sçavions que penser, sinon que fussent aussi tous artifices pour nous faire perdre nostre route par

---

1. *Falaise*, aujourd'hui ch.-l. d'arr. du dép. du Calvados.
2. Le château de *Hallières* est aujourd'hui sur la comm. de Digny, cant. de Senonches, arr. de Dreux, Eure-et-Loir.
3. *Bonneval*, aujourd'hui ch.-l. de cant. de l'arr. de Châteaudun, Eure-et-Loir.
4. Ici quelques mots ont été omis par le copiste.

laquelle nous eussions le sieur de Guise derrière nous et le Roy à nostre droite, en prennant entre Chasteaudun et Bloys, et nous faire descendre plus bas entre les deux armées qui s'en alloyent faire comme un angle pour nous enclorre. Toutesfois, estans réduits à ceste nécessité d'aller quérir ce prince, de peur de le perdre, s'estant mis en chemin sur ceste asseurance, nous fusmes contraints de descendre jusques à Aulneau[1], cinq lieues de Hallières, bien que cognussions le danger de nous mettre trop avant entre les deux armées du Roy et de la Ligue, mais en asseurance aussi de remonter aussi tost après sa conjonction, qui devoit estre jeudy[2], et reprendre nostre chemin pour aller recueillir ses forces et exécuter leurs desseins qui estoyent en leur entier, comme on nous asseuroit, nous repaissant tousjours de quelque chose pour nous faire faire ce qu'on vouloit. Quant au point de marcher, loger et combattre, nous respondismes qu'il estoit résolu avec ledit sieur de Chastillon de marcher et loger avec luy, et le reste derrière, selon la forme qu'il en a; quant au combat, ils nous en avoyent présenté une forme du sieur de Vezines que nous avions agréé, sauf à ne point desbander les régimens, comme il avoit fait, ains le mettre ensemble et ledit sieur de Chastillon à la teste du croissant, selon qu'il avoit esté réformé; que nous nous tenions à ceste forme, qui nous sembloit bonne, pourveu que les Suisses voulussent faire leur devoir dont il se falloit asseurer, que ledit sieur de Clervant leur en pour-

1. *Auneau*, aujourd'hui ch.-l. de cant. de l'arr. de Chartres, Eure-et-Loir.
2. C'est-à-dire le surlendemain.

roit parler, et, outre cela, que les rendez-vous où nous nous trouverions tousjours ensemble nous donneroyent moyen d'y pourvoir selon les occasions, qu'ils advisassent entr'eux de leur rang au combat; quant à nous, que nous suivrions cest ordre, et que nos reistres ne demandoyent autre chose, pour avoir la raison des algarades que ledit sieur de Guise leur faisoit, les priant et exhortant plusieurs fois d'en recercher une bonne occasion aussitost qu'il se logeroit près de nous en ceste Beaulce pour faire partir toute l'armée la nuit close et l'investir à la diane, observant bien ledit ordre de loger et marcher serréz en douze villages seulement, sans s'escarter davantage, ce que jamais on n'a peu obtenir d'eux, le marché estant desjà fait de nostre peau avec le Roy, et, hors ledit sieur de Chastillon, jamais un seul n'a recherché l'ennemy, encores qu'ils feissent contenance d'estre joyeux de la volonté de nos reistres.

Sur tous ceux discours fut résolu le logis d'Aulneau, ne prennans, quant à nous, que quatre villages, les Suisses autant, affin que les Françoys se contentassent de mesme, bien qu'ils fussent en beaucoup moindre nombre, affin de loger unis et serréz pour secourir l'un l'autre aux occasions, et que demain nous nous trouverions au rendez-vous à Digonvilliers[1] pour advizer ensemble ce qui pourroit survenir. Ils commencèrent à nous parler plus ouvertement pour nous préparer tous à nous mettre à cheval, faisans entr'eux tel estat des Suisses, nonobstant l'accord de Gillerval, qu'ils s'asseuroyent trop de leur retraicte pour dégui-

---

1. *Denonville*, aujourd'hui comm. du cant. d'Auneau, arr. de Châteaudun, Eure-et-Loir.

ser accortement leurs cognoissances et consentement. Sur l'advertissement que leur donnasmes du sieur d'Espaux, qui estoit évadé[1], ledit sieur de Quitry, bien aisé, me feit presser par ledit sieur de Bouillon de bailler ses despositions pour en prendre copie et l'envoyer au roy de Navarre, afin qu'il s'en gardast, me promettans de me les rendre après en avoir pris copie, ce que je n'ay jamais peu obtenir d'eux depuis, sous couleur qu'ils disoyent les avoir esgarrées. Cela fait, nous en retournasmes au cartier.

* *
*

Le mecredy 8ᵉ novembre[2], nous deslogeasmes de Seinville, et, venant au rendez-vous de Dignonvilliers, le sieur de Monlouet nous vint rencontrer assez près de la maison du Chesne[3], amenant avec luy le capitaine Bacle, qui venoit tout frais de la part du roy de Navarre, et, ledit sieur de Monlouet nous ayant dit en riant : « — *Voici un homme qui nous apporte de mauvaises nouvelles!* » ledit capitaine Bacle nous asseura en somme, en plaine compagnie, que le roy de Navarre luy avoit commandé de nous dire qu'il nous venoit joindre au bas de la rivière à Grandes[4]; que le vicomte de Turraine le rencontroit en passant; que Monsieur le prince l'attendoit au passage en Poictou avec toutes ses forces; qu'il nous apportoit une bonne somme

1. Voir ci-dessus, p. 395.
2. Le 18, *n. s.* — Ce paragraphe n'a point passé dans les *Mémoires*.
3. Le château du *Chêne* est aujourd'hui sur la comm. de Sainville, cant. d'Auneau, arr. de Chartres, Eure-et-Loir.
4. Serait-ce *Ingrande* (sur le Clain), aujourd'hui comm. du cant. de Dangé, arr. de Châtellerault, Vienne?

d'argent et seroit en peu de temps près de nous, à quelque pris et quelque péril que ce fût. Nous estions si estonnéz de ses bonnes nouvelles que ne sçavions que dire, me priant ledit sieur baron, qui me vit avoir la larme à l'œil de joye, de parler un peu à part avec luy pour sentir s'il y avoit de l'artifice. Mais il me redoubla plusieurs fois ceste asseurance avec sermens, ce qui réjouit et contenta beaucoup nos reistres. Puis il passa oultre vers ledit sieur de Bouillon, ne nous ayant baillé aucunes lettres du roy de Navarre, et, après avoir longtemps attendu les François au rendez-vous, ils nous mandoyent estre allé desgager ledit sieur de Chastillon près Jeinville, dont il ne voulut sortir sans escorte, craignant ledit sieur d'Espernon qu'il pensoit s'estre retiré à Jeinville, nous allasmes en nostre logis d'Aulneau.

* * *

Le jeudy 9ᵉ de novembre[1], suivant les lettres dudit sieur de Bouillon, nous priant de l'aller trouver, nous allasmes en son cartier, où ledit sieur Schregel se trouva si tost que nous y feusmes. On nous parla de nous mettre à table, comme presque tousjours on nous faisoit, bien qu'on nous mandast que c'estoit pour des grandes affaires. Après disner, on se mettoit à ne rien faire ou à parler des choses vulgaires, qui estoit un artifice pour nous contenter et tenir entr'eux le conseil secret de ce qu'ils vouloyent faire, comme nous eussions bien peu faire pour trouver moyen de les empescher de nous ruiner et pourvoir aux per-

---

1. Le 19, *n. s.* — Ce paragraphe n'a point passé dans les *Mémoires*.

sonnes dont ils se servoyent pour nous amuser. Pour commencer à nous dire quelque chose, on nous propose ce que mandoit le roy de Navarre, pour ce qu'on sçavoit que le capitaine Bacle avoit parlé à nous. — Le sieur de Quitry nous dit qu'il s'acheminoit au haut de la rivière au-devant de nous. — Je luy dis que c'estoit au-devant de nous par derrière, et que le capitaine Bacle nous avoit dit au contraire qu'il descendoit au bas de la rivière vers Saumur avec argent, résolu de nous joindre, à quelque prix et péril que ce fût; qu'il nous avoit hier déclaré cela en plaine compagnie et confirmé plusieurs fois en présence d'un grand nombre des reistres, qui s'en estoyent fort réjouis. — Le sieur de Monlouet, présent, dit que cela estoit conforme à ce qui avoit esté mandé de la court, qu'on doubtoit que le roy de Navarre, après sa victoire, ne tournast la teste droit à nous vers Saumur[1] et l'assiéger de son costé et nous de l'autre, et que, ce faisant, elle ne pouvoit résister; qui estoit un grand point pour raccommoder les reistres. — Ledit sieur de Quitry répliqua qu'il avoit curieusement interrogué ledit Bacle et entendu de luy tout au contraire. — De quoy ledit sieur baron se courrouça fort, remonstrant que c'estoit chose très dangereuse de tenir ainsi les advis du roy de Navarre en incertitude, que cela confirmoit l'opinion qu'on céloit et déguisoit souvent beaucoup d'autres choses, qu'on ne pourroit pas oster ceste opinion-là aux reistres, qui s'en estoyent réjouis, sans leur engendrer encores de plus grandes défiances.

Et, sur ces contradictions, fut remis à ouïr ledit Bacle,

---

1. *Saumur*, aujourd'hui ch.-l. d'arr. du dép. de Maine-et-Loire.

qui estoit absent, prians cependant de dépescher ce qui appartient à la conjonction du prince de Conty, affin de prendre tost après nostre brisée. Les François tombèrent sur force advis qu'ils disoyent avoir du Roy, de Monsieur de Guise. Et cependant arriva le sieur de Voises, qui leur en dit, venant d'Estampes et cerchant la conservation de sa maison et village de Voise[1]; que, sans cela, Quitry avoit desjà conservé, et Denomville[2], Cherville[3] et une autre, une lisière de long au milieu de l'armée séparant les François de nous de trois grandes lieues. Dont nous nous plaignismes, l'ayant bien veu en venant, remonstrant avec tout cela tout ce qui estoit nécessaire à raccommoder les reistres, moyennant qu'ils y voulussent faire leur devoir; quant au marcher et loger, que nous en avions assez dit nostre advis et résolu avec ledit sieur de Chastillon, qu'il ne restoit qu'à l'exécuter.

En ce faisant, arriva le capitaine La Rivière, amenant un gentilhomme, fils d'un qui avoit esté gouverneur dudit duc de Guise, et un archer des gardes du Roy qu'il avoit pris vers Nogent-le-Roy[4], où ledit sieur de Bouillon envoyoit desjà de son bagage, ce qui me mit en mauvaise opinion. Arriva aussitost après un gentilhomme dudit sieur prince de Conty, asseurant que son maistre estoit arrivé à Hallières, nous priant de l'envoyer quérir. Ledit sieur de Chastillon print la

1. *Voise,* aujourd'hui comm. du cant. d'Auneau, arr. de Chartres, Eure-et-Loir.

2. Voy. ci-dessus, p. 398.

3. *Cherville,* aujourd'hui hameau de la comm. d'Oinville-sous-Auneau, cant. d'Auneau, arr. de Chartres, Eure-et-Loir.

4. *Nogent-le-Roi,* aujourd'hui ch.-l. de cant. de l'arr. de Dreux, Eure-et-Loir.

charge d'aller jusques-là, de partir le soir, aller toute la nuit avec sa troupe par le haut de la rivière au-dessus de Chartres par Acheinville[1], et fut prié ledit sieur baron d'y envoyer demain de ses reistres jusques-là auprès au-dessoubs de la rivière pour l'attendre au rendez-vous qu'il donnoit et l'amener[2]. Cependant qu'on parloit de cela, ledit gentilhomme s'en alla en un autre cartier, de sorte que l'on ne peut sçavoir le nom dudit rendez-vous. On l'envoya cercher, et, ne le trouvant point, on asseura de nous envoyer ledit rendez-vous, et sur ce nous retirasmes pour donner ordre à cela. Ledit rendez-vous nous fut depuis envoyé à Trémemont[3], et le chemin que nous feismes tenir le lendemain au collonnel Dommartin, qui se rendit là de bonn'heure, passant la rivière à Sainct-Piat[4] au-dessoubs de Chartres. Ceux de Werren, ne trouvans personne à Cherville, où Monsieur de Bouillon devoit envoyer un gentilhomme pour les guider, s'en retournèrent en leur cartier.

*

Le vendredy 10e de novembre[5], ayant fait partir ledit sieur de Dommartin, ledit sieur baron nous assembla pour adviser sur les difficultéz où il se trouvoit et cercher remède, lequel ne peusmes trouver autre que

1. *Tachainville,* aujourd'hui hameau de la comm. de Thivars, cant. et arr. de Chartres, Eure-et-Loir.
2. Cf. le *Discours...* de Châtillon (Delaborde, p. 480).
3. *Trémont,* aujourd'hui hameau de la comm. de Trizay-Coutretot-Saint-Serge, arr. de Nogent-le-Rotrou, Eure-et-Loir.
4. *Saint-Piat,* aujourd'hui comm. du cant. de Maintenon, arr. de Chartres, Eure-et-Loir.
5. Le 20, *n. s.* — Ce paragraphe n'a point passé dans les *Mémoires.*

suivre la résolution de Briare[1] entre les collonels pour demeurer, soit que l'armée se conserve par la demeure des Suisses ou pour nous conserver tous ensemble autant que faire se pourroit en tous évennemens, et de regarder aux moyens d'avoir quelque somme d'argent des François, à quoy j'offri de les aller demain solliciter, et fut ainsy résolu sur l'espérance qu'on nous avoit donnée que ledit sieur de Conty en apporteroit.

* *

Le sammedy 11e jour de novembre[2], ledit sieur baron m'envoya vers ledit sieur de Bouillon, tant pour sçavoir de nouvelles dudit sieur prince, dont nous estions en peine, n'en ayans point eu, le soir qu'il devoit arriver, que pour remonstrer au conseil le besoing qu'il y avoit de chercher la somme de dix mille florins ou environ, moyennant laquelle ledit sieur baron espéroit de faire de ses reistres tout ce qui seroit trouvé expédient aux services du roy de Navarre et des Églises, et portay lettres de luy audit sieur prince, tant pour le saluer de sa part et faire ses excuses sur l'empeschement qu'il a avec ses reistres que pour sçavoir quels moyens il avoit apporté avec luy, les François nous ayans remis à sa venue, nous asseurant qu'il en apportoit et des chesnes[3] pour don-

---

1. Voy. ci-dessus, p. 364, sous la date du 25 octobre/4 novembre.
2. Le 21, *n. s.* — Ce paragraphe n'a point passé dans les *Mémoires*. — Cf. le *Discours...* de Châtillon (Delaborde, p. 480), les *Mémoires... du 23 juin au 13 décembre* (Recueil A-Z, lettre G, p. 213), les *Mémoires* de Saint-Auban (*loc. cit.*), et les documents de l'*Appendice*.
3. Lisez : *des chaînes...*, c'est-à-dire tout à la fois une marque d'estime et un objet de valeur.

ner aux collonels. Estant arrivé, je le trouvay en mesme peine que nous dudit sieur prince, me priant d'attendre jusques après midy, qu'il en pourroit venir de nouvelles. Quant aux deniers, chascun le batit froid, en s'excusant et remettant à y pourvoir à la venue dudit sieur prince, promettans fere de leur costé selon cela ce qu'il leur seroit possible. J'attendy assez tart que le sieur de Mimbray arriva, nous asseurant que ledit sieur prince estoit arrivé à Prunay[1], cartier dudit sieur de Chastillon, où il se logeoit. Ledit sieur de Bouillon et ceux du conseil y allèrent en résolution d'y coucher s'ils ne pouvoyent retourner, n'en estant qu'à demi-lieue. Je remis à m'y trouver le lendemain, où ils m'asseurèrent de se trouver tous pour adviser à toutes choses. Ainsi, après avoir apprins force nouvelles de la retraitte de plusieurs compagnies, de l'arrivée du Roy, de sa venue à Chasteaudun, puis à Bonneval et à Chartres, suivant les occurences pour nous combattre, estant asseuré des Suisses et de la venue de Monsieur de Guise à Durdon[2] d'autre costé, et autres nouvelles qui nous devoyent faire nous resserrer et tenir sur nos gardes, je m'en retournay faire rapport de tout audit sieur baron. J'avois trouvé là après disner ledit capitaine Bacle, qui me dit qu'il avoit fait une grande faulte; et, luy demandant comment, il ne passa oultre, ayant seulement eu commendement de nous dire cela pour nous lever la foy en ses premiers propos de l'achemi-

---

1. *Prunay-le-Gillon*, aujourd'hui comm. du cant. et de l'arr. de Chartres, Eure-et-Loir.

2. *Dourdan*, aujourd'hui ch.-l. de cant. de l'arr. de Rambouillet, Seine-et-Oise.

nement du roy de Navarre au bas de la rivière pour nous joindre.

***

Le dimanche 12ᵉ de novembre[1], les reistres de Cloth furent la nuit à la guerre vers Dourdon, où ils perdirent de leurs hommes et trois de leurs lieutenans, et, suivant ce qui avoit esté hier arresté au conseil au logis de Monsieur de Bouillon, Monsieur le baron, ne pouvant venir, d'autant qu'il faisoit la cène, me pria d'aller à Prunay-le-Gillon, cartier de Monsieur de Chastillon, où Monsieur le prince de Conty s'estoit accommodé à son arrivée avec luy, et de mener le secrétaire Carben avec moy pour estre présent au raport que feroyent les Suisses (qui estoyent de retour dès avant-hier soir et devoyent venir chez Monsieur de Bouillon faire leur raport, mais s'en excusèrent d'autant qu'ils dirent vouloir premièrement traicter entr'eux pour venir résolus de toutes choses), et, comme notaire impérial, recevoir la déclaration qu'ils feroyent pour en délivrer acte à qui il appartiendroit. Je fus chargé par advis de nous de requérir quatre choses : qu'on regardast à déloger la nuit prochaine, puisque Monsieur le prince estoit venu, et qu'on dressast les logis affin que je remportasse le département, remonstrant que les reistres estoyent mal logéz et tous descouverts, et qu'ils avoyent esté trop long-temps si près de Monsieur de Guise, venu à Dourdon, ayant laissé ses bagages pour luy donner loisir de dresser quelque entreprise sur eux, d'advizer au che-

___
1. Le 22, *n. s.* — Ce paragraphe n'a point passé dans les *Mémoires*. — Cf. les documents cités ci-dessus, p. 404, *note* 2.

min qu'on feroit, et qu'il estoit expédient de le dresser, de sorte que les reistres ne cognussent point au premier jour le rebroussement à la main gauche et tirer un peu sur la droite exprès sur le chemin d'Orléans, afin d'entretenir l'opinion d'aller la rivière à val au-devant du roy de Navarre, qu'on leur avoit asseuré en campagne près Sainville par le capitaine Bacle y venir; de tascher surtout à continuer ce qui avoit esté bien commencé à Gillerval pour raccommoder les Suisses, quand ils viendroyent faire leur raport et déclaration pour conserver le reste de l'armée entier, sur quoy il estoit malaisé, quelque ordre qu'on y peut donner, que le reste se peut conserver; le quatriesme estoit de presser pour les 10,000 florins, afin d'appaiser les reistres et avec tout cela saluer mondit seigneur le prince de la part de mondit sieur baron avec ses excuses.

Estant arrivé à Pruney, distant trois grandes lieues d'Auneau, où on avoit exprès logé ledit sieur de Chastillon pour l'esloigner de nous, contre les résolutions prises avec luy; envoyé vers nous, à Briare, Sainct-Père et autres lieux[1], que luy avec sa cornette et ses régiments, et les reistres et lansquenets, logeroyent à la teste, luy tousjours les couvrant du costé où seroit l'ennemy, et Monsieur de Bouillon derrière avec sa cornette et la moitié des Suisses, le reste desquels, avec la cavallerie françoise, logeroit à l'arrière-garde.

Ils estoyent desjà au conseil, où j'entray et feis entrer le secrétaire Carben, et, quand j'entendis ce

---

1. Suppl. : *Il fut convenu...*

qu'on délibéroit et que les Suisses ne viendroyent qu'après disner, et on proposoit de regarder et desloger à la requeste dudit sieur prince pour avoir son équipage et mulets qu'il disoit attendre par tout le jour de mardy[1], et prioit d'attendre à desloger mecredy[2]. Sur quoy estant venu à cueillir les voix des conseillers françois qui estoyent lors, au lieu de six, dix ou douze, je veis qu'on se laissoit peu à peu aller à cela, quelques petites remonstrances que quelques-uns fissent au contraire, et vindrent les advis jusques à moy, arrivé le dernier, qui, estant requis, je remonstray que j'avois quelque chose à faire entendre au conseil qui m'empeschoit de pouvoir dire mon advis là-dessus avant que cela fût résolu, et, estant requis de le déclarer, je dis que j'estois venu pour plusieurs points, mais entr'autres pour requérir et presser le deslogement de l'armée pour la nuit prochaine pour les raisons que dessus, que je leur feis entendre, lequel point ils advouèrent estre tel qu'il interrompoit entièrement la délibération précédente, et qu'il en falloit délibérer. — Et, avant qu'entrer en délibération, Quitry dit que c'estoit la faute de Dommartin, qui s'estoit deslogé, et estoit allé loger ailleurs de son autorité. — Je luy remonstray qu'il estoit très mal logé et à la portée de l'arquebuzade des ennemis; qu'il estoit jour et nuit à cheval et n'avoit point d'arquebuserie pour se défendre des ennemis au logis; qu'il estoit bien plus expédient au bien de l'armée qu'il fût logé où il est pour sa conservation et tous les reistres en

---

1. C'est-à-dire le surlendemain, 24, *n. s.*
2. Le 25, *n. s.*

quatre villages qu'il avoit exemptéz au milieu de l'armée, changeant plustost avec les Suisses pour les couvrir que demeurer si longtemps en lieu si désadvantageux pour la cavallerie; que nous n'y estions venus que pour recevoir Monsieur le prince, et qu'estant venu, il n'estoit plus expédient de séjourner. — Et, d'autant qu'on attendoit les Suisses, les voix conclurent qu'il falloit premièrement les ouïr et respondre avec eux que de résouldre de ce point-là. — Je répliquay qu'on pouvoit résouldre de cela présentement et les ouïr après disner, et si, après les avoir ouïs, il restoit quelque chose à faire avec eux, qu'on le pouvoit faire au prochain logis. — Et nonobstant il fut remis après avoir ouï les Suisses et du fait du voyage de Monsieur le prince; ainsi fut parlé de ce second point.

Pour le chemin, cas advenant que les Suisses se retirassent, il en fut proposé trois : celuy de la main gauche vers Chasteauregnard et celuy de la main droite vers et le long de la rivière et le milieu par où nous estions venus. On regarda au plus court, et à la pluralité des voix celuy de la gauche fut trouvé plus descouvert et plus charriable, et adjoustay aussi qu'il estoit plus tirant vers Orléans pour les raisons que j'avois à alléguer et que je dis; ainsi fut ledit chemin conclud avant disner, et, après que nous eusmes disné, comme on vouloit remettre le propos dudit chemin en avant, les Suisses arrivèrent, lesquels on pria d'attendre un peu, et cependant on adviza de quelle façon on se devoit gouverner en leur endroit. — Quitry, Beauvoir, La Nocle et autres conseillers françois furent d'advis qu'il falloit louer Dieu de ce qu'ils estoyent en volonté de se retirer; que nous serions délivréz d'un grand empeschement; qu'il ne servoit rien que de nous obliger à des longueurs très dangereuses; et opinoyent cela si gayement qu'il sembloit bien qu'ils eussent leur retraicte très agréable, jusques à dire qu'il les falloit laisser aller s'ils persistoyent en ceste volonté. — Clervant parla ambigüement, disant de mesmes, mais qu'il seroit bon de fere ce qu'on pourroit pour les retenir et leur laisser le tort. — Sur quoy je fus requis de dire mon advis et déclaray avoir charge de Monsieur le baron de requérir qu'on insistast par tous moyens à les retenir pour entretenir et conserver le corps de l'armée, qu'il valloit tousjours mieulx entière que privée d'un membre de telle réputation; que jamais, en telle altération, capitaine avoit retranché d'un membre de son armée, ains, en punissant les autheurs, avoit prins peine de rabiller le mal; que cela donneroit grand courage aux Allemands, lesquels, au contraire, se descourageroyent beaucoup; que desjà, depuis le retour desdits Suisses devers le Roy, les reistres, ayant esté advertis par les Suisses mesmes qu'ils s'en vouloyent aller, par la communication qu'ils avoyent les uns avec les autres, estant logéz fort près, avoyent fort changé de la disposition en laquelle Monsieur le baron les avoit mis en grande peine; que nous estions bien advertis que, du point dont ils avoyent par ci-devant fait tant d'instance de faire la guerre à la couronne, ils avoyent esté bien esclaircis par Monsieur d'Espernon; que tant s'en faut qu'il creut cela du roy de Navarre, que le Roy l'aymoit et ne le vouloit ruiner; que, ce point estant dehors, il ne restoit que pour les moyens qu'ils demandoyent;

que c'estoit à eux à advizer à les contenter et se despouiller plus tost pour les contenter et accommoder; que, faute de cela, veoir les inconvéniens qui arriveront au général, au roy de Navarre et à eux tous en particulier de la retraicte desdits Suisses. — Sur lesquelles mienes remonstrances, ledit sieur de Chastillon se leva et suivit seul mon advis, qui fut enfin résolu et suivy de tenir ce chemin-là en traictant avec eux.

Et sur ce furent appelléz lesdits Suisses, sçavoir est : Bonstetten, qui porta la parolle, le collonel de Zurich et deux capitaines de Basle, estant le collonel malade. — Bonstetten dit que, au partir de Gillerval, il estoit allé à Jeinville et que, estant arrivé au soir, il alla veoir le sieur de Quincy, gouverneur du chasteau, pour apprendre de luy où ils trouveroyent le Roy, qui leur dit que Monsieur d'Espernon estoit allé à la guerre là auprès (c'estoit quand il fut attacquer ledit sieur de Chastillon, d'où il se retira plus vite qu'il n'estoit venu et ammena le sieur de Cormont prisonnier) et retourneroit là sur la mi-nuit; qu'ils iroyent avec luy; que ledit sieur d'Espernon, au lieu d'y venir, s'en estoit allé tout droit. Il fut conseillé par le gouverneur de la ville de le suivre, et qu'ils le trouveroyent encores à trois ou quatre lieues de là, et, l'ayant trouvé si fort harassé, comme il disoit, que cinquante chevaux l'eussent deffait, encores qu'il eust bien près de huict cens lances, parla à luy et le feit entendre pourquoy il retournoit et tout ce qu'il avoit dit la première fois; qui luy dit que c'estoyent de grandes raisons, mais que le Roy ne se contentoit pas de cela; qu'ils allassent avec luy, qu'il les présenteroit au Roy et feroit pour eux tout ce qu'il pourroit; que, estant arrivéz à la court et Monsieur de Nevers en estant adverti, leur envoya offrir son logis comme la première fois, dont ils s'excusèrent sur ce qu'ils estoyent venus avec Monsieur d'Espernon, qui les avoit fait traiter, loger et accommoder, et que, en ayant adverti ledit sieur d'Espernon, il leur dit qu'ils s'en donnassent bien garde, et que ledit sieur de Nevers estoit un ligueur; qu'il les présenta au Roy, lequel, entendant ce qu'ils luy remonstrèrent, à ce qu'ils disent, selon ce qu'avoit esté résolu à Gillerval, n'y voulut aucunement entendre, et leur continua les mesmes propos et menaces que l'autre fois, leur disant qu'ils eussent à se résouldre dedans cinq ou six jours pour le plus tard, qu'autrement il romproit la ligue avec leurs seigneurs et feroit des choses dont ils se repentiroyent toute leur vie et leur ordonna ledit sieur d'Espernon pour traitter avec eux et les sieurs de Villeroy et Bruslard pour conseil; qu'il leur déclara de la part du Roy qu'il ne leur pouvoit accorder les passeports qu'ils demandoyent pour aller vers le roy de Navarre; que le Roy n'estoit point en opinion qu'il luy feit la guerre, ny à la courronne; que le Roy l'aymoit et ne cherchoit point à le ruiner; qu'au contraire, tout ce que le Roy cherchoit en traittant avec eux revenoit au bien de la courronne et à l'advantage du roy de Navarre; que c'estoit qu'il désiroit surtout désarmer ceux de la Ligue, qui se renforçoyent trop par la venue des forces que Monsieur de Lorraine avoit fait entrer en son royaulme contre sa volonté et par l'aproche du duc de Parme sur la frontière avec grandes forces, qui luy estoyent très suspectes pour l'estroite intelligence que ceux de Lorraine ont avec luy, et qu'il voyoit desjà la pluspart de ses villes catholiques estre à leur dévotion et se rendre rétifs à ses commendemens; qu'il vouloit remédier à tout cela par la conservation de son Estat et les vouloit désarmer, ce qu'il ne pouvoit faire qu'en nous désarmant les premiers; que c'estoit le plus grand et signalé service qu'on pourroit faire à ceste courronne; qu'ils avoyent répliquay à cela que, Sa Majesté estant en telle deffiance de la Ligue, print autre chemin pour en voir autre issue; que Sa Majesté ne s'en meslast point; qu'on nous laissast faire; que nous combattrions tous ceux de la Ligue en espérance de les vaincre et de les mettre en tel estat qu'ils en auroyent bon marché, à quoy on ne voulut jamais entendre, persistant au premier moyen, nonobstant toutes leurs remonstrances et répliques. — Sur quoy, estans priéz là-dessus de dire leur résolution, puisqu'ils avoyent eu communiqué avec leurs capitaines, ledit Bonstetten commença à dire qu'ils avoyent fourny à leurs soldats jusques à leurs chaisnes et estoyent en si piteux estat et telle nécessité qu'il estoit impossible d'en tirer plus de service avec honneur; qu'il avoit veu une lettre entre les mains de Balthasar, truchement du roi en Suisse, escrite à luy par quelques-uns de leurs soldats, le prians de leur obtenir passeport du Roy pour les retirer, qu'ils voyoyent bien que leurs capitaines les vendoyent et qu'ils ne se vouloyent plus attendre; que la lettre luy avoit esté monstrée, sauf la soubscription, qu'il pensoit estre de quelques soldats de Berne, mais que, depuis son retour, il avoit apprins que c'estoit de ceux de Basle. Il adjousta qu'il avoit veu le sieur de Cormont, qui se portoit bien et estoit peu blessé; qu'il pensoit qu'il ne payeroit point de rançon, et que, s'il eust estimé que nous l'eussions eu aggréable, qu'il l'eust emmené avec luy ; que ledit sieur de Cormont luy avoit tenu tout tel langage que ledit sieur d'Espernon et que, à ce qu'il voyoit et cognoissoit, qu'il luy sembloit que c'estoit le meilleur (ce qui me feit prévoir que tost après nous aurions ledit sieur Cormont pour quelque semblable négotiation). — Or, voyant que le temps s'écouloit, nous le pressasmes de nous dire leur résolution dernière, sans nous arrester plus à tous ces discours, que nous cognoissions bien, et à quoy ils tendoyent. — Sur quoy, ils demandèrent à se retirer à part pour y advizer, et nous déclara ledit Bonstetten de la part de tous qu'ils estoyent résolus de se retirer ; que nous n'avions pas le moyen de leur bailler trois mois que les soldats demandoyent, et sans quoy on ne les pouvoit plus tenir. — Sur ce, on leur remonstra les maux extrêmes dont ils seroyent cause, la perte de leur réputation, leur capitulation, qui les condamnoit à ne se séparer, leur association et promesse avec les Allemands, l'interruption de la paix, qui s'en alloit mettre en avant dans peu de jours, la ruine qu'ils apportoyent aux affaires desdits Allemands et à leurs payemens. — Sur quoy ils offrirent, s'ils vouloyent, de faire pour eux et les François comme pour eux-mesmes. — Dont on les remercia, n'ayans pas volonté de faire chose contre l'honneur, sçachans bien aussi qu'ils ne pouvoyent et que la résolution du Roy estoit de tailler en pièces les Allemands. — Ce nonobstant, ils persistèrent en la résolution de leur retraitte, requérans qu'ils se séparassent en bonne amitié et que, s'ils avoyent affaire de six mille autres Suisses, qu'ils les ammeneroyent dans six semaines. Et demanda Bonstetten trois choses : un passeport, contenant qu'ils se retiroyent seulement à faute de moyen de les entretenir; le descomte de leur solde et de ce qui leur a esté fourny en vivres et armes, aux uns plus, aux autres moins, et que, ce qu'ils recevroyent du Roy, ils le tiendroyent receu du roy de Navarre; et leur congé. — Sur quoy, on les pria de se retirer pour y adviser, et Monsieur de Chastillon les mena en sa chambre auprès, pour tascher, comme il nous dit, à les gaigner.

Cependant, je demeurai pour assister à la délibération de la responce des trois points, ausquels tous les François estoyent d'advis de leur donner responce à leur contentement et de faire ce qu'ils demandoyent, estant ce, disoyent-ils, très important au service du roy de Navarre de ne les mescontenter, crainte d'altérer ceste alliance-là en son endroit quand Dieu le voudroit appeler à l'Estat[1]. — Quand ce fut à me demander mon advis, je leur remonstray que ce seroit un dangereux exemple de traitter les gens qui ruinoyent les affaires de leur maistre et le laissoyent au besoin, composant avec ses ennemis tout ainsi que les gens de bien et d'honneur; que cela feroit croire que leur retraitte n'est point désagréable et engendreroit beaucoup de discours et d'opinions là-dessus; qu'il y avoit moyen d'obvier à l'altération qu'ils disoyent de ceste alliance, laquelle, outre qu'elle suit tousjours le soleil qui reluit en leurs bources souvent par l'alliance de France à d'autres raisons qui les solicitent de la gar-

---

[1]. C'est-à-dire au trône de France, dont il était le légitime héritier.

der; et puis qu'il y avoit un moyen de les contenter de raison, sans faire ce qu'ils demandoyent : en premier lieu, sur le passeport, que c'estoit du roy de Navarre qu'ils le devoyent prendre, auquel ce seroit faire grand tort de déclarer que c'est faute de moyens, veu la patience qu'il avoit prins de leur en aporter, s'ils vouloyent avoir patience jusques à sa venue et conjonction; que, de descomter aussi avec eux, c'estoit un affaire de paix et qui dépendoit de Sa Majesté, qui auroit tant de soin d'eux et de leurs affaires, quand Dieu luy feroit la grâce, comme s'ils vouloyent avoir encores un mois de patience, nous estions asseurez par bons advertissemens de l'obtenir, les armées des ennemis s'en allans rompre et leurs forces se retirans tous les jours, de sorte que nous demeurerions maistres de la campagne; et, quand au congé, que cela apartenoit seul au roy de Navarre, qui leur avoit bien donné pouvoir de lever ceste armée, et à Messeigneurs les prince de Conty et duc de Bouillon de la conduire, mais à personne de la licentier; qu'ils envoyassent vers le roy de Navarre et que, sur tous ces points-là, Sa Majesté leur donneroit satisfaction, laquelle responce ne leur pouvoit estre qu'aggréable pour estre pleine de raison. — A quoy enfin fut conclud et puis advizé de ne leur déclarer ladite response ce jour mesmes, affin qu'ils ne puissent juger de nos desseins après leur retraitte, et, retournans le lendemain en court, en donner advis, ains remettre à y penser meurement demain matin et leur en faire la responce par Monsieur de Clervant en son logis. — Et, les ayant fait entrer, cela leur fut déclaré ; puis, ayans prins congé, ils se retirèrent en leur logis.

Toute la procédure, paroles et façon des François, faisoit cognoistre que la retraitte des Suisses ne leur estoit point à contre-cueur, et ay tousjours creu que les Suisses ne faisoyent rien que de leur gré et consentement, comme depuis ledit Bonstetten, parlant à Berne audit sieur baron, se voyant pressé, pour couvrir son honneur, dit qu'il n'avoit rien fait qu'il ne deust faire et que, s'il en estoit question, il le vérifieroit par escrit de ceux auxquels ils estoyent obligéz. Il estoit desjà tard, et, néantmoins, ayant fait avec les Suisses, je pressay de résouldre le partement de l'armée pour la nuit et de faire le département promptement, affin que je puisse emporter que, voyant la résolution des Suisses, nous ne devions plus séjourner autrement; ne nous pouvans plus asseurer d'eux, nous serions tous les jours en danger d'estre investis et deffaits. — A cela, Monseigneur le prince fit respondre par ses gens qu'il n'avoit point des commoditéz, qu'on feit pour luy cela d'attendre jusques à mardy[1] ses mulets, qu'il estoit asseuré de les avoir. — Monsieur de Chastillon entrelassa un advertissement du beau moyen qu'il avoit de surprendre une place, pour nous loger et rafreschir nos gens et les payer peut-estre, pour faire changer de résolution aux Suisses, qu'il envoyeroit cognoistre ceste nuit et que, la nuict suivante, l'exécuteroit avec le pétard. Il ne nomma pas la place du premier coup, mais enfin on veid bien que c'estoit Chartres, qu'il prétendoit surprendre en rompant une galle[2] de fer avec le pétard, n'y ayant point de garni-

---

1. Le surlendemain 24 novembre, *n. s.*
2. Sans doute les *galets* de fer sur lesquels roulaient les portes

son. — Toutesfois, cela n'empescha point ma demande, pour laquelle fortifier je remonstray que, puisqu'il nous falloit aussi bien abandonner nos bagages, que c'estoit autant de commodité et de proffit à Monseigneur le prince de n'avoir point les siens pour estre contrainct de les laisser et perdre par les chemins ; qu'il avoit de moyens assez de les faire venir secrètement quand il seroit près du roy de Navarre. Je ne gaignai rien seul, et tous se laissèrent à son désir, qui me fit cesser mon importunité et venir au point des finnances, les prians de me déclarer ce qu'ils avoyent fait sur ce que je leur avois dit hier au logis de Monsieur de Bouillon, à quoy je n'eus presque point de responces, sinon d'excuses en partie ou d'espérences incertaines.

Je leur dis que dix mille florins n'estoyent point si difficiles à recouvrer entre tant des gentishommes et personnes qualifiées ; qu'ils estoyent de cinq à six cens gentishommes et capitaines et personnes de moyens ; que cela ne viendroit pas à plus de dix escus chascun, le fort portant le foible ; que, s'ils y vouloyent mettre la main, que ce seroit incontinent fait, quand chascun capitaine des chevaux-légers feroit sa diligence en sa cornette et les maistres de camp en leurs régiments ; que nous avions obtenu du régiment de Cloth, qui estoit le plus fascheux, que pour mille florins on le contenteroit, et, s'ils voyent qu'on ne leur baille, ils n'attribuent pas cela à faute des moyens, mais de volonté, et deviendront plus malcontens. Mais, quoy

de ville, c'est-à-dire une de ces portes elles-mêmes, la partie étant ici prise pour le tout.

que je disse, je n'obtiens autre chose, sinon qu'on feroit ce qu'on pourroit et qu'on l'envoyeroit à Monsieur le baron, et cela me fut respondu si froidement que je ne veis point de quoy en faire estat. Ainsi, je prins congé d'eux et m'en retournay de nuit avec le secrétaire Carben à Aulneau, où je feis entendre le tout audit sieur baron, qui fut bien marri du retardement du deslogement et de la faute des deniers principalement, faisant tout devoir de les contenter par bonnes parolles et remonstrances. Et, la nuit depuis mon département, nous receusmes lettres de Messieurs de Bouillon et de Chastillon, qui nous advertissoyent du changement de la résolution depuis mon département et du délogement de l'armée pour mardy matin. Monsieur de Couvrelles escrivoit lettres pour sçavoir ce qu'il feroit de la grosse artillerie. Nous le renvoyasmes au conseil, le prians, pour le fait des chariots et attellages et chevaux, d'en faire ce qu'on luy avoit mandé.

※

Le lundy 13 novembre[1], nous séjournasmes encores à Aulneau, à nostre regret. Le mareschal Rompff mourut et fut trouvé, le lendemain, par les ennemis, mort; mais la cognoissance qu'avoyent les reistres de Cloth de la volonté des Suisses les rendoit très difficiles, qui estoit encores cause que Monsieur le baron travailla à rabiller leurs volontéz, car ils estoyent logéz avec luy; et toutesfois il espéroit en venir à bout, espérant faire prendre à tous, nonobstant la retraitte des Suisses,

---

1. Le 23, *n. s.* — Ce paragraphe n'a point passé dans les *Mémoires*. — Cf. les documents cités dans l'avant-dernier.

la résolution d'aller joindre le roy de Navarre. Dommartin estoit deslogé de son cartier, qui couvroit Aulneau du costé de Dourdon, et s'estoit allé loger en un village par delà Roinville[1], apartenant au sieur de Cherville, que Quitry avoit exempté, et trois autres au milieu de l'armée, et s'estoit le devoir, pour selon la guerre en changeant, que Monsieur le baron prist le village et Dommartin en sa place. Après disner, Monsieur le baron conféra avec Levenstain du deslogement; Bouc se plaignoit du logis où il estoit, et fut mis ailleurs, et, quand il fut parlé d'aller à Voise pour Monsieur le baron, on fut en train d'y aller après disner; mais on trouva bon d'attendre encore ce jour-là des nouvelles de la résolution des François, et, s'ils continuoyent en celle d'hier d'attendre à desloger mecredy[2], qu'on deslogeroit demain, et fut Levenstain vers Bouc pour le loger ailleurs.

Sur le soir, vindrent vers Monsieur le baron le sieur de Lurbigny, mareschal de camp, qui nous apporte le changement de ladite résolution et le rendez-vous pour se trouver demain à Moutiers[3] à sept heures du matin, qui estoit cause qu'il falloit sonner la trompette dès minnuict et partir de trois heures, estant ledit Moutiers distant trois grandes lieues d'Aulneau, pour s'y trouver à sept heures du matin, comme feirent les François, et allégua l'occasion de ce changement estre les nouvelles qu'ils avoyent du sieur de

---

1. *Roinville*, aujourd'hui comm. du cant. d'Auneau, arr. de Chartres, Eure-et-Loir.

2. Le surlendemain.

3. *Moutiers-en-Beauce*, aujourd'hui comm. du cant. de Voves, arr. de Chartres, Eure-et-Loir.

La Ferté, qui est à Monsieur d'Espernon, qui avoit envoyé un gentilhomme à Monsieur de Chastillon, luy faisant entendre que, pour le seur, si nous demeurions ensemble, nous serions ruinéz et le Roy aussi; que les forces du pape et du roy d'Espagne venoyent, par lesquelles le Roy seroit contrainct de nous presser et faire la guerre, pour sa réputation, à toute outrance; que, estant asseuré des Suisses et de son armée, logée à Bonneval, quatre lieues de nous, qu'indubitablement il feroit quelque effort; que ceulx de Paris, et mesmes la court de Parlement avoyent signé la Ligue à l'instance de la Royne; qu'il estoit expédient de desloger la nuit et faire ce qu'on avoit résolu en toute dilligence. Ledit sieur de La Graffinière vint aussi avec luy, qui apporta 200 escus de la part de Monsieur le prince, son maistre, et 326 escus de la part de Monseigneur de Chastillon, que Wicker receut pour ayder à contenter les reistres, les autres François ne voulans rien faire de ce que je leur avois hier proposé pour la somme de 10,000 florins, moyennant laquelle Monsieur le baron espéroit venir à bout de toutte difficulté envers ses reistres; et, ayant délivré lesdites sommes avec les lettres, requist le baron de luy dire ce qu'il espéroit de ses reistres, de tout ou de partie; lequel luy respondit qu'il ne luy pouvoit encores rendre responce asseurée là-dessus, mais qu'il les falloit mener comme on avoit résolu hier, et, quand ils se trouveroyent esloignéz des Suisses, qu'on jouiroit d'eux plus aisément par cest artifice; que l'on feit demain une grande journée et qu'on laissast derrière les Suisses, et, continuant cela au bout de trois jours, on parleroit plus ouvertement à eux et obtiendroit-on plus aisément ce qu'on désiroit, que, cependant, il négotieroit tousjours avec eux et en avoit bonne espérance.

* *

Le mardy 14e[1], la nuit, les deux cannons furent enterréz près Sainct-Léger[2]. Tost après, le coup d'Aulneau[3], arriva au matin environ cinq heures, et, au lieu d'investir ledit Aulneau, comme Monsieur de Chastillon et le baron en furent d'advis (et estoit le meilleur), les Suisses de Basle et de Zurich n'en firent conte d'en approcher et se retirèrent vers le régiment de Berne, et desjà tous les François estoyent au rendez-vous à Moutiers, où je les allay trouver, estant remonté d'un cheval de mes amis, et les priay de retourner, ce qu'ils firent, mais n'aprochèrent d'Aulneau plus près d'une lieue. Ainsi, laissans là Aulneau, nous vinsmes loger près Jeinville, où arriva le sieur de Laverni, de la part de Monseigneur le prince, qui nous apporta de ses lettres et nous asseura que le roy se hastoit à venir et apportoit une bonne somme d'ar-

1. Le 24, *n. s.* — Ce paragraphe n'a point passé dans les *Mémoires*.
2. *Saint-Léger-des-Aubées,* aujourd'hui comm. du cant. d'Auneau, arr. de Chartres, Eure-et-Loir.
3. Sur « le coup d'Auneau », cf. le *Discours...* de Châtillon (Delaborde, p. 482 et 483); *La nouvelle deffaicte et surprinse des reistres faicte par Monseigneur le duc de Guise le mardy 24 novembre 1587* (Paris, Millot, 1587, pet. in-8°); les *Lettres* de Pasquier (*loc. cit.*); la lettre du capitaine B. de Grïsach aux « seigneurs » de Soleure, du 23 décembre 1587 (impr. dans Zurlauben, *Histoire des Suisses;* Paris, 1751-1753, 8 vol. in-12; t. V, p. 209); La Châtre (fol. 37-46, paginés 33-42 par erreur); les *Mémoires... du 23 juin au 13 décembre* (RECUEIL A-Z, lettre G, p. 213 et 214); les *Mémoires* de Saint-Auban (*loc. cit.*) et les documents de l'*Appendice*.

gent, ayant eu cinquante mille escus de la composition de Lymoges, ce qui estoit faux.

Messieurs de Chastillon et de Clervant vindrent loger avec nous pour ayder à persuader aux reistres de monter au haut de la rivière. L'entreprise d'Aulneau fut exécutée environ cinq heures, que les charriots de la *Rennfanen* estoyent desjà sortis du bourg sans empeschement, et, s'ils eussent esté si dilligens que de partir de gran matin, à trois heures, pour estre au rendez-vous, esloigné de trois heures, comme il estoit ordonné, les ennemis n'eussent trouvé que le nid; mais, ne pouvans chevir des reistres pour user de la diligence requise, ils eurent tout loisir d'entrer par le chasteau et se venir saisir des portes du bourg avant qu'il y eust une seule cornette dehors. Ç'a esté une signalée malice de ne nous avoir adverti aucunement de ceste entreprise, veu que le duc d'Espernon la sceut et la voulut empescher, en l'entreprennant luy-mesmes; mais celuy qu'il y avoit envoyé à ceste fin trouva desjà les gens de Monsieur de Guise saisis du chasteau dont ledit sieur d'Espernon advertit aussi-tost le sieur des Marrivaux, qui ne faillit d'en advertir ledit sieur de Quitry, son confident, lequel le dissimula pour nous laisser tomber en cest inconvénient, Couvrelles nous ayant asseuré de tout cela dudit sieur d'Espernon. Mon cheval me fut tué entre les jambes, je me tiray de dessoubs et me retiray en une court contre les murailles où, voyant plusieurs monter, je m'efforçay, fort blessé à la jambe, de monter aussi et sautay la muraille, fort vestu avec mon sac d'affaires, que j'avois esté tout prest de jetter dans le fumier; mais, voyant le moyen de me sauver, je le garday et me blessay encores davantage en sautant dans le fossé; et, voyant plusieurs hommes et chevaux à la campagne, pensant que ce fussent ennemis, je me contins dans un boccage, d'où je me coulay jusques au cartier des Suisses de Basle et Zurich[1], que je trouvay se mettant en battaille au-devant de Roinville, leur cartier, sans que jamais ils advancèrent vers Aulneau pour investir les ennemis qui estoyent maistres du bourg, en bon nombre; et trouvay au rendez-vous mon homme qui avoit fait comme moy et s'estoit sauvé.

La faute seconde et plus grande fut qu'on ne faisoit point de garde, et, s'il y eust eu seulement cent chevaux en garde au-devant de la porte du chasteau qui sort dehors, cela ne fût pas advenu. Et, voyant qu'on nous privoit de Monsieur de Chastillon, je pressay souvent de faire loger les lansquenets avec les reistres, et en chascun logis des reistres quelques enseignes, comme le collonel l'a souvent remonstré pour estre aux advenues des logis; mais on n'en fit jamais rien qu'une fois à Sainct-Maren, en Lorraine[2], et depuis par force à Préfontaine[3], prennant seulement quelques arquebusiers au lieu des enseignes entières.

*
* *

Le mecredy quinziesme[4], nous vinsmes loger à

1. Cf. le récit, conforme à celui de La Huguerye, de l'auteur anonyme des *Mémoires... du 23 juin au 13 décembre* (loc. cit.).
2. Saint-Martin; voy. ci-dessus, p. 130, sous la date du 22 août/1er septembre.
3. Sans doute à la suite de leur mutinerie du 19/29 octobre; voy. ci-dessus, p. 342 et suiv.
4. Le 25, *n. s.* — Ce paragraphe n'a point passé dans les *Mémoires*.

Vaux[1], chasteau du sieur de Chastillon-le-Roy[2], parent du sieur de Chemerault, en chemin, partant du logis les reistres et lansquenets mutinéz par les reistres, comme on parla à eux pour regarder d'aller au haut de la rivière, affin que ceux qui n'y voudroyent aller se missent à part ; toutes les cornettes et lansquenets se mutinèrent et tournèrent vers le chemin des Suisses, qui nous avoyent laissé et avoyent prins le chemin de gauche, disans s'en vouloir retourner avec eux ; enfin, à force des remonstrances, leurs collonels et ritmeistres, qui estoyent résolus de venir au haut, firent remettre l'affaire au lendemain[3]. Audit logis nous travaillasmes de sorte que tous avoyent fait dresser vers le chemin que désirions, et, si les princes et conseillers françois fussent venus de bon matin avec leurs forces, comme on leur avoit mandé, sans doubte ils marchoyent. Le soir devant, vint Monsieur de La Graffinière, envoyé par Monsieur le prince de Conty pour sçavoir exprès le nombre que Monsieur le baron espéroit mener avec luy, s'il ne pouvoit mener tout. A quoy on ne peut respondre autre chose, sinon qu'on feroit tout ce qu'on pourroit et que tousjours ménerat-on les principaux. Et, comme ils tardoyent fort à venir au matin, Monsieur le baron et moy feusmes

1. Le château de *Vaux* était sur la comm. actuelle de Châtillon-le-Roi, cant. d'Outarville, arr. de Pithiviers, Loiret.
2. Guy de Rochechouart, seigneur de Châtillon-le-Roi (du chef de sa mère, Louise d'Autry), gouverneur de Blois. Il mourut à Compiègne le 16 décembre 1591, des suites d'une blessure reçue au siège de Noyon (P. Anselme, t. IV, p. 668 et 675).
3. Ce fut en effet le lendemain que se consomma la défection des Suisses, commencée dès le 19 octobre ; cf. l'excellente note de M. de Ruble dans les *Mémoires* (t. III, p. 200).

tous seuls au cartier dudit sieur prince près ledit lieu de Chastillon pour le haster, mais le trouvasmes parti. Là fut changé le chemin arresté et résolu à Prunoy-le-Gilon[1], et prins le mauvais chemin du milieu dans les marets de Gastinois, près Vimori, qui fut cause de nous faire perdre beaucoup d'hommes et de bagages et l'artillerie, au lieu de la gauche qui estoit résolue le long de la rivière, et ce en faisant les départemens et sans nous en parler.

*
* *

Le jeudy 16e novembre[2], nous vinsmes loger à Batilly[3] près Beaune; et, en venant au rendez-vous, fut conclud l'accord en campagne entre les princes et conseillers françois, et les reistres et lansquenets; et la promesse fut faite et jurée par lesdits François de les mener et joindre dans un mois au roy de Navarre, là les faire payer et contenter de ce qui leur est deu, ou à faute de cela, qu'ils demeuroyent tous pour asseurance entre leurs mains, et les feroyent aussi récompenser de leurs chariots, qu'ils abandonneroyent, à leur requeste, pour aller plus légèrement au haut de la rivière, ce qu'ils promirent de leur donner par escrit signé de leurs mains.

*
* *

Le vendredy 17e[4], le sieur de Beauvoir me bailla au

1. Voy. ci-dessus, p. 409, sous la date du 12/22 novembre.
2. Le 26, n. s. — Ce paragraphe n'a point passé dans les *Mémoires*.
3. *Batilly*, aujourd'hui comm. du cant. de Beaune-la-Rolande, arr. de Pithiviers, Loiret.
4. Le 27, n. s. — Ce paragraphe n'a point passé dans les *Mémoires*. — Cf. le *Discours...* de Châtillon (Delaborde, p. 484),

rendez-vous la promesse minutée de sa main que je baillay à Carben pour la mettre en allemand. Nous vinsmes loger à la Court de Marigny[1], dans les marets de Gastinois, où nous eusmes une faulce alarme le matin. Les lansquenets s'estoyent dévoyéz au partir de leur logis et y avoit eu quelque mutinerie qui avoit retardé leur partement d'auprès de Batilli, de sorte qu'ils furent assaillis en queue par les ennemis, qui nous suivoyent de si près, veu les grandes journées que nous avions fait secrètement, comme nous pensions qu'il est très aparent que le Roy estoit bien adverti de nostre résolution, et rebroussa Dommartin avec son régiment pour leur faire escorte. Le collonel Schregel vint de grand matin nous en advertir. Nous luy conseillasmes de retourner à ses enseignes, comme il feit, et les ramassa et rammena le lendemain au rendez-vous de Bony[2]. Couvrelles perdit la petite artillerie, environ 24 milliers de poudre et les balles, à faute de n'avoir point fait ce que luy avoit commandé Monsieur le baron, qui s'estoit, après avoir enterréz les deux dernières grosses pièces près Aulneau, de brusler tous les affusts et chariots de l'armée et doubler l'attelage desdites petites pièces et des chariots, des poudres et balles, qui ne devoyent rester que dix ou douze pour le plus, et en devoyent estre désateléz plus de vint pour doubler les autres attelages; mais il y a eu de la faute aux chevaux, desquels on ne sçait

le *Mémoire* de Couvrelles (*Appendice*, n° V) et les *Mémoires* de Saint-Auban (*loc. cit.*).

1. *La Cour-Marigny*, aujourd'hui comm. du cant. de Lorris, arr. de Montargis, Loiret.

2. *Bonny-sur-Loire*, aujourd'hui comm. du cant. de Briare, arr. de Gien, Loiret.

qu'estoit devenus des bons, estant certain et cognu à tous qu'en l'attelage desdits chariots il y avoit plus de cinquante chevaux qui valoyent chascun cent talars[1], et, quant au nombre, s'en est trouvé grand défaut, de sorte qu'on ne sçait qu'ils sont devenus la plus part dont il faut sçavoir la vérité de luy et de Jérémias Neuner, qui en avoyent la charge.

*
* *

Le sammedy 18e[2], nous vinsmes pour loger à Briare[3], où ils nous refusèrent les portes et à Messieurs le prince et sieur de Bouillon en leur logis d'Ouzeau[4], où avoyent logé les Suisses en venant en Beaulce et près d'où furent prins les fourriers, qui fut le commencement de la négotiation ouverte du Roy avec eux. Nous avions esté au rendez-vous à quatre lieues par delà, deux lieues auprès La Bussière[5], où demeura Monsieur de Chastillon à loger pour la retraitte, estant de retour de son entreprise de Gien[6], laquelle il n'avoit peu exécuter, à cause que ses guides s'estoyent perdus dans les bois.

*
* *

1. *Sic*, pour : *thaler*, monnaie encore en usage en Allemagne et valant aujourd'hui 3 fr. 70 de notre monnaie.
2. Le 28, *n. s.* — Ce paragraphe n'a point passé dans les *Mémoires*.
3. *Briare-sur-Loire*, aujourd'hui ch.-l. de cant. de l'arr. de Gien, Loiret.
4. *Ousson*, aujourd'hui comm. du cant. de Briare, arr. de Gien, Loiret.
5. *La Bussière*, aujourd'hui comm. du cant. de Briare, arr. de Gien, Loiret.
6. Cf. le *Discours...* de Châtillon (Delaborde, p. 484-486) et les *Mémoires* de Saint-Auban (*loc. cit.*).

Le dimanche 19e[1], le rendez-vous fut en la plaine de Bonni, où arriva Cormont vers les François pour la première fois, et fut renvoyé, entretenant sa négotiation pour ramollir la poursuitte de Monsieur d'Espernon, et fit entendre lors aux François, de la part du Roy et dudit d'Espernon, que le Roy estoit aussi marri que nous de ce qui estoit advenu, qu'il désiroit sur toutes choses conserver le reste, sachant que, s'il luy survint de la besogne avec ceulx de la Ligue, ce sont ceux dont il se peut le plus fier; mais, de permettre qu'ils joignissent le roy de Navarre, ils ne le pouvoyent faire, d'autant que ce seroit donner encores plus de crédit aux ligueurs, qui disoyent que le Roy s'entendoit avec nous, et leur donner plus de fabveur dans les villes catholiques, qui, par les choses dernièrement passées, commençoyent à refuzer d'obéir aux commendemens de Sa Majesté; que le Roy vouloit en toutes sortes désarmer la Ligue, et qu'il ne le pouvoit faire s'il ne nous désarmoit les premiers pour la conservation de son Estat, dans lequel estoient desjà entrées les forces de Lorraine contre sa volonté, et les forces du prince de Parme[2] estoyent sur la frontière de Picardie, dont il estoit en peine par advertissement de chose semblable, à quoy il ne voulut obvier, et ne le pouvoit faire autrement ny retenir son autorité et crédit parmi les catholiques que par ce moyen-là.

1. Le 29, *n. s.* — Ce paragraphe n'a point passé dans les *Mémoires.* — Cf. les documents cités dans l'avant-dernier.

2. Alexandre Farnèse, gouverneur des Pays-Bas pour le roi d'Espagne depuis la mort de don Juan d'Autriche (1578), duc de Parme depuis le 18 décembre 1586, date de la mort de son père, Octave Farnèse. On sait quel fut plus tard son rôle en France, dans les premiers temps du règne de Henri IV.

Ledit Cormont, s'en retournant, fut convoyé par le sieur de Villeneuve, son fils, qui fut prins par une quinzaine des quarante-cinq de la garde du Roy, et asseuroit-on que cela estoit fait par intelligence de son père et de luy. Quand les François nous feirent entendre ces raisons que ledit Cormont leur avoit apporté pour les persuader, je dis à plusieurs d'eux qu'il n'y avoit que tromperie et n'y avoit apparence, veu que je sçavois que le Roy, par Bellièvre, avoit prié la royne d'Angleterre, au mois de may que j'y estois[1], de faire advancer l'armée pour rabaisser la Ligue; que semblablement ledit sieur d'Espernon l'avoit fait faire par Marrivaux; qu'il n'y avoit point d'apparence à cela; qu'on les trompoit pour les tromper; mais le Roy se trouveroit, après, le premier trompé et ne les désarmeroit pas, mais les armeroit d'advantage en nous désarmant. Le logis fut à Albigny[2] et ès environs, où nous arrivasmes fort tard, à cause qu'on estoit allé vers Monsieur de Chastillon, qui combatit, près de La Bussière, des courreurs de Monsieur de Nemours qui le suivoyent, faisant la retraitte au cul de toute l'armée, ayant à cest effect logé audit lieu de La Bussière, d'où il les rechassa, en estant demeuré vint sur la place et des prisonniers.

**

Le lundy 20ᵉ de novembre[3], le rendez-vous fut à

---

1. Voy. les *Mémoires* de La Huguerye, t. II, p. 393.
2. *Aubigny-sur-Nère*; aujourd'hui ch.-l. de cant. de l'arr. de Sancerre, Cher.
3. Le 30, *n. s.* — Ce paragraphe n'a point passé dans les *Mémoires*.

Sully[1], où Cormont nous vint retrouver et proposa que le Roy demandoit les cornettes des François et promesse de ne porter les armes. Nous entrasmes au conseil au rendez-vous, où la pluralité des voix fut entre les conseillers françois que toutes choses alloyent si mal qu'il ne falloit rejetter du tout ceste négociation. Et Monsieur de Chastillon mesmes, ayant esté embabouiné par Cormont, tint bon à cela ; et, sur ce qu'on continuoit de dire qu'il falloit entretenir ladite négociation et gaigner païs, il dit que Cormont luy avoit dit que le Roy romproit du tout, si on ne l'acceptoit, et fit entrer Cormont, qui l'afferma, et ne l'avoit dit auparavant, qui sembloit estre une parolle attiltrée par commun advis avec luy pour presser ladite négociation. Et, quand à Monsieur le baron et nous trois, quand on nous demanda nos advis, nous respondismes que la négociation ne s'addressoit point à nous et que ce n'estoit point à nous à y délibérer, mais qu'en cela nous les prions de se souvenir de leur promesse de Battilli[2], en vertu de laquelle on avoit fait une si grande perte des bagages il y avoit deux jours, et, au cas qu'ils arrestassent cela de nous donner, eusmes advis de ce que nous aurions affaire sur la résolution qu'ils prendroyent. Et là fut enfin résolu que Schregel et moy irions à Chanay[3], cartier de Monsieur de Bouillon, pour assister à addresser la responce de Monsieur de Cormont, qui s'en alla delà

1. *Sully-sur-Loire*, aujourd'hui ch.-l. de cant. de l'arr. de Gien, Loiret.
2. Voy. ci-dessus, p. 426, sous la date du 16/26 novembre.
3. *Chasnay*, aujourd'hui comm. du cant. de La Charité, arr. de Cosne, Nièvre.

Cosne, où elle luy fut envoyée en poste. Monsieur de Chastillon voulut la responce estre faicte en forme d'acceptation des offres et réforma ce que nous en avions dressé. Bien est vray qu'il y avoit des requestes au bout, qui approchoyent ladite acceptation.

*
* *

Le mardy 21 novembre[1], le rendez-vous fut à Dampierre[2], et sommes venus loger à Lurcy[3].

*
* *

Le rendez-vous de mecredy 22 novembre[4] est à Cru[5], où nous sommes venus de bon matin, ayans esté

---

1. Le 1er décembre, *n. s.* — Ce paragraphe n'a point passé dans les *Mémoires*.
2. *Dompierre-sur-Nièvre*, aujourd'hui comm. du cant. de Rémery, arr. de Cosne, Nièvre.
3. Le château de *Lurcy*, aujourd'hui sur la comm. de Toury-sur-Abron, cant. de Dormes, arr. de Nevers, Nièvre.
4. Le 2 décembre, *n. s.* — Ce paragraphe n'a point passé dans les *Mémoires*.
5. *Crux-la-Ville*, aujourd'hui comm. du cant. de Saint-Sauge, arr. de Nevers, Nièvre.

C'est sans doute à une bande de traînards qui, dans l'effarement de la débandade, se sera détachée du gros de l'armée pendant cette partie de sa marche en diagonale à travers les bois du Morvan, dont les bourgs de Dompierre, de Lurcy et de Crux-la-Ville marquent les étapes, qu'il faut faire remonter l'origine de toute une petite colonie étrangère, un peu au nord de la ligne de retraite des reîtres ; elle est signalée à l'attention du philologue par le nom de ses principales agglomérations de maisons (*Brinon-les-Allemands, Champallement, Chalment*; aujourd'hui comm. ou ch.-l. de cant. de l'arr. de Clamecy, Nièvre), et à celle de l'ethnographe par le poil blond, le front carré, les yeux bleus de leurs habitants. Le souci de l'exactitude historique nous fait une loi d'en constater ici l'existence et la cause probable, — non sans quelque crainte, il faut l'avouer, que, le principe des nationalités aidant, les Allemands ne fassent un jour valoir sur cet îlot gerla nuit en battaille à cause d'un advis qui nous estoit venu de Laudes[1], que Monsieur de Nemours avoit passé devant le chasteau et estoit près de nous, et sommes venus loger à Sardy[2].

⁂

Le rendez-vous pour jeudy 23 novembre[3] est à Sermage[4], six lieues de Sardy, près de Moulins-d'Angibert[5], d'où nous sommes venus loger à Semelé[6], quatre lieues de là. En chemin, nous avons trouvé le baron de Confergien, retournant de sa maison, qui nous a dit que Monsieur de Mayne avoit ramassé environ cent chevaux et nous costoyoit du costé d'Authun[7].

⁂

Le rendez-vous de vendredy 24 novembre[8] est en la plaine de Périgny[9]; il y a cinq lieues. Monsieur le baron a baillé l'accord pour signer à Sermage au

manique, perdu au milieu de la terre de France, des droits analogues à ceux qui leur ont servi à légitimer la mainmise sur l'Alsace.

1. *Loddes,* aujourd'hui comm. du cant. du Donjon, arr. de La Palisse, Allier.
2. *Sardy,* aujourd'hui comm. du cant. de Corbigny, arr. de Clamecy, Nièvre.
3. Le 3 décembre, *n. s.* — Ce paragraphe n'a point passé dans les *Mémoires.*
4. *Sermages,* aujourd'hui comm. du cant. de Moulins-en-Gilbert, arr. de Château-Chinon, Nièvre.
5. *Moulins-en-Gilbert,* aujourd'hui ch.-l. de cant. de l'arr. de Château-Chinon, Nièvre.
6. *Semelay,* aujourd'hui comm. du cant. de Luzy, arr. de Château-Chinon, Nièvre.
7. *Autun,* aujourd'hui ch.-l. d'arr. du dép. de Saône-et-Loire.
8. Le 4 décembre, *n. s.* — Ce paragraphe n'a point passé dans les *Mémoires.*
9. *Perrigny-sur-Loire,* aujourd'hui comm. du cant. de Bourbon-Lancy, arr. de Charolles, Saône-et-Loire.

secrétaire du duc de Bouillon. Au rendez-vous à Cru, nous eusmes advis de la venue d'un gentilhomme de la part du roy de Navarre. Monsieur Schregel me dit qu'il raportoit que Sa Majesté est à Issoudun en Béri[1] et qu'il la bat (ce qui estoit faux et pour nous abuser). De Périgny sommes venus loger à Issi[2] et ès environs.

* *

Le sammedy 25[3], le rendez-vous est à Vigny[4], où le sieur de Cormont a fait entendre sa charge, contenant augmentation au lieu d'avoir eu esgard aux remonstrances dernières, et demandant d'avantage les enseignes des Allemands et serment de ne porter les armes contre le Roy, et qu'on les conduiroit jusques hors l'Estat du Roy. Ceste négotiation a esté fort pressée par les François, la pluspart s'entendans avec ledit sieur de Cormont, lequel, autrement, ne fust retourné si souvent des fois, les François notamment : les conseillers François, la pluspart, estoyent en telle façon et frayeur qu'ils ne demandoyent que prendre ce party pour se retirer. Nous avons communiqué la charge aux reistres, qui n'y ont voulu aucunement entendre, et néantmoins se plaignans extrêmement du logis et fascheux chemin, sans advancement du desseing pour lequel on le faisoit, n'entendans aucunes nouvelles du roy de Navarre. Sur le bord de la rivière où ils estoyent,

---

1. *Issoudun*, aujourd'hui ch.-l. d'arr. du dép. de l'Indre.

2. *Issy-l'Évêque*, aujourd'hui comm. du cant. et de l'arr. d'Autun, Saône-et-Loire.

3. Le 5 décembre, n. s. — Ce paragraphe n'a point passé dans les *Mémoires*.

4. *Vigny-lès-Paray*, aujourd'hui comm. du cant. de Paray-le-Monial, arr. de Charolles, Saône-et-Loire.

on dit qu'ils estoyent résolus s'en retourner sans passeport du Roy et demandé que les François les conduisent jusques sur la frontière, ce qui a esté remis au lendemain au rendez-vous, et sommes venus loger à Sainct-Germain[1], près la rivière de Loire, qui estoit ingayable, ayans passé près Paré-aux-Moines[2].

* * *

Le dimanche 26[3], le rendez-vous est à Ancy[4], où on a tasché de rabiller les choses par les offres que Messieurs le prince et de Bouillon on fait aux reistres de les mener en Vivarets[5], Monsieur de Bouillon d'engager ses terres de ce païs-là pour vint mille escus et les leur bailler, et Monsieur de Chastillon leur faire bailler en Vivarets 1,000 ou 1,200 escus, en passant à Usèz[6], davantage et séjour, à Mompellier[7], de mesmes et séjour, et ainsi les mener jusques au roy de Navarre en les accommodant de ce qui seroit possible jusques à ce que, estant près de Sa Majesté, il leur donnast ce qui leur avoit esté promis naguères, ce qui fut fait et traitté en la campagne. Mais Quitry, Beauvoir et autres conseillers François, au lieu de faciliter toutes

---

1. *Saint-Germain-des-Bois*, aujourd'hui comm. du cant. de La Clayette, arr. de Charolles, Saône-et-Loire.

2. *Paray-le-Monial*, aujourd'hui ch.-l. de cant. de l'arr. de Charolles, Saône-et-Loire.

3. Le 6 décembre, *n. s.* — Cf., pour ce paragraphe et les suivants, le *Discours…* de Châtillon (Delaborde, p. 488-490), les *Mémoires* de Saint-Auban (*loc. cit.*) et les divers documents de l'*Appendice*.

4. *Ancy-le-Duc*, aujourd'hui comm. du cant. de Marcigny, arr. de Charolles, Saône-et-Loire.

5. Le Vivarais.

6. *Uzès*, aujourd'hui ch.-l. d'arr. du dép. du Gard.

7. *Montpellier*.

choses, contredirent et alléguèrent toutes sortes de difficultéz : neiges, destroits, fautes de vivres, et Beauvoir s'addressa audit sieur Wambolt et Levenstain, leur disant qu'on alloit perdre, s'ils entreprennoyent ce voyage de Vivarets, et qu'il valloit mieux recevoir les conditions, ne cherchans que d'effectuer la négotiation de Cormont, auquel effect nous feusmes tous estonnéz qu'on nous advertît que le sieur de L'Isle-Marivault, cousin dudit Quitry, qui a ordinaire et secrète communication avec ledit Marrivaulx, estoit arrivé tost après ledit Cormont; lequel, voyant la résolution des reistres se préparer à passer outre, selon les offres de Messieurs de Bouillon et de Chastillon, moyennant qu'on leur délivrast la promesse et accord signé, s'advança à parler à plusieurs et proposer modération, sçavoir : de laisser leurs enseignes et ne faire point de promesse ou de faire promesse et emporter leurs enseignes, ce qu'aucuns des reistres ayans entendu desdits François et de luy se sont mis à parlementer eux-mesmes avec ledit de L'Isle, et, se disposans à prendre la dernière condition, disans qu'aussi bien c'estoyent-ils résolus en leurs cueurs de ne venir plus en France, résolurent d'envoyer députéz de leur part traitter avec Monsieur d'Espernon en la compagnie desdits de L'Isle et Cormont. Quoy voyant, Monsieur le baron, ne les pouvant honnestement abandonner, sollicité à part par ledit de L'Isle, qui voyoit que luy et la pluspart estoyent résolus de ne rien accepter et passer outre avec Monsieur de Chastillon, fut contraint de s'accommoder et d'y envoyer Monsieur de Couvrelles, à mon refus, bien que j'y peusse faire mes affaires, mais non avec honneur, et Monsieur de Bouillon Monlouet. On promit audit sieur baron, pour son particulier, toutes fabveurs et modérations des promesses ou en tout ou à terme, seureté, suffisance et passeport pour aller vers le roy de Navarre, dont il chargea ledit sieur de Couvrelles dudit rendez-vous. Nous sommes venus loger à Sainct-Bonnet [1].

*
* *

Le lundy 27º novembre [2], le rendez-vous est à Sainct-Laurens [3], où devoit retourner L'Isle, et, si les choses estoyent accordées, ammener trois ostages et retenir les trois autres. Cependant, Monsieur de Chastillon, fasché d'un tel accord, s'est advancé pour s'en retourner en Languedoc jusques audit Sainct-Laurens et est parti la nuit, s'estant aigrement courroucé audit rendez-vous d'Anci contre Quitry, qui proposoit les difficultéz du passage de Vivarets et le disuadoit au lieu de le faciliter, et luy dit en grande cholère qu'il respondroit un jour du bon service qu'il faisoit lors au roy de Navarre et aux Églises; à quoy ledit sieur de Quitry, ny ceulx de la faction ne respondirent un seul mot. L'Isle n'estoit venu au rendez-vous de Sainct-Laurens, comme il avoit promis, et de fournir un accord signé de la main du Roy, ce qu'il n'a faict; aussi nous sommes venus loger à La Clayette [4], où nous

1. *Saint-Bonnet-de-Gray*, aujourd'hui comm. du cant. de Semur en Brionnais, arr. de Charolles, Saône-et-Loire.
2. Le 7 décembre, *n. s.* — Ce paragraphe n'a point passé dans les *Mémoires.* — Cf. les documents cités ci-dessus, p. 435, *note* 3.
3. *Saint-Laurent-d'Andenay*, aujourd'hui comm. du cant. de Buxi, arr. de Charolles, Saône-et-Loire.
4. *La Clayette*, aujourd'hui ch.-l. de cant. de l'arr. de Charolles, Saône-et-Loire.

avons séjourné un jour, n'ayans aussi aucunes nouvelles dudit de L'Isle ny de nos gens, comme il nous avoit promis, ce qui nous a mis en soupçon et deffiance.

⁂

Le mardy 28ᵉ novembre[1], nous avons séjourné à La Clayette pour rafreschir un peu nos chevaux qui n'en pouvoyent plus, ayans cheminé, depuis Chartres, quatorze jours sans séjourner. Nous, estonnéz de la demeure de L'Isle et de nos députéz, avons envoyé sçavoir à quoy il tenoit, nous doubtant qu'on nous eust voulu amuser pour entreprendre sur nous en ces destroits.

Tost après est arrivé Le Roux avec un des gardes de Monsieur d'Espernon et un gentilhomme, qui nous ont donné asseurance que nos députéz traicteroyent et avoyent eu difficultéz à trouver Monsieur d'Espernon, lequel il nous dirent avoir dépesché vers Monsieur de Mandelot pour empescher toute hostilité, mesmes à l'endroit de Monsieur de Chastillon, et qu'il désiroit que nous approchassions de luy afin qu'inconvénient ne nous arrive, et nous ont asseuré que ledit sieur d'Espernon est à Marsilli-les-Nonnains[2].

Après disner, les conseillers françois sont venus vers nous à La Clayette et ont renvoyé Le Roux, l'asseurans que nous approcherions de Marsigny et le chargeans de presser nos députéz qu'ils pressent une résolution et expédition, la meilleure qu'ils pourront,

1. Le 8 décembre, *n. s.* — Ce paragraphe n'a point passé dans les *Mémoires.* — Cf. les documents cités ci-dessus, p. 435, note 3.

2. *Marcigny*, aujourd'hui ch.-l. de cant. de l'arr. de Charolles, Saône-et-Loire.

selon qu'il leur a esté ordonné, principalement pour la seurté d'Allemagne.

Au rendez-vous d'Ancy, outre ce que les conseillers françois, soubs couleur de danger et impossibilité, ont accroché la résolution à laquelle on estoit disposé pour passer en Vivarets. Ils refuzèrent tout à plat de signer l'accord et promesse faicte par eux aux reistres que Messieurs de Bouillon et de Chastillon offrirent de signer sur-le-champ, ce qui fit évidemment cognoistre qu'ils avoyent au cueur d'achever la dissipation de l'armée, comme ils avoyent (Monsieur de Chastillon excepté) laissé aller les Suisses et ne les retenir à Pruney-le-Gillon, près Chartres, qui nous fit cognoistre qu'il y avoit de l'intelligence pour commencer par là à dissiper l'armée et la payer de ceste monnoye.

*
* *

Le rendez-vous de mecredy 30ᵉ de novembre[1] est encores audit Sainct-Lorens pour approcher de Monsieur d'Espernon, et sommes venus loger à Sainct-Christofle[2], deux lieues de Marsigny.

Monsieur le prince de Conty s'en est allé au rendez-vous d'Ansy sans dire Adieu, et a voulu rendre la cornette blanche à Monsieur de Bouillon, qui s'en est excusé, afin de n'avoir la honte de la délivrer, remonstrant qu'il la luy avoit donnée comme à son supérieur, il la devoit rendre au roy de Navarre. En allant à

---

1. Erreur pour « mercredy 29 novembre » ou « jeudy 30, » — 9 ou 10 décembre, *n. s.* — Ce paragraphe n'a point passé dans les *Mémoires*. — Cf. les documents cités ci-dessus, p. 435, note 3.

2. *Saint-Christophe-en-Brionnais,* aujourd'hui comm. du cant. de Semur-en-Brionnais, arr. de Charolles, Saône-et-Loire.

Sainct-Christofle, nous avons trouvé nos députéz retournans vers nous. Couvrelles nous a dit qu'il n'y a rien de favorable pour Monsieur le baron pour ce qui avoit esté promis par L'Isle; que, toutesfois, Monsieur d'Espernon luy avoit promis de faire pour luy ce qu'il pourroit pour la seurté de nostre retraitte par le comté de Bourgongne[1], pendant qu'ils disent que Monsieur de Lorraine est empesché sur les terres de Monsieur de Bouillon. Couvrelles a obtenu passeport pour luy. Monsieur d'Espernon veut donner à disner aux collonels. Couvrelles nous a dit que Monsieur d'Espernon a nouvelles de la mort du roy de Navarre d'une mousquetade devant Liborgne[2]. Nous avons séjourné à Sainct-Christofle. Monsieur le baron et les collonels sont allez vers Monsieur de Bouillon pour dépescher vers L'Isle; je n'y ay point voulu aller et ay donné ordre qu'il ne fust point fait mention de Monsieur de Schregel ny de ses gens, et a esté là signé l'accord tel qu'il est, et ont Monsieur de Bouillon et les conseillers françois promis à Monsieur le baron, affin de le faire signer, une déclaration que ç'a esté de leur advis et conseil pour s'en servir à conserver son honneur et les appointemens, estats et solde de ceux de sa charge.

*
* *

Le vendredy premier de décembre[3], nous avons séjourné. Monsieur de Bouillon a changé de logis et

---

1. La Franche-Comté.

2. *Libourne*, aujourd'hui ch.-l. d'arr. du dép. de la Gironde. — Fausse nouvelle, est-il besoin de le dire?

3. Le 11, *n. s.* — Ce paragraphe n'a point passé dans les *Mémoires*.

est allé à Sarri[1]. Je suis allé chez luy pour sçavoir où il alloit et avoir logis près de luy, où j'ay veu l'aisné Marrivault avec lequel Quitry estoit en grand discours de ce qui s'estoit passé avec leurs intelligences ordinaires audit Sarry. Quitry se logea avec Mamrissière[2], estant jour et nuit en discours avec luy. La nuit, nous avons eu alarme de quelques arquebusiers des compagnies de Monsieur d'Espernon qui commençoyent desjà à nous dévalizer et oster nos chevaux.

*
* *

Nous avons deslogé le sammedy 2ᵉ de décembre[3], sommes venus loger aux hameaux près de Sarri et de là sommes allez disner avec Monsieur d'Espernon à Marsigny, avec lequel avons résolu de la conduite, qu'il a promis devoir estre de dix compagnies des gendarmes et autant de pied, un hérault et un commissaire des vivres, Sessac, mareschal de camp, pour conducteur, et le lieu de la retraitte au haut de la Saône pour passer droit à Montpéliard[4], et que l'es-

---

1. *Sarry*, aujourd'hui comm. du cant. de Semur-en-Brionnais, arr. de Charolles, Saône-et-Loire.
2. Michel de Castelnau, seigneur de Mauvissière, né en 1520, ambassadeur de France en Angleterre de 1575 à 1585. Il venait d'être, au mépris de tout droit, dépouillé de son gouvernement de Saint-Dizier pour avoir, dans la sincérité de son loyalisme, refusé son adhésion à la Ligue. Par la suite, il fut l'un des premiers à reconnaître Henri IV et mourut en 1592 (P. Anselme, t. VII).
3. Le 12, *n. s.* — Ce paragraphe n'a point passé dans les *Mémoires*.
4. *Montbéliard*, aujourd'hui ch.-l. d'arr. du dép. du Doubs. — Alors capitale d'une principauté indépendante, appartenant à la branche cadette de la Maison ducale de Wurtemberg.

corte ne bougeroit de la frontière pour favoriser nostre passage jusques-là, et aussi promis de surseoir son partement jusques à l'arrivée de Sessac et de l'escorte. Quant est de desloger, que Dommartin ira demain vers luy pour advizer et n'a traitté ledit sieur d'Espernon d'autre chose avec Monsieur le baron, comme Couvrelles disoit, qui fut cause que Monsieur le baron me mena avec luy. Mais je vei le sieur de Monlouet, duquel j'apprins le subject au vray de son voyage vers le roy de Navarre pour lui remonstrer qu'il estoit nécessaire qu'il feit de deux choses l'une : ou qu'il s'accommode à la volonté du Roy ou qu'il face la guerre à la Ligue, auquel effect il y a une bonne somme de denniers tous portéz qu'il y employera; l'asseurance que le Roy ne leur donnera aucun secours et a moyen propre d'empescher qu'il n'y aille point de ses subjects; que ledit sieur d'Espernon estoit bien marry qu'on n'avoit pris le chemin pour lequel j'avois tant contesté à Taillancourt[1], et qu'il faudra ci-après se gouverner ainsi. J'ay déclaré la déclaration promise à Monsieur le baron et l'ay baillée à Monsieur de Clervant, affin de la faire mettre en forme et la signer. Je leur en ay souvent parlé, et notamment audit sieur de Clervant, qui m'a dit ouvertement qu'elle contenoit des choses trop honteuses. Je luy ay respondu qu'elle ne contenoit que la pure vérité du fait; il m'a dit qu'ils ne le confesseroyent jamais. Je luy ay répliqué que cela ne laisseroit pas d'estre ainsi et que c'estoit la façon de fere fere aux personnes ce qu'on désire et les laisser là, et, au reste, qu'ils la feissent comme ils

---

1. Voy. ci-dessus, p. 197 et suiv., sous la date du 3/13 septembre.

voudroyent et la baillassent audit sieur baron, ce qu'ils n'ont fait en aucune sorte.

*
* *

Le dimanche 3e[1] d'octobre[2], nous avons encores séjourné, attendant Sessac, et sommes allez, Monsieur le baron et moy, chez Monsieur de Bouillon le requérir et ceux du conseil de conduire les reistres et les licentier pour la frontière, selon qu'ils sont tenus et est accoustumé. Chascun s'est excusé, s'en allans tous les François en leurs logis et maisons. Nous avons remis à eux de s'en résouldre et de nous en rendre demain responce. Monsieur d'Espernon a envoyé cartier le Bois-Saincte-Marie[3]; mais, pour ce que Sessac n'estoit encores venu, on l'a prié de demeurer à Sarri jusques à son arrivée, qu'on l'y attendroit plus tost avec incommoditéz de vivres, afin d'avoir là seurté promise. Dommartin a apporté le cartier et Mavissières a porté ladite responce à Monsieur d'Espernon.

*
* *

Le lundy quatriesme de décembre[4], de grand matin, nous avons oui grand bruit au cartier de Monsieur de Bouillon : c'estoyent les François qui s'en alloyent sans dire mot, ce qui a meu Monsieur le baron d'y aller, et a parlé à Monsieur de Bouillon, qui luy a dit que les conseillers s'excusoyent de la conduite, Beau-

---

1. Le 13, *n. s.* — Ce paragraphe n'a point passé dans les *Mémoires*.

2. *Sic*, pour : *de décembre*.

3. *Sainte-Marie*, aujourd'hui hameau de la comm. de La Clayette, arr. de Charolles, Saône-et-Loire.

4. Le 14, *n. s.* — Ce paragraphe n'a point passé dans les *Mémoires*.

voir, son frère, et les autres qui s'en alloyent chez eux; Quitry, comme hier, s'excusoit sur la hayne des reistres; et, quant à luy, que du Perron le mèneroit aux terres de Monsieur de Montpencier, mais que, s'il estoit asseuré que les reistres ne luy faisoyent desplaisir et ne l'arrestassent, qu'il iroit avec eux. Sur quoy, Monsieur le baron est retourné pour faire venir les collonnels et ritmaistres en son logis pour l'asseurer.

Sessac est arrivé hier et a envoyé la nuit vers Dommartin pour l'aller trouver le lendemain au logis et adviser de toutes choses. Il a retardé le département de demain. Les collonnels et ritmaistres sont venus chez Monsieur de Bouillon et l'ont asseuré et Clervant. Quitry s'est voulu insinuer en ceste asseurance par Clervant. Ils ont demandé le décomte de ce qu'il leur est deu de ce voyage. On leur a dit qu'ils aportent leur roolles et qu'on fera le comte. Quelques-uns ont perdu leur roolles et ont voulu avoir recours aux papiers de Wicker, qui ne sont que mémoires rompus après les papiers brusléz à Vimori[1]. J'ay baillé tous lesdits papiers à Carben par commendement de Monsieur le baron, pour voir s'il en pourroit tirer quelque cognoissance claire, laquelle il n'a peu tirer, à quoy ledit sieur baron a aussi travaillé, mais en vain.

*
* *

Le mardy cinquiesme de décembre[2], Sessac est venu trouver Monsieur de Bouillon et luy a commu-

---

1. Voy. ci-dessus, p. 336 et 337, sous la date du 16/26 novembre.
2. Le 15, *n. s.* — Ce paragraphe n'a point passé dans les *Mémoires*.

niqué son instruction, contenant que devions passer la Saône à Mascon¹, pour de là choisir nostre passage par le comté de Bourgogne à Monbéliard, ou par la Savoye à Genève, où nous avons cognu une manifeste contravention à la promesse que Monsieur d'Espernon nous a faicte au nom du Roy, pour estre conduits au haut de la Saône et passer à Monbéliard entre les deux frontières de Lorraine et Bourgogne. Ce que nous avons remonstré et les difficultéz, et sur ce dépesché avec luy vers le Roy, et cependant a esté résolu de partir demain et aller au Bois-Saincte-Marie pour rendez-vous. Enfin, nous avons tous cognu le mal de la négociation, et L'Isle et ceux mesmes qui l'avoyent favorisée et advancée, nous voyans trompéz si ouvertement.

*
* *

Le mecredy 6ᵉ de décembre², nous sommes venus au rendez-vous du Bois-Saincte-Marie et de là loger avec Monsieur de Bouillon à Dun-le-Roy³, et, ce jour-là, outre plusieurs dévalisemens advenus près de Marsigny par les gens de Monsieur d'Espernon, y ayant eu un maistre de camp si effronté que de commander à ses gens de se monter de nos chevaux, les gens de guerre dudit sieur de Sessac, au lieu de nous faire escorte, nous faisoyent guetter par les chemins, et dévalisèrent plusieurs François et Allemands au-devant

---

1. *Mâcon.*
2. Le 16, *n. s.* — Les *Mémoires* (t. III, p. 202 et 203) renferment pour ce paragraphe une rédaction très différente et conçue dans un autre esprit; cf. notre *Introduction.*
3. *Dun-le-Roi,* aujourd'hui hameau de la comm. de Saint-Racho, cant. de La Clayette, arr. de Charolles, Saône-et-Loire.

de son logis, qui ne tint conte d'en faire justice, et sembloit qu'on luy eust donné charge de faire ce desgast afin de se venger du desgast de sa maison près Ancy-le-Franc. Et fit aussi peu de cas de faire justice du dévalisement des mulets de Monsieur de Bouillon, fait par ses propres gens, ny de ce que toutes les nuits ses gens venoyent dérober des chevaux et faire effort en nos logis, qui estoyent escartéz.

*
* *

Le jeudy 7ᵉ de décembre[1], nous avons séjourné, et a advizé Monsieur le baron, cependant que Le Roux estoit allé en court pour remonstrer au Roy ce qui avoit esté promis par Monsieur d'Espernon, d'envoyer en Savoye et Bourgogne à toutes fins, pour obtenir passage en attendant la responce du Roy, affin que, s'il persistoit en l'instruction de Sessac, pour le moins on fust asseuré de quelqu'un de ces deux passages, et plus tost de celuy de Savoye, à raison des forces de Monsieur de Lorraine, qui estoyent desjà en Bourgogne pour nous empescher.

Monsieur de Clervant est allé avec Monsieur de Mavissières parler au sieur de Sessac pour avoir des passeports en blanc et des lettres de luy pour ceux que Monsieur le baron choisiroit pour y envoyer. Ledit sieur de Sessac est venu au logis de Monsieur de Bouillon, qui a acordé les passeports, non les lettres, encores vouloit-il sçavoir les noms, et promit aussi un trompette du Roy pour conduire les députéz. Monsieur le baron désira que j'allasse en Savoye, n'ayant per-

---

1. Le 17; *n. s.* — Même observation que pour le précédent paragraphe.

sonne qui peut faire ceste charge et qui la voulût entreprendre, ce que j'accorday, encores que j'y visse du danger. Monsieur de Malroy lui presta un gentilhomme, nommé Steus, pour aller vers le comte de Champlitte et le marquis de Pont à cause des cognoissances et luy bailla Ehem pour apporter des nouvelles qu'il auroit. Et fut fait ce voyage plus pour apprendre les desseins du marquis que pour espérence de rien obtenir de ce costé-là ; car nostre espérance et conservation estoit en apparence de toute raison du costé de la Savoye ; pour quoy Monsieur le baron me pria d'y aller.

,

Le vendredy huitiesme de décembre[1], nous sommes partis de Dun-le-Roy pour Savoye et Bourgogne et avons trouvé Sessac en chemin. Il bailla le trompette du Roy à Monsieur le baron pour nous mener jusques sur la frontière de Savoye et commanda audit trompette de dire au lieutenant de Mascon qu'il nous donnast un guide pour nous mener en Savoye, et, en allant, le trompette me dit qu'il falloit qu'il parlast encores à Monsieur de Sessac. De sorte que, en passant par son cartier, qui estoit nostre chemin, il alla en son logis, où il estoit desjà arrivé, et puis m'appella pour venir à Monsieur de Sessac, et, quand je fus à luy, il me demanda que je voulois ; qui me feit juger qu'il vouloit seulement voir qui estoit celluy qui alloit en Savoye, et cela me fit mal juger, avec ce qu'il me dit que je perdrois mon tems, disuadant ce voyage et voulant passer sans demander congé pour irriter Monsieur

---

1. Le 18, *n. s.* — Ce paragraphe n'a point passé dans les *Mémoires*.

de Savoye et le provocquer à s'y opposer ; et, quand il veid que je passois oultre, luy remonstrant qu'il estoit plus seur et honneste et plus raisonnable de faire son devoir et de demander passage, il me dit : « — *Allez donc, puisque le trouvez meilleur,* » et parla à part au trompette, qui me mit en soupçon de luy, et feis le chemin jusques à Mascon en grande deffiance, et ne peus arriver ce jour-là à Mascon, mais seulement le sammedy neufviesme[1] au matin, et, n'ayans peu obtenir des guides du lieutenant, nonobstant le commandement à lui faict par le trompette, en partismes après desjeuner, allans après un courrier de Savoye qui ne faisoit que partir, et fus dévalizé à trois carts de lieues de Mascon, un cart de lieue de Baugé[2], terre de Savoye, et perdis mon homme, le cheval qui le portoit et la valise qu'il avoit en crouppe, où estoyent toutes mes hardes, argent et affaires. J'en fis plainte au capitaine de Mascon, que je rencontray près Baugé, qui n'en fit conte, et à Baugé au capitaine de la guarnison de Monsieur de Savoye, luy demandant de ses soldats pour aller après ces voleurs en quelques bois, et luy feis apparoistre de ma charge et luy monstray mes lettres à Son Altesse, affin qu'il s'y effectuast d'avantage ; mais il n'y voulust entendre, me disant qu'il n'avoit charge que de la garde de ses murailles. J'ay cognu que mon dévalizement estoit commandé et que j'estois guetté comme les autres qui alloyent en Bourgogne ; toutesfois je me sauvay avec mes papiers. J'ay despendu à la souper près Mascon deux escus, et

1. Le 19, *n. s.*
2. *Bagé-la-Ville,* aujourd'hui comm. du cant. de Bagé-le-Châtel, ou *Bagé-le-Châtel,* aujourd'hui ch.-l. de cant. de l'arr. de Bourg, Ain.

à desjeuner et disner à Mascon quatre escus; à Baugé, à souper, quatre escus. J'ay prins six soldats et un sergeant, qui se mit à cheval pour escorte jusques à Bourg[1], d'autant qu'on nous attendoit encores en chemin; pour un guide jusques à Bourg, un escu; l'escorte m'a cousté six escus, et deux escus que j'ay payé le dimanche sixiesme[2] pour leur disner, et à souper ledit jour à Bourg et le lendemain à desjeuner, quatre escus.

*
* *

Ledit jour, dimanche au soir[3], je parlay à Monsieur de Chuin, conseiller d'Estat de Monsieur de Savoye et son baillif en Bresse, en l'absence d'un gouverneur, qui estoit mort il y avoit huict jours, et luy discourus de ma charge et ce qui appartenoit à obtenir ce que je désirois, qu'il trouva fort raisonnable; mais me dit qu'il n'avoit pouvoir et que ce qu'il commendoit estoit en attendant qu'il eust un autre gouverneur et qu'il me falloit aller à Chambéry vers Messieurs du conseil d'Estat. Je luy demanday escorte, laquelle il m'accorda de deux chevaux-légers. Je luy fis la plainte de mon dévalisement, dont je luy demanday attestation devant notaires. Il en a fait informer et ouï un de ceux qui avoyent esté dévalisez avec mon homme et un soldat et me promit d'en faire une curieuse recerche et d'envoyer l'information à Monsieur l'advocat Ribon à Baugé pour en faire la poursuite.

*
* *

1. *Bourg-en-Bresse*, alors au duc de Savoie; aujourd'hui ch.-l. du dép. de l'Ain.
2. Lisez dixième; le 20, *n. s.*
3. Le 20, *n. s.;* voy. la note précédente. — Ce paragraphe n'a point passé dans les *Mémoires*.

Le lundy 11e décembre[1], j'ay esté coucher à Sainct-Rambert[2] et j'ay payé pour soupper et desjeuner cinq escus avec l'escorte.

*
* *

Le mardy 12 de décembre[3], à disner à Bélay[4], trois escus; à soupper à Yenne[5] et le lendemain à desjeuner, six escus.

*
* *

Le mecredy 13[6], j'arrivay à disner à Chambéry et, aussi tost, j'envoyay le sieur de Laye porter les lettres de Monsieur de Chuyn à Monsieur le président pour mon affaire, affin d'avoir prompte audience. Ledit sieur président me manda qu'il me prioit d'attendre jusques à demain, que Messieurs de Jacot et autres conseillers d'Estat estoyent absens, qui arriveroyent au soir, comme ils feirent, et, incontinent après soupper, m'envoyant prier par un gentilhomme d'aller vers eux, où je leur baillay les lettres addressantes à Son Altesse et à eux, et leur feis entendre ma charge et requeste, les priant de prompte expédition, selon la nécessité de l'affaire. Je leur discourus la contraincte en laquelle on estoit de demander ce passage, qu'on avoit supplié le Roy de le donner vers les frontières de Lorraine et de Bourgogne, mais qu'il avoit voulu expressément qu'ils

---

1. Le 21, *n. s.* — Ce paragraphe n'a point passé dans les *Mémoires*.
2. *Saint-Rambert*, aujourd'hui ch.-l. de cant. de l'arr. de Belley, Ain.
3. Le 22, *n. s.* — Ce paragraphe n'a point passé dans les *Mémoires*.
4. *Belley*, aujourd'hui ch.-l. d'arr. du dép. de l'Ain.
5. *Yenne*, aujourd'hui ch.-l. de cant. de l'arr. de Chambéry, Savoie.
6. Le 23, *n. s.* — Ce paragraphe est résumé dans les *Mémoires* (t. III, p. 204).

sortissent de son Estat par Mascon au contraire de la promesse faite par Monsieur d'Espernon pour les faire passer par la Savoye, à Genève, ou par la Bourgogne, à Mombéliard; que, d'aller par la Bourgogne, on estoit assez adverti des forces de Monsieur de Lorraine qui y estoyent pour nous empescher; qu'ils avoyent, sur toutes ces difficultéz, résolu de s'addresser à Monsieur de Savoye comme prince-vicaire de l'Empire, amy et allié de leurs princes; que je ne leur voulois pas céler que, s'ils eussent suivi le conseil de Monsieur de Sessac, qu'ils n'y eussent point envoyé, et m'avoit exorté de passer sans cela, et qu'ils seroyent plus tost passéz que demander passage; que je leur laissois juger à quoy cela tendoit et qu'il n'estoit besoin que je leur en disse d'advantage; mais que ceux qui m'avoyent envoyé n'y avoyent jamais voulu consentir et avoyent tousjours persévéré d'y envoyer, tant pour le devoir et la raison que pour le respect et honneur qu'ils portent à Son Altesse; et plusieurs autres discours tendans à les disposer à mon intention; comme, après m'avoir ouï, me firent responce honneste et me donnèrent tous bonne espérance d'obtenir ce que je demandois. Ainsi, je partis d'avec eux ledit soir, après leur avoir fait plainte de mon dévalisement sur les terres de Son Altesse, dont ils m'ont promis faire justice et recherche tresacte. Je leur baillay l'acte d'asseurance et caution pour le passage.

*
* *

Le lendemain matin[1], Monsieur de Jacot, gouver-

1. Le 24, *n. s.* — Ce paragraphe a passé dans les *Mémoires* (t. III, p. 203-208).

neur de Mommeillan[1], me pria de l'aller voir en son logis, où il me fit en beaucoup de discours cognoistre la jalousie de ce passage et le désir qu'il avoit d'en exempter les terres de Son Altesse et de la despence de 20,000 livres qu'il luy faudroit faire pour l'escorte, et me pria fort de retourner et faire que les trouppes prinsent le chemin de Bourgogne, m'asseurant que, si je voulois faire ce service-là à Son Altesse, qu'il me feroit un si bon présent et belle satisfaction de mon dévalisement que je serois très content. — Dont je m'excusay, et luy remonstray que cela estoit impossible ; qu'ils s'addresseroyent avec honneur à Son Altesse et estoyent très asseuréz qu'ils ne luy vouldroyent point denier ce passage. — Ce nonobstant, il me pressa tant que, m'asseurant du passage s'il ne se pouvoit faire autrement, je luy dis que j'adviserois à ma commodité ; que je n'estois point obligé, que je n'avois les moyens (ayant esté dévalizé), et que je ne désirois retourner en lieux si dangereux. — Il me pria bien fort de le fere et retourner luy en dire responce après disner, ce que je feis, et m'en excusay encores sur ces remonstrances, l'asseurant au demeurant qu'ils attendroyent le congé avant que d'entrer, comme ils me l'avoyent dit, et qu'il estoit besoin de diligenter en ce fait sans autre moyen. — Il se courrouça et me dit que cela luy donnoit encores plus de jalousie ; que je ne voulois leur faire ce plaisir de retourner et qu'il faudroit donc que je demeurasse là, et qu'il y avoit occasion de doubter qu'ils passassent pendant que j'estois là. — Je l'asseuray

---

1. *Montmélian,* aujourd'hui ch.-l. de cant. de l'arr. de Chambéry, Savoie.

au contraire, et il me dit : « —*Nous nous batrions bien aussi* », et veis les lettres de Son Altesse qu'il me communiqua, escrites de sa propre main, qui l'asseuroit de venir bien tost en personne avec sa milice de Piémont et celle de Milan, dont j'en advertis ceux de Genève, n'estant ceste venue pour ledit passage, ains pour autre dessein. — Je luy respondis que j'estois un ambassadeur de bonne foy, qui avoit promis de faire ce que je faisois et en envoyer responce en poste, puis poursuivre mon chemin ; que je suppliois de ne me point retarder, et qu'il me falloit aller à Genève pour pourvoir à leur passage par la Suisse, et de me donner bientost bonne responce afin de l'envoyer en poste à Monsieur le baron. — Il me pria que, pour le moins, dans mes lettres, je luy feïsse entendre ce qui luy pourroit donner occasion de prendre autre plus court et long chemin. — Je luy dis que j'estois bien content de luy escrire ce que j'ay veu du mauvais chemin, du peu de couvert, de la disette et cherté des vivres, des difficultéz et montueux passages, de la longueur du chemin, affin que, avant que s'y mettre, il le feit entendre à ses gens pour voir s'ils aimeroyent mieulx prendre le chemin de Bourgogne, comme je voulois faire et avois desjà fait de Beaugé et du Bourg ; mais que, en faisant cela pour luy complaire, je désirois qu'on m'accordast passeport pour Monsieur le baron et 25 chevaux, afin que, s'il luy plaist prendre particulièrement son chemin par deçà en ce faisant, qu'il le puisse faire (ce qui me fut accordé), et de luy faire toute caresse et honneur possible, et à moy, si je voulois attendre cependant que les lettres alloyent en poste à Son Altesse).

Ainsy, j'escrivis et obtins d'eux un courrier qu'ils me prestèrent pour porter mes lettres et passeport à Monsieur le baron, qui cousta un escu, et, le soir, ils eurent nouvelles en poste du passage des trouppes, et qu'ils prennoyent le chemin de Romané[1]. J'avois auparavant escrit audit sieur baron par l'advocat Ribon de Baugé, et depuis de Bourg par l'advocat Chuyens, et, le jeudy 14e[2], par ledit courrier, qui partit après midy, ayant fait mes lettres au logis dudit sieur Jacot, et luy baillay douze escus pour son voyage. La nuit, ils receurent un pacquet de Monsieur de Savoye pour l'accord du passage et de l'envoy du comte Martinengo sur la dépesche qu'ils en avoyent faicte à Son Altesse après avoir receu les lettres que je leur escrivis de Baugé par le courrier du sieur de Vivaldi, capitaine des gardes de Son Altesse, d'autant que je voyois que je ne pourrois aller si dilligemment qu'il en estoit besoin, affin qu'ils en advertissent Son Altesse, attendant que je fusse vers eux, et aussi tost partit ledit sieur de Jacot pour ledit passage, selon que je l'en avois requis de toute affection.

*
* *

Le lendemain vendredy 15[3], Monsieur le président m'envoya quérir et me fit entendre tout cela, me remerciant de la sincérité dont j'avois usé en ma charge et des advis que j'avois donné au sieur de Jacot, dont Son Altesse m'estoit obligée et le recog-

1. *Romanet*, aujourd'hui hameau de la comm. de Saint-Germain de Modéon, arr. de Semur, Côte-d'Or.
2. Le 24, *n. s.*
3. Le 25, *n. s.* — Même observation que pour le paragraphe précédent.

noistroit, et que je m'en pouvois aller quand et où je vouldrois. Je demanday un passeport, qui me fut accordé, et en payay un escu. Or, ce que j'avois discouru avec Monsieur de Jacot estoit pour rendre son maistre plus traictable et luy plus favorable au fait du passage contre la Ligue, luy faisant cognoistre comme secrètement et par intelligence ceste armée s'est débandée et retirée, partie en forme de corruption, partie en forme d'accord pour le bien de l'Estat de la France et pour donner subject au Roy de désarmer ceux de Lorraine; la fascherie que le Roy receut du fait d'Aulneau; le soin qu'il a eu de conserver les François qui estoyent avec nous; ce que Monsieur d'Espernon avoit esté envoyé vers nous avoir esté pour traicter confidément par luy avec nous, comme il a fait de beaucoup des choses importantes, et qu'il en feroit bientost les effects et plusieurs autres choses semblables; ce que je luy disois en très grand secret, affin que Son Altesse[1] en fît son proffit en ses affaires, le suppliant de n'en faire bruit et ne me nommer qu'à Son Altesse[1], auquel j'estois serviteur très humble; l'asseurant que le plus grand désir qu'ait le Roy est d'abaiser la Ligue, ce qu'il receut pour vray, et m'en remercia bien fort, haussant les espaules et me promettant toute faveur de Monsieur de Savoye quand quelque bonne occasion se présenteroit, et, pour mon dévalisement, tout devoir de m'en faire avoir la raison. Voilà comme je les gaignay. Ainsi je partis après avoir payé douze escus et demy au logis pour deux

1. Le duc de Savoie.

jours et demy, et baillay six escus aux deux chevaux-légers pour s'en retourner.

*
* *

Le vendredy 15e[1], je vins coucher à Reinvilly, où je payay deux escus ; le sammedy 16e, à disner en chemin, un escu, et à soupper à Genève, où j'ay demeuré, attendant Monsieur le baron, et ay trouvé Monsieur Wambolt et Marc-Antoine, du retour de sa prison après nostre dévalisement. Ay demeuré à Genève tant, attendant Monsieur le baron, que depuis avec luy jusques au cinquiesme janvier que j'en partis avec luy pour venir à Berne traicter avec les Suisses, où je demeuray malade[2].

1. Le 25, *n. s.* — Ce paragraphe n'a point passé dans les *Mémoires*.
2. Pour la suite des événements, voy. les *Mémoires*, t. III, p. 208 et suiv.

SOMMAIRES

24 juillet/3 août (p. 1-3). — Discussion entre La Huguerye et MM. de Beauchamp et de Ménillet au sujet du futur général en chef de l' « armée de secours » et du plan de campagne qu'il conviendrait d'adopter.

26 juillet/5 août (p. 3-9). — Discussion semblable entre le même et M. de Ségur.

27 juillet/6 août (p. 9-10). — Les levées allemandes sont encore loin d'être toutes réunies à Strasbourg, malgré l'une des clauses de la convention du 11/21 janvier[1].

28 juillet/7 août (p. 10). — Commencement des discussions entre les reîtres et lansquenets déjà arrivés et le conseil des chefs, assemblé à Strasbourg.

29 juillet/8 août (p. 11-12). — Suite des précédentes.

30 juillet/9 août (p. 12-19). — Fin des précédentes, moyennant satisfaction donnée sur tous les points aux volontés de l'armée en formation. — Querelle violente entre M. de Maleroy et le colonel Schregel.

31 juillet/10 août (p. 19-21). — Préparatifs de la revue des auxiliaires suisses. — Melsheim brûlé par les reîtres.

1ᵉʳ/11 août (p. 21-24) et *2/12 août* (p. 24-29). — Revue des Suisses; difficultés qu'elle présente. — Discussions de La Huguerye et de M. de Ségur avec le baron de Podlitz, représentant du duc de Lorraine, au sujet du prochain passage de l'armée à travers les terres relevant de ce prince.

3/13 août (p. 29-35). — Déclaration solennelle du duc de Bouillon de n'accepter la suprématie de qui que ce soit, puisque ni

---

1. Cette pièce, en date du 11/21 janvier, à laquelle il est souvent fait allusion dans l'*Éphéméride*, est imprimée dans le Recueil A-Z (lettre G, p. 160 et suiv.). — Cf. La Huguerye, *Mémoires*, t. II, p. 380.

Jean-Casimir de Bavière, ni le prince de Condé ne sont là pour prendre le commandement en chef.

4/14 août (p. 35-45). — Discussion à ce sujet. — Les prétentions du duc de Bouillon sont admises, en dépit des efforts de La Huguerye; regrets qu'il manifeste de voir le chef du plus faible des contingents réunis promu au commandement suprême, un jeune homme sans expérience préféré à de vieux capitaines, et surtout (sans qu'il le dise trop haut) un Français ayant le pas sur des Allemands.

5/15 août (p. 45-53). — Reprise de la « négociation de Lorraine, » entamée quatre jours auparavant. — Échange de courriers entre Saverne, où sont les plénipotentiaires des deux camps, Nancy et Spire, les capitales respectives du duc de Lorraine et de l'Électeur-Palatin.

6/16 août (p. 53-61). — Constitution du conseil de guerre, destiné à assister le duc de Bouillon, généralissime, le baron de Dohna, son lieutenant de titre, comme « chef des étrangers, » son supérieur de fait, et le feld-maréchal Rumpf, dans la conduite des opérations militaires.

7/17 août (p. 61-72). — Distribution des commandements inférieurs et de la place qu'occuperont, soit en marche, soit en cantonnement, les divers contingents composant l'armée (Français à pied et à cheval, Suisses, reîtres, lansquenets).

8/18 août (p. 72-75). — Conseil où est fixée l'étendue des pouvoirs de La Huguerye dans la « négociation de Lorraine. »

9/19 août (p. 75-88). — Première délibération entre La Huguerye et M. de Tantonville, plénipotentiaire du duc de Lorraine; la suivante est renvoyée au surlendemain. — Inquiétudes de La Huguerye et de M. de Clervant au sujet d'un capitaine de l'armée du duc de Guise, le sieur d'Espaux, que l'on vient de découvrir « estre venu vers M. de Quitry et avoir parlé à luy. » — Explications de M. de Quitry. — Occupation de Phalsbourg par les Français, constituant une sorte de déclaration de guerre.

10/20 août (p. 88-92). — Récriminations de La Huguerye en conseil à propos des agissements de Quitry (affaire Espaux et affaire Phalsbourg).

11/21 août (p. 92-94). — Plaintes de La Huguerye au sujet du retard apporté à payer les mercenaires allemands. — Il va à Saverne attendre M. de Tantonville, dont le retour de Nancy était fixé à ce jour-là (v. ci-dessus, p. 82), et l'attend vainement.

12/22 et 13/23 août (p. 94-96). — Toujours pas de nouvelles de M. de Tantonville, sans doute à cause de l'occupation de Phalsbourg.

14/24 et 15/25 août (p. 96-97). — Passage de l'armée dans le duché de Lorraine.

16/26 août (p. 97-110). — Conseil de guerre sur la direction à donner à l'armée; le pillage de la Lorraine décidé, malgré La Huguerye.

17/27 août (p. 110-115). — Résolution de commencer la campagne par l'attaque de Sarrebourg. — Demi-mutinerie des troupes allemandes « à faute de paiement ».

18/28 août (p. 115-119). — Surprise des quartiers suisses par un parti ligueur. — Désordre qu'elle jette dans toute l'armée.

19/29 août (p. 119-121). — Régularisation du service des subsistances.

20/30 août (p. 121-122). — « Délogement » de Sarrebourg. — Marche sur Blamont.

21/31 août (p. 122-130). — Attaque manquée sur Blamont. — Les conseillers français décident de renouer officiellement, au nom de tous, la « négociation de Lorraine », renouée déjà virtuellement avec eux par un échange de lettres du duc de Lorraine avec un des grands dignitaires de sa cour, M. d'Haussonville, lettre qui leur avait été communiquée; M. de Buhy est envoyé à Nancy dans ce but.

22 août/1er septembre (p. 130-137). — Nouvelles délibérations en conseil au sujet des conditions éventuelles d'un compromis entre le duc de Lorraine et l'armée d'invasion.

23 août/2 septembre (p. 137-153). — Suspension d'armes. — Otages donnés de part et d'autre. — Conditions contradictoires proposées par les deux partis en présence pour la neutralisation de la Lorraine. — Renvoi au lendemain de la suite de la discussion, après que les plénipotentiaires auront fait leur rapport à ceux qu'ils représentent.

24 août/3 septembre (p. 153-160). — M. d'Haussonville rapporte la réponse du duc de Lorraine : un refus de toutes concessions autres que celles dont ce dernier, la veille, et M. de Tantonville, auparavant, ont été porteurs. — Rupture des négociations.

25 août/4 septembre (p. 160-166). — Échange des otages respectifs des deux partis.

26 août/5 septembre (p. 166-167). — Marche de l'armée le long de la Moselle. — Lenteur des Suisses.

27 août/6 septembre et 28 août/7 septembre (p. 167-172). — Concentration des troupes autour de Ceintrey, pour le passage de la Moselle.

29 août/8 septembre (p. 172-180). — Combat indécis de Pont-Saint-Vincent.

30 août/9 septembre (p. 180-184). — Les différents chefs, discutant en conseil l'opération de la veille, se rejettent la faute les uns sur les autres. — Passage de la rivière.

31 août/10 septembre (p. 184-195). — Discussion violente en conseil sur le plan définitif à adopter : marche sur Sedan, ou marche vers le Midi au-devant du roi de Navarre. — Dans l'impossibilité de se mettre d'accord, on se décide provisoirement pour une solution mixte, aboutissant à prendre la Meuse pour base d'opérations.

1er/11 et 2/12 septembre (p. 196-197). — Marche de l'armée vers la ligne de la Meuse. — Capture d'un émissaire du duc de Lorraine, revenant de Rome.

3/13 septembre (p. 197-210). — Nouvelles délibérations au sujet du plan de campagne à adopter. — Des deux résolutions proposées : marche sur Paris, ou marche à la rencontre du roi de Navarre, qui doit être déjà de son côté sur la route conduisant de la Guyenne à Paris, on se décide pour la dernière, mais avec des tempéraments. — On ira donc attendre le roi de Navarre à Gien, en prenant par le plus court, c'est-à-dire par la Champagne et la Bourgogne.

4/14 et 5/15 septembre (p. 210-211). — Marche des troupes.

6/16 septembre (p. 211-214). — Le comte de La Marck se détache avec un millier d'hommes sur la gauche, allant au-devant de M. de Châtillon, signalé. — Le reste de l'armée fait halte, les attendant.

7/17 septembre (p. 214-216). — Annonce d'une prochaine attaque du duc de Guise.

8/18 septembre (p. 216-220). — Ni attaque du duc de Guise ni nouvelles de Châtillon et du comte de La Marck. — On reste sur le qui-vive.

9/19 septembre (p. 220-222). — Nouvelles reçues coup sur coup que M. de Châtillon est bloqué dans le bourg de Griselles et qu'il a été dégagé par le comte de La Marck. — Vaine tentative du duc de Guise pour surprendre le gros de l'armée protestante.

10/20 et 11/21 septembre (p. 222-227). — Marche du gros de l'armée à la rencontre des colonnes réunies du comte de La Marck et de M. de Châtillon.

12/22 septembre (p. 227-229). — Leur jonction à Pré-sous-Lafauche.

13/23 septembre (p. 230). — Premiers symptômes de mutinerie dans le contingent Suisse.

14/24 septembre (p. 230-234). — Une entreprise sur Chaumont, occupé par le duc de Guise, est résolue (en matière de diversion?) par M. de Clervant, chef de celui-ci.

15/25 septembre (p. 231-232). — L'entreprise sur Chaumont avorte. — Premiers symptômes de mutinerie caractérisée parmi les reîtres.

16/26 septembre (p. 232-234). — Occupation de Châteauvillain. — Récriminations des Allemands, qui prétendent que les Français se réservent les meilleurs logis.

17/27 septembre (p. 234-241). — Discussion du plan de campagne précédemment adopté. — Il est maintenu. — M. de Châtillon prend le commandement de l'avant-garde.

18/28 septembre (p. 241-247). — Interrogatoire de l'émissaire lorrain pris le 2/12 septembre (voy. ci-dessus, p. 197). — Intrigues entre le Pape et la Ligue, qu'il révèle.

19/29 septembre (p. 247-252). — Occupation et mise à rançon de l'abbaye de Clairvaux. — Nouvelle apportée par M. d'Espaux de la prochaine arrivée à l'armée de M. de Monglat, envoyé par le roi de Navarre.

20/30 septembre (p. 252-254). — Grande mortalité parmi les Allemands, « à faute de rafraîchissement »; mort d'un de leurs colonels, Frédéric von Werren. — Nouveaux conflits d'attribution parmi les chefs.

21 septembre/1er octobre (p. 254-255). — Mort du colonel Clootz.

22 septembre/2 octobre (p. 255-256). — Pillage et incendie de tout ce qui appartenait à Clairvaux par les Allemands.

23 septembre/3 octobre (p. 256-260). — Marches et contremarches entre Brion-sur-Ource et Massingy (Champagne).

24 septembre/4 octobre (p. 260-263). — Escarmouche entre l'avant-garde protestante et un parti ligueur. — Passage de la Seine.

25 septembre/5 octobre et *26 septembre/6 octobre* (p. 263-269). — Concentration. — Conseil de guerre, qui se passe en récriminations réciproques.

27 septembre/7 octobre et *28 septembre/8 octobre* (p. 269-271). — Marche hésitante de Nicey à Ravières (Bourgogne).

29 septembre/9 octobre (p. 274-277). — Nouveaux symptômes de démoralisation, et plus accentués que les précédents, parmi les Suisses. — Discussion sur le point où l'on franchira l'Yonne; on se décide pour Mailly-la-ville. — Règlement d'une « forme de bataille. »

30 septembre/10 octobre (p. 277-279). — Marche d'Ancy-le-Franc à Noyers. — Progrès de la désorganisation et de la démoralisation de l'armée.

1er/11 octobre (p. 279-280). — Marche de Noyers à Vermenton. — On apprend la rupture par la garnison de Crevant-sur-Yonne du pont de Mailly-la-ville.

2/12 octobre (p. 280-284). — Concentration, très lente et très pénible, de l'armée à Vermenton pour le passage de l'Yonne.

3/13 octobre (p. 284-287). — Arrivée au quartier général de M. de Monglat, porteur des instructions du roi de Navarre. — Règlement d'une « forme de loger et marcher. »

4/14 octobre (p. 287-289). — Passage de l'Yonne.

5/15 octobre (p. 289-291). — Symptômes d'un nouveau changement de plan pour la direction de l'armée au sein du conseil.

6/16 et 7/17 octobre (p. 291-302). — Discussions à ce sujet; on décide de faire une tentative pour s'emparer de La Charité-sur-Loire et d'entrer en négociations avec Henri III, campé avec une armée sur l'autre rive de la Loire, pour le bien convaincre que ces opérations sont dirigées non contre lui, mais contre la Ligue.

8/18-12/22 octobre (p. 302-325). — Descente vers la Loire. — Sac de la Puisaye. — Échec de l' « entreprise de La Charité. » — Henri III se refuse à séparer sa cause de celle de la Ligue. — On décide d'aller attendre les ordres du roi de Navarre en Beauce.

13/23-15/25 octobre (p. 325-332). — Marche lente et pénible de l'armée protestante à travers « les marais de Gastinois ».

16/26 octobre (p. 332-337). — Surprise du quartier des reîtres à Vimory par le duc de Guise.

17/27 et 18/28 octobre (p. 337-342). — Concentration de l'armée autour de Montargis. — Détails complémentaires sur le combat de Vimory.

19/29 octobre (p. 342-345). — Mutinerie des reîtres.

20/30 et 21/31 octobre (p. 345-356). — Mutinerie des Suisses. — Tentative de M. de Châtillon sur Montargis ; elle échoue par la trahison du sieur d'Espaux, qui reste en son pouvoir ; interrogatoire de celui-ci.

22 octobre/1er novembre et 23 octobre/2 novembre (p. 356-363). — Siège, prise et pillage de Châteaulandon.

24 octobre/3 novembre-28 octobre/7 novembre (p. 363-374). — Concentration de l'armée à Briarres-sur-Essonne. — Nouvelle mutinerie des Suisses et des Allemands, apaisée à grand'peine.

29 octobre/8 novembre et 30 octobre/9 novembre (p. 374-377). — Concentration de l'armée à Saint-Père, près d'Étampes. — Nouvelle mutinerie des Allemands.

31 octobre/10 novembre (p. 377-378). — Ouverture de négociations entre les Suisses et Henri III, campé à Cercottes.

1er/11-14/24 novembre (p. 378-392). — Continuation des négociations entre les Suisses et Henri III. — Efforts des autres éléments de l'armée protestante pour les empêcher d'aboutir.

5/15 novembre (p. 393). — Transfert du quartier général de Saint-Père à Sainville, près de Chartres, à cause des continuelles alarmes que lui donne la garnison ligueuse d'Étampes.

6/16-8/18 novembre (p. 393-400). — Nouvelles alarmes semblables. — Transfert du quartier général à Auneau. — Annonce de l'arrivée prochaine du prince de Conti, désigné par le roi de Navarre pour le commandement en chef.

9/19 novembre (p. 400-403). — Nouvelles contradictoires au sujet des mouvements du roi de Navarre. — Avis que le prince de Conti est à peu de distance du quartier général, au château d'Hallières ; M. de Châtillon se détache à sa rencontre.

10/20 novembre (p. 403-404). — Nouvelle discussion d'un plan de campagne ; elle n'aboutit pas ; la suite et la conclusion en sont renvoyées au temps où le prince de Conti aura rallié l'armée.

11/21 novembre (p. 404-406). — Tout le conseil part au-devant du prince de Conti, signalé enfin à quelques lieues de l'armée protestante ; le quartier général du duc de Guise est à Dourdan, celui d'Henri III à Chartres, la bloquant de concert et lui fermant toute autre route que celle qui l'a conduite en Beauce.

12/22 novembre (p. 406-419). — Reprise de la discussion du plan de campagne. — On s'arrête à revenir vers la Loire par Châteaurenard, en abandonnant le bagage et l'artillerie. — Suite de la négociation avec le contingent suisse, qui persiste à vouloir se retirer, nonobstant toutes instances et toutes promesses faites pour le retenir.

13/23 novembre (p. 419-422). — Difficultés avec les reîtres, ébranlés par la défection des Suisses, désormais inévitables. — Le commencement de la retraite fixé au lendemain matin.

14/24 novembre (p. 422-424). — Surprise d'Auneau. — Dangers personnellement courus par La Huguerye. — Accord définitif entre Henri III et les Suisses.

15/25 novembre-25 novembre/5 décembre (p. 424-435). — Retraite en désordre par le sud du Gâtinais, la Sologne et le Morvan.

26 novembre/6 décembre-28 novembre/8 décembre (p. 435-439). — Pourparlers entre les officiers allemands et les officiers de l'armée d'Henri III.

29 novembre/9 décembre ou 30 novembre/10 décembre-4/14 décembre (p. 439-444). — Signature à Marcigny d'un accord concluant à l'évacuation de la France par les débris de l'armée d'invasion. — Les Français, le duc de Bouillon et M. de Châtillon en tête, refusent d'y souscrire et prennent le large.

5/15-7/17 décembre (p. 444-447). — Les périls que court l'armée en retraite, malgré la précédente convention. — Inquiet de son sort, le baron de Dohna, à présent son seul chef, envoie La Huguerye négocier son passage à travers la Savoie, l'estimant moins périlleux qu'à travers la Franche-Comté.

8/18-15/25 décembre (p. 447-456). — Voyage de La Huguerye. — Ses fatigues et ses dangers. — Il échoue dans ses démarches. — De sa personne, il se retire à Genève.

APPENDICE

I.

Lettre de M. Quitry a M. de Ségur[1].

(5 janvier 1588, *n. s.*)

[Autographe, Bibl. nat., fonds français, vol. 4142, fol. 657-665.]

Monsieur, estant de retour en ce lieu de Genève, j'ay cherché le moïen d'entendre de vos nouvelles et vous fere sçavoir des miennes, et, après avoir sceu, par Monsieur de La Noue et aultres de nos amis, que vous séjournés à Francfort, j'ay mis ceste en hazart, pour vous dire que, encor qu'il n'aie pleu à Dieu donner telle bénédiction et issue à nostre voïage et armée que nous dézirions, je n'ay perdu le courage ny la vollonté de scervir à Dieu en ma vocation, à ma patrie et à mon mestre. Or, d'aultant que je scay que l'ardeur et perfection de vostre zelle vous donne semblable rézollution, c'est avec vous que je me veux conssoller et de qui je veux aprendre les moïens et ocazions de scervir, car, si elles ne se prézentent de dessà, je les iray chercher ailleurs où Dieu me conseillera.

Atendent donc les commendemens du roy nostre mestre[2] en se lieu et de vos bonnes nouvelles, je vous prieray de apporter vostre prudensse et bon jugement à remédier que les

---

1. Et non à « M. de Ligny, » comme l'a imprimé M. de Ruble (Annotation des *Mémoires* de La Huguerye et Introduction, *passim*). — Au dos, de la main de Quitry : *A Monsieur, Monsieur de Ségur, à Francfort ou la part où il sera.* — En tête, d'une autre écriture : *La deffaicte d'Auneau et autres particularitéz.*
2. Le roi de Navarre.

relicques de nos Allemands (ou, à parler mieux, leur conseil La Huguerie) ne donne par dellà quelque mauvaize impression du roy nostre mestre, ou, pour pallier et aucunement desguizer leurs faultes, ne les vueille imputer au général ou particulier de nostre nation. Car cella amèneroit du mal; car, si l'on nous contraignoit d'en publier la vérité, soit par escript ou par discours, je crains que cella n'amenast ungne haîne inréconsiliable. Il est donc bezoing de recongnoitre nos faultes pour n'i retomber à l'advenir et non pour nous divizer par reproches ou injures.

Néantmoings, en évitant ces extresmités, il ne me semble pas mal à propos de se plaindre doucement et feré sentir les cauzes apparentes de nostre mal, et, en les remonstrent à Monsieur le duc Casimir, y apporter les conseils et remèdes pour n'i retonber si facillement. Or, Monsieur, encor que, avent nostre partement d'Allemaigne, nous les aïons assés apréhendés et les vous aie assés souvent entendu discourir, cella ne me gardera de les toucher comme en aiant, à mon extresme regret, la mémoire récente et vous en dire ung mot en passant, atendent que quelque bonne ocazion nous aproche pour vous en discourir des particulliarités estrenges.

Je ne commensseray point à vous parller de la capitullation; car c'est ungne choze assés jugée[1]. Je vous diray somairement, comme il me tombe en l'esprit, les principalles faultes, dont le mal c'est ensuivy si promptement que, si nos ennemis eussent eu du courage, il y a longtemps qu'ils eussent ruiné nostre armée et sans grande peine. Je laisseray le peu de nombre de nos reistres, lequel n'excédoit trois mil quatre ou cinc cens, et vous diray que nostre petit nombre ni les grandes forces de nos ennemis ne nous ont ruinés, mais la première faulte estoit en l'establissement du conseil, car les sixs François ne pouvet ni ne ozet rien résoudre ni entreprendre sans les trois consseillers allemands. Il ne se tenoit que peu ou comme point de consseils[2], estens logés loing les ungs des aultres, et les Allemands

---

1. Cf. ci-dessus, p. 457, *note* 1.
2. La Huguerye dit juste le contraire tout le long de son *Éphéméride*.

voullent, chaque jour de consseil, qui estoit, comme j'ay dict, fort rare, retourner en leur cartier, de fasson que l'aller et retour et l'heure de disner consommoit la plus grande partie de la journée[1], et les dellibérations se prenoit précipitement, et après, ne se pouvoit changer, encor que les advertissemens ou ocazions changeassent, d'aultant que l'on nous reprochoit que nous fézions outre ou contre ce qui avoit esté advizéz au conseil. Or, d'exécuter de nos seulles forces françoizes grands exploicts, ne le pouvions-nous fere, pour estre seullement en nombre de deux cens chevauxs ou peu plus et mil ou douze cens hommes de pié ; car Monsieur de Châtillon[2] ne nous amena pas sept ou huict cens hommes, lesquels encore n'ont de beaucoup scervi que à desrober et jurer.

Après la faulte de se menquement, de ceste forme de conseil et de conseillers, vous aviés Monsieur de La Huguerie qui venoit préparéz et rézollu de ce qu'il voulloit et à quoy il falloit obtempérer par force et contre la raison.

Les quallités de nos chefs, tant françois que allemands, accompagnoit de si près le deffault de nostre conseil que nous pouvions dire estre sans capitaines et sans conseil, tirannizés seullement par les vollontés de La Huguerie.

Le deffault de l'artillerie, tant en la quallité, bonté, esquipage que conduicte d'icelle, nous causoit les longs séjours, la famine, les malladies, perte de la belle saizon et à donner loizir aux ennemis de se recongnoistre et rallier. Car je vous puis dire que nous ne eussions ozé fere tirer nostre artillerie, pour la congnoissance que nous avions de sa défectuozité. Et, à l'espreuve, devent ungne bicoque, nommée Château-Landon, deuxs des quatre crevarent et les deux aultres ne valloit guères mieuxs

---

1. Cette accusation de nonchalance est limitée par La Huguerye au duc de Bouillon (*Éphéméride, passim.* — *Mémoires*, t. III, p. 130).

2. Quitry est le seul des narrateurs de l'expédition qui trouve quelque chose à redire à quoi que ce soit du rôle de Châtillon, si supérieur aux autres chefs de cette armée en débandade permanente ; sur leur rivalité, cf. ci-dessus, *passim*, l'*Éphéméride* de La Huguerye, et, p. 504, *Appendice*.

sans avoir tiré que quinze ou vingts coups chaqun, et au lieu de vingts-cinq ou trente chevauxs qui devoit estre sur chaque piesse, il n'i en avoit que la moitié[1].

Ses deffaults cauzarent les malladies par les mauvais séjours forcés, et avec la pezenteur, nonchalensse et desbauche de nos Suisses, lesquels, pour la pluspart, dès la Lorraine[2], s'en voulurent retourner, jettoit les armes et se mutinoit de jour en jour en telle fasson que, en peu de temps, nous trouvasmes avoir perdu plus de la moitié de nostre armée; aussy, que nous n'avions plus trouvéz la Fransse semblable elle-mesmes, tant pour la peste ordinaire par tous les vilages que par la stérillité et ravage licentieuxs des trouppes de nos ennemis; ce que voïant et que à la longue nostre armée tomberoit auxs extresmités où elle est tombée, nous advisasmes de la fere combattre promptement, ruiner la Lorainne[3] en passant et aller trouver le roy de Navarre comme le principal but et seul salut humain et remède à nos mauxs advenir et à moy trop présens, qui les représentoit de jour en jour tant aux Allemands que aux Françcois; mais inutillement, car nous n'avions yeux ni oreilles, sinon ungne vague opinion que l'on nous vienderoit remplir nos bourses commes jadis.

Quent à l'exécution de ses trois précédents poincts, nous y avons travaillé, et de mon particullier je puis dire y avoir faict ce que homme de ma quallité pouvoit, et, commenssent par le dézir de donner la bataille à nos ennemis et y obliger Monsieur de Lorainne et Monsieur de Guise sur la rivière de Madon, en telle fasson que, après avoir chasséz Monsieur de Guise, accompagné de huict cens lansses choisies, l'espasse de trois lieues, tuens et prenens prizonniers, enfin il se sauva dans son armée, laquelle il joignit par la faveur du Pont-Sainct-Vincent, qui

---

1. Pour le mauvais état de l'artillerie du corps expéditionnaire, cf. l'*Éphéméride* de La Huguerye, particulièrement sous les dates du 27 septembre/7 octobre et du 22 octobre/1ᵉʳ novembre.

2. Cf. ci-dessus, p. 188.

3. Quitry est ici pleinement d'accord avec La Huguerye, qui, soit dans son *Éphéméride*, soit dans ses *Mémoires*, se vante constamment d'avoir été opposé au pillage de la Lorraine, préconisé par Quitry et autres.

estoit gardéz par son infenterie et comme aussy semblablement les gueis et moullins assis sur ladicte rivière de Madon, et si l'armée eut suivy, comme je leur en donney les advertissemens fréquens par gentilzhommes d'honneur, lesquels firent fidellement leur dilligensse, il n'i a nulle difficulté que, sans la perte de dixs hommes, l'armée de nos ennemis estoit défaicte et tout le païs de Lorainne en proye. L'infenterie, Souisses et artillerie, ne nous estent venu joindre que le lendemain sur le midy[1], trouva que nous avions forcéz le passage de la rivière et chasséz les ennemis jusques sur ungne montagne où il n'avoit plus d'espérensse que à fuir et ne restoit que d'aller à euxs, choze aussy facille à fere que à dire, n'i aient difficulté que ung petit fossé faict par la ravine des pluies et duquel nous estions mestres pour le passer en tel forme que bon nous eût sembléz. En ung mot, les ennemis estoit deffaicts, la victoire estoit nostre, mais nous n'en seusmes pas uzer; les reistres voullurent atendre les Souisses, et quent les Souisses furent venus, nous ne fismes rien; mais Dieu et les hommes peuvent tesmoigner si ce fut par mon advis ou par ma faulte et pour espargner ma vye. Les ennemis, aient eschappé ce hazart, onc puis ne se sont prézentés ni en grant ni en petit nombre en lieu où nous aions peu aller à euxs et se rézollurent de n'ozer plus chercher ni atendre ce pouvre petit troupeau de François[2].

Quent à la ruine de la Lorainne[3], y aiant donné ung très grand commenssement et poursuivent ce desseing, Monsieur de Denmartin, accompagnéz de Fédéric fon Verne et plusieurs *reistres-mestres*, vindrent sommer Monsieur de Bouillon et tous les François de les emmener hors dudict païs le plus diligemment que fere se pourroit, fere cesser les feus et aultres actes d'hostilité contre et dans ledict pays, sinon il demendoit congez pour s'en retourner et protestoit de partir dès le lendemain, avec protestation particullière par ledict Demmartin et La Huguerie contre moy en particullier me signiffient que à mon

1. Le 29 août/8 septembre.
2. Sur cette escarmouche de Pont-Saint-Vincent, cf. ci-dessus, p. 174-179 et *notes*.
3. Cf. ci-dessus, p. 188, *Appendice*, note 2.

propre et privé nom et les reistres et Monsieur de Lorainne entendoit se prendre du mal que l'on fezoit audict païs, choze seullement conduicte par passion et malice pour me intimider et à mon exemple les aultres du conseil, et qui n'avoit nul fondement que méchansseté, car la guerre avoit esté rézollue par le conseil et avec l'advis du baron de Dono et conseillers allemands, choze faicte par le commendement très exprès de nostre chef, et juste comme contre l'autheur et chef de la ligue.

Néantmoings, le conseil céda à la vollonté des reistres et sortismes de Lorainne pour essaier d'aller joindre le roy nostre mestre, et nous acheminasmes vers la rivière de Loire, où luy tendre la main, où, par la facillité de l'ocazion et nécessité de la conservation de l'armée, les induire à la passer. Enfin, estens sur le bort logés, la rivière gaïable en infinis endroicts, Monsieur de Mongllas, venu avec très expresse charge de fere acheminer l'armée vers Marsigny et Rouanne[1], après avoir faict sa charge, protestéz et faict tous debvoirs possibles, nostre chef et seigneur, Monsieur de La Huguerie, luy, rézollut en la présensse de tout le conseil qu'il ne passeroit la rivière ni ne tourneroit vers la Souisse et qu'il se voulloit aller rafreschir et séjourner en lieu où il auroit des vivres, atendent nouvelles du roy de Navarre, lequel estoit obligé de les venir joindre[2] ; ce que Monsieur de Chastillon entreprint de les mener en Gastinais et autour de Châtillon, et là toutes chozes debvoit estre à souhait, ce qui se trouva si eslongnéz de son espérensse que nous ne trouvasmes audicts logis ni pain, ni grain, ni aucunne commodité quelle qu'elle soit, pour estre le païs mègre et tout ruinéz par les ennemis[3].

De se deslogement de sur la rivière de Loire s'ensuit nostre dernière ruyne et tout le mal que voiet maintenant, dont le premier fut à Vimory, où le baron de Dono logea sans département, et n'estoit son cartier, encor que je n'eusse faict l'assiette de ses logis lesquels furent faicts par Monsieur de Chastillon, avec luy Monsieur de Chamerolles[4], ung nommé Voffin et ung

---

1. *Roanne*, aujourd'hui ch.-l. d'arr. du département de la Loire.
2. Cf. ci-dessus, p. 283-328.
3. Cf. ci-dessus, p. 329-330.
4. *N*. du Lac, seigneur de Chamerolles, un des plus fidèles ser-

gentillhomme nommé Villemendeur[1], d'auprès de Montargis, et fut ledict baron de Dono surpris par nulle garde, et y avoit plus de quatre cens arquebuziers des ennemis dans leur quartier avent qu'il en eussent congnoissance, encor qu'il se fussent logés à ungne petite lieue de Montargis, et nouvelles que Messieurs de Guise et du Meinne fussent dedens avec toutes leurs forsses[2].

Du depuis, la longeur du temps et eslongnement du roy de Navarre a donnéz ocazion auxs Souisses de nous laisser mal à propos et peu fidellement. La mort de Clotte, de Fédéric fon Verne, prizon de Berbeista[3], malladies et morts de la pluspart de nos reistres-mestres cauza ungne telle desbauche dans nos reistres qu'il n'i avoit plus de créansse d'obéissansse ni d'ordre parmi eux, en telle fasson que les deux régimens des défuncts Clotte et Verne estoit rézollus de se retirer et suivre l'exemple des Souisses, à quoi voullent remédier, tant pour les eslongner desdicts Souisses que nous eslargir d'entre les deux armées du Roy et de Monsieur de Guise, lesquelles, logées près de nous par la raizon de la guerre, nous menassoit d'ung lèvement de logis; nous rézollusmes de partir sur la minuict pour nous

viteurs du roi de Navarre (*Lettres missives de Henri IV*, t. I, p. 355-359).

1. *Villemandeur* est un gros bourg (aujourd'hui comm. du cant. de l'arr. de Montargis, Loiret) où se concentrèrent les troupes du duc de Mayenne avant l'attaque de Vimory (*Estat de tout ce qui s'est passé en l'armée de Monsieur de Guise...* — Copie du temps, Archives nationales, K. 1565, n° 92). — Nous ignorons qui en était seigneur alors. En tout cas, l'hypothèse qui vient d'abord à l'esprit, suivant laquelle Quitry, mal servi par ses souvenirs, aurait pris le Pirée pour un homme, est inadmissible, car ce « gentilhomme » est également cité par Clervant dans l'article 11 de son Mémoire justificatif (voy. ci-après *Appendice*, VI).

2. Cf. ci-dessus, p. 335-337.

3. Ce capitaine est appelé Berbistoph dans le *Discours...* de Châtillon (Delaborde, p. 471), où il est dit avoir été capturé au combat de Châtillon-sur-Seine, le 24 septembre/5 octobre, par les cavaliers du sieur de La Châtre; ce dernier (*Discours... contenant les faits de 1587*, fol. 28) parle seulement de « quelques prisonniers » sans les nommer.

acheminer à ung rendés-vous pris à trois grandes lieues de nos logis, tirent vers la rivière de Loire pour essaier de joindre le roy, nostre mestre, auquel nous donnions advizs de nostre chemin ; auquel rendés-vous aiens séjourné fort longtemps, atendent l'arivée du baron de Dono, ledict baron Dono, ne fezent nulle garde dans Auneau[1] et ne voullent desloger qu'il ne fût jour, fut surprins par peu de trouppes de Monsieur de Guise, lesquels, aient saisy les portes de la ville, les enfermarent tous dedens et les défirent sans grande peinne ; duquel advertissement[2] La Huguerie nous estent venu advertir audict rendésvous, nous tournasmes tout droict audit Auneau pour les secourir, mais, trouvent le baron de Dono en chemin, lequel c'estoit sauvéz, il nous ramena dizent que c'estoit faict et qu'il n'i avoit plus de remède.

Et lors nous trouvasmes abandonnés de nos Souisses[3], sept cornettes entières défaictes tout à plat dans Auneau[4], les autres reistres de feu Fédéric fon Verne s'en voullent aller. L'estonnement se logea dans nos trouppes en telle fasson que les François commenssarent à nous abandonner chacun comme il en pensoit trouver la commodité et retraicte à propos. La première densse, menée par Monsieur de Chamerolles, suivie des barons de Lenque et de Reuilly, fut à la fin imitée d'infinis aultres, puis de Monsieur le prince de Conty, pour lequel aller recueillir et l'atendre fut faict le logis et séjour de Auneau contre mon advizs[5], criant tousjours que l'armée estoit ruinée et abandonnée des Souisses[6], il se falloit eslongner des ennemis.

Cependent que nous prenions le chemin vers Rouenne avec la plus grande diligensse qu'il nous estoit possible[7], il n'y avoit point de rézollution parmi nous ; car tousjours le régiment de Fédéric fon Verne se mutinoit et s'en vouloit aller,

1. Cf. ci-dessus, p. 422.
2. *Sic*, pour : *engagement*.
3. Cf. ci-dessus, p. 425, *note* 3.
4. Cf. ci-dessus, p. 422-424.
5. Cf. ci-dessus, p. 395-399.
6. Cf. ci-dessus, p. 377-425.
7. Cf. ci-dessus, *passim*, notamment p. 342-346.

comme semblabllement partie des lensquenets et la pluspart des aultres reistres, rézervéz les chefs, comme le baron de Dono, le couronnel Bouc et Dommartin, lesquels, avec leurs confidens, disoit voulloir passer avec les François et aller joindre le roy de Navarre. Mais, le Roy s'estant mis le long de la rivière de Loire et couppé chemin à Moullins, Messieurs d'Espernon, de Nemours et Mercure nous suivent sur nos mesmes pas, Monsieur de Guise aïent pris sur nostre main droitte, l'estonnement ogmenta de telle fasson que M. de Cormont, lequel estoit prizonnier entre les mains de Monsieur d'Espernon, aïent esté envoïé pour offrir quelques moïens de donner seure retraicte hors du roïaume avec des conditions fort iniques, le conseil aïent asté assembléz sur la proposition dudict sieur de Cormont, les advis passarent jusques à Monsieur de Chatillon qu'il valloit mieuxs combattre que de rendre nos drapeauxs, et fut proposéz quelques formes de surprendre partie des ennemis, en retournent sur leurs bras. Mais lors Monsieur de Chatillon, lequel commendoit l'avant-garde et infenterie, propoza qu'il ne pouvoit fournir cent arquebuziers, que les courages estoit perdus et qu'il falloit accepter les conditions que Cormont avoit apportées, et que quent à luy, il aimoit mieuxs rendre ses enseignes au roy que de les perdre entre les mains des païzans, puis après en particullier me vint tirer à part, me dizent que j'avois tort de ne consentir cest accort, et si je ne voïes pas bien que la pluspart de ceuxs qui parlloit de combattre dans ung conseil ceroit les premiers à seigner du nezs quent ce seroit à la campagne et à venir auxs mains et qu'il les congnoissoient bien, et qu'il n'avoit ni poudre ni harquebuziers; sur quoy je luy respondy que, de mon naturel, j'estois libre et mes parolles conformes à mes rézollutions, et plus rèzollu auxs effects que auxs parolles; s'il ne trouvoit les advizs des aultres bons, qu'il les réduict par raizon[1].

Sur quoy, les advizs redemendés de nouveau, fut conclu de accepter les offres faictes par Cormont, et ledit Cormont renvoié

---

1. Toute cette diatribe contre François de Châtillon est directement contredite par La Huguerye, Saint-Auban et Châtillon lui-même; cf. ci-dessus, p. 435 et suiv., *notes*.

avec ceste acceptation. Cepandent, nous gaignasmes païs jusques près de Marsigny-les-Nonnains, non sans grands murmures des reistres, lesquels dirent par deux fois que, si l'on les fezoit négotier avec le roy, qu'il se iroit rendre à Monsieur de Guise, estent tellement estonnés qu'il se persuadoit que l'on leur celloit les affaires et ne voullent croire que l'on avoit renvoié Cormont avec l'acceptation et quelques remonstransses, enfin estans tellement mutinés qu'il ne voulloit plus marcher.

Arive à l'heure mesmes Cormont et avec luy le sieur de L'Isle, le jeune Marivault, où estens tous assembllés il nous fallut despendre de la rézollution des reistres, lesquels, après sixs ou sept heures de temps perdu à consulter, conclurent et se rézollurent de se retirer; se que voïent, Monsieur de Chatillon, qui traictoit avec euxs, prit son chemin à l'heure mesmes pour passer en Languedoc avec ce qu'il peut dispozer soudainement à le suivre, de fasson que, le pensent, le baron de Dono, trouver le lendemain à son logis, trouvá qu'il avoit passé oultre et s'en alloit de longue[1]. Et, tout le reste des François s'estent semblabllement desbendés, nous sommes demeurés avec les reistres jusques à Mascon, les acompagnent, estens seullement Messieurs de Bouillon, de Clerven et moy, puis, avec leurs bons advis, nous nous sommes retirés checun par les chemins les plus secrets qu'il a peu trouver droit à ceste ville de Genève, où Monsieur de Bouillon est arivéz quelques heures après moy mallade d'ung rume et d'ungne fiebvre. M. de Clerven est demeuré mallade par les chemins chez ung de ses amis.

Voilà la fin de nos mizères, heureuze pour la pluspart de l'armée et de nos François qui y ont finy leurs maux. Je ne veuxs oubllier de vous dire que Monsieur de Sessac a esté ordonnéz pour nous conduire jusques hors du royaulme accompagnéz de gens de pié et de cheval, lesquels nous ont faict toutes les cruaultés, desloïautés, brigendages et perfidies de quoy vous avés jamais ouï parller. Et le marquis de Pont et Monsieur de Guize, pensent razassier leur cruaulté sur ces pouvres Allemands, demi-morts de malladies et de pouvreté, sont venus jusques à

---

1. Même observation que pour l'avant-dernier paragraphe.

Sainct-Claude[1] pour les massacrer, et font ce qu'il pouvet pour leur coupper chemin[2], et, à mon particulier, il ont ordonnéz deuxs mil.écus à qui m'amèneroit mort ou vif, choze qui a rendu de leurs satallites asséz dilligens après moy, mais leur mauvaize volonté estoit retenue par celuy qui peult tout. Je n'en ay ressenty que les menasses et perte de tout mon équipage, sans aucune chose m'estre demeurée que deuxs chevaux et set *heimér*[3] pour tout train.

Je vous ay fait ce discours à la hâte, mais, à la vraie vérité, remetent les particulliarités et autres sirconstances à ceuxs qui les ont veues, desquelles vous vous pourez esclairssir avec l'ocazion, mais cella ceroit trop long à estre discouru par letre, dézirent que cella vous puisse donner quelque lumière en gros de se qui c'est passéz, avec ungne bien humblle et très instante prière que ceste letre ne soit veue que de vous seul, mais vous vous scervirez seullement, s'il vous plaist, de se qui y est contenu sellon les ocazions, sans m'alléguer particullièrement. Et, m'asseurent que ne me refuserés ungne choze si juste, je finiréz, après vous avoir baizez bien humbllement les mains et priez Dieu vous donner, Monsieur, tout lheur et contentement que vous désire,

Vostre bien humblle et obéissant amy,
Quitry.

De Genève, ce 26 décembre, *vieuxs calcul*, 1587[4].

Monsieur, il me semblle que, pour fere parller françois à ses messieurs les Allemands, qu'il les fault presser sur l'asseurensse que dézirés donner au roy de Navarre si il aura ungne armée ou non et sur l'espérensse qu'elle ne tombera auxs mesmes accidents que celle qui c'est défaicte d'elle-mesme, et s'esbatre fermement, et la raigne d'Engleterre semblabllement; que, sans l'asseurensse dudict secours, le roy nostre mestre est contrainct de traicter avec les ennemis en quelque fasson que ce soit.

1. *Saint-Claude*, aujourd'hui ch.-l. d'arr. du dép. du Jura.
2. Cf. La Châtre, *in fine*.
3. *Heimer*, c'est-à-dire *domestiques* en allemand.
4. Le 5 janvier 1588, *n. s.*

II.

Lettre de M. de Ségur a M. de Beaumont[1].

(25 août 1587, *n. s.*)

[Copie du xvie siècle, Bibl. nat., Collection des Cinq-Cents de Colbert, vol. 402, fol. 175.]

Monsieur, je ne doubte point que plusieurs ne tournent en mauvaise part mon absence de l'armée, qui a esté levée au nom du roy de Navarre et de ses moyens. Pour ce, je vous en ay bien voulu escrire et vous prier de faire entendre à Monsieur le duc Cazimir les occasions qui m'ont empesché de la suyvre. C'est, pour vous dire la vérité, que j'ay esté très marri de ce qu'on n'a voulu se servir d'une si belle saison et qu'on a laissé perdre près de six semaines de temps qui eût esté beaucoup mieux employé à surprendre, en Lorraine et en France, nos ennemis estonnez et fort foibles qu'à ruiner le poure peuple d'Alsatie. Aussi n'eût-on jamais pensé que Son Altesse eût voulu commettre le baron de Thona pour conduire une si grande armée, de laquelle despend humainement la délivrance de tous les gens de bien, et aussi qu'elle eût voulu assister ledict baron, qui est de son naturel bon, d'un si pernicieux homme et si grand brouillon qu'est La Huguerie. Je vous diray, Monsieur, que si quelque bien arrive à nostre armée, qu'il ne le faut attribuer qu'à Dieu seul, et, s'il luy arrive quelque mal, outre ce que j'en seray très marri, on en rejettera la faute sur Son Altesse, à mon grand regret. Ce sont certes ses mauvais ministres qui l'ont trompé et nous aussi, et on eût très bien faict de practiquer les bons advertissements que la royne d'Angleterre, le roy de Dannemarck[2] et autres princes donnèrent à Son Altesse après la mort de Butrich[3], c'est qu'elle ne se servist plus de telles gens. Et il

---

1. Charles du Plessis, seigneur de Beaumont; voy. ci-dessus, p. 4, *note* 5.
2. Frédéric II. Il mourut le 4 avril suivant.
3. Le 12/22 février 1587 (*Mémoires* de La Huguerye, t. II, p. 384).

eût beaucoup mieux valu, et pour Son Altesse et pour le général, que Butrich eût vescu jusques à ceste heure, plutost que d'avoir mis en sa place un qui vaut cent mille fois pis et lequel, si Dieu n'y met la main, ruinera nos affaires. Vous scavez assez comme il s'est gouverné par le passé avec ceux qui s'en sont servis. Je ne vous en feray plus long discours ; je vous suplieray seulement de vouloir bien faire entendre le tout à Son Altesse et me vouloir continuer vostre bonne amitié et vous asseurer que je suis à vostre service, d'aussi bon cœur que je prie Dieu, etc.

De Francfort, le xve aoust[1] 1587.

III.

Lettre de M. de Ségur a M. de La Noue.

(26 juin 1588, *n. s.*)

[Copie du xvie siècle, Bibl. nat., Cinq-Cents de Colbert, vol. 402, fol. 295 et 296.]

Monsieur, j'euse très volontiers suivi vostre conseil, si ceux de Heidelberg se fussent contenté d'envoyer à moy seul les calomnies qu'ils sèment partout contre le roy de Navarre et contre moy. Car j'estime à honneur d'estre hay et blasmé de telles gens. Mais nous sommes en temps si misérable et auquel il y a beaucoup de gens, mesme en ce pays, lesquels croyent trop légièrement le mal et sont bien ayses d'avoir occasion de ne nous bien faire. Et, pour ce, j'ay respondu à leurs calomnies, car, estant serviteur du roy de Navarre et son ambassadeur, j'euse grandement failly à mon devoir si je n'y eusse respondu. Ils publient partout et ont publié depuis cinq ou six mois que ledit sieur roy avoit appellé l'armée estrangière pour la perdre, qu'il est traistre ; disent aux uns qu'il est papiste, aux autres athéistes ; qu'il a fait empoisonner Monsieur le

---

1. Le 25, *n. s.*

Prince[1]; qu'il ne se soucie en aucune façon de l'amitié des princes d'Allemagne et n'en espèrent aucun secours; que je ne suis point son ambassadeur; que tout ce que j'ay fait en Allemagne a esté fait de ma teste sans en avoir aucun commandement dudit sieur roy; que toutes les despêches que les princes d'Allemagne ont reçu du roy de Navarre ont esté faites par moy sans le sceu dudit sieur roy. Enfin, ils ont semé infinis meschans bruits par toute l'Allemagne du roy de Navarre et de moy. Cela a esté cause que j'ay donné un escrit responsif au docteur Glaubourg, auquel ils avoyent addressé l'escrit, où ils me dépaignent des couleurs qui leur sont bien deues et ausquelles, par la grâce de Dieu, je n'ay point de part. Le tiltre duquel escrit est : *Perfidia et imposturæ Segurii*, qui, en bon françois, veut dire : *La trahison et impostures de Ségur*. Si le tiltre est vilain et injurieux, le reste de l'escrit n'est pas plus doux. Mais, de personnes si venimeux que ceux-là, on n'en peut attendre que poyson. Vous vous souviendrez de ce qu'ils vous promirent, et à Monsieur des Réaux[2], au mois de février dernier[3], et comme ils vous assurèrent qu'ils désiroyent qu'on oubliast le passé et qu'on feit bien à l'advenir; qu'on ne se reprochast rien et qu'on n'escrivit rien les uns contre les autres. J'ay tenu ce que vous aviez promis en mon nom, mais il faut que vous sachiez ce qu'ils ont fait.

Le xxixe ou xxxe de mars, le baron de Thona festia au soir le duc Casimir à l'hostellerie du Soleil de Heidelberg. Le lendemain après disner, ledit baron partist bien accompagné pour s'en venir à Francfort, où il arriva le dernier de mars, qui estoit le

1. Le prince Henri Ier de Condé était mort en effet le 5 mars 1588. Cette accusation d'empoisonnement dirigée contre le roi de Navarre est l'objet d'une lettre de lui à Théodore de Bèze (imprimée par Mgr le duc d'Aumale, dans l'*Appendice* de sa belle *Histoire des princes de Condé*); il a depuis été prouvé que Condé n'avait pas été empoisonné du tout (voy. à ce sujet les documents cités par M. de Ruble en note du passage des *Mémoires* de La Huguerye qui concerne cet événement, t. II, p. 249).

2. Antoine de Moret, seigneur des Réaux, un des émissaires habituels du roi de Navarre dans les cours étrangères.

3. Cf. *Mémoires* de La Huguerye, t. II, p. 359.

premier jour de la dernière sepmaine de la foire[1]. Il portoit quant et soy nombre d'exemplaires de sa justification imprimée[2], lesquels il feit distribuer et vendre publicquement. En mesme temps, il feit donner au docteur Glaubourg l'escrit contre moy avec le beau tiltre susdit, et, cinq ou six jours durant, il demeura à Francfort, où il festia grand nombre de comtes et seigneurs d'Allemagne qui estoyent venus à la foire; et presque tousjours estoit avec eux, se promenant par la ville, et quatre ou cinq heures du jour demeurant au lieu où estoit la plus grande assemblée, triomphant de nos malheurs et publiant par tout qu'il estoit venu expressément pour respondre à tous ceux qui auroyent quelque chose à dire contre luy.

Après avoir assez triomphé et bravé, il se retire à Heidelberg, où, peu après estre arrivé, il trouva qu'on avoit respondu à son manifeste, et lors, par l'advis de ceux qui devroyent estre las de nous mal faire, il s'en revint à Francfort, ayant promis publicquement dans le chasteau de Heidelberg que le mesme jour qu'il arriveroit à Francfort il m'assassineroit, disant avoir moyen de forcer mon logis. Y estant arrivé, il trouva que cela n'estoit aysé. Pour ce, il envoya quérir le second bourgmaistre ou lui écrivit; tant y a qu'il y a deux de ses letres à Francfort par lesquelles il faisoit entendre l'occasion susdite de sa venue. Mais, ayant depuis mieux pensé et voyant que c'estoit une république libre, il ne l'avoit pas voulu entreprendre, bien suplioit-il le magistrat de me chasser de leur ville et qu'incontinent après il exécuteroit son dessein ; ce qui luy estoit fort aysé, pour ce qu'en ce mesme temps les reittres qui avoyent esté levéz pour le Palatinat passoyent et en avoyent mis bon nombre sur toutes les advenues de Francfort pour me faire un mauvais tour. Je

1. L'un des principaux centres de transactions commerciales de l'Europe, et aussi une sorte de congrès international annuel, témoin l'élection du duc d'Anjou au trône de Pologne, qui y fut débattue et conclue en 1573 (Kervyn de Lettenhove, les Huguenots et les gueux, 1884, t. III, p. 211 et suiv. — Cf. le Francofordiense emporium de Henri Estienne, réimprimé et traduit par M. Liseux).

2. C'est la pièce VI A de notre Appendice ; voy. ci-après.

vous laisse à penser si le baron de Thona, encor qu'il soit fort impudent et outrecuidé, eust osé entreprendre de faire une telle requeste à une républicque telle qu'est celle de Francfort sans estre advoué de son maistre. Si est-ce que ceux de la ville ne firent pas ce qu'il désiroit; ce que voyant, il part de Francfort, et moy aussi peu après et prends le plus long et plus seur chemin par Nurenberg pour m'en venir icy. Ce qu'ayant sceu, il revient à Francfort et se plaint au Sénat de ce qu'ils ne l'ont adverti de mon partement et use de menaces contre eux, desquelles ils ne firent pas grand cas. En mesme temps aussi, le duc Casimir envoye le baron de Podlitz vers les électeurs et princes pour leur monstrer la letre de Monsieur de Chastillon[1], laquelle Monsieur de La Roche-Champdieu[2] ne devoit porter en ce pays, y estant venu pour autre effect. Ledit sieur de Podlitz a eu charge de dire beaucoup de choses contre moy, et sous main faire courir des mauvais bruits du roy de Navarre. Par là, le duc Casimir fait cognoistre à tout le monde combien il est ami du roy de Navarre, affectionné à nos Églises et envers les bons François.

Cela fera que, avant que je parte de ce pays, je laisseray entre les mains de quelques bons et sages princes un petit discours auquel j'ay mis une partie des occasions que nous avons de nous plaindre de ses conseillers. Ce nous sera un grand heur si doresenavant ce prince, se contentant du mal qu'il nous a fait, nous veut laisser conduire nos affaires sans luy. Monsieur de Chastillon aussy a eu tort d'escrire, et par ce qu'il a escrit il monstre estre très mal adverti; ce qui sera bien aysé de faire cognoistre à tous et mesme à luy quand il sera bien informé du fonds des conseils de ceux de Heidelberg. La mort du roi de Dennemarck[3] nous est venue très mal à propos; c'estoit luy seul qui pouvoit embarquer les électeurs et autres princes. Il y en a encores quelques-uns qui ont bonne volonté, mais nous n'en

---

1. Le *Discours...* précité, écrit en effet sous forme de lettre et adressé au roi de Navarre.

2. Antoine de Chandieu, seigneur de La Roche-Chandieu, ministre et agitateur protestant, né vers 1534, mort le 23 février 1591. Il était alors près du roi de Navarre.

3. Voy. ci-dessus, p. 476, *note* 2, *Appendice*.

pouvons sentir de longtemps de bons effects. Et, pour ce, je me suis résolu de laisser ce pays et d'aller trouver le roy de Navarre. Et serois desjà en chemin si ce n'est que j'attends Monsieur du Fay[1], qui devoit estre icy y a un mois. Je crains que quelque mal ne luy soit arrivé par les chemins. Ce qui est arrivé à Paris nous pourra apporter quelque bien, et désirerois fort que le roy ne voulust presser le roy de Navarre de quelque temps de se venir joindre avec luy. Le roy de Navarre peut plus servir de loing que de près. Aussi le passé nous doit faire craindre. Je pense que vous avez plus d'occasion de vous acheminer en Angleterre que jamais et y serviriez davantage, et faut que le bien que la royne voudra faire soit envoyé en France et non en Allemagne, car de ceste année nous ne pouvons rien espérer de ce pays, et en six mois on peut faire de belles choses en France. Le secours que ceux de Sedan[2] peuvent attendre du Palatinat ne vous doit faire longuement demeurer où vous estes : Dieu sans eux les a délivréz et gardéz et les gardera encor. Monsieur, pensez au voyage d'Angleterre et résolvez-vous d'y venir bientost. Je voudrois que vous feussiez desjà icy, afin que je vous y peusse tenir compagnie, mais, si vous voulez, je n'y seray guères plustost que vous. Si vous pouvez estre icy dans un mois, vous aurez grande commodité de passer la mer, pource qu'on attend icy d'heure à autre la flote d'Angleterre. Au reste, j'envoye vostre letre présentement à Monsieur de Walsingham par homme seur. Je ne feray ceste-ci plus longue que pour vous baiser bien humblement les mains et prier Dieu vous donner, Monsieur [3]...

1. Michel Hurault-de L'Hospital, seigneur du Fay, chancelier de Navarre, petit-fils du chancelier de L'Hospital.

2. Sedan était sur le point d'être de nouveau attaqué par le duc de Guise, et La Noue était alors à Heidelberg, travaillant activement à obtenir des secours propres à conserver cette place à son légitime possesseur, Charlotte de La Marck, duchesse de Bouillon après la mort de son frère le duc Guillaume-Robert (*Mémoires de La Huguerye*, t. III, p. 217, 218).

3. La lettre finit ainsi dans le manuscrit. En tête, le copiste a écrit ces mots qui en déterminent la date : *Copie d'une letre de Monsieur de Ségur à Monsieur de La Noue, escrite de Hambourg, le 6ᵉ juin 1588* (le 26, n. s.).

IV.

Mémoire justificatif de M. de Quitry [1].

[Copie du xvie siècle, Bibl. nat., fonds français, vol. 4142, fol. 645-653.]

1. Faulte d'avoir voulu tousjours céler aux ambassadeurs du roy de Navarre [2] les affaires concernantes le secours du roy de Navarre et des Églises françoyses.

2. Faulte de n'avoir voulu déclarer aucune des volontéz de Monsieur le duc Casimir aux ambassadeurs du roy de Navarre, ains d'avoir remis de les entendre par la bouche de La Huguerie, lequel tous cognoissent estre très mal affectionné au service dudict seigneur roy et ennemy de la noblesse françoyse et de toute union et concorde.

3. Faulte de n'avoir voulu embarquer en ceste armée aucun prince, comte ny aultre homme de grans moyens, ains en avoir refusé plusieurs afin que La Huguerie, sous le nom du baron de Dhona, eût l'authorité, commandement et cognoissance.

4. Faulte d'avoir voulu communicquer des moyens de faire la guerre avec les capitaines, soit françoys ou allemans, et n'avoir jamais voulu communiquer avec M. N.[3], encore qu'il soit venu deux fois exprès pour y apporter ses adviz.

5. Faulte de n'avoir voulu faire justice des énormes excèz faicts à M. de Schonberg, gentilhomme de grande valeur et ser-

---

1. Ce mémoire, dans le manuscrit, ne porte pour titre que ces mots : *Reistres d'Auneau*. M. de Ruble, qui le cite souvent tant dans l'Introduction que dans les notes des *Mémoires* de La Huguerye, l'attribue à Quitry, et la conformité de ses répliques avec les imputations calomnieuses contenues dans l'*Éphéméride* de La Huguerye à l'égard de ce gentilhomme, et les frappantes ressemblances qu'elles présentent avec une lettre antérieure de Quitry à M. de Ségur (*Appendice*, II), rendent incontestable cette attribution, qui fait honneur à la sagacité de son auteur.

2. Quitry lui-même, Clervant et Ségur (*Mémoires* de La Huguerye, t. II, p. 350, 361 et 370).

3. Ce chiffre désigne probablement Quitry lui-même.

viteur du roy de Navarre, la maison et village duquel les lansquenets ont pillé par deux ou trois fois avec meurtres et grans excès, dont, ledict sieur de Schonberg s'estant plaint par plusieurs fois et demandé raison, il n'en eut aucun conte, ce qui dépita ledit sieur de Schonberg et mescontenta plusieurs gentilshommes de qualité, ses alliés, parens et amys[1].

6. Faulte de n'avoir faict manier les affaires par gens de suffisance et expérience, ce qui les a rendues mesprisées et mal conduittes.

7. Faulte de n'avoir donné des chefs de qualité et suffisance pour commander aux gens de guerre allemans.

8. Faulte de n'avoir voulu nommer celuy qui debvoit commander aux reitres, qui a esté causé que beaucoup de noblesse n'a pas voulu marcher, craignant ce qui est arrivé.

9. Faulte de n'avoir voulu que l'un des ambassadeurs du roy de Navarre allât capituler avec les reitres, ains y avoir envoyé seulement des gens à leur poste, qui ont accordé en ceste capitulation des conditions si rigoureuses et si contraires au bien et affaires qu'il en est réussy.

10. Faulte de n'avoir fourny le nombre des reitres promis.

11. Faulte de ne les avoir rendus à la place monstre au jour promis, ce qui a donné loysir aux ennemis de s'armer et nous résister aiant veu assembler nos forces près de deux mois avant que de marcher.

12. Faulte de n'avoir donné un prince, comme l'on avoit promis[2].

13. Faulte d'avoir séjourné en Alsace après estre assembléz.

14. Faulte de s'estre amusé à Saverne avec les députéz de Monsieur de Lorraine, lequel s'armoit cependant, puis s'est mocqué de ceux qui demandoient de l'argent[3].

15. Faulte d'avoir assujetti la conduitte de l'armée à un conseil.

---

1. Cf. ci-dessus, *passim* (notamment p. 129), pour d'autres faits similaires, mais imputés par La Huguerye aux Français.

2. Cf. ci-dessus, *passim*, les doléances continuelles de La Huguerye à ce sujet.

3. Cf. ci-dessus, p. 24-166.

16. Faulte que le conseil allemand n'a voulu loger et demeurer d'ordinaire auprès Monsieur de Bouillon, comme il devoit.

17. Faulte que, dès le commencement, on offensa extrêmement tous les Françoys, tant présens comme absens, en leur voulant bailler le baron de Dhona pour chef de l'armée[1], sans leur advis ny consentement et contre la volonté du roy de Navarre, portée à Monsieur le duc Casimir par le sieur de Beauchamps.

18. Faulte de la déclaration faicte à Monsieur de Bouillon et conseil françoys par les couronnels Frédéric von Werne et Dampmartin au nom de tous de cesser la guerre en Lorraine, ou aultrement ils déclaroient s'en vouloir retourner, ce qui fut faict au lieu de Gerbéviller après le retour dudict La Huguerie de son partement de Lunéville[2], ce qui mescontenta et désespéra tous les Françoys présens et absens, et commença à refroidir ceux qui se vouloient venir joindre à l'armée, et, peu de jours après, fut cause qu'il s'en débenda plus de cens, lesquels se retirèrent, les uns à Sedan, les aultres en leurs maisons, voyant qu'ils estoient gourmandéz, outragéz et commandéz à la volonté d'un Françoys de la qualité de La Huguerie. L'extraction ou l'exaction, moyens de son augmentation, vie, haine contre le roy de Navarre et noblesse françoyse[3], ils sçavoient tous de longue main, et plusieurs aiant apris le reste de la belle-mère dudict La Huguerie[4].

19. Faulte de n'avoir voulu establir nul ordre en l'armée et n'avoir jamais voulu loger les reîtres en deux corps à sçavoir avant-garde et bataille, quelque remonstrance et prière que l'on en aye sceu faire, chose qui a amené de grans accidens, comme tous capitaines pourront juger.

---

1. Cf. ci-dessus, p. 29 et suiv.
2. Lisez : *Lemainville;* cf. ci-dessus, p. 138 et suiv.
3. La lecture de l'*Éphéméride* confirme cette « haine contre le roy de Navarre et la noblesse française; » rappelons qu'elle était d'autant moins justifiable que La Huguerye était de pure race française (A. de Ruble, Introduction aux *Mémoires* du même).
4. Mme de La Martinière (*Ibid.*).

20. Faulte de l'ordre susdict, assavoir d'avoir logéz les reitres en avant-garde et bataille, lorsque Monsieur de Guise vint attacquer le felt-mareschal dans le village de Seintrèz[1], ledict sieur de Guise ne fust point desfaict; car, si les seuls Françoys de l'avant-garde eurent la hardiesse de le charger et de le mener une lieue ou deux battans, il se peut juger s'il y eût eu la moitié des reitres à l'avant-garde, comme il y devoit, si ledict sieur de Guise avec la fleur de sa cavallerie eust esté desfaict; puisqu'il fut chassé si honteusement par cent cinquante chevaux françois[2].

21. Faulte que, lors dudict combat faict à Saintrès, le feltmareschal ne soustint les Françoys comme il devoit, et ne vouloit jamais passer le pont de Puligny avec lesdicts Françoys, encores qu'ils vissent Monsieur de Guise s'enfuir à toute bride, ce qui fut cause que ledict sieur de Guise ne fut mis du tout en route et eut le loisir de regangner son armée et son infanterie, laquelle estoit logée au Pont-Sainct-Vincent, assis sur la rivière de Madon et Moselle[3].

22. Faulte que, le mesme jour que dessus, tous les reitres estans arrivéz sur le bord de la rivière de Madon, de l'aultre costé de laquelle estoient les armées de Monsieur de Lorraine et de Monsieur de Guise, le chef des reitres, le felt-mareschal et le quartier-mestre aiant eu leur logis de fort bonne heure et y estans alléz, oubliarent leurs reitres sur le bord de l'eau sans les advertir jusques à tant que les mareschaux de camp françoys, aiant entendu comme ils s'estoient mutinéz contre leurdict chef, felt-marschal et quartier-mestre les alla luy-mesme mener en leur quartier, là où on scait comme les colonnels et reitmaistres firent la leçon aux susdits nommez[4].

23. Faulte que lesdits reitres ne se trouvarent le lendemain à la poincte du jour sur le bord de laditte rivière, comme il avoit esté conclu le soir, ce qui donna le loisir à Messieurs de Lorraine et de Guise de faire leur retraicte sans désordre, ce qu'ils n'eussent peu faire si lesdits reitres feussent venus

---

1. *Ceintrey* (Meurthe-et-Moselle).
2. Cf. ci-dessus, p. 171.
3. Cf. ci-dessus, p. 170-172.

comme ils devoient, et, au lieu de la pointe du jour, ils arrivèrent à neuf heures, encore qu'ils ne feussent logéz qu'à une bien fort petite demie-lieue de l'avant-garde, et, à leur arrivée, trouvarent que les ennemis avoient esté chasséz par les Françoys du moulin qu'ils tenoient, pour empescher le passage de guet, et faict quicter la place de bataille du jour précédent[1].

24. Faulte que après l'arrivée desdits reitres, l'armée, aiant passé la rivière de Madon, poursuivant lesdits sieurs de Lorraine et de Guise, et arrivéz au pied d'une montagne, sur le hault de laquelle les ennemis s'estoient retiréz comme fuyans et sans tenir ordre de bataille. Le mareschal de camp françoys aiant faict attacquer l'escarmouche et faict passer aux harquebusiers à cheval un fossé faict par les malasses des eaus, lequel continuoit le long de laditte montagne, voulant aller à la charge et monter laditte montagne, montrant à tous la routte des ennemis, et comme la victoire estoit asseurée, n'i aiant plus d'autre hazard que de monter après des hommes qui fuioient, ledict marschal print le mareschal de camp françoys par la manche de sa casaque, luy déclarant que les reistres ne vouloient combattre que les Suisses ne feussent arrivéz, qui, estans logéz à trois lieues de là et ayant la conduitte de l'artillerie, ne pouvoient arriver que bien tard, défendant mesmes aux reitres de ne monter laditte montagne, quelque persuasion que le mareschal de camp françoys leur sceut faire.

25. Faulte que, quant les Suisses furent arrivéz, les estrangers parlarent de vouloir aller loger et fut dict par leurs chefs que ce seroit pour un autre jour, bien qu'il ne fust que midy, ce qui se passa au très grand regret de ceux qui, par leur labeur et le hazard de leurs vies, avoit réduits les ennemis à ceste calamité qu'ils estoient obligéz au combat pour lequel éviter ils fuioient, comme chascun scait, et ne s'est depuis présenté une seule occasion, et, ne peut-on dire que les Françoys n'i aient faict plus que l'ordinaire et l'apparence de la guerre ne portoit; ce qui ne fust suivy par les reitres, comme ils devoient.

26. Faulte que l'armée, précipitée de sortir de Lorraine par les artifices susdits de La Huguerie, les reistres n'aiant exécuté

---

1. Cf. ci-dessus, p. 172-179.

ce qui leur avoit esté commandé pour aller, avec Monsieur le comte de La Marque, dégager Monsieur de Chastillon, qui estoit assiégé, l'armée fut contrainte de retourner visage par un mauvais chemin et en mauvais temps, dont s'ensuivit le harassement de l'armée, les maladies et première mutination des Suisses, lesquels souffrirent infiniment en ce voyage où il s'en perdit plus de cinq cens[1].

27. Faulte que, estans sortis de Lorraine, ledict La Huguerie voulant mener l'armée droit à Paris par l'entre-deux des rivières de Seine et de Marne, les accidens apparens sur ce estans remonstréz par les Françoys et les commoditéz d'aller par le pays plus large vers la rivière de Loyre, lequel chemin estant mis en délibération entre tous les colonnels allemans et la chose bien divulguée, chascun scait comme ledict La Huguerie déclara et dict pour résolution que l'armée ne passeroit pas la rivière de Loyre, quoy que ce fust, et que l'on ne le pensât point abuser; ce qui estonna tellement encore les Françoys, présens et absens, tant de se veoir commander par un tel homme et une si mauvaise volonté si apparente contre le roy de Navarre, lequel chascun sçavoit faire ses efforts pour joindre l'armée, comme au contraire les ennemis à l'empescher, et que c'estoit à l'armée estrangère, laquelle estoit mestresse de la campagne à le desgager, si aultrement ne se pouvoit faire, et dès lors les Françoys présens s'en fussent volontiers alléz s'ils eussent peu avec leur honneur, et les absens se résolurent de ne venir se rendre esclaves de La Huguerie.

28. Faulte que l'orgueil dudict La Huguerie fut si grand que de dire outrages à un gentilhomme de qualité[2], lequel avoit esté sommer la ville et chasteau de Vaucouleurs par le commandement du chef; chose qui méritoit célérité, et qui réussit bien, ce qui causa que du depuis un seul homme de qualité ne s'osa ingérer aux diligences nécessaires à sommer, branqueter et faire autres services pour le bien de l'armée. Et, voulant tout

---

1. Cf. ci-dessus, p. 212 et suiv.
2. Vrai ou faux, ce détail est passé sous silence par La Huguerye à l'endroit où il parle de l'occupation de Vaucouleurs; cf. ci-dessus, p. 197 et suiv.

faire, l'on a veu le mal que l'on a amené ; car Dieu ne bénist pas le labeur de ceux qui n'ont pour but que l'avarice.

29. Faulte que son impudence et imprudence a esté si grande qu'en plein conseil il a eu la hardiesse de menasser le sieur de Quitry qu'il respondroit à son propre et privé nom de la guerre et dommage faict en Lorraine[1] ; chose qui d'autant plus offença tous les Françoys que chascun scavoit que ladicte guerre s'estoit faicte par le commandement très exprès du roy de Navarre et par la résolution du conseil où il avoit assisté, auquel pareut de la volonté dudict sieur roy et que Monsieur de Lorraine estoit chef de la Ligue, et la chose bien vérifiée tant par la dépesche surprise venante de Romme que par plusieurs aultres actes publicqs[2].

30. Faulte que ledict La Huguerie mutinoit les Allemans lorsqu'ils ne trouvoient toutes choses à souhait en leur logis, et principalement le vin, et leur persuadoit que c'estoit la faulte du mareschal de camp françoys, encore que chascun sceut qu'aux rendés-vous, les quartes dressées de l'œil, le mareschal de camp françois baillast tousjours les logis à choisir au feltmarschal, et que durant tout le voyage, les Allemans aient eu le chois tel qu'il leur a pleu, sans y avoir failli une seule fois.

31. Faulte que les reistres, poussez de ce mauvais instrument, ont esté souvent prendre des logis de leur authorité sans département, comme à Chérentonnet[3], qui estoit le logis de Monsieur de Bouillon, et à Vermenton, auquel lieu de Vermenton[4] ils furent deux jours sans que le chef de l'armée, les Françoys ni les Suisses seussent où ils estoient ; et cependant ils avoient M. du Maine à une lieue d'eux, d'un costé, et Monsieur de Guise à l'autre costé, à deux ou à trois lieues, ce qui mit l'artillerie et Suisses en danger, si l'ennemi eust esté adverti,

---

1. Cf. ci-dessus, p. 469 et 470, *Appendice*.
2. Cf. ci-dessus, p. 197 et p. 244-247 ; cf. aussi le texte plus développé des *Mémoires* de La Huguerye (III, p. 143-160).
3. *Charentonnay*, aujourd'hui comm. du cant. de Sancergues, arr. de Sancerre, Cher. — La Huguerye ne mentionne cette étape ni dans son *Éphéméride* ni dans les *Mémoires*.
4. Cf. ci-dessus, p. 279 et suiv.

et semblablement la cornette blanche[1], laquelle a esté souvent contraincte de demeurer derrière pour couvrir ces désordres, d'autant que les reitres ne vouloient avoir esgard qu'à eux sans se soucier du reste de l'armée.

32. Faulte que quand Monsieur de Monglas fut arrivé à Arsy-sur-Cure[2], aiant faict entendre le but de sa charge en la présence de La Huguerie, encore qu'il fût assés à temps pour prendre très commodément le chemin que le roy de Navarre nous commandoit, ledict La Huguerie résolut sur l'heure mesme qu'il ne vouloit pas prendre ce chemin-là.

33. Faulte que l'armée estant logée à trois lieues de Vézelay[3], les reitres ne voulurent monter à cheval pour accompagner Monsieur de Chastillon, lequel vouloit aller exécuter une entreprise très facile sur ladite ville de Vézelay et par mesme moyen lever les logis de l'armée de Monsieur du Maine, laquelle estoit logée ès environs dudict lieu de Vézelay, fort escartée et sans alarme, comme chascun sçait que ceux qui furent alors à Vézelay trouvèrent laditte armée[4].

34. Faulte que lors, et généralement durant tout le voïage, lesdits reitres disoient ne vouloir marcher de nuict, chose contre la raison de la guerre; car c'est le seul moyen d'user de surprinse contre ceux qui ne veulent venir au combat en gros ; et les ennemis leur ont appris combien vault d'aller surprendre les gens de guerre la nuict[5].

---

1. Ce que le français La Hugueryo appelle, de son nom allemand, la *Rennefahne*, c'est-à-dire l'étendard, symbole du commandement suprême de celui qui l'exerçait, ainsi que son escorte.

2. Lisez : *Arcy-sur-Cure.* — Cf. ci-dessus, p. 283 et suiv.

3. *Vézelay*, aujourd'hui ch.-l. de cant. de l'arr. d'Aveillon, Yonne.

4. Cf. les *Mémoires* de Saint-Auban pour cette affaire de Vézelay, que ne raconte pas l'*Éphéméride*, non plus d'ailleurs que les autres sources de la campagne.

5. Allusion aux combats de Vimory et d'Auneau. — La Huguerye, qui dans son *Éphéméride* se fait si complaisamment le porte-parole des Allemands, sacrifiés, selon lui, à l'égoïsme des Français, n'a garde de lever ce lièvre. De quel droit aurait-on troublé le sommeil de ces braves gens ? N'étaient-ils pas là uniquement

35. Faulte que, lorsque l'on proposoit aux reîtres d'aller faire quelque entreprise sur les ennemis, ils demandoient si l'on estoit bien asseuré que l'on trouveroit là des ennemis; car, au cas où on ne les y trouvast, les reîtres se mutineroient, qui estoit cause que, personne ne pouvant donner les assurances infaillibles, rien ne hazardoit. Chose ridicule à tous capitaines que de penser que l'on aie mis les ennemis dans des toilles comme l'on faict les cerfs en Allemagne pour les venir prendre sans peine, car il faut avec le labeur et la diligence, non pour une fois, mais continuellement, chercher, travailler et combatre les ennemis[1].

36. Faulte que les reîtres n'allarent prendre le logis de Cosne, comme il avoit esté résolu au conseil, et qu'au lieu d'iceluy ils allèrent à Neüy[2].

37. Faulte que, estans logéz audict lieu de Neüy, aiant entendu que Monsieur d'Espernon passoit ou ne faisoit que passer pour aller à Cosne, les reîtres ne voulurent remonter à cheval, quelque instance que leur en fist Monsieur de Chastillon, pour aller combattre ledict sieur d'Espernon, ce qu'ils eussent faict facilement et infailliblement, car l'on ne le vouloit recevoir dans Cosne et faisoit-on grande difficulté d'ouvrir les portes à ses trouppes[3].

38. Faulte que, estans logéz le long de la rivière de Loyre, ils ne la voulurent passer, encores qu'il y eût infinis guéz et très faciles où les ennemis nous montroient le chemin vers le hault de la rivière, vers Rouane, suivant le commandement du roy de Navarre, quelque instance et protestation que leur en fit le sieur de Monglas au conseil tenu à Neuvy[4].

39. Faulte que les reîtres résolurent de leur propre authorité, estant audict lieu de Neuvy, de se vouloir aller rafraischir au lieu où il y eut des vivres, et là attendre des nouvelles du

pour bien boire, bien manger, avoir forte paye, marcher le moins possible et se rassasier de pillage?

1. Même observation.
2. *Neuvy-sur-Loire.* — Cf. ci-dessus, p. 305 et 310.
3. Cf. ci-dessus, p. 313 et 314.
4. Cf. ci-dessus, p. 317 et suiv.

roy de Navarre au lieu de regarder ni vouloir permettre aux Françoys de délibérer ni proposer aultres meilleurs et plus propres moyens pour finir leur guerre honorablement[1].

40. Faulte que La Huguerye, continuant son naturel de discorde, faisoit mutiner les reitres contre les mareschaux de camp françoys, pour ce qu'ils n'avoient trouvé des vivres le long de la rivière de Loyre. Ils firent menasser le sieur de Quitry de le tuer, et Monsieur de Chastillon l'advertit qu'ils avoient juré que la plus grande pièce de son corps seroit son aureille, et Monsieur de Chastillon luy conseilla de ne se trouver devant eux, et fault noter que c'estoit lors qu'ils vouloient déclarer leur résolution de ne passer la rivière ni remonter vers la source; mais le sieur de Quitry ne laissa pour cela d'aller à Neuvy, quartier des reitres, et se trouver au conseil qui fut tenu, où, aiant veu les monopoles faicts, dont s'ensuivoit la ruine infaillible de l'armée, ne pouvant s'opposer ny empescher le mal résolu, et, à son advis, trop peu d'opposition de quelques-uns ou un (mais non de tous), il leur quitta l'estat de maréchal de camp en présence de tout le conseil et les pria di ordonner, car il voioit bien, comme il le dit à gentilhomme d'honneur, et à l'heure mesme, que l'armée estoit perdue et qu'il ni avoit plus d'espérance, pour les raisons que les capitaines pouvoient juger et cognues à beaucoup de gens d'honneur qui estoient en laditte armée. Mais Monsieur de Chastillon, aiant lors proposé et accepté par les reitres qu'il les mèneroit rafraischir en bon et beau pays, où ils auroient toutes commoditéz, il fit leurs logis de Bléneau, et deux autres logis jusques à Chasteau-Landon[2].

41. Faulte qu'ils s'amusarent trop à Bléneau[3].

42. Faulte que, au partir de Bléneau, s'estans amuséz, ils ne vindrent prendre les logis donnéz en l'assiète de l'armée, faicte par Messieurs de Chastillon, Chamerolles, Villemendeur[4] et Voffin.

43. Faulte qu'ils allarent loger à Vimory, qui n'estoit leur

1. Cf. ci-dessus, p. 347 et suiv.
2. *Ibid.*
3. Cf. ci-dessus, p. 325 et suiv.
4. Cf. ci-dessus, p. 471, et *Appendice, note 1*, et p. 519.

quartier, et qu'i estans, ils ne firent nulle garde et furent surprins à la fin de leur soupper, qui monstre qu'ils eurent assez de loisir de donner ordre à leurs gardes, estans logéz tout auprès de Montargis, lequel ils voioient près d'eux, et chascun adverty que Monsieur de Guise ou du Maine estoit dedans ou y devoit arriver ce jour-là, et Sarazin fut, dès le jour qu'il estoit encores à Bléneau, advertir le baron de Dhona comme il falloit passer près de Montargis, où il y avoit mauvais chemin, et à se garder de la garnison dudit lieu, et que l'on avoit advertissement que Messieurs de Guise et du Maine, qui estoient à Chasteau-Regnard, prendroient le chemin de Montargis, si nous prenions ceste routte-là, et, au lieu d'en faire leur profict, ils se comportarent comme il est dit cy-devant[1].

44. Faulte qu'au partir de Briare-en-Beausse[2], où estoit logé le baron de Dhona, aiant eu advertissement que l'avant-garde du Roy avoit passé la rivière de Loire et estoit logée à Artenay[3], estant résolu que l'on les iroit recognoistre, et, s'il y avoit commodité, les combattre; la charge en estant donnée au sieur de Quitry, il demanda trois cornettes des reitres pour soustenir deux cornettes françoyses qu'il avoit, et qu'il feroit sçavoir certaines nouvelles à l'armée, laquelle marchoit et ne devoit loger qu'elle n'eût nouvelles dudit sieur de Quitry, lequel, aiant rencontré près de Toury[4] Monsieur de Nemour, chargea ses advant-coureurs, menéz par les sieurs de Sagonne et Bacqueville, où ledict de Bacqueville fut pris et Sagonne ramené jusques dedans les trouppes de Monsieur de Nemours, lequel se retira en désordre, et, si les trois cornettes des reitres y eussent esté, Monsieur de Nemours estoit desfait et Monsieur de Mercure, qui estoit derrière luy. Mais l'on ne sceut avoir les trois cornettes des reitres; ains ils allarent loger sans attendre des nou-

1. Cf. ci-dessus, p. 334-339 et *notes*.
2. *Briares-sur-Essonne*. — Ce « deslogement » eut lieu le 29 octobre/8 novembre; voy. ci-dessus, p. 374.
3. *Artenay*, aujourd'hui ch.-l. de cant. de l'arr. d'Orléans, Loiret.
4. *Toury*, aujourd'hui comm. du cant. de Janville, arr. de Chartres, Eure-et-Loir.

velles ny rapport dudict sieur de Quittry, aiant les Suisses seuls attendu quasi tout le jour en bataille, en lieu ordonné[1].

45. Faulte que du depuis, aiant sceu comme ledict sieur de Nemours estoit logé au Puiset[2], qui n'estoit qu'à deux petites lieues de nous, l'on ne peut encores avoir des reîtres, pour le mespris qu'ils faisoient de leur chef, et que, les couronnels Clotte et Frédéric von Werne[3] estans morts, le baron de Dhona et La Huguerye voulurent donner les régimens à qui bon leur sembla[4]; dont les reîtres desdits deux régimens furent tellement malcontentéz contre ledit baron de Dhona qu'ils ne parloient plus que de s'en aller, et du depuis la mort desdicts deux colonnels, il ne se trouva plus que difficultéz, mutineries et désordres parmi lesdits reîtres[5].

46. Faulte que lesdits reîtres prindrent l'artillerie de puissance absolue sans en parler à Monsieur de Bouillon, ni aucun capitaine françoys, ni à Monsieur de Clervant mesmes, qui l'avoit en gardes; et allèrent assiéger l'abaye de Clervaulx, dont sensuivit la mocquerie que l'on en a veue, chose qui estonna encore et mescontenta fort les Suisses et Françoys[6].

47. Faulte de la mutinerie faicte près de Chasteau-Landon[7], où il fut déclaré par lesdits reîtres aux Suisses et Françoys, que, s'il n'avoit nouvelles du roy de Navarre et contentement dans dix-huict jours, qu'ils estoient résolus de se retirer. Ce qui ne causa seulement le désespoir aux Françoys, mais a donné prétexte aux Suisses de faire par après ce qu'ils ont faict[8].

1. Cf. ci-dessus, p. 375 et 377.
2. *Le Puiset,* aujourd'hui comm. du cant. de Janville, arr. de Chartres, Eure-et-Loir.
3. Werren mourut le 20/30 septembre (voy. ci-dessus, p. 252); Clotz, le 21 septembre/1er octobre (d'après des documents inédits cités par M. de Ruble. — *Mémoires* de La Huguerye, t. III, p. 179, *note* 2).
4. Cf. ci-dessus, p. 283.
5. Cf. ci-dessus, p. 369 et suiv.
6. Cf. ci-dessus, p. 247 et suiv.
7. Exactement, à Briares-sur-Essonne; cf. ci-dessus, p. 364-366.
8. Cf. ci-dessus, p. 366, 377-392, 411-416 et 425, *note* 3.

48. Faulte que, lorsqu'il fut question du logis d'Auneau, le mareschal de camp françoys, aiant présenté deux logis, l'un audict Auneau, l'autre à Carmeninville[1] de[2] Bagnollet[3], sur le bord de la Conie, et remonstré amplement par ledict mareschal de camp qu'il se falloit retirer vers le roy de Navarre, ou aultrement tout le reste de l'armée estoit perdu, voiant que les Suisses les abandonnoient, qu'ils estoient entre deux armées, contraincts de loger un peu au large pour faire vivre les gens de guerre, comme le reste de l'armée estoit foible et harassée, la pluspart morts de maladie, lesdits reitres, ou La Huguerie pour eux, choisit le logis d'Auneau, affin de pouvoir plus facillement aller quérir Monsieur le prince de Conty.

49. Faulte que, après la venue de Monsieur le prince de Conty, l'on ne creut le mareschal de camp françoys, lequel remonstra que le Roy s'approchoit et venoit faire camper son armée près de la nostre, et, aiants Monsieur de Guise de l'autre costé, il lèveroit le logis d'une partie de l'armée ou l'assailleroient en un mesme temps, jusques à leur remonstrer et protester que, s'ils attendoient à desloger jusques à mardy[4]; qu'ils estoient perdus, comme aussi il arriva; car, si le lundy[5] le mareschal de camp françoys n'eût faict reserrer tous les Françoys en un village, comme il fit, ils estoyent assaillis par Monsieur d'Espernon, la nuict, comme Monsieur de Guise assaillit le baron de Dhona à la poincte du jour[6].

50. Faulte que le baron de Dhona ne voulut partir à la minuict, comme il estoit résolu, et que les sieurs de Lurbigni et de La Grafinière l'en firent prier[7].

51. Faulte qu'il ne faisoit nulle garde, encores qu'il eût un

---

1. *Cormainville*, aujourd'hui comm. du cant. d'Orgères, arr. de Châteaudun, Eure-et-Loir.

2. Corr. : ... *et*...

3. *Baignollet*, aujourd'hui comm. du cant. de Voves, arr. de Chartres, Eure-et-Loir.

4. Le 14/24 novembre.

5. Le 13/23 novembre.

6. A Auneau; cf. ci-dessus, p. 422-424.

7. *Id.* — Pour une fois, La Huguerye se trouve être ici d'accord avec Quitry.

chasteau ennemi, Monsieur de Guise à deux lieues de luy, plusieurs advertissemens de l'entreprise dudict sieur de Guise et, auprès de luy, tous les reitres et lansquenets.

52. Faulte qu'il n'avoit logé les lansquenets avec luy, puisque le bourg estoit fermé, d'autant que, plusieurs fois, il luy avoit esté remonstré par le mareschal de camp françoys qu'il estoit dangereux et estoit contre le devoir de loger de la cavallerie dans un lieu clos de muraille pour la difficulté de se mettre en bataille quand l'alarme se donnoit. Fault noter que le mareschal de camp françoys n'avoit pas logé le baron de Dhona dans Auneau, car il ne logeoit pas les reitres, seulement il leur donnoit quartier, quatre, cinq ou six villages à leur choix, et les plus proches les uns des autres qui se pouvoit; puis leur feltmareschal et quartier-mestre les séparoit entre eux comme bon luy sembloit, sans que les Françoys s'en osassent mesler.

53. Fault noter qu'ils faisoient encores une aultre grande faulte, car ils jettoient leurs quartiers au sort, de façon que quelquefois les lansquenets estoient logez en un village propre pour la cavallerie, et les reitres en un propre pour les lansquenets, et les plus foibles régimens des reitres au plus grand village et les plus forts en nombre aux plus petits.

54. Faulte que le mardy au matin, les Françoys, qui avoient desjà faict trois lieues pour s'acheminer vers le roy de Navarre, suivant la résolution prinse, mais trop tard, aiant eu la nouvelle du malheur advenu à Auneau, allans pour le secourir et s'offrans d'aller assaillir M. de Guise, ledict baron de Dhona dit qu'il estoit trop tard et que c'estoit faict.

55. Faulte que le lendemain, au lieu de se résoudre, comme la nécessité le requéroit, les reytres se mutinèrent et se voulurent saisir des chefs françoys, qui fut cause encores d'une grande desbauche en l'armée, et les lansquenets firent le mesmes, disans vouloir aller chercher les Suisses et se retirer avec eux, comme les reitres aussi disoient semblablement[1].

56. Faulte que du depuis après avoir pris une forme de résolution tous ensemble d'aller trouver le roy de Navarre, brusler

---

1. La Huguerye ne souffle mot de cette nouvelle sédition; cf. ci-dessus, p. 425 et 426, le paragraphe de son *Éphéméride* relatif au 15/25 novembre.

nos chariots et faire une grande diligence, lesdits reistres recommencèrent après avoir faict deux ou trois journées à se mutiner de nouveau, jusques à dire que si l'on ne traittoit avec le roy qu'ils traitteroient avec M. de Guise.

57. Faulte d'avoir accepté les offres faictes par le sieur de Cormont et Monsieur de L'Isle-Marivaux, estans si mutinez qu'ils voulurent eux-mesmes parler à Monsieur de L'Isle et Monsieur de Cormont, sans se fier à ce que leur en disoit le baron de Dhona, et qu'ils n'acceptarent les conditions et accordarent sans en demander advis à personne; ce qui causa le débandement de tous les Françoys, se voiant abandonnez des reistres [1].

58. Faulte que, après ledict traicté, ils ne marchoient plus en bataille et se laissoient, pour la plupart, dévalizer au premier qui le vouloit entreprendre sans se revenger, chose qui les amena à un extrême mespris, encores qu'il s'en trouva quelques-uns qui s'en revengèrent sur la fin.

59. Faulte que, depuis ledict traicté, le baron de Dhona ni La Huguerie ne logearent avec les reistres, chose qui augmenta encores l'estonnement et le désordre [2].

60. Ces faultes, commencées, continuées et parachevées comme dessus, ont causé la ruine de l'armée misérablement, comme on a veu. Laquelle avoit esté prévue par les capitaines françoys depuis le partement d'icelle de desus la rivière de Loyre et refus de la passer; laquelle ruine fut ditte par les mareschaux de camp à plusieurs gentilshommes d'honneur; et particulièrement le sieur de Quitry remonstra, plus d'un mois devant la routte d'Auneau, au secrétaire Sarazin, la mesme fin que l'armée a prise, le priant de la faire prévoir et y remédier et prenant le chemin vers Rouane pour aller joindre le roy de Navarre [3] et brusler les chariots et enterrer l'artillerie, mais ils ne l'ont voulu

---

1. Cf. ci-dessus, p. 435 et suiv.

2. Que cette assertion soit vraie ou fausse, l'*Éphéméride* n'en souffle mot, naturellement.

3. C'était aussi l'avis de François de Coligny-Châtillon (cf. ci-dessus, p. 435 et suiv.); cette prétérition en dit long sur l'animosité vouée à cet illustre capitaine par Quitry et qu'a dénoncée La Huguerye.

croire ni y remédier, encores que l'on y fit tous les efforts possibles pour leur faire cognoistre.

V.

Mémoire justificatif de M. de Couvrelles[1].

[Copie du xvie siècle, Bibl. nat., Cinq-Cents de Colbert, vol. 401, fol. 132-135.]

A[2]. CAUSES QUI ONT MEU MONSIEUR LE DUC CASIMIR A MANIER LA NÉGOTIATION DU SECOURS POUR LE ROY DE NAVARRE, DE LA MANIÈRE QU'ELLE A ESTÉ TRAICTÉE, ET SANS LA COMMUNIQUER AUS AMBASSADEURS DUDIT SIEUR ROY.

1. *La multitude d'iceus ambassadeurs.*

2. *La diversité et contrariété de leurs procédures.*

3. *La mauvaise correspondance qu'ils ont eu entre eus.*

4. *La grande distraction de volontez.*

5. *Les deffiances qu'ils donnoient les uns des autres.*

6. *Les distractions, médisances et plaintes les uns des autres.*

7. *Leurs indiscrétions et imprudences.*

8. *Leurs menteries et impostures.*

1-8. Ce sont calomnies trop lourdes, qui ne méritent responce. — Et, quand il y auroit eu quelque mauvaise correspondance entre les ambassadeurs, elle n'a peu procéder que de l'artifice et conseil de Beutrich, La Huguerie et autres, pour, soubs ce manteau, faire leurs affaires et venir à bout de leurs desseins.

---

1. Ce manuscrit est anonyme, mais il porte en tête et au dos ces mots : *Mémoires que Couvrelles a semé par l'Allemagne.* — La colonne de droite contient le résumé des récriminations de La Huguerye; celle de gauche, les réponses de Couvrelles.

2. Pour le détail des événements auxquels se rapportent toutes les attaques et ripostes contenues dans ce premier paragraphe, cf. *passim* les t. I et II des *Mémoires* de La Huguerye.

9. *Monsieur de Ségur, venant en Allemaigne vers les princes pour la première fois, aporta fort grande quantité d'argent et joyeaus et pierres précieuses pour faire parade ausdicts princes et les attirer à entendre aus affaires du roy de Navarre, et s'en mesler, mais, quand il est retourné la seconde foys, et lorsqu'il estoit besoin de mettre la main à la bourse, il n'a apporté que des vanitéz, belles promesses et mensonges.*

9. L'an 1583, Monsieur de Ségur vint en Allemaigne, portant grande quantité de pierrerie et bonne somme d'argent, que le roy de Navarre contribuoyt volontiers pour menacer[1] les Églises du mal qui les menaçoyt, que, dix mois durant, il retint sans trouver prince ni république en toute l'Allemaigne qui en voulût prendre la garde et s'en servir lors que l'occasion s'y fût présentée, pour les employer pour la cause commune, et fut contraint les raporter au roy de Navarre, qui les fit porter à Navarreins[2]. A son second voyage, la guerre estant survenue inopinément, ne luy fut possible, à cause du danger des chemins, les raporter à La Rochelle, laissant juger à ceus qui ont de l'entendement si le roy de Navarre eût voulu se renier à soy-mesme, en son extrême nécessité, ce qu'il avoyt voulu librement donner pour le général, lorsque le mal n'estoit encor survenu. Au demeurant, les princes et autres avec lesquels il a négotié peuvent rendre témoignage de ce qui est porté en la fin dudit article.

1. Corr. : *pour sauver*.
2. *Navarreins* ou *Navarrenx*, aujourd'hui ch.-l. de cant. de l'arr. d'Orthez, Basses-Pyrénées.

10. *Tous lesdits ambassadeurs estans en Allemaigne avoyent diverses fins, négocièrent sur fondemens contraires, s'entretraversèrent en toutes négociations, l'un deffaisoit ce que l'autre faisoit.*

11. *Monsieur de Ségur, contre l'opinion et volonté du duc Casimir, fut auteur et moyenneur de l'ambassade en France, et, par cete ambassade, tous les bons et légitimes conseils qui estoyent desjà en train pour pourvoyr promptement aus affaires furent rompus et remis au retour d'iceus ambassadeurs.*

12. *Dès lors, ledit sieur duc print un grand dégoustment de nos affayres.*

13. *Beutrich le fit dès lors entendre audit sieur de Ségur et luy dit tout à plat que cete légation estoyt la ruine des affaires et que ledit sieur de Ségur avoyt tout gasté.*

14. *Toutes les lettres que*

10. Les ambassadeurs avoyent un mesme but, qui estoit de secourir le roy de Navarre et les Églises, mays par divers moyens : car les deus vouloyent qu'on s'adressast au duc Casimir ; le sieur de Ségur, au contraire, tant pour la cognoyssance qu'il avoit du passé que pour la crainte de ce qui est arrivé despuis.

11. En ce temps-là, ledit duc ne pensoyt à l'ambassade, ni au voyage dudit sieur de Ségur vers les Électeurs. Et tant s'en faut que ledit sieur de Ségur ait conseillé l'ambassade, qu'il y résista de tout son pouvoyr, mais il ne peut faire changer cete résolution, d'autant que le landgrave l'avoyt conseillée par l'advis de Monsieur de Clervant.

12. Dès lors, auparavant ni despuis, les conseillers du duc n'ont eu, n'ont et n'auront pour but, si Dieu ne les change, que la ruine du roy de Navarre et des affaires de ceus de la religion.

13. C'est une menterie, car jamais Beutrich n'en parla, et ledit sieur de Ségur a encor des lettres dudit Beutrich, de ce temps-là, qui peuvent testifier du contraire.

14. Jamays les lettres que

Monsieur le duc a escrites au roy de Navarre pour l'aviser des désordres et des remèdes, et aussy toutes celles que Son Altesse a escrit à Monsieur le prince, ont esté ouvertes, veues et retenues par lesdits ambassadeurs.

le duc Casimir a escrites au roy de Navarre n'ont passé par les mains de Monsieur de Ségur, et n'est pas croyable que Messieurs de Clervant et Quitri ayent jamais pensé à commettre telle chose, veu qu'ils espéroyent trop de Monsieur le duc.

B[1]. Causes qui ont contraint Monsieur le Duc de mettre en la capitulation les conditions desquelles on se plaint.

1. Les menées et practiques secrettes d'iceus ambassadeurs pour attraper et mettre à leur proffit l'argent qui viendroyt du roy de Navarre, des églises de France et d'ailleurs, comme l'expérience l'a montré des filles qui ont esté mariées des deniers de la cause.

1. Il taxe l'honneur du mort[2] auquel on ne peut rien tant reprocher que d'avoyr trop espéré de bien de ceus de Heidelberg et d'en avoyr donné espérance au roy de Navarre et aus Églises. Et, quant à ce qu'ils disent qu'il a marié sa fille des deniers de la cause, cela est faus, car c'estoyt des deniers du roy de Navarre.

2. Les practiques pour l'argent d'Angleterre.

3. Les traverses faictes audit sieur duc pour ce regard.

4. Monsieur de Ségur auroyt moyenné que la reine d'Angleterre manda que l'argent ne fût délivré audit sieur duc ni employé, sinon par le conseil et advis de Monsieur

2-4. Par ce qu'ils disent, il faut cognoystre que le sieur de Ségur avoyt grande rayson de désirer que Monsieur le landgrave fût conterolleur des actions de Heidelberg, car il est sage prince, et, s'il s'en fût meslé, l'armée eût esté mieus conduite qu'elle n'a esté.

1. Même observation que pour le précédent paragraphe; voy. ci-dessus, p. 497, note 2, *Appendice.*

2. Allusion à Beutrich? — Voy. ci-dessus, p. 476, note 3, *Appendice.*

le landgrave, *qui luy estoit baillé pour conterolleur.*

5. *Monsieur de Ségur entreprint de taxer ledit sieur duc à 100,000 florins pour sa part de la contribution.*

5. Cela est faux. Bien est-il vray que le sieur de Ségur, revenant de devers les Électeurs, desquels il avoyt eu promesse qu'ils vouloyent contribuer pour lever une armée pour le secours du roy de Navarre et des Églises, conseilla au duc Casimir de mander aus Électeurs et autres princes qu'il estoit prest de contribuer pour un si bon et grand effect 10,000 talars, qui estoit la somme à laquelle il s'estoit cottizé et qu'il avoit mandé au roy de Navarre et dit aus ambassadeurs. Cependant, ledit sieur de Ségur lui dit que tout l'argent des princes et de la reine d'Angleterre seroyt mis entre ses mains et qu'il ne bailleroyt que ce qu'il voudroyt, mays qu'il falloyt faire cela pour servir d'exemple aus autres. Mais le conseil du duc ne fut de cet advis, ains au contraire firent ce que l'Empereur ne feroyt pas : car ils firent entreprendre audit duc de cottizer les Électeurs et tous les princes, dont ils furent fort offenséz.

6. *Ledit sieur duc apercevoyt que lesdits ambassadeurs prétendoyent faire servir et employer l'armée pour leur*

6. La composition de l'armée, la conduite et le retour ont assez faict cognoystre le but des conseillers du duc.

ambition, avarices et autres fins, et non pour le bien des Églises.

7. *Lesdits ambassadeurs empeschans que Monsieur le prince ne vint en Allemaigne ni en l'armée et, qui pis est, s'efforçans de le jecter en deffiance parce qu'ils sçavoyent que ledit sieur prince avoyt plus de créance et de réputation envers les Allemans ; que le roy de Navarre ni autres firent cognoystre audit sieur duc qu'ils avoyent envie de commander en l'armée et de gaster tout ; et, partant, auroyt voulu brider tant que luy auroyt esté possible la puissance d'iceus ambassadeurs ; et, à cet effect, auroyt tellement faict la capitulation qu'iceus n'eussent puissance ni moyen de rien gaster.*

7. Le sieur de Ségur a escrit troys foys pour le moins au roy de Navarre et à Monsieur le prince de Condé, pour faire que mondit sieur le prince vint en l'armée et non le roy de Navarre. Au surplus, il apparoyt par la capitulation que le conseil de Heidelberg n'a pas tendu à brider les ambassadeurs du roy de Navarre, ains plus tost d'assubjectir ledit sieur roy et les Églises pour jamays.

C. Causes de la ruine et dissipation de l'armée.

1. *Monsieur de Ségur a empêché que Monsieur le prince de Condé ne vînt joindre l'armée quand elle seroyt entrée en France. Ainsi, elle a esté sans chef qui eût autorité ni créance tant sur les estrangers que sur les Françoys.*

1. Les lettres que ledit sieur de Ségur a escrit au roy de Navarre et à Monsieur le prince arguent cet article de mensonge.

2. *Ledit sieur de Ségur a escrit deus foys au roy de Navarre qu'il se donnast bien*

2, 3. Les despesches que ledit sieur de Ségur a faict au roy de Navarre et Monsieur le

garde de venir joindre son armée; et, par toutes les despesches qui luy a faictes, luy a donné a entendre que cete armée n'estoyt pas pour luy, mais contre sa propre personne et pour ruiner son parti.

3. *A rendu Monsieur le duc et les chefs de l'armée suspects.*

4. *Les gens du roy de Navarre ont communiqué aus ennemis tous les conseils qu'ils ont sceu.*

5. *La capitulation a esté par eus communiquée à l'ennemi.*

6. *Après que les estrangers sont entrez en France, le roy de Navarre ne les a jamays avisez de ce qu'ils avoyent à faire, non plus que de ce qu'il faisoyt ou prétendoyt faire.*

7. *Il n'a jamays escrit aus prince de Condé font cognoystre que ces articles sont faus.*

4. Cela ne touche point le sieur de Ségur, et sera aisé à Monsieur de Quitri de faire cognoystre que c'est La Huguerie et le conseil de Heidelberg.

5. Cela est faus. Au contrayre, Monsieur de Guise l'a veue troys moys auparavant lesdits ambassadeurs du roy de Navarre, par le moyen de La Huguerie et conseil de Heidelberg; et lesdits ambassadeurs ne l'ont jamays veue que lorsque l'armée a esté en Alsatie et sur son partement pour passer en Lorraine.

6-29. Quant aux articles subséquens, Monsieur de Quitri et ceus qui ont esté en l'armée en peuvent respondre[1].

---

[1]. Il suffit donc de renvoyer à la lettre de M. de Quitry à M. de Ségur et à son Mémoire justificatif (*Appendice*, nᵒˢ I et IV), ainsi qu'aux notes de renvoi de ces deux documents à l'*Éphéméride* de La Huguerye.

estrangers ny faict entendre un mot de ses nouvelles.

8. Le roy de Navarre, aprèz avoir deffaict le duc de Joyeuse, s'est trouvé maistre de la campaigne, sans avoir aucun ennemi en teste, ni empéchement, de sorte qu'il pouvoyt venir recevoir son armée. Et, néantmoins, comme s'il eût eu quelque crainte d'icelle, il se seroyt retiré jusques au fin fons de Gascoigne. Ce qu'estant sçeu par les estrangers, ils perdirent courage, estimans que le roy de Navarre les voulût exposer à leurs ennemis, de sorte que despuis ils ne voulurent plus respecter leur chef ni faire garde ou autre devoyr.

9. Le sieur de Quitri incompatible et tellement ambitieus que personne ne le pouvoyt supporter.

10. De quoy font foy plusieurs débats et querelles qu'il a eu contre plusieurs, mesme contre Monsieur de Chastillon.

11. Ledit sieur de Chastillon, voyant son ambition et arrogance intolérable, a souvent esté en volonté de l'aller tuer.

12. Les Françoys, destournéz par ledit sieur de Quitri, le sieur de Beauvais et autres, n'ont jamais voulu faire aucune entreprise contre l'ennemi.

13. *N'ont jamais donné avis, ni occasion aus estrangers de faire quelque chose contre l'ennemi, qui a aussi esté un grand descouragement aus estrangers.*

14. *L'artillerie de l'armée inutile et de grand empêchement.*

15. *Le baron de Dona, pour sa personne, s'estoyt tousjours montré vigilant, vaillant et bien affectionné au parti; mais, outre ce qu'il n'avoyt ni autorité ni créance en l'armée, telle qu'il estoit besoin à un chef, il dépendoyt entièrement des conseils et volontéz de La Huguerie, lequel a corrompu et gasté tous les bons conseils de la guerre; aussi que, par l'inimitié qu'il portoyt au sieur de Quitri et autres certains Françoys, il s'opposoyt ordinairement à tous conseils qui pouvoyent estre proffitables.*

16. *Comme il en est advenu à Neuvi, où l'on pouvoyt passer la rivière, et les Allemans le désiroyent, mais La Huguerie l'empécha seul du commencement, et despuis il practiqua et suscita aucuns autres estrangers pour démouvoyr tout le reste.*

17. *Le baron[1] n'entendoyt*

---

1. Le baron de Dohna.

pas les affaires de France et, estimant que La Huguerie les entendit très bien, s'en raportoyt du tout à luy.

18. Quant au faict de Sainct-Vincent, en Lorraine [1], il est certain que, si l'on eût lors combatu, les forces de la Ligue estoyent lors dissipées, et ce que l'on ne combatit point ne doyt estre imputé au sieur duc de Bouillon ni à autre en particulier, car ce fut une faute commune de toute l'armée mal commandée : les Allemans ne vouloyent pas obéir aux Françoys, ni les Françoys aux Allemans.

19. Ledit sieur de Bouillon ne peut estre blasmé des fautes faictes en la conduite de l'armée, car, outre ce que il a tousjours esté malade [2], il a esté tousjours prest de faire et exécuter tout ce qui avoyt esté ordonné par le conseil.

20. A Auneau, il est mort 937 hommes, comme on a trouvé par compte faict des morts.

21. Le baron de Dona se sauva à cheval.

22. La Huguerie gaigna le haut par les murailles.

23. Le chariot où estoit l'argent fut sauvé, mays il n'y

---

1. Lisez : de Pont-Saint-Vincent.
2. Cf. ci-dessus, *passim*.

avoit dessus que 1,200 escus, ou environ.

24. A la dernière revue des Suisses, que fit Monsieur de Clervant, il s'en trouva 1,900 malades et 1,600 de sains seulement.

25. Aprèz la retraicte des Suisses, les Allemans estoyent fort résoulus d'aller trouver le roy de Navarre avec le sieur de Chastillon, mais, outre qu'il n'y avoyt plus de Françoys pour les accompaigner, ils n'avoyent plus de chevaus qui fussent bons ou qui eussent fers aus pieds pour raison des longues traictes qu'ils avoyent faictes.

26. Le sieur de Dommartin voulut passer, mays les chevaus n'en pouvoyent plus.

27. Plusieurs Françoys descourageoyent les Allemans de passer avec Monsieur de Chastillon.

28. La Huguerie l'empêcha pareillement tant qu'il peut.

29. Dix ou douze jours aprèz que l'artillerie fut enterrée, les ennemis la trouvèrent, advertis où elle estoyt par aucuns des officiers d'icelle artillerie qui estoyent prisonniers.

D. Autres particularités despuis la dissipation de l'armée.

1. Tout le reste de l'armée est grandement tenu au Roy et au duc d'Épernon, qui voulurent faire le traicté affin de sauver les estrangers des mains de la Ligue, les chefs de laquelle vouloyent que tout fût taillé en pièces.

2. Les ducs de Lorraine, de Guise et autres de la Ligue fort irritéz contre le Roy, à cause de cet accord.

3. Le Roy, fort déplaisant que le roy de Navarre conduit si mal ses affaires, désire la ruine de la Ligue, laquelle s'est fortifiée et asseurée tellement par cete dissipation qu'elle tient le roy comme en subjection[1].

4. Le duc d'Épernon, haï mortellement par les ligueurs, et tous les jours est en danger de sa vie.

5. Monsieur le prince de Condé, après la deffaicte du duc de Joïeuse, vouloyt venir au-devant de l'armée estrangère pour la recevoyr, et, pour cet effect, vouloyt mener deux mille harquebusiers, mays le roy de Navarre l'en empêcha[2].

6. Ledit sieur prince estoyt résolu et comme sur le poinct de venir en Allemaigne pour faire une autre armée, et avoyt 200,000 escus contans, et en devoit encor recevoyr 100,000 d'ailleurs, mais sa mort l'a surpris.

7. Il a esté empoisonné par un page de sa femme, à laquelle le roy de Navarre avoyt donné ledit page.

8. Ledit sieur roy soupsonné d'avoyr faict empoisonner ledit sieur prince[3].

9. Les Allemans parlent en très mauvais termes du roy de Navarre.

10. Tous ceux qui viendront en Allemaigne de la part dudit sieur roy perdront leur temps et leurs peines, outre ce qu'ils seront en danger de leur vie.

---

1. La Journée des Barricades vint peu de mois plus tard prouver la vérité de cette assertion.

2. Sur les motifs de saine politique pour lesquels peut-être, en effet, « le roy de Navarre l'empêcha » (car cela n'est rien moins que prouvé), cf. ci-dessus, p. 351, *note*.

3. Sur l'absurdité et l'odieux de ces racontars, cf. ci-dessus, p. 478, *note 1, Appendice*.

VI.

Mémoire justificatif de M. de Clervant [1].

[Copie du xvie siècle, Bibl. nat., Cinq-Cents de Colbert, vol. 401, fol. 136-140.]

1. *Faulte du chef du sang promis.*	1. Monsieur des Réaulx pourra alléguer les nécessitéz qui ont empesché l'exécution de cest article, car nous l'avons faict entendre plusieurs fois au roy de Navarre et faict grande instance qu'il fust effectué, s'il estoit possible.
2. *Faulte de confidence en l'establisse-*	2. La nomination des conseillers a esté faicte par Monsieur de Ségur, et,

1. Ce Mémoire, ainsi que les deux précédents, est anonyme ; il porte pour titre, dans le manuscrit duquel nous l'extrayons : *Faultes que La Huguerye prétend avoir esté commises en la conduitte de l'armée, avec la réponse à icelles*. M. de Ruble (*Introduction* et notes des *Mémoires* de La Huguerye, *passim*) l'attribue au sieur des Réaux. A l'appui de son dire, il invoque (t. III, p. 221 et *note* 2) un curieux passage des *Mémoires* de La Huguerye, dans lequel il est parlé de l'arrivée à la cour palatine de ce personnage avec une instruction du roi de Navarre et datée du 25 décembre 1587, sur « le retardement de sa conjonction à l'armée » (c'est-à-dire antérieure à la rédaction de l'*Éphéméride*; voy. *ibid.*, p. 214), — première raison pour qu'il ne soit pas celui qui nous occupe, réplique visible au contenu de l'*Éphéméride*. En outre, notre factum anonyme contient deux phrases : « Monsieur des Réaux pourra alléguer..., » « Monsieur des Réaux satisfera à cet article... » (voy. ci-après, articles 1 et 13), formule déclinatoire qui ne s'expliquerait pas si M. des Réaux en était réellement l'auteur.

Parmi les chefs de l'armée de secours, un seul n'est, pour ainsi dire, pas cité dans celle-ci, malgré la grande part qu'il prit à la campagne : M. de Clervant, — la bête noire de La Huguerye avec Ségur, mis hors de cause par sa propre volonté de ne pas prendre parti dans cette mêlée d'apologies (voy. ci-dessus, p. 477, *Appen-*

ment du conseil selon les promesses.

du depuis, n'estant venu à l'armée, ils ont esté nomméz à Monsieur le baron de Dhona et conseil allemand, lesquels les ont aggreés et receuz authentiquement et avec grande démonstration de contentement. Lesdits conseillers estoient Messieurs de Vezines, de Beauvoir, de Montlouet, baron d'Igoyne, de Clervant, de Guitry[1], et jamais n'en ont faict plaincte ni remonstrance.

3. Faulte de n'avoir volontairement juré au conseil l'observation des promesses.

3. L'observation des promesses et entretenement de la capitulation a esté jurée par Monsieur le duc de Bouillon et par le conseil, et, si l'on y a faict quelque difficulté, laquelle n'a pas duré plus d'un jour ou deux, elle n'a esté fondée que sur quelques remonstrances par ceux qui n'avoient la cognoissance de laditte cappitulation et qui ne pouvoient jurer une chose sans sçavoir ce que c'est ou sur les très justes et douces remonstrances des difficultéz et impossibilitéz sur lesquelles on a passé outre promptement, voiant que La Huguerie, de trois paroles l'une, insistoit sur cest entretenement de la capitulation, rapportant toutes ses actions et voulant à tout propos réduire l'armée aux termes d'icelle.

4. Faulte de proportion des forces, trop de Suisses et trop peu de cavallerie, à raison que,

4. C'est la faulte d'avoir tenu ce que l'on avoit promis, car l'on debvoit fournir huict mille reîtres, et l'on n'en a pas fourny deux mille cinq

---

dice), et M. de Quitry, dont on a lu déjà deux ripostes. De là notre hypothèse en sa faveur.

1. Cf. ci-dessus, p. 68 et 98.

| la levée aiant esté descouverte par ceux qui la faisoient, elle n'a peu estre si bien redressée qu'une bonne part de ladite cavallerie n'ait esté empeschée de venir à la place monstre[1]. | cens, encore mal montéz et mal arméz, ce qui est provenu de n'avoir voulu employer les princes comme les enfans de Monsieur le prince d'Anhalt[2], de ceux de la maison de Saxe[3], le duc Otho de Lunebourg[4], le duc Philippe de Brunswic[5], le fils du prince de la Petite-Pierre[6], le comte de Montbéliart[7] et aultres, et des couronnels; de n'avoir voulu employer le couronnel Schulvin, Dietz Schonberg[8], |

1. Cf. ci-dessus, p. 53.

2. Jean-Georges, né le 9 mars 1567, successeur de son père, le prince Joachim-Ernest, le 6 décembre 1586. Il mourut en 1618 (Moréri, au mot ANHALT).

3. Frédéric-Guillaume, duc de Saxe-Altembourg, né le 25 avril 1662, mort le 7 juillet 1707; Jean, duc de Saxe-Weimar, né le 22 mai 1570, mort le 31 octobre 1605; Christian, électeur de Saxe, né le 3 novembre 1560, mort le 25 septembre 1591, successeur à l'électorat, par la mort de son père le prince Auguste, le 11 février 1586. N'étant que prince-héritier, il avait sans doute porté le titre de *comte de Barbi*, qui fut celui d'un de ses descendants et sous lequel il semble désigné ci-dessus, p. 55 (Moréri, au mot SAXE).

4. Cf. ci-dessus, p. 55, *note* 1.

5. *Ibid.*

6. Georges-Gustave, fils aîné de Georges-Jean, prince de La Petite-Pierre ou mieux de Lützelstein, comte de Veldenz; ils appartenaient à une branche cadette de la maison de Bavière et agissaient cependant en ennemis ou tout au moins en rivaux de son chef; voy. les *Mémoires* de La Huguerye, t. II, p. 403 et *notes*, 407 et *note* 2.

7. Louis-Frédéric de Würtemberg, né le 19 août 1557, comte de Montbéliard par la mort de son frère, le comte Georges, le 15 juillet 1558, puis duc de Würtemberg, le 29 janvier 1588, par celle de son cousin Louis. Il mourut le 29 janvier 1608 (Moréri, au mot WIRTEMBERG).

8. D'après La Huguerye, si Schomberg ne fut pas employé, ce fut à cause de la haine que lui portaient les lansquenets et, qui,

APPENDICE.

le bastard de Brunswic et autres couronnels, lesquels on n'a voulu employer, pource que l'on sçavoit bien qu'ils n'eussent voulu obéir aux cappitaines que l'on vouloit créer, lesquels l'on a tousjours celléz aux serviteurs du roy de Navarre, et n'en peult-on donner la coulpe à la prison du sieur de Quitry[1], car il ne fist que ce que le baron de Dhona luy fit faire. Mais il se vérifiera que la noblesse n'a voulu marcher, voïant qu'on ne leur vouloit déclarer qui seroit leur chef, craignant et se doutant tous de ce que l'on a veu du depuis.

5. *Faulte de partir au temps préfix pour la mesme raison.*

5. La mesme faulte, par l'ignorance, tromperie ou menterie de ceux qui ont manié les affaires, lesquels asseurèrent qu'ils se rendroient à la place montre le 24 de juin[2]; et, à cest effect, fust ordonné que les François qui estoient à Sedan se trouveroient au mesme temps; ou bien, faulte d'avoir traitté avec des hommes qui n'avoient la créance, authorité ou faveur pour se faire suivre, comme eussent peu avoir ceux qu'ils ont refuséz, mais principallement pource qu'ils ne virent point de prince ni de cappitaine de qualité pour leur commander.

6[3]. *Faulte de n'avoir*

6[3]. La Huguerie et aultres députéz

avant l'ouverture de la campagne, faillit même lui coûter; voy. ci-dessus, p. 17 et 19.

1. Sur l'imputation à laquelle il est répondu ici, cf. ci-dessus, p. 53, et *Mémoires* de La Huguerye, t. II, p. 400.
2. Le 4 juillet, *n. s.*
3. Cf. ci-dessus, p. 45-166 (5/15 août-25 août/septembre).

permis de conduire à fin la négotiation de Lorraine, d'où sont procédées toutes les maladies qui ont diminué l'armée de moitié, tant des soldats que des collonels et cappitaines, et autres très grandes incommoditéz.

s'assemblèrent à Saverne, et traictèrent avec les députéz de Monsieur de Lorraine tant qu'ils voulurent, et retardèrent pour cest effect l'acheminement de l'armée, tant que les Suisses s'en mutinèrent, et quelques-uns s'en retournèrent et les aultres eurent commandement de leurs supérieurs de passer oultre, et généralement toute l'armée supporta avec très grand regret jusques au temps que La Huguerie luy-mesmes dist que l'on ne les faisoit qu'amuser, et que les députéz ne vouloient point fournir d'argent ; et lors nous passâmes quand il pleut à Monsieur La Huguerie nous le permettre, et n'avons jamais interrompu ladite négotiation, laquelle s'est faicte sans nos advis ny présences, chose contre la raison, tout devoir et promesses.

7[1]. Faulte très grande de n'avoir usé de la bonne volonté des estrangers pour les faire combattre au Pont-Saint-Vincent.

7[1]. Par le discours de ce qui se passa sur la rivière de Madon, sur laquelle est assis le Pont-Saint-Vincent, amis et ennemis peuvent tesmoigner s'il tint aux Françoys qu'on combatist, lesquels François, en petit nombre, menèrent Monsieur de Guise, accompagné de plus de huict cens lances, depuis le village et pont de [Saint-Vincent[2]] jusques au pont de Pulligny, où ils prindrent et tuèrent plus de quatre-vingts hommes de cheval sans jamais estre secourus ou approchéz d'un seul reître, et ne peurent

---

1. Cf. ci-dessus, p. 172-179.
2. Le mot est resté en blanc dans le manuscrit.

poursuivre leur victoire, sinon après avoir perdu une grande espace de temps à attendre le couronnel Clotte, duquel ils se louent fort comme aiant monstré une fort bonne volonté ; mais le felt-marschal, nommé Rumphf, qui les voyoit combattre, ne voulut jamais approcher ni passer le pont de Pulligny, quelques prières et instances qu'on luy sceut faire ; de façon que cela donna le loisir à Monsieur de Guise de regaigner son armée, avec laquelle il garda la rivière de Madon, qui estoit entre eux, et nous pour le reste du jour ; et, la partie estant remise au lendemain, à la pointe du jour, les reîtres ne se trouvèrent en bataille le lendemain qu'il ne fust plus de neuf heures, qui donna le loisir à Monsieur de Guise de se retirer cinq ou six heures durant et en présences sans le pouvoir combattre, d'autant qu'il n'i avoit pas deux cens chevaux françois, et les Suisses et l'artillerie n'arriva qu'il ne fust plus de midy, et tousjours les François vouloient combattre, comme chascun sçait, mais le felt-marschal deffendit aux reîtres de combattre que les Suisses ne furent arrivéz, chascun sçait s'il tinst aux Françoys qui se meslèrent et combattoient encores lorsque les aultres alloient pour loger.

8¹. *Faulte de n'avoir prins le chemin de Sedan selon les résolutions et promesses faites à Mon-*

8¹. Nous avions charge du roy de Navarre de faire la guerre en Lorrayne, laquelle les Allemands ne voulurent faire, et, pour l'empescher, les

---

1. Cf. ci-dessus, p. 103.

sieur de Bouillon, mesmes de bouche et par écrit, pour soulager l'armée, changer l'artillerie trop pesante; faire la guerre aux provinces de la Ligue jusques à Paris, user des places dudit sieur de Bouillon pour retirer les malades, avoir les commoditéz des soldats, attendre un rafraîchissement et s'accroistre au-devant pour hyverner en attendant et plusieurs aultres commoditéz.

couronnels Dampmartin et Frédéric von Werne, de la part de tous les aultres, protestèrent de leur en aller le lendemain, si l'on ne sortoit de Lorraine et si l'on y continuoit la guerre, laquelle, néanmoins, avoit esté résolue avec l'advis du conseil allemand, et cependant ils firent ceste brigue en derrière; après laquelle guerre nous avions commandement de nous acheminer pour aller joindre Sa Majesté, et, pour monstrer l'ignorance et déguisement de cest article, quant nous eussions voulu aller à Sedan, nous n'eussions peu mener l'artillerie, bagages ni infanterie à l'occasion de la creue des eaux, comme nous en croyons ceux du pays; Monsieur de Malroy en peult dire les particularitéz. Outre que La Huguerie nous menassoit que les trois moys expireroient et chercher de l'argent pour les reytres et faire nouvelle capitulation, ou bien qu'il s'en retourneroit, comme aussi semblablement les Suisses s'en voulurent retourner et les falloit desjà retenir par force; ce qui fit désirer à tous les cappitaines françoys de joindre promptement le roy de Navarre pour employer ce qui estoit de belle saison à faire la guerre et, à cest effect, les conduire jusques sur le bord de la rivière de Loyre, laquelle estoit gayable en infinis lieux, comme chascun sçait, laquelle, néantmoins, ils ne voulurent passer ni remonter vers Rouane, quelque instance que Monsieur de Monglas leur en sçeut faire. Quant à tirer des commoditéz des places de Monsieur de Bouillon, il n'y avoit nulles vivres, à cause du long siège¹, ni d'argent, car il avoit dépendu plus de quarante mille escus à entretenir les gens de guerre et dix mille escus bailléz pour la levée, et des poudres il n'y avoit aussi que fort peu dans le magazin dudit sieur.

9. *Faulte de la venue de Monsieur de Chastillon au temps promis.*

9. C'est à Monsieur de Chastillon à respondre des raisons qu'ils ont empesché de venir à temps, mais souvent les ambassadeurs du roy de Navarre ont remonstré et supplié Monsieur le duc Casimir et remonstré à ceux de son conseil qu'il voulût employer quelque peu d'argent pour fournir à la levée de quelques harquebusiers françoys, comme l'on leur en présentoit les moyens, de peur que, ledit sieur de Chastillon estant empesché de passer ou combattu par le chemin², l'armée demeurât incommodée à faulte d'arquebuziers françoys, comme elle s'i est trouvée à son entrée en Lorrayne.

10. *Faulte d'avoir tenu la main au recouvrement des finances et autres commoditéz pour l'entretenement de l'armée selon les promesses et d'avoir emploïé les deniers publicqs à aultre usage.*

10. Le conseil allemand n'a jamais voulu qu'on aye branquetté, ny composé avec aucune ville ny chasteau sans que La Huguerie, ou aultre de leur part, y fust, encor qu'on y aportât toute la diligence et fidélité qui se peult; mais, aiant esté gourmandéz cruellement et indignement lorsqu'ils s'entremesloient de ces affaires, n'ont

---

1. Voy. ci-dessus, p. 133, *note* 1.
2. Ces craintes s'étaient réalisées, on le sait; voy. ci-dessus, p. 212-227, et cf. le *Discours*... de Châtillon, ainsi que les *Mémoires* de son lieutenant Saint-Auban (*loc. cit.; supra*).

plus osé y toucher sans Messieurs, lesquels par leurs longueurs laissoient passer les occasions, soit qu'il fallust que l'armée marchast, ou pour donner le loysir aux ennemis de mettre la nuict des gens de guerre dans les places qui estoient en parolle de composer, et lors, n'aiant ni bonne artillerie ni équippage pour les assaillir, il falloit passer oultre affin de n'affamer l'armée. Quant aux deniers publicqs, ils sont tous tombéz entre les mains du thrésorier allemand et non à la disposition des François, par quoy c'est ausdits Allemands à en respondre.

11. *Faulte d'avoir bien logé l'armée à l'œil.*

11. L'armée a tousjours esté conduitte par rendez-vous, le logis faict à l'œil, aultant qu'il s'est peu, jusques à la venue de Monsieur de Chastillon et logée en douze ou treize villages ou environ, mais, du depuis, les estrangers n'ont plus voulu loger par rendez-vous, se plaignant que cela embarassoit leurs bagages et les harassoit, et ont voulu avoir leur logis dès le jour précédent, où lo sont allé prendre d'eux-mesmes, comme ils firent à Charentonnet, à Vermenton[1] et ailleurs, où ils s'allèrent loger sans département et sans mander à Monsieur de Bouillon où ils alloient loger ny, après estre logéz, advertir le lieu où ils estoient, de façon que nous demeurasmes à Vermenton deux jours sans sçavoir où ils estoient, aïant Monsieur du Mayne à deux lieues près de nous d'un costé et Monsieur de Guise à

---

1. Cf. ci-dessus, p. 280-286, et p. 488, *Appendice*.

quatre lieues de l'aultre. Et falloit, avec si peu qu'il y avoit de cavallerie françoyse, conduire et faire escorte à l'artillerie et aux Suisses. Et, si les ennemis eussent esté advertis ou eussent eu le courage, nous eussions cent fois perdu l'artillerie et les Suisses et souvent la cornette blanche, laquelle estoit contraincte d'assister aux retraictes et à ayder et à couvrir ces désordres, le chef des reitres n'aiant jamais voulu avoir égart qu'à luy-mesmes et de recognoistre à l'œil tous les logis d'une armée qui loge en quinze ou plus de villages, il n'est possible et n'est comme aux armées qui campent, mais tousjours en chasque étiquette de département il a esté donné advis des villes ennemies proches des ponts, passages, logis des ennemis et aultres incommoditéz de quoy l'on se devoit donner de garde, ce que les estrangers ont tellement mesprisé que l'on a veu les événemens, et La Huguerie a escrit souvent à Monsieur de Bouillon qu'ils ne trouvoient pas bon qu'on leur donnast telles allarmes jusques à menasser ceux qui les croient plus donner tels advertissements [1]. Les lettres de La Huguerie sont en original entre les mains du secrétaire de Monsieur de Bouillon ; il les fault veoir et ouïr les gentilshommes, lesquels envoyéz vers le baron de Dhona pour luy donner des advertissemens, il leur demandoit

---

1. Cf. ci-dessus, p. 375. Il va de soi que La Huguerye plaint beaucoup les pauvres Allemands des « alarmes » à l'aide desquelles Quitry osait troubler leur digestion.

comme cest homme que l'on appelle l'ennemy avoit le visage faict, avec des mespris et menasses, mais à la fin il a veu ledit ennemy mal à propos, lequel l'a surpris deux fois sans garde grande ni petite, et néantmoins avoit les lansquenets près de luy et tous les reitres en corps, et néantmoins il ne sçavoit remarquer une seulle faulte en l'assiete du logis, car, quant au logis de Vimory, ce n'estoit leur département, ains le logis du régiment de Monsieur de Mouy. Le jour précédent, et par leur faulte, ils demeurèrent derrière, et ledict logis n'estoit pas faict par les mareschaulx de camp, ains par Monsieur de Chastillon, aïant appellé avec luy les sieurs de Chamerolles, de Villemendeur et Voffin, d'autant que lorsque l'armée partist de dessus la rivière de Loyre, le sieur de Quitry remeit en plein conseil l'estat de mareschal de camp pour ce que les reitres, aydés d'un artifice, se plaignoient lors qu'ils ne trouvoient point de vivres en leurs logis, lesquels l'on leur bailloit à leur choix après la quarte dressée, et lors Monsieur de Chastillon leur promit de les bien loger et accommoder et les faire rafreschir et trouver grand nombre de vivres vers Bléneau et Chastillon, ce qui ne se trouva comme il pensoit, qui fut cause qu'il falloit passer plus oultre pour trouver des vivres et aller jusques à la Beausse.

12. *Faulte d'avoir donné contentement aux estrangers en fai-*

12. Le desguisement de cest article se verra évidemment, car, dès l'entrée de la Lorrayne, tous les Françoys et

sant bien toutes ces choses, dont ils ont pris occasion de se tenir ensemble, et marcher de mesmes, et d'avoir peu de soin de leurs gardes accoustumées :

Allemands et Suisses sçavent quelle instance fut faicte pour faire loger les reîtres en deux corps, jusques à protester que l'assiette de l'armée ni l'ordre ne pouvoient estre aultrement et n'ont faict qu'un corps de reîtres et lansquenets aïants tousjours logéz ensemble en trois ou quattre villages, et, lorsque Monsieur de Chastillon[1] fut joinct, ceste plaincte luy estant faicte, il se fit fort dans conseil qu'il leur feroit bien faire, et fut prié d'essaïer son authorité et bon advis, à quoy il gangna aussi peu comme les aultres. Donc, le mescontentement ne leur fit faire ce qu'ils avoient faict dès le commencement, et le mescontentement ne procéda de là, mais de la conduitte de leur chef et le mespris d'icelluy, comme il parut sur la rivière de Madon où l'on les laissa toute la nuict sans les faire advertir de leur logis, lequel néantmoins avoit esté donné de fort bonne heure, et le baron de Dhona et le felt-mareschal, le quartier-mestre et La Huguerie conduits par le sieur de Quitry jusques à l'entrée dudit logis pour leur monstrer s'il s'en contentoit, comme ils firent ; mais, y aïants trouvé des commoditéz, ils oublièrent leurs reîtres, dont chascun sçait le mescontentement qu'ils en eurent et ce qu'ils disoient de leurs chefs, tant de leur insuffisance comme du peu d'expérience, lequel mescontentement s'accrust bien tost après par la maladie,

---

1. Cf. ci-dessus, p. 375 et p. 518, *Appendice*.

APPENDICE.

13. *Faulte d'avoir eu lettres et nouvelles certaines du roy de Navarre, en faisant chemin vers La Charité, sur le commandement prétendu de Sa Majesté, et de n'estre ledit sieur roy trouvé sur le bord ou près de la rivière de Loyre, comme on avoit asseuré aux estrangers de sa part pour favoriser son passage et aller avec laditte armée (bien que diminuée de plus de moitié) droit à Paris, selon les résolutions.*

14. *Faulte d'avoir trop persuadé la confiance et respect au Roy, qui a basti sur cela les corruptions dont il a dissipé l'armée.*

15. *Faulte d'avoir logé les Suisses du costé*

laquelle, aïant emporté les couronnels Clotte et Frédéric von Werne, le baron de Dhona voulut donner les régimens à des hommes de leur poste et non pas aux lieutenans-couronnels; dont lesdits deux régimens qui estoient les plus forts se mutinèrent et onc puis n'ont aimé ledict baron de Dhona.

13. Monsieur des Réaulx satisfera, s'il luy plaist, à cest article.

14. Ceste persuasion n'a esté faicte par le commandement du roy de Navarre ny par ses ambassadeurs; mais le mal vient que le conseil allemand se persuadoit, dès qu'il seroit dans la France, que l'on leur viendroit emplir leur bourse comme aultrefois. Voilà pourquoy La Huguerie ramentevoit tous les jours les termes de la capitulation.

15. Jamais les Suisses n'ont esté logéz du costé du Roy, car, quand ils

du Roy, duquel les corruptions estoient plus à craindre envers eux, et les Allemands seuls du costé de la Ligue, qui taschoient à les praticquer ou surprendre.

allèrent loger à Briare[1]; ils prindrent le logis d'eux-mesmes, disans que, puisque les reîtres prenoient logis sans département et souvent logis qui leur appartenoient, qu'ilz en pouvoient et vouloient faire le mesme, et onc puis les Suisses n'ont esté logéz du costé du Roy, comme il appert par le logis de Guillerval, aïant tousjours plus tost esté du costé de la Ligue. Et, quant aux Allemands, par l'advis du conseil, ils ont esté logéz du costé de la Ligue, pour ce que Monsieur de Guise n'avoit point deux mille hommes de pied et cinq cens chevaux, qui n'estoient pour leur mal faire, s'ils eussent faict leur devoir; et les Françoys les ont couverts du costé du Roy, qui estoit fort de douze mille Suisses, dix mille hommes de pied françoys et trois mille chevaux. Et par là pouvez juger quelle allégation et comme elle les justifie de ne faire point de garde, estans tous ensemble, gens de pied et gens de cheval.

16. Faulte de n'avoir logé Monsieur de Chastillon avec les reistres, comme il avoit esté promis, estant appelé à ceste fin.

16. Ils ont voulu que Monsieur de Chastillon aie commandé à l'avantgarde et l'infanterie françoyse, par quoy il a fallu qu'il aie logé en son ordre, ou aultrement les Suisses, artillerie et le chef de l'armée fût demeuré tout descouvert; car il faut considérer que nous estions entre deux armées et dans pays tout ennemy et qu'il falloit avoir esgard au reste aussi bien comme aux reîtres, et ne se trouvera

1. Lisez : *à Briarres-sur-Essonne*; cf. ci-dessus, p. 364-366.

APPENDICE. 523

un seul homme de guerre qui ne les condamne, car, si les vouloient avoir pour leur garde, il ne devoit avoir aultre charge en l'armée, laquelle l'obligeât ailleurs, et les mareschaulx de camp n'estoient mareschaux des reîtres, mais de l'armée, et néantmoins, pour les contenter, l'on si est accommodé aultant que l'on a peu et à la volonté du sieur de Chastillon.

17. *Faulte de n'avoir logé l'armée serrée, mais en trop de villages, quelquefois vingt-six ou vingt-huit, encores que les reistres et Suisses n'en eussent que huict pour le plus.*

17. L'armée a tousjours logé en moins de douze villages jusques à la venue de Monsieur de Chastillon, et, du depuis, ledict sieur de Chastillon s'est voulu eslargir pour rafreschir ses trouppes. Ce n'est pas la faulte des mareschaux de camp; et, pour monstrer que ce n'est que chercher des calomnies, les logis des Françoys n'ont pas esté levéz, mais ceux des reîtres, et les logis des Françoys ont esté d'ordinaire : un jour pour Monsieur de Bouillon, un pour Monsieur le comte de La Marcque et Montlouet et Liramont; un pour Monsieur de Quitry et avec luy trois cornettes et le régiment de Monsieur de Mouy; le régiment de Monsieur de Villeneufve a tousjours logé avec Monsieur de Bouillon ou avec Monsieur le comte de La Marcque jusques à la venue de Monsieur de Chastillon, de façon qu'il seroit fort difficile à ce calumniateur de vérifier qui tenoit les aultres seize ou dix-sept villages, qui monstre seulement une mauvaise volunté pour trouver quelque couverture à leur mal.

18. *Faulte, depuis la*

18. Le conseil allemand peut sça-

corruption des Suisses, d'avoir encores escouté la négotiation du sieur de Cormont, tendant à semblable corruption des Françoys et reste de l'armée, comme il est apparu.

19. *Faulte d'avoir refusé aux Allemands l'obligation par escript à eux promise pour leur faire quitter leur bagage et aller joindre le roy de Navarre en diligence, au hault de la rivière, où ils estoient parvenus en quatorze jours sans nul effect.*

voir qui a présenté le sieur de Cormont pour estre ouy et les advis qui furent donnéz à Vileine[1]-Verger[2] sur sa proposition et comme il fut parlé de combattre plustost que de traicter, ce qui fut à la fin changé par les nécessitéz alléguéez, ausquelles la disposition du régiment de feu Frédéric von Verne et aultres aida beaucoup.

19. Le conseil allemand ne peult ignorer que les reitres ou partie d'iceux n'aient pressé avant le retour du sieur de Cormont que l'on les fit traitter avec le roy, ou sinon qu'ils iroient traitter avec Monsieur de Guise, disans qu'ils ne vouloient plus marcher et qu'il y avoit commissaire en l'armée de la part du roy et que l'on leur celloit[3]. Et pourra souvenir au baron de Dhona ce qu'il en dict sur le passage de la rivière de   [4]. Et de ce qu'il luy en avoit dict le jour précédent qui n'estoit que reprendre les mesmes erres de ce qu'ils voulurent faire le lendemain de la desfaite d'Auneau, où, s'estans mutinéz, ils menassèrent cruellement les chefs françoys[5]. Et, puisqu'ils vou-

---

1. *Villaine*, aujourd'hui hameau de la commune de Dompierre-sur-Nièvre, cant. de Rémery, arr. de Cosne, Nièvre. Cf. ci-dessus, p. 431.

2. *Vernières*, aujourd'hui hameau de la commune de Chasnay, cant. de La Charité, arr. de Cosne, Nièvre. — Cf. ci-dessus, p. 431.

3. Cf. ci-dessus, p. 429-437.

4. Le nom est resté en blanc. Il faut lire : *la rivière de Loire* probablement.

5. La Huguerye passe cette mutinerie sous silence, mais il en reconnait implicitement l'existence en relatant l'*accord*, qui survint le lendemain de ce « lendemain de la desfaicte d'Aulneau »,

APPENDICE. 525

loient déclarer, comme lors ils déclarèrent, il n'estoit besoin de leur donner nouvelle obligation, et ne fault prendre excuse sur laditte obligation, de laquelle Monsieur de Chastillon respondera suffisamment à ceux qui luy voudront imputer que par sa faulte ceste routte soit arrivée.

20. *Faulte, après avoir asseuré la rivière ingaiable, qu'on n'a conforté la volonté des reistres à passer en Vivaréz sur les offres de Messieurs de Bouillon et Chastillon, qui les en sollicitoient, et de le leur avoir, au contraire, mis au-devant toutes incommoditéz pour les en desgoutter, au lieu de leur faciliter la résolution et le chemin.*

20. Le baron de Dhona sçait qu'il a faict ce qu'il a peu pour disposer les reîtres à passer plus avant, comme Messieurs de Bouillon et Chastillon. Il n'y avoit du conseil françoys nuls aultres qui parlassent la langue allemande, aussi les Allemans avouront librement que nuls Françoys ne les ont dissuadéz, car ce n'estoit que la suitte de leur procédures précédentes, comme le terme de dix ou huict jours seulement, pour recevoir nouvelles du roy de Navarre et contentement. Ce qui a cauzé aux Suisses leurs excuses de leur traicté[1], la mutinerie du lendemain de la desfaitte d'Auneau et les protestations faictes à   [2].

21. *Faulte d'avoir trop faict disposer les particuliers à recevoir les offres du roy par le sieur de L'Isle-Marivaulx, avec le parte-*

21. Rien n'a faict disposer les Françoys à recevoir les offres faictes par le sieur de L'Isle-Marivaux que la résolution des reîtres, lesquels ils prièrent d'accepter ces offres, quoyque Monsieur de Chastillon et aultres travaillassent

c'est-à-dire le 16/26 novembre, et qui n'aurait guère eu de raison de l'être, s'il n'eût été précédé d'un *désaccord*. — Cf. ci-dessus, p. 426.

1. Cf. ci-dessus, p. 425, *note* 3.

2. Le mot est resté en blanc dans le manuscrit. Il faut sans doute suppléer : *à Batilly;* cf. ci-dessus, p. 426.

22. *Faulte d'avoir permis aux trompettes de l'ennemy et gentilshommes du pays par lesquels on passoit libre entrée et issue en l'armée contre les promesses.*

23. *Faulte d'avoir eu des advertissemens ou*

ment trop soudain de la pluspart de la noblesse françoise par ce moyen.

à les en dissuader, et que voiant, ledict sieur de Chastillon, n'avoir peu empescher partist à l'heure mesmes pour s'en aller en Languedoc, et quelques jours après plusieurs particuliers se retirèrent suivant le traicté, mais Monsieur de Bouillon et plusieurs aultres les accompagnèrent jusques à Mascon, qui estoit hors du royaume[1].

22. C'est alléguer choses trop légères pour justifier de si grandes faultes passées et si l'on voyoit que l'on en abusast le conseil, qui commandoit d'authorité absolue aux   [2] Francoys y pouvoit donner ordre, car l'on n'eût osé contredire, mais peult estre qu'ils veulent ramentevoir que les saccagements de maisons des gentilshommes françois de la Religion estoit cause de faire retirer la noblesse de l'armée comme celuy qui fut à la maison de Monsieur de Tignonville, accompagnéz de meurtres. Celuy qui fut faict à la maison de Monsieur de Cherville et la maison de Monsieur de Breuil bruslée[3], qui fut cause que toute la noblesse abandonna l'armée avec de grandes protestations publiques et remonstrances du malheur infaillible sur telles gens.

23. Quant l'on a donné des advertissemens au baron de Dhona et à La

---

1. Cf. ci-dessus, p. 445 et suiv.
2. Un ou plusieurs mots sont ici restés en blanc dans le manuscrit.
3. Autant d'épisodes, oubliés (faut-il dire : oubliés ?) dans l'*Éphéméride* aussi bien que dans les *Mémoires* de La Huguerye.

les avoir laschéz ou mesprinséz.

24. *Faulte d'avoir incommodé l'armée des vivres, logis et aultres choses, pour conserver les maisons des gentilshommes, mesmes des ligueurs*[1].

25. *Faulte qu'il ne s'est point ou peu joinct de noblesse et soldats françoys à l'armée, comme l'on avoit asseuré, demeurant chascun en sa maison pour la gar-*

Huguerie, ils l'ont trouvé mauvais, comme il appert par leurs lettres et responces faictes aux sieurs de Cany et aultres que Monsieur de Bouillon leur envoyoit. Et se peuvent souvenir qu'ils n'ont jamais esté chercher l'ennemy, car il disoit ne vouloir pas aller à la guerre la nuict (qui est cependant le moyen de surprendre les ennemis), et de jour ils estoient las[1]. Voilà comment ils laissoient perdre l'occasion lorsque Monsieur d'Espernon entra dans Cosne, lorsque Monsieur de Bacqueville fut pris, et ailleurs se plaignant tousjours des logis, d'autant que l'année avoit esté infertile, il ne se trouvoit autant de vin comme ils eussent désiré, ce qui estoit au grand regret des Françoys, lesquels leur laissoient tous les bons logis.

24. Les mareschaux de camp n'ont jamais exempté un seul logis qui fût à l'assiete de l'armée, et cest article se trouvera faux par les cartes et représentation du chemin que l'armée a faict; s'il y a eu des sauvegardes là, La Huguerie les doit sçavoir, car il en a eu l'argent.

25. Cest article est vray, et la noblesse et soldats françoys en rendront raison devant tout le monde, d'autant qu'ils ne vouloient estre gourmandéz par un homme de la qualité dudict de La Huguerie, et, si plusieurs Françoys qui estoient à l'armée en eussent peu

---

1. Cf. ci-dessus, *Appendice*, p. 489, *Appendice* et *note* 5 (Mémoire justificatif de M. de Quitry).

der et voir l'issue de la guerre.	sortir avec leurs honneurs, ils l'eussent faict, car il n'a jamais esté ouy que personnes de telle qualité, comme il y en avoit en ladite armée, en une cause si juste, advouéz d'un si grand prince, aient esté commandéz par tel personnage, qui abusoit de toutes choses.
26. *Et généralement faulte d'avoir eu aulcune justice en l'armée.*	26. L'injustice a esté grande à l'armée; mais il ne s'i en trouvera de tel exemple que celuy d'avoir laissé eschapper les traistres de Montargis et aultres impunitéz faictes par les reitres et lansquenets, commencés par Monsieur de Schonberg et finies par Monsieur de Cherville [1].

VII.

Mémoires justificatifs du baron de Dohna.

A. Premier Mémoire.

[Imprimé du XVIᵉ siècle [2]. — Un exemplaire en est relié dans le ms. 4142 du fonds français à la Bibl. nat., sous les pages 487-490.]

Notum sit omnibus cujuscunque status, dignitatis, vel conditionis ii sint cùm, post reditum è novissima expeditione Gallicâ, multis scriptis, litteris et sermonibus, varia de re gesta

---

1. En post-scriptum du présent Mémoire, on lit ceci :

À la responce de l'article 23 faut adjouster ce qui s'ensuit : « Quand « l'on les advertissoit pour se tenir sur leurs gardes, ils disoient que l'on « leur vouloit faire peur, jusques à mander à Monsieur de Bouillon qu'il « ne leur envoiât plus de telles alarmes, et que les reitres demandoient « comment cest homme nommé l'ennemy avoit le visage faict. »

Cet argument avait déjà été présenté précédemment sous le nᵒ 11.

2. Cet imprimé est à la fois en allemand et en latin. — Nous croyons inutile de donner les deux textes, d'ailleurs identiques.

judicia evulgarentur. Factum est ut, pro iis ad quos res pertinebat et qui passim perstringebantur, brevis de totius belli successu narratio, lingua germanica, bonorum virorum consilio, in vulgus prodiret, Salvis tamen Serenissimi Navarræ Regis, atque Ecclesiarum rebus, et sine cujusquam nota et offensione.

Cui, si quis eadem æquitate, candidè et modestè respondisset, et prudentis lectoris arbitrio, liberum de re tota judicium reliquisset, neminem futurum fuisse credibile est, qui, hanc ob causam, aliquam quæstionem movisset.

Verùm, cùm, paulò post, incerto authore, exierit, non tàm rei gestæ contraria narratio, quàm in me, Fabianum Burggravium et Baronem a Dhona etc., libellus famosissimus[1], qui inscribitur : *Responsio ad scriptum Baronis de Donau quòd de novissima in Galliam, auspiciis Serenissimi Navarræum Regis expeditione, germanicè edidit, etc.*, non potui ego graviter et iniquissimo animo, atrocissimam injuriam ferre; omnesque meas cogitationes, vigilias et actiones eo direxi ut mihi hujus nefandi libelli publicis legibus damnatus author innotesceret, curavique ut qui, initio, non levibus indiciis suspectus erat per bonos, probatæ fidei et senatorii Ordinis viros, seriò eâ de re interrogaretur. Qui cùm se authorem esse constanter negaverit, prodieritque in lucem hactenus nemo, famosissimi hujus libelli evictus testibus reus; ego, et si mihi, quibusdam litteris in Germaniam perlatis, ita sit satisfactum ut vera et integra, quæ de toto hoc bello in promptu est *Ephemeride*, non sit opus, si quidem instituti mei non est scriptis certare, sed hoc potius precibus amicorum et communi causæ, gravibus de causis condonare : tamen ne silentium aliquid honori meo detrahat, et quià hactenus, de tam nefandi facinoris authore, mihi certo constare non potuit, quocum, hanc controversiam pro more, solus dirimerem : ad hoc quod superest, quodque jura sinunt et recta ratio suadet, honoris mei tuendi remedium confugio; et (pace omnium eorum quibus obedientiam, reverentiam et reliqua officia debeo, omniumque honore salvo) affirmo, quisquis

---

1. Il avait pour auteur le célèbre pamphlétaire et érudit Jacques de Bongars (Baron de Ruble, *Introduction* aux *Mémoires* de La Huguerye, t. III, p. xviii).

ille sit, qui famosissimum hunc libellum in me confinxerit, scripserit, evulgârit, quive ut horum quippiam fieret curaverit, eum hominem impudenter esse mentitum, eundemque sceleratum, infamem et indignum bonorum virorum cœtu et consuetudine haberi debere, donec nomen suum professus, quœstionem de ea, quam existimationi mea inurere frustra tentavit nota, solus mecum, ut solitum est, definiat.

B. Second Mémoire [1].

[Copie du xvi° siècle, Bibl. nat., fonds français 4142, p. 503-506.]

Touchant le voyage de l'armée qui entra en France l'an 1587 pour le service de ceux de la religion, il faut noter que le baron de Dona n'en étoit point absoluëment le chef, ains plustost feu Monseigneur le duc de Buillon, duquel ledit baron prenoit le mot et recevoit ses commandemens, n'ayant nul pouvoir d'entreprendre aucune chose pour son particulier, ayant esté chargé par le roy de Navarre d'estre simplement mareschal de camp, que les Alemands appellent feltmarschalc, suivant le contenu de sa capitulation.

A la fin, les Alemans choisirent ledit baron pour leur chef, et les trois régimens des Suisses choisirent feu Monsieur de Clervant, sans que ledit baron se meslast de leurs afaires. Ils dépendoyent tous ensemble du duc de Buillon et des conseillers du roy de Navarre.

Ledit baron et tous les autres estans retournéz en Allemagne, plusieurs luy imputèrent à luy seul les causes du mauvais succèz qui estoit arrivé, sur quoy il publia sa défense et se tint à Francfort durant la foire pour attendre si quelqu'un se présenteroit pour l'accuser. Mais, personne n'estant comparu, et ceux qui avoyent fait courir des livrets pleins d'horribles injures contre luy s'estans secrettement rétiréz, ledit baron retourna en France, estant colonnel de mille chevaux, sous la charge du prince d'Anhalt, l'an 1591, pour se présenter et répondre à

---

1. Il a été rédigé cinq ans au moins plus tard que le précédent (voy. le contexte et les notes ci-après).

ceux qui auroyent voulu se plaindre de ses comportemens. Mais, personne ne luy ayant montré rien, sinon toute amitié et faveur, et le Roy mesmes l'ayant honoré de le reconoître pour son bon serviteur et de plusieurs recommandations à plusieurs princes de l'Empire, son innocence estant manifeste, sa bonne renommée s'en accreut en tous les lieux où il estoit conu, et depuis a continuée, tant en France qu'en Alemagne, entre les amateurs de la vérité. Et, si ledit sieur baron n'eust eu la conscience nette et deschargée, il n'eust osé se présenter au Roy et aux princes et seigneurs estans près de S. M., et n'eust peu converser en France sans ennuy et sans reproche. Il n'a jamais refusé de rendre raison de ses actions. Ceux qui l'ont voulu blâmer ne pouvoyent souhaiter meilleure occasion de descharger sur luy leur colère que lorsqu'ils le virent en France l'an 1591. Comme estranger et venu exprès pour satisfaire à ce que son honneur et devoir requéroit, n'ayant jamais eu autre intention que de consacrer ses travaux au service de Dieu, et au bien et repos des gens d'honneur qui se sont voulu servir de sa suffisance. La lettre de Monsieur de Châtillon, dont l'original est en la chancellerie électorale palatine, en fait preuve, outre les témoignages qu'il a pleu au Roy d'attribuer à sa valeur et fidélité. Le contenu de la lettre de feu Monsieur de Châtillon[1] est de mot en mot, tel qu'il se peut voir ès mots ensuivans :

A Monseigneur, Monseigneur le duc Casimir.

« Monseigneur, je suis très marry du mauvais succéz de l'ar-
« mée, laquelle nous avons eu en France ces mois passéz. Je
« vous puis bien témoigner du bon devoir que Monsieur le
« baron de Dona particulièrement y a fait, et Messieurs les
« colonels. Et, quoy qu'on die, Monsieur de La Houguerie s'y
« est comporté en homme de bien et en bonne conscience, pour
« le moins en tout ce que j'ay veu et apperceu de luy. Pour
« moy, je suis bien fasché que je n'ay peu estre toujours auprès

---

1. Il était mort en octobre 1591 des suites d'une blessure reçue au siège de Chartres (Delaborde, *François de Châtillon*, p. 373-378).

« de Monsieur le baron Dona et de vos reitres, comme ils ont
« tousjours demandé, et je l'ay aussi désiré, pour ce que je
« voyois qu'il estoit raisonnable. J'ay témoigné de la vérité
« partout et en ay fait un discours, lequel j'ay envoyé au roy
« de Navarre, par lequel on remarque que les François seuls
« sont cause, par leur avarice, ambition et mauvaise volonté, de
« tout le défaut de cette armée, et devant Dieu j'en rendray
« tousjours tesmoignage. Ce mauvais succez ne doibt point
« froidir nos amis de nous aider, mais seulement pourvoir sur
« cette expérience à ce qu'un semblable mal ne puisse arriver.
« Et Dieu bénira leur intention et fera que tous les gens de bien
« employeront leurs vies pour leur faire service, comme pour
« certain je vois un chacun depuis le plus gran jusques au plus
« petit fort bien disposé à faire tout ce qu'on sauroit désirer
« pour le bien public. Je suis et serai toute ma vie

« Vostre très humble et très affectionné serviteur.

« CHASTILLON.

« A Montpellier, ce 17 février 1588. »

Faut noter que, cette lettre estant écrite de la main propre dudit sieur de Chastillon, Monsieur Sadeel[1] la présenta à Heidelberg le 30 de mars[2] 1588. Mais, quand il sceut le contenu, il pria le baron de Dona de ne la divulguer, parce qu'elle portoit préjudice au roy de Navarre[3].

1. Un des pseudonymes dont se servait Antoine de Chandieu.
2. Le 10 avril, *n. s.*
3. Dans le même manuscrit (p. 480 et 483), deux autres copies du XVIe siècle de ce document; celle-ci est précédée de la mention que voici : *Copie de la lettre de Monsieur de Châtillon du 17 février 1588, fidèlement extraite sur l'original à feu Monsieur le duc Jean-Casimir, palatin*[1].
La lettre fut présentée à S. A. par feu Monsieur de Chandieu[2] le 30 de mars de la mesme année[3]. Le porteur ne savoit point le contenu de la lettre. Après l'avoir sçu, pria fort M. le baron de Dona de ne la divulguer.

1. Il était mort le 6 janvier 1592.
2. Il était mort le 24 février 1591.
3. Le 10 avril, *n. s.*

TABLE ALPHABÉTIQUE

Acraigne; voy. Autrey-sur-Madon.
Acheinville; voy. Tachainville.
Achevillers; voy. Ancerviller.
Accraigne; voy. Autrey-sur-Madon.
Alainville; voy. Allainville.
Alençon (Orne), 395.
Albigny; voy. Aubigny-sur-Nère.
Aligny; voy. Alligny.
Alimville; voy. Allainville.
Allainville (Loiret), 375*1, 381.
Allemand (Rôle du contingent), 13, 15, 22, 33, 35, 43, 57, 80 note 1; 91, 97, 102, 118, 124, 145, 147, 149, 155, 157, 159, 161, 164, 173, 177, 210, 224, 227, 243, 247, 248, 250, 280, 313, 330-332, 337, 340, 345, 347, 349, 350, 352, 355-358, 362, 364-369, 371-374, 376-379, 384, 385, 387-391, 393, 394, 396, 398*, 400-403, 406, 407, 410, 419, 421, 423-426, 434-436, 439, 443, 444, 455, 468 *Appendice*, 475 *App.*, 505-508 *App.*, 517 *App.*, 520 *App.*, 522 *App.*, 524 *App.*, 525 *App.*, 530 *App.*
Alligny (Nièvre), 306*, 310.
Alsace (L'), 180, 182, 234, 483 *App.*, 593 *App.*
Altesse (Son), Altesses (Leurs); voy. Son Altesse.

Ancerviller (Meurthe-et-Moselle), 122*, 128, 130.
Ancy-le-Duc (Saône-et-Loire), 435*, 437, 439.
Ancy-le-Franc (Yonne), 267, 270, 271, 343, 344, 446.
Andelot (Haute-Marne), 221*, 227, 230, 232.
Angennes (Jacques, marquis de), cité, 62 note 1.
— (François d'), seigneur de Monlouet, capitaine protestant, 62 et *note* 1, 90, 98, 103 et *note* 1, 120, 124, 133 et *note* 3, 228, 306, 370, 399, 401, 437, 442, 510 *App.*, 523 *App.*
Angleterre (Élisabeth, reine d'),
— négociations des protestants avec elle, 4, 9, 10, 14-16, 20, 21, 41, 55, 63, 66, 187, 207, 287, 292, 298 et *note* 1, 300, 306, 309, 350, 365, 430, 475 *App.*, 476 *App.*, 481 *App.*, 501 *App.*
Angoumois (L'), 342, 351.
Angrongne (M. d'), gentilhomme protestant, 14.
Anhalt (Joseph-Georges, prince d'), 511 et note 2, 530 *App.*
— (Joachim-Ernest, prince d'), 511 note 2.
Anjou (L'), 249.
Ansy; voy. Ancy-le-Duc.

---

1. Les chiffres suivis d'un astérisque désignent les pages où sont identifiés les noms de lieux auxquels ils se rapportent.

TABLE ALPHABÉTIQUE.

Antrain; voy. Entrains-sur-Nohain.

Arcy-sur-Curc (Yonne), 281*, 284, 290, 292, 489 *App.*

Armanson (L'), rivière, 267.

Arnay-le-Duc (Le combat d'), rappelé, 237.

Arques (le marquis d'), capitaine ligueur, 338.

Arsy; voy. Arcy-sur-Curc.

Artenay (Loiret), 492* *App.*

Artigotti (Chrétien d'), capitaine lorrain, 139*.

Atri (Mlle d'), 233 *note* 4.

Aubas (L'abbaye d'); voy. Saint-Laurent-des-Aubas (L'abbaye de).

Aubigny-sur-Nère (Nièvre), 43*.

Auchy (Le vicomte d'), capitaine ligueur, 390, 393.

Aulneau; voy. Auneau.

Aumasle (Monsieur d'); voy. Lorraine (Charles de), duc d'Aumale.

Auneau (Eure-et-Loir), 39*, 398, 400, 407, 419.

— (Combat d'), 420, 422-424, 427, 455, 472 *App.*, 489 et note 5 *App.*, 494 *App.*, 495 *App.*, 496 *App.*, 506 *App.*, 524 *App.*, 525 *App.*

Aussonville (M. d'); voy. Haussonville (Jean, baron d').

Authun; voy. Autun.

Autrey-sur-Madon (Meurthe-et-Moselle)[1], 170-174.

Autriche (don Juan d'), 429 *note* 3.

Autricourt (Côte-d'Or), 255, 257, 258.

Autry (Louise d'), dame de Châtillon-le-Roi, 425 *note* 2.

Autun (Saône-et-Loire), 433*.

Auxerre (Yonne), 282*, 289.

Auxonne (Côte-d'Or), 248*, 353.

Bacqueville (M. de), capitaine ligueur, 375, 377, 379, 385, 527 *App.*

Bacle, capitaine protestant, 399, 401, 405, 407.

Bade (Philibert, marquis de), 48*, 49.

— (Philippe, marquis de), fils du précédent, 48 *note* 1.

Bagé-la-Ville (Ain), 448*, 449, 453, 454.

Bagé-le-Châtel (Ain), 448*, 449, 453, 454.

Baignollet (Eure-et-Loir), 494* *App.*

Bâle (Rôle du régiment de); voy. Suisse (Rôle du contingent).

Balthasar, truchement du Roi en Suisse[2], 413.

Bar (Le baron de), capitaine protestant, 279.

Barbas (Meurthe-et-Moselle), 121*, 130.

Barbezières (Méry de), seigneur de La Roche-Chemerault, 330*, 425.

Barby (Le comte de); voy. Saxe (Christian, électeur de).

Barisi; voy. Barizey-au-Plain, Barizey-la-Côte.

Barizey-au-Plain, Barizey-la-Côte (Meurthe-et-Moselle), 192*, 196.

Bar-le-Duc (Meuse), 214.

Bar-sur-Seine (Côte-d'Or), 256*.

Basle (Rôle du régiment de); voy. Bâle (Rôle du régiment de).

Bassoilles; voy. Bazoilles-sur-Meuse.

Bassompierre (M. de), capitaine

---

1. Autrey-sur-Madon, aujourd'hui comm. du cant. de Vézelize, arr. de Nancy, Meurthe-et-Moselle.
2. Ce personnage doit être le même que Balthazar de Grisach, capitaine dans un régiment suisse au service du Roi, auteur d'une lettre aux « seigneurs de Soleure, » du 23 décembre 1587 (impr. dans Zurlauben, *Histoire militaire des Suisses*, Paris, 1751-53, 8 vol. in-12; t. V, p. 202-209), fort intéressante pour l'histoire de l'expédition.

TABLE ALPHABÉTIQUE. 535

lorrain, 107 et *note* 2, 168, 183, 228.
Bat (M. du); voy. Batz (Le baron de).
Batilly (Loiret), 426*, 427, 430.
Battilli; voy. Batilly.
Batz (Le baron de), capitaine protestant, 309*, 312.
Baudignécourt (Meuse), 210, 211.
Baugé; voy. Bagé-la-Ville, Bagé-le-Châtel.
Bavière (Frédéric IV, duc de), 148 et *note* 1.
— (Georges-Gustave de, — Georges-Jean de), princes de Lützelstein *ou* La Petite-Pierre, 511 et *note* 6 *App.*
— (Jean-Casimir de), 2 et *note* 3, 4, 6-8, 11, 13, 25-32, 37-40, 43, 46-56, 65, 67, 71, 72, 76-80, 90-93, 96, 97, 105, 106, 109, 110, 117, 129, 140-142, 146-149, 157-160, 164, 165, 467 *App.*; 476 *App.*, 477 *App.*, 480 *App.*, 482 *App.*, 484 *App.*, 497 *App.*, 498 *App.*, 500 *App.*, 501 *App.*; 516 *App.*
— (Louis V, duc de), 148 *note* 1.
Bayon (Meurthe-et-Moselle), 166*-168.
Bazoilles-sur-Meuse (Vosges), 219*-226.
Beauce (La), 316, 322, 323, 398, 428, 519 *App.*
Beauchamp (M. de), gentilhomme protestant, 1*, 3-5, 23, 42-57, 86, 103, 168, 186, 187, 203, 299, 301.
Beauchamp (Meurthe-et-Moselle), 167*.
Beaugé; voy. Bagé-la-Ville, Bagé-le-Châtel.
Beaujeu (Christophe de), capitaine protestant, 124*, 162, 180, 181, 184, 185, 197, 248, 254, 258, 359, 360, 370, 383.
Beaulce (La); voy. Beauce (La).
Beaumont (Meurthe-et-Moselle), 205*.
Beaumont (Yonne), 306*.
Beaumont (M. de); voy. Plessis (Charles du) *et* Harlay (Achille de).
Beaune-la-Rolande (Loiret), 357*, 426.
Beausse (La); voy. Beauce (La).
Beauvais (François de), seigneur de Beauvoir La Nocle, capitaine protestant, 12 et *note* 2, 57, 62-64, 73, 98, 99, 103 et *note* 1, 110, 172, 175, 191, 192, 202, 236, 253, 269, 273-276, 281, 285, 289, 292, 299, 303, 309, 312, 327, 351, 354, 356, 392, 394, 409, 426, 435, 436, 444, 504 *App.*, 510 *App.*
Beaujeux (M. de); voy. Beaujeu (Christophe de).
Beauvoir La Nocle (M. de); voy. Beauvais (François de).
Béchamps (Meurthe-et-Moselle), 167 *note* 2.
Belan-sur-Ource (Côte-d'Or), 257*, 259.
Belay; voy. Belley.
Bellefontaine (Haute-Marne), 233*, 248, 257, 276, 360, 369.
Belleguise (M. de), capitaine ligueur, 139, 247, 254.
Belley (Ain), 450*.
Bellièvre (M. de); voy. Bellièvre (Pompone de).
Bellièvre (Jean de), seigneur de Hautefort, ambassadeur de France en Suisse, 63*, 64 *note* 2.
— (Pompone de), seigneur de Grignon, frère du précédent, et comme lui ambassadeur de France en Suisse, 63*, 64 *note* 2, 430.
Berbeista (?), Berbeistoph (?), capitaine protestant, fait prisonnier au combat de Châtillon-sur-Seine, 471 et *note* 3.
Berne (Rôle du régiment de); voy. Suisse (Rôle du contingent).
Bernsdorff, capitaine protestant, colonel d'un des régiments allemands, 220, 221, 232, 276,

279, 281, 283, 286, 334, 335, 338, 355.
Beschvillers; voy. Bischwiller.
Besme (Danowitz, *dit*), assassin de Coligny, cité, ainsi que son fils, 363.
Bettancourt (M. de), capitaine protestant, 70*-72, 216-218.
Beutrich, capitaine protestant, 217, 325, 476 *App.*, 477 *App.*, 497 *App.*, 499 *App.*
Bèze (Théodore de), 64*.
Birague (Charles de), dit le capitaine Sacrement, 173 et note 1.
Birague (Louis de), chancelier de France, 173 note 1.
Biron (Le maréchal de); voy. Gontaut (Armand de).
Bischwiller (ALSACE-LORRAINE), 48*.
Blaineau; voy. Bléneau.
Blaineau (M. de); voy. Courtenay (Gaspard de).
Blamont (Meurthe-et-Moselle), 120*, 121, 125, 126, 130, 146, 165, 186.
Blaumont; voy. Blamont.
Bléneau (Yonne), 325*, 327, 330, 337, 341, 491 *App.*, 492 *App.*, 519 *App.*
Blois (Loir-et-Cher), 377, 397.
Boësses (Loiret), 362*.
Boisdignecourt; voy. Baudignécourt.
Bois-Sainte-Marie; voy. Sainte-Marie.
Bold (*N. von*), chancelier du baron de Dohna, 128 et *note* 2, 130, 132, 138-140, 148, 152-154, 162, 235, 241, 249, 366, 436, 456.
Bongars (Jacques), libelliste protestant, 529 *note* 1 *App.*
Bonneval (Eure-et-Loir), 396*, 405, 421.
Bonny-sur-Loire (Loiret), 427*, 429.
Bonstetten, capitaine protestant, 22, 23; porte-parole des Suisses mutinés, 272, 379,
383, 385, 388, 389, 411, 414, 415, 417.
Bormont; voy. Bourmont.
Bossut (Charles de), seigneur de Longueval et de Vauffin, 330 et *note* 5, 331, 470 *App.*, 491 *App.*, 519 *App.*
Bouck, capitaine protestant, commandant d'un des régiments allemands, 101, 115, 145, 182, 220, 221, 248, 254, 276, 279, 281, 283, 286, 303, 304, 334, 335, 343, 420, 473 *App.*
Bouenne; voy. Boyne.
Bouhy (Nièvre), 310*-314.
Bouillon (M. de); voy. La Marck (Guillaume-Robert de).
Boulois (Le bois de la), 222.
Bourg-en-Bresse (Ain), 449*, 453, 454.
Bourbon (Catherine de), princesse de Navarre, duchesse de Bar, 105 et *notes*.
— (Charles de), comte de Soissons, 105 *note* 2, 209 et *note* 1, 249, 273, 301, 317 *note* 1, 319, 351, 353 *note* 2.
— (François de), prince de Conti, 249, 301, 347 et *note* 1, 351, 367, 377, 386, 392, 395, 402, 404-409, 416-418, 421, 422, 425, 426, 428, 435, 439, 470 *App.*, 494 *App.*
— (Henri de), roi de Navarre, 2-7, 11, 23, 29, 32, 37, 38, 41, 43, 46, 55, 56, 57, 64-66, 84-86, 98, 100, 103-106, 134, 135, 144, 147, 159, 166, 178-185, 187, 190-192, 199, 200, 202-209 et *note* 1, 218, 219, 243, 245, 248, 249 et *note* 2, 251-253, 255, 262, 265, 271, 272, 275, 276, 284, 285, 290, 293-295, 297, 302, 304, 306, 309-311, 313-320, 322, 324, 328, 341, 342, 345-348, 350-354, 361, 364, 368, 370, 377, 380, 385, 386, 388, 391, 399-401, 404, 406, 407, 410-412, 415, 416, 418, 420, 426, 429, 434, 435, 437, 439, 440, 442, et, en

TABLE ALPHABÉTIQUE.

outre, à presque toutes les pages de l'*Appendice*.
— (Henri de), prince de Condé, 2, 5, 6, 33, 35-37, 41, 42, 55, 56, 178 et *note* 2, 199, 351, 478 et *note* 1 App., 502 App., 503 App., 508 App.
— (Louis Ier de), prince de Condé, 271 *note* 3.
— (Louis II de), duc de Montpensier, 302, 395, 444.
Bourgogne (Comté de); voy. Franche-Comté.
Bourgogne (La province de), 244, 300, 445.
Bourmont (Haute-Marne), 225*, 227.
Bouy; voy. Bouhy.
Boyne (Loiret), 352*.
Bracqueville (M. de); voy. Bacqueville (M. de).
Brainville (Haute-Marne), 225*, 226.
Braunsweig (La duchesse de); voy. Lorraine (Dorothée de), duchesse de Brunswick.
Brunswick (Eric II, duc de), 246 *note* 1.
Breinville; voy. Brainville.
Bressé (La), 446.
Breuil (M. du), gentilhomme français, 526 App.
Briare-sur-Loire (Loiret), 428*.
Briarres-sur-Essonne (Loiret), 362*, 369, 373, 374, 376, 404, 407, 492 App., 493 et *note* 7 App., 522 App.
Briçon (Haute-Marne), 232*.
Brie (La), 105.
Brinon-les-Allemands (Nièvre), 432 *note* 2.
Brion-sur-Ource (Côte-d'Or), 256*, 257.
Brunswick (La duchesse de); voy. Lorraine (Dorothée de).
— (Eric II, duc de), 246 *note* 1.
— (Philippe, duc de), 55*, 511 App.
— (Othon de), duc de Lunebourg, 55*, 511 App.
— (Le bâtard de), 512 App.

Bruslart, membre du conseil du Roi, 412.
Buhy (M. de); voy. Mornay (Pierre de).
Busenval (M. de); voy. Choart (Paul).
Bussière (La) (Loiret), 428*, 489.
Buy (M. de); voy. Mornay (Pierre de).

Cagny (M. de), Cany (M. de), capitaine protestant, 30, 527 App.
Carben, secrétaire du baron de Dohna, 12, 75, 91, 248, 406, 407, 419, 427, 444.
Carmeninville; voy. Cormainville.
Casillac (François de), seigneur de Cessac, capitaine ligueur, 253 et *note* 2, 268, 441-447, 474 App.
Castelnau (Michel de), seigneur de Mauvissière, capitaine et diplomate français, 441 et *note* 2, 443, 446.
Ceintrey (Meurthe-et-Moselle), 168*-171, 184, 196, 202, 270, 485 App.
Challement (Nièvre), 432 *note* 5.
Chalvraines (Haute-Marne), 221*-224, 230.
Chalonge (M. de), gentilhomme protestant, 219, 365.
Chambéry (Savoie), 449, 450.
Chamerolles (M. de); voy. Lac (N. du).
Chamesson (Côte-d'Or), 260*.
Champagne (La), 201, 205, 206, 300.
Champallement (Nièvre), 432 *note* 5.
Champcevrais (Yonne), 329*, 332.
Champlitte (M. de), gentilhomme lorrain, 447.
Chanay; voy. Chasnay.
Chandieu (Antoine de), seigneur de La Roche-Chandieu, ministre protestant, 480 et *note* 2 App., 532 et *note* App.

Chanssebraye, Chanssevraye; voy. Champcevrais.

Charentonnay, 488* *App.*, 517 *App.*

Charité (La) (Nièvre), 186*, 252, 289-283, 301-304, 309, 312.

Charles-Quint (L'Empereur), 246.

Charles IX, roi de France, 63.

Charles (L'archiduc), frère de l'Empereur Maximilien II, 63.

Chartres (Eure-et-Loir), 396, 403, 405, 417, 438, 439.

Chasnay (Nièvre), 431*.

Châteaudun (Eure-et-Loir), 347, 377*, 392, 396, 397, 405.

Châteaulandon (Seine-et-Marne), 331*, 333-341, 345-358, 362, 363, 368-370, 467 *App.*, 491 *App.*, 493 *App.*

Châteaurenard (Loiret), 290*, 326, 330, 409, 492 *App.*

Château-Salins (Alsace-Lorraine), 186*.

Châteauvillain (Haute-Marne), 228*, 231, 233, 235, 240, 241, 247, 248, 353.

— (Le comte de); voy. Ghiaceti (Ludovico di).

Châtillon (M. de); voy. Coligny (François de).

Châtillon-le-Roi (Loiret), 425 *notes* 1 et 2.

— (M. de); voy. Rochechouart (Guy de).

— (Mme de); voy. Autry (Louise d').

Châtillon-sur-Loing (Loiret), 329*, 331, 470 *App.*, 519 *App.*

Châtillon-sur-Seine (Côte-d'Or), 256*-260, 471 *App.*

Chaumont-en-Bassigny (Haute-Marne), 212, 215, 222, 231.

Chaumont (Antoine de), seigneur de Persigny, capitaine protestant, 194 et *note* 2, 382.

— (Jean de), baron de Guitry ou Quitry, frère du précédent, capitaine protestant, commandant d'un régiment français, 8 et *note* 2, 12, 13, 27, et dès lors à peu près à toutes les pages de l'*Éphéméride*, puis 500 *App.*, 503 *App.*, 504 *App.*, 510 *App.*, 512 *App.*, 519 *App.*, 520 *App.*; — sa lettre à M. de Ségur, 465-477 *App.*; — son mémoire justificatif, 482-497 *App.*

Chemerault (M. de); voy. Barbezières (Méry de).

Chêne (Le) (Eure-et-Loir), 399*.

Cherentonnet; voy. Charentonnay.

Cherville (Eure-et-Loir), 402*, 403.

— (M. de), gentilhomme français, 420, 526 *App.*, 527 *App.*

Chevillers; voy. Ancerviller.

Choart de Busenval (Paul), ambassadeur du roi de Navarre en Allemagne, 9*, 298.

Chuin (M. de), membre du conseil d'État du duc de Savoie, 449, 450.

Chuyens, avocat savoyard, 454.

Cicoigne (M. de), capitaine ligueur, 340.

Cintray; voy. Ceintrey.

Clairvant, ou mieux Clervant (M. de); voy. Vienne (Claude-Antoine de).

Clairvaux (Haute-Marne), 241*, 247, 254, 255.

Clayette (La) (Saône-et-Loire), 437*, 438.

Clèves (Henriette de), duchesse de Nevers, 307 *note* 4.

Clootz (Johann), capitaine protestant, commandant d'un des régiments allemands, 17 et *note* 1, 44 *note* 1, 124, 175, 223, 230; tombe malade, 247-254; sa mort, 263; rappelé, 283, 373, 406, 418, 419, 471 *App.*, 493 et *note* 3 *App.*, 513 *App.*, 521 *App.*

Coligny (François de), seigneur de Châtillon, capitaine protestant, commandant d'une partie du contingent français, 16 et *note* 1, 17, 37-39, 57, 59, 65, 66, 68, 69, 73, 178, 181; sa jonction avec le gros

de l'armée, 212-214, 216, 217, 220-222, 224-227; depuis, cité à peu près à toutes les pages de l'*Éphéméride*, et, en outre, 474 *App.*, 480 *App.*, 487 *App.*, 489-491 *App.*, 504 *App.*, 507 *App.*, 516 *App.*, 517 *App.*, 520 *App.*, 522 *App.*, 523 *App.*, 525 *App.*, 526 *App.*, 531 *App.*
Coligny (Guy de), comte de Laval, 267 *note* 2, 384.
Comte (Le sieur); ce titre s'applique au comte de La Marck; voy. ce nom.
Condé (La princesse douairière de); voy. Orléans (Françoise d').
Condes (Haute-Marne), 231*.
Confergien (Le baron de), capitaine protestant, 213, 433.
Conie (La), rivière, 494 *App.*
Conti (Le prince de); voy. Bourbon (François de).
Cormainville (Eure-et-Loir), 494 *App.*
Cormont (M. de); voy. Cormont (N. de), seigneur des Bordes.
Cormont (N. de), seigneur des Bordes, capitaine protestant, colonel d'un régiment de pied français, 59 et *note* 1, 66, 73, 84, 86, 90, 103, 122, 125, 126, 142, 168, 215, 255-257, 281, 286-291, 363, 365, 395, 402, 411-414, 430, 431, 434, 436, 473 *App.*, 474 *App.*, 496 *App.*, 523 *App.*
Cormont (N. de), seigneur de Villeneuve, capitaine protestant, colonel d'un régiment de pied français, 16 et *note* 2, 17 *note* 2, 35, 38, 59, 66, 68, 73, 122, 125, 127, 171-174, 177, 181, 183, 198, 229, 287, 314, 430.
Cosne (Nièvre), 253*, 303, 304, 311, 314, 317, 432, 490 *App.*, 527 *App.*
Coudray (Le) (Loiret), 364*.
Coulanges (M. de), gentilhomme protestant, 288.
Courcelles (Mlle de), 323.
Cour-Marigny (La) (Loiret), 427*.

Courtenay (Gaspard de), seigneur de Bléneau, 325*, 327.
Coutras (La bataille de), 341 et *note* 2.
Couvrelles (M. de), capitaine protestant, commandant de l'artillerie de l'armée d'invasion, 13 et *note* 3, 25, 26, 31, 32, 40, 42, 45, 60, 75, 93, 95, 107, 114, 120, 136, 137, 141, 142, 180, 181, 198, 209, 220, 228, 242, 247, 252, 263, 270, 290, 308, 309, 324, 326, 327, 340, 360-362, 370, 419, 423, 427, 436, 440, 442; son mémoire justificatif, 497-508 *App.*
Crastatt (ALSACE-LORRAINE), 83*, 91, 94, 95.
Cravant-sur-Yonne (Yonne), 274*, 275, 279.
Crey; voy. Cry.
Crillon (Louis de), capitaine français, 309*.
Crisenon (Yonne), 285*.
Croy (Charles-Philippe de), marquis d'Havré, 116 et *note* 2.
Cry (Yonne), 271*.
Cure (La), rivière, 279, 281.
Curmont (Haute-Marne), 213 *note* 1.
Cussy (M. de), gentilhomme français, 132*, 133, 135, 186, 187.

Damas (Antoine de), baron de Digoigne, capitaine protestant, 62*, 103 et *note* 1, 260, 392; 510 *App.*
Dampierre; voy. Dompierre-sur-Nièvre.
Dampmartin (M. de); voy. Dommartin (M. de).
Danemark (Christine de), duchesse douairière de Lorraine, 245.
— (Frédéric II, roi de), 476 et *note* 2 *App.*, 489 *App.*
Denonville (Eure-et-Loir), 398*, 399, 402.
Diespach (M. de), gentilhomme protestant, page du comte de Laval, 384, 387.

Dieuze (ALSACE-LORRAINE), 129*, 166.
Digoine (M. de); voy. Damas (Antoine de).
Dignonvilliers, Digonvilliers; voy. Denonville.
Dinteville (Haute-Marne), 234*.
Dinteville (Joachim, baron de), 234 et note 2, 235, 241, 253 et note 2, 255.
— (Claude de), dame de Cessac, 253 note 2.
Diouze; voy. Dieuze.
Dohna (Fabian, burgrave de), capitaine protestant, commandant supérieur des régiments allemands, tant reitres que lansquenets, 5 et note 2, 8, 9, 27, 30, 56, 57, 62, 87, 102, 107-109; dès lors, cité à peu près à toutes les pages.
Dompierre-sur-Nièvre (Nièvre), 432*.
Domèvre-sur-Vezouze (Meurthe-et-Moselle), 190*.
Dommartin (M. de), capitaine protestant d'un régiment français, 31, 46, 47, 50, 106 et note 3, 114, 161, 164, 195, 196, 202, 208, 209, 211, 213, 216, 259, 272, 283, 286, 314-317, 329, 332, 356, 403, 408, 420, 427, 442-444, 469 App., 473 App., 484 App., 507 App.
Donzy (Nièvre), 307*.
Dourdan (Seine-et-Oise), 405*, 420.
Dun-le-Roi (Saône-et-Loire), 445*, 447.
Durdon; voy. Dourdan.
Dygoigne (M. de); voy. Damas (Antoine de).

Échenay (Haute-Marne), 211*.
Echesen; voy. Ekwersheim (ALSACE-LORRAINE).
Eckwersheim (ALSACE-LORRAINE), 10*, 12, 54.
Ehem (Christophe), officier de la chancellerie de l'armée d'invasion, 210, 258, 447.

Eich (ALSACE-LORRAINE), 97*, 108, 110, 115, 120, 121.
Elsats (L'); voy. Alsace (L').
Entrains-sur-Nohain (Nièvre), 306*.
Épernon (Le duc d'), 65*, 136, 295, 304, 311, 314, 328, 341, 374, 389, 395, 400, 410-412, 414, 421, 423, 429, 430, 436, 438-443, 445, 446, 451, 455, 473 App., 490 App., 494 App., 507 App., 508 App., 527 App.
Erard, capitaine protestant, 95.
Erbeviller (Meurthe-et-Moselle), 130*.
Escards (M. des), gentilhomme protestant, 386, 396.
Eschenet; voy. Echenay.
Espagnol (L'), sobriquet d'un espion, cité, 219.
Espaux (M. d'), transfuge du camp du duc de Guise au camp protestant, 84, 85 note 1, 90, 166, 248-251, 274, 300; trahit ses nouveaux amis en faveur des anciens, 347, 348, 352; son interrogatoire, 355; il s'échappe, 395, 399.
Espernon (M. d'); voy. Épernon (Le duc d').
Espeuilles (M. d'), gentilhomme protestant, 291.
Estampes; voy. Étampes.
Esternay (M. d'), capitaine protestant, 247.
Étampes (Seine-et-Oise), 390*, 393, 402.

Falaise (Calvados), 396*.
Farnèse (Alexandre), duc de Parme, 389, 412, 429 et note 2.
— (Octave), duc de Parme, père du précédent, 429 note 2.
Fay (M. du); voy. Hurault de L'Hospital (Michel).
Fénétrange (ALSACE-LORRAINE), 116*.
Ferrières-Gâtinais (Loiret), 323*.
Ferté-sur-Aube (La) (Haute-Marne), 255*.
Flainville (Meurthe-et-Moselle), 166*, 168.

Flèche (La) (Sarthe), 249.
Fontaines (M. de), capitaine ligueur, 383.
Fossegillon; voy. Fougilet.
Fougilet (Yonne), 292*, 305, 307, 310, 311, 318.
Fouronnes (Yonne), 288*, 292.
Franche-Comté (La), 217, 440, 446-453.
Français (Rôle du contingent), 15, 29, 30, 33, 50, 81, 83, 91, 94, 98, 108, 111, 115, 118, 121, 122, 124, 128-130, 137, 141, 143-147, 150, 151, 164, 165, 170, 177, 178, 180, 181, 198, 199, 210, 225, 228, 230, 235, 237, 242, 246, 247, 266, 302, 314, 321, 327, 332, 333, 344, 366, 369, 373-375, 378, 379, 381, 384, 385, 388-391, 395, 396, 398, 400, 402, 404, 414, 415, 417, 420, 421, 425, 426, 429-431, 434-436, 438, 439, 443, 445, 468 *App.*, 469 *App.*, 473 *App.*, 480 *App.*, 485-487 *App.*, 490 *App.*, 493-495 *App.*, 507 *App.*, 517 *App.*, 549 *App.*, 522 *App.*
Francfort, 43, 478 *App.*, 479 *App.*, 530 *App.*
Frédéric III, comte palatin, 2 *note* 3.
Fréville (Vosges), 229*.
Fridéric (Le colonel), capitaine protestant, commandant d'un des régiments suisses, 390.
Fronville; voy. Froville.
Froville (Meurthe-et-Moselle), 153*, 160, 161, 166.

Gascogne (La), 205, 301, 319, 324, 388.
Gastinois (Le), mieux Gâtinais (Le), 330, 368, 426, 427.
Genève (Suisse), 16, 64, 68, 445, 554; La Huguerye s'y retire après la campagne, 453, 456; de même du duc de Bouillon et de Quitry, 465 *App.*, 474 *App.*

Gênes (La république de), 245.
Geoffroy (Maître), courrier, 287.
Gerbéviller (Meurthe-et-Moselle), 136*, 138, 146, 153, 484 *App.*
Germay (Haute-Marne), 211*.
Germiny (Meurthe-et-Moselle), 195*, 196, 201.
Ghiaceti (Ludovico di), comte de Châteauvillain, cité, 233*, 247, 252, 255.
Gien (Loiret), 185, 208, 209, 289, 290, 293, 300, 309, 312, 317, 322, 329, 428.
Gillerval; voy. Guillerval.
Glaubourg, libelliste allemand, 478 *App.*, 479 *App.*
Gondi (Albert de), duc de Retz, maréchal de France, 368.
Gontaut (Armand de), baron de Biron, maréchal de France [1], 245, 295.
Gonzague (Louis de), duc de Nevers, capitaine ligueur, 307 et *note* 1, 379-381, 412.
Gournay (Regnault de), seigneur de Villers, gentilhomme lorrain, 197 et *note* 3, 244, 296.
Grand (Vosges), 222*.
Grandes; voy. Ingrandes.
Gresilles; voy. Griselles.
Grillon (M. de); voy. Crillon (M. de).
Griselles (Côte-d'Or), 212*, 220, 225, 268.
Grissach (Balthasar de); voy. Balthasar.
Gudmont (Haute-Marne), 213*-216, 220.
Guillerval (Seine-et-Oise), 385*, 387, 398, 407, 411, 412, 522 *App.*
Guillot-le-Songeur (Être logé chez), proverbe, cité, 285.
Guimont; voy. Gudmont.
Guise (Le duc de); voy. Lorraine (Henri de), duc de Guise.

---

1. Né vers 1524, maréchal de France en 1577, tué au siège d'Épernon, le 31 juillet 1592 (P. Anselme, t. III, p. 294).

Guitry (M. de); voy. Chaumont (Jean de).
Gyen; voy. Gien.

Hægen (ALSACE-LORRAINE), 21*.
Hallières (Eure-et-Loir), 396*, 397, 402.
Haraucourt (M. de); voy. Longueval (Philippe de).
Harlay (Achille de), comte de Beaumont, premier président au Parlement de Paris, 305 et *note* 1, 342.
Harlay (Robert de), seigneur de Monglat, 37 et *note* 1, 55, 249, 252, 275, 284-287, 290, 292-294, 299, 300, 304, 305, 309, 320, 322, 325, 332, 342, 348, 349, 470 *App.*, 489 *App.*, 490 *App.*, 515 *App.*
Haroué (Meurthe-et-Moselle), 168*, 182 et *note* 1.
Haussonville (Jean, baron d'), gentilhomme lorrain, l'un des plénipotentiaires de son souverain dans les négociations relatives à la traversée de la Lorraine par l'armée protestante, 25 et *note* 2, 30, 31, 45, 50, 52, 70, 77, 79, 138-140, 146, 149, 152-156, 160-165, 179.
Hautefort (M. d'); voy. Bellièvre (Jean de).
Havré (Le marquis d'); voy. Croy (Charles-Philippe de).
Heidelberg (BAVIÈRE), 1, 4, 9, 34, 55, 334, 477-480 *App.*, 500 *App.*, 502 *App.*, 503 *App.*
Henri III, 132-134, 136, 186-189, 233 *note* 4, 294-298, 303, 318, 319, 321, 324, 326-329, 341, 342, 355, 365, 368, 374, 377-381, 388-392, 394-398, 437, 442, 445, 446, 450, 455, 471 *App.*, 473 *App.*, 494 *App.*
Hesse-Cassel (Georges, landgrave de), 55, 499-501 *App.*
Heu (Robert de), seigneur de Maleroy, capitaine protestant, 12 et *note* 5, 18, 84, 104, 168, 180, 188, 194, 212, 283, 378, 382, 386, 447, 515 *App.*
Hone; voy. Osne-le-Val.
Hubigny, Hurbigny; voy. Ibigny.
Humberville (Haute-Marne), 221*.
Hurault de L'Hospital (Michel), 481 et *note* 1 *App.*
Hypolite, capitaine protestant, 168.

Ibigny (ALSACE-LORRAINE), 120*.
Igoine (M. d'); voy. Damas (Antoine de).
Ingrandes (Vienne), 399*.
Inteville; voy. Dinteville.
— (M. d'); voy. Dinteville (Joachim, baron de).
Issoudun (Indre), 434*.
Issy-l'Évêque (Saône-et-Loire), 434*.

Jacot (M. de), membre du conseil d'État du duc de Savoie, 450, 451, 454, 455.
Jametz (Meuse), 34 *note* 1, 133 *note* 1, 134, 184*.
Janville (Eure-et-Loir), 394*, 395, 400, 412, 422.
Jarnac (M. de), gentilhomme français, 306.
Jarzé (M. de), capitaine protestant, 304, 309.
Jeinville; voy. Janville et Joinville.
Joigny (Yonne), 282*.
Joinville (Haute-Marne), 214*, 215, 220.
Jolytemps (M. de), gentilhomme protestant, 230.
Jomberville; voy. Humberville.
Joyeuse (Anne, duc de), cité, 245 *note* 2, 341, 342, 368, 504 *App.*, 508 *App.*
— (François, cardinal de), 245 et *note* 2.

Ketler, capitaine protestant, 108, 172, 173, 286.
Kirchberg, capitaine protestant, 337.

TABLE ALPHABÉTIQUE. 543

Kiecler, capitaine ligueur, 122 et *note* 3.

Krastatt ; voy. Crastatt.

Kreuzwald (La forêt de), 83 *note* 5.

La Bastide (M. de) ; voy. Mauléon (J.-B. de).

La Borde (M. de), gentilhomme français, 304, 311.

Lac (N. du), seigneur de Chamerolles, 470 et *note* 4 *App.*, 472 *App.*, 491 *App.*, 519 *App.*

La Courtyne, capitaine protestant, 254.

La Ferté (M. de), capitaine français, 389, 395, 421.

La Fontaine (M. de), gentilhomme protestant, 14 et *note* 2, 41.

La Graffinière, capitaine protestant, 421, 425, 494 *App.*

Laignes (Côte-d'Or), 263*.

La Lande (M. de), capitaine protestant, 278.

L'Amour, capitaine français, 358, 360, 361, 369, 370.

La Lobe (M. de), capitaine protestant, 177.

La Marck (Charlotte de), 2 *note* 1, 268 et *note* 3, 481 *note* 1 *App.*

— (Jean de), dit le comte de La Marck, 61 et *note* 2, 64, 69, 73, 97, 103, 119, 171, 173, 178 ; va au-devant de M. de Châtillon, 220, 222, 224 ; tombe malade, 227 ; sa mort, 268, 487 *App.*, 523 *App.*

— (Guillaume-Robert de), duc de Bouillon, commandant en chef de l'armée d'invasion, 2, 4, 6, 11, 12, 25, 29-32 ; dès lors cité à toutes les pages de l'*Éphéméride*, et, en outre, 469 *App.*, 474 *App.*, 484 *App.*, 488 *App.*, 493 *App.*, 500 *App.*, 510 *App.*, 516-518 *App.*, 523 *App.*, 525 *App.*, 526 *App.*, 530 *App.*

Languedoc (Le), 64, 437, 474 *App.*, 526 *App.*

Langues (Le baron de), capitaine protestant, 213, 221, 472, 484 *App.*

La Nocle (M. de) ; voy. Beauvoir La Nocle (M. de).

La Noue (François de), capitaine protestant, 4 et *note* 2, 16, 51 *note* 1, 77, 466 *App.*

— (Odet de), fils du précédent, cité, 51 *note* 1.

Lanty (M. de), capitaine protestant, 224, 225.

La Petite-Pierre (Le prince de) ; voy. Bavière (Georges-Gustave de), prince de Lützelstein.

La Place, capitaine protestant, 311.

La Rivière, capitaine protestant, 392.

La Roche-Chandieu (M. de) ; voy. Chandieu (Antoine de).

La Roigne (M. de), gentilhomme protestant, 649.

La Route (Fauquet de), gouverneur de Marsal pour le duc de Lorraine, 45 et *note* 4.

La Tour (M. de), capitaine protestant, 127.

La Tour d'Auvergne (Henri de), vicomte de Turenne, p. 2 *note* 1, 268 *note* 3, 399.

La Tronche (M. de), capitaine protestant, 180, 183, 232, 240.

Laudes ; voy. Loddes.

Laval (Le comte de) ; voy. Coligny (Guy de).

Laverni (M. de), gentilhomme protestant, 422.

Laye (M. de), gentilhomme du duc de Savoie, 450.

Leicester (Le comte de), 187, 188.

Leipzig (Saxe), 64.

Lemainville (Meurthe-et-Moselle), 132*, 136, 139 et *note* 2, 153, 154, 163, 164, 167.

Lonque (Le baron de) ; voy. Langues (Le baron de).

Le Roux, secrétaire du duc de Bouillon, 135 et *note* 1, 189, 191, 210, 213, 244, 341, 438.

Lescuyer (Elisée), courrier, 365.

Léthuin (Eure-et-Loir), 394*, 395.
Létuy; voy. Léthuin.
Levenstein (M. de), capitaine protestant, 198, 255, 307, 325, 334, 341, 420, 436.
Liborgne ou plutôt Libourne (Gironde), 440*.
Ligue (Le parti de la), cité, 316, 319, 321, 323, 324, 328, 381, 388, 394, 397, 412, 421, 429, 430, 442, 455.
Limminville; voy. Lemainville.
Limoges (Haute-Vienne), 423.
Lyon (Rhône), 293 et note 3.
L'Isle (Le sieur de); voy. L'Isle-Marivaux (Jean de).
L'Isle (Claude de), seigneur de Marivaux, 65, 136, 389, 395, 436.
L'Isle-Marivaux (Jean de), frère cadet du précédent, 436-438, 440, 445, 474 *App.*, 496 *App.*, 525 *App.*
L'Isle-sous-Monréal; voy. L'Isle-sur-Serein.
L'Isle-sur-Screin (Yonne), 278*, 279.
Liramont (M. de), capitaine protestant, 523 *App.*
Lixheim (Alsace-Lorraine), 96*, 97, 110, 116, 117, 143, 144.
Loddes (Nièvre), 433*.
Loignes (M. de), capitaine protestant, 244.
Loing (Le), rivière, 356.
Loire (La), fleuve, 185, 200, 202, 208, 209, 249, 251, 252, 274, 275, 293, 299, 349, 353, 396, 435, 472 *App.*, 473 *App.*, 487 *App.*, 490 *App.*, 491 *App.*, 496 *App.*, 515 *App.*, 519 *App.*, 524 et note 4 *App.*
Longueval (Philippe de), seigneur d'Haraucourt, 53 et note 1, gentilhomme protestant, 279, 340.
Lormenaut (Le prieuré de); voy. Moirimont (Le prieuré de).
Lorraine (Le duché de), — négociations et pillages qui s'y rapportent, 2, 6, 8, 17, 18, 25, 27, 84, 89, 90, 97, 102-104, 106, 107, 110-115, 122, 123, 126, 129, 132-135, 143, 146, 147; rappel des unes et des autres, 203, 207, 210, 211, 229, 232, 236, 245, 248, 249, 264, 355, 424, 429, 445, 450, 455, 468-470 *App.*, 476 *App.*, 485-488 *App.*, 503 *App.*, 514 *App.*, 515 *App.*, 519 *App.*
— (Charles III, duc de), 20, 47, 48, 70, 77, 81-83 et *notes*, 90, 103-106 et *notes*, 114, 144, 147, 148 et *note* 1, 150, 153, 157-160, 173 et *note* 1, 197, 217, 224, 232, 244-246, 270, 316, 389, 412, 440, 446, 451, 483 *App.*, 484 *App.*, 508 *App.*
— (Charles de), dit *le cardinal de Vaudémont*, 21 et *note* 2.
— (Charles de), duc de Mayenne, 108, 173 et *note* 1, 208 et *note* 1, 255, 258, 259, 261, 268, 270, 274, 275, 277, 278, 315, 335, 340, 433, 488 *App.*, 492 *App.*, 518 *App.*
— (Charles de), duc d'Aumale[1], 256.
— (Dorothée de), duchesse de Brunswick, 246 et *note* 1.
— (La duchesse douairière de); voy. Danemark (Christine de).
— (Henri de), duc de Guise, 84, 107, 108, 126 et *note* 2, 133 note 1, 154, 166, 197, 215, 217, 220-229, 247, 248, 251, 255, 257, 259-261, 274, 275, 277, 282, 288, 315, 317, 326, 329-331, 333-335, 338-340, 343, 353-357, 363, 368, 372, 374, 376, 396, 398, 402, 405, 406, 423, 468 *App.*, 471-474 *App.*, 485 *App.*, 486 *App.*, 489 *App.*, 492-496 *App.*, 508 *App.*, 513 *App.*, 514 *App.*, 518 *App.*, 522 *App.*, 524 *App.*
— (Henri de), marquis de Pont-

---

1. Né le 25 janvier 1555, mort à Bruxelles en 1631.

à-Mousson, puis duc de Bar, 105 et *note* 2, 447, 474 *App.*
— (Louise de), reine de France, 21 *note* 2.
— (Monsieur de), — (Monseigneur de); voy. — (Charles III, duc de).
— (Philippe - Emmanuel de), duc de Mercœur, 21 *note* 4, 368 *note* 2, 473 *App.*, 492 *App.*
— (René II, duc de), 103 *note* 2.
Loup (Meurthe - et - Moselle), 196*.
Lunebourg (Othon, duc de); voy. Brunswick (Othon de).
Lurbigny (M. de), capitaine ligueur, 9, 120, 365, 394, 420, 494 *App.*
Lurcy (Nièvre), 432*.
Lützbourg (M. de), capitaine lorrain, 193 et *note* 1, 194, 389.
Luxembourg (François de), duc de Piney, capitaine et diplomate français, 174 et *note* 1.

Mâcon (Saône-et-Loire), 445-451, 526 *App.*
Madon (Le), rivière, 135, 170, 184, 185, 192, 196, 468 *App.*, 474 *App.*, 485 *App.*, 486 *App.*, 514 *App.*, 520 *App.*
Mailly-la-Ville (Yonne), 274*, 280-282, 285, 288.
Maine (M. du); voy. Lorraine (Charles de).
Maisey-le-Duc (Côte-d'Or), 256*.
Maisoncelle (Loiret), 364*.
Malianes, capitaine ligueur, 225.
Malleroy (M. de); voy. Heu (Robert de).
Manchecourt (Loiret), 365*, 366, 374.
Mandelot (François de), gouverneur du Lyonnais, 273 et *note* 2, 438.
Mansfeld (Wolrad, comte de), capitaine protestant, cité, 13 *note* 1, 237.
Maranville (Haute-Marne), 232*.
Marc-Antoine, capitaine protestant, 456.

Marcigny (Saône-et-Loire), 438*, 439, 441, 445, 474 *App.*
Marivaux (M. de); voy. L'Isle (Claude de), seigneur de Marivaux.
— (Le jeune); voy. L'Isle-Marivaux (Jean de).
Marlen; voy. Marlenheim.
Marlenheim (ALSACE-LORRAINE), centre initial de concentration de l'armée protestante, 29, 31, 53, 61, 72, 88, 92; rappel de ce qui s'y est fait, 101, 181, 188, 236, 239, 250, 264, 276, 353.
Marmesse (Haute-Marne), 233*.
Marne (La), rivière, 213, 214, 227.
Marrivaux (M. de); voy. Marivaux (M. de).
Marsigny-les-Nonnains, Marsilli-les-Nonnains; voy. Marcigny.
Martinengo (Le comte), capitaine de l'armée du duc de Savoie, 454.
Marvueil-Béthune (M. de), gentilhomme protestant, 327.
Mascon; voy. Mâcon.
Massingy (Côte-d'Or), 258*, 260.
Mauléon (Jean-Blaise de), seigneur de La Bastide, gentilhomme lorrain, 139 et *note* 3.
Maulnes (Yonne), 268*.
Maurigault (M. de), secrétaire du duc de Lorraine, 75, 76.
Mauvissière (M. de); voy. Castelnau (Michel de).
Mayne (M. de); voy. Lorraine (Charles de).
Mechelsen, Mechelsheim; voy. Melsheim.
Melsheim (ALSACE-LORRAINE), 19*, 21.
Méneville (M. de), capitaine ligueur, 354.
Ménillet (M. de), maître d'hôtel du duc de Bouillon, 1, 2.
Mercueur (M. de), Mercure (M. de); voy. Lorraine (Philippe-Emmanuel de).

TABLE ALPHABÉTIQUE.

Méreinville; voy. Méréville.
Méréville (Seine-et-Oise), 378*.
Merry-Sec (Yonne), 288*, 289.
Messé; voy. Mussey.
Metz (ALSACE-LORRAINE), 129, 132.
Meuse (La), rivière, 185, 197, 213, 219, 225.
Meyne (M. du); voy. Lorraine (Charles de), duc de Mayenne.
Milan (Italie), 117, 126, 244, 453.
Millières (Haute-Marne), 227*.
Mimbray (M. de), gentilhomme protestant, 405.
Mirecourt (Vosges), 170*, 181 et note 1.
Modon (Le); voy. Madon (le).
Moirimont (Le prieuré de), 222 et note 5, 223.
Moitié-sur-Sault; voy. Montiers-sur-Sault.
Molstein (M. de), maître d'hôtel du baron de Dohna, 337.
Monchannerre (M. de), capitaine protestant, 288.
Monet, capitaine protestant, 62.
Monglas; voy. Harlay (Robert de).
Monlouet (M. de), Monmartin (M. de), Monpellier, etc.; voy. Montlouet (M. de), Montmartin (M. de), Montpellier, etc.
Mons (Belgique), 200.
Monsieur le Landgrave; voy. Hesse-Cassel (Georges, landgrave de).
Monsieur le Prince; voy. Bourbon (Henri de), prince de Condé.
Monsieur le Marquis; voy. Lorraine (Henri de), marquis de Pont-à-Mousson.
Montargis (Loiret), 323*, 331-337, 340, 347-349, 352-355, 492 App., 528 App.
Montbard (Côte-d'Or), 268*, 270.
Montbéliard (Doubs), 441*, 445, 451.
— (Le comte de); voy. Würtemberg (Louis-Frédéric de).
Mont-de-Marsan (Landes), 104.

Montéclair (Haute-Marne), 227*, 230, 232.
Montesert (M. de), ministre de Rouen, 14.
Montiers-sur-Saulx (Meuse), 215*.
Montigny, chapelain du duc de Bouillon, 135.
Montigny-sur-Aube (Côte-d'Or), 255*, 257.
Montlouet (M. de); voy. Angennes (François d').
Montmartin (M. de), capitaine protestant, 12 et note 2, 22, 23, 197-199, 281, 288, 309, 346-350, 386.
Montmélian (Savoie), 452*.
Montmorency (Henri, duc de), maréchal de France, cité, 328 et note 2, 349, 351, 387.
Montpellier (Hérault), 435.
Montpensier (Monsieur de)[1], 252, 295, 297, 302, 326, 328; voy. Bourbon (Louis II de), duc de Montpensier.
Montréal (Yonne), 271*, 277.
Montsoreau (Charente-Inférieure), 248*, 349.
Mont-lès-Neufchâteau (Vosges), 229*, 232.
Mont-Saint-Vincent; voy. Pont-Saint-Vincent.
Montrueil (M. de), Montueul (M. de); voy. Savigny (Philippe de).
Moret (Antoine de), seigneur des Réaux, 478 et note 2 App., 509 et note 1 App., 521 App.
Mornay (Pierre de), seigneur de Buhy, gentilhomme protestant, prend part aux négociations relatives à la traversée de la Lorraine par l'armée protestante, 47-49, 75, 76, 83, 94-96, 107, 112, 124-132, 138, 143, 146, 152, 154, 175, 182, 210.
Morvant (Le), 316.
Moselle (La), rivière, 135, 166, 168, 169, 184-186.
Mossig (La), rivière, 132, 135, 153, 158, 160.

Moulins (Allier), 323, 473 *App*.
Moulins-en-Gilbert (Nièvre), 433*.
Moulon (Loiret), 331*, 339, 340, 363.
Mousson (Aube), 258*.
Moutiers-en-Beauce (Eure-et-Loir), 420*, 422.
Mouy (M. de), capitaine protestant, commandant le régiment des arquebusiers français, 3 et *note* 2, 12, 16, 38, 59, 66, 67, 69, 73-75, 102, 118, 120, 138; son rôle au combat de Pont-Saint-Vincent, 168-177, 181, 182, 200, 215, 229, 239, 287, 310, 311, 519 *App.*, 523 *App*.
Mussey (Haute-Marne), 218*.
Mussy-l'Évêque *ou* Mussy-sur-Seine (Côte-d'Or), 256*, 259-261.
Muz (La); voy. Mossig (La).

Nancy (Meurthe-et-Moselle), 25, 26, 49, 53, 86, 87, 103, 108, 112, 128, 161.
Nassau (Ludovic de), 63 et *note* 3, 64 *note* 3.
Navarre (La princesse de); voy. Bourbon (Catherine de).
— (Le roi de); voy. Bourbon (Henri de).
Navarrenx (Basses-Pyrénées), 498 *App*.
Nemours (Monsieur de); voy. Savoie (Charles-Emmanuel de).
Nemours (Seine-et-Marne), 356*, 363.
Nérac (Lot-et-Garonne), 5*, 190, 351.
Neufchastel; voy. Neufchâteau.
Neufchâteau (Vosges), 224*, 226, 248.
Neufvi; voy. Neuvy-sur-Loire.
Neufville, capitaine lorrain, 123.
Neuner (Jeremiels), capitaine protestant, lieutenant de M. de Couvrelles, 428.
Neuvy-sur-Loire (Nièvre), 310*, 311, 313, 317, 325, 490 *App.*, 491 *App.*, 504 *App*.
Nevers (Monsieur de); voy. Gonzague (Louis de).
Nicey (Côte-d'Or), 262*, 263, 269, 270.
Nivernais (Le), 316.
Nogent-le-Roi (Eure-et-Loir), 402*.
Nohain (Le), rivière, 312.
Noyers (Yonne), 271*, 273, 277, 279.
Nueil (M. de), gentilhomme du duc de Bouillon, 34 et *note* 1, 190.
Nuremberg, 480 *App*.

Ogeviller (Meurthe-et-Moselle), 130*, 137.
Orges (Haute-Marne), 244*; rappel de cette étape, 272, 345.
Orléans (Françoise d'), princesse de Condé, 353 et *note* 2.
Orléans (Loiret), 368, 407, 409.
Osne-le-Val (Haute-Marne), 215*.
Osouay; voy. Ouzouer-sur-Trézée.
Ousson (Loiret), 428*.
Ouzeau; voy. Ousson.
Ouzouer-sur-Trézée (Loiret), 329*.

Pacy-sur-Armançon (Yonne), 273*.
Page; voy. Pange (M. de).
Pagny-sur-Meuse (Meuse), 196*, 197, 210.
Pallacini (Horazio), gentilhomme génois au service de l'Angleterre, 10 et *note* 1, 21.
Pange (M. de), gentilhomme lorrain, 107 et *note* 2, 139.
Pape (Le), 197, 210, 211, 244, 245, 306, 421.
Pape (Jacques), seigneur de Saint-Auban, 354 et *note* 1, 360.
Paray-le-Monial (Saône-et-Loire), 435*.
Paré-aux-Moines; voy. Paray-le-Monial.

TABLE ALPHABÉTIQUE.

Paris, 134, 199, 205, 208, 309, 312, 322-324, 328, 353, 367, 421, 481 *App.*
Parme (Le duc de); voy. Farnèse (Alexandre).
Passi; voy. Pacy-sur-Armançon.
Pellevé (Le cardinal de), 245 et note 1.
Perrigny-sur-Loire (Saône-et-Loire), 433*, 434.
Perreuse (Yonne), 302*, 312, 313.
Perron (M. du), émissaire des protestants à la cour de France, 368, 444.
Péruze, Perruze; voy. Perreuse.
Peuterich (M. de); voy. Beutrich (M. de).
Pfaltzbourg; voy. Phalsbourg.
Phalsbourg (ALSACE-LORRAINE), 17*, 18, 24, 25, 45, 50, 53, 70, 86 et note 1, 93-96, 115, 142-145, 165.
Picardie (La), 105, 429.
Piémont (Le), 453.
Pinard, secrétaire d'État du Roi, 135 note 2.
Pithiviers (Loiret), 374*.
Pitzi (M. de), gentilhomme protestant, 278.
Plessis (Charles du), seigneur de Liancourt et de Beaumont, 4 et note 5.
Plessis-Beaulieu (M. du), capitaine ligueur, 338, 339.
Pluly; voy. Prusly-le-Duc.
Pluviers; voy. Pithiviers.
Podlitz (Le baron de), gentilhomme lorrain, l'un des plénipotentiaires de son souverain pendant les négociations relatives à la traversée de la Lorraine par l'armée protestante, 4 et note 3, 25, 29, 30, 45, 49, 74-76, 93-97, 140-144, 148, 160, 480 *App.*
Poictières; voy. Pothières.
Poitou (Le), 342, 351, 368, 399.
Pont (Le marquis de); voy. Lorraine (Henri de), marquis de Pont-à-Mousson.
Pont-Saint-Vincent (Meurthe-et-Moselle), 168 note 5, 170 note 2.
— (Le combat de), 174-176, 468-469 *App.*, 484 *App.*, 506 *App.*, 513 *App.*
Porrin; voy. Pourrain.
Pothières (Côte-d'Or), 256*, 259-261.
Pouilly-sur-Loire (Nièvre), 312*.
Pourrain (Yonne), 288*.
Préfontaines (Loiret), 341*, 342, 349, 356, 364, 367, 369, 424.
Prentignac (M. de), capitaine protestant, 72.
Pressaigny (M. de); voy. Chaumont (Antoine de).
Préz-sous-Lafauche (Haute-Marne), 216*, 223, 227 et note 3.
Prunay-le-Gillon (Eure-et-Loir), 405*-407; rappel de cette étape, 426, 439.
Prusly-le-Duc (Côte-d'Or), 256*.
Puiset (Le) (Eure-et-Loir), 493* *App.*
Pulligny (Meurthe-et-Moselle), 170*, 196, 485 *App.*, 513 *App.*, 514 *App.*
Pussay (Seine-et-Oise), 393*.

Quatzenheim (Alsace-Lorraine), 4*, 9, 10, 11, 28, 29, 35, 53, 74, 75, 83, 87, 88, 91, 93.
Quincy (M. de), gouverneur pour le Roi du château de Janville, 411.
Quitry (M. de); voy. Chaumont (Jean de).

Ravières (Yonne), 270*, 271.
Réaux (M. des); voy. Méret (Antoine de).
Reboux (M. de), capitaine protestant, 354.
Réclonville (Meurthe-et-Moselle), 130*, 153, 186.
Reinvilly (Savoie?), 456.
René-le-Duc; voy. Arnay-le-Duc.

TABLE ALPHABÉTIQUE.

Reinel; voy. Reynel.
Reingraf (Le comte), 137.
Retz (Le maréchal de); voy. Gondi (Albert de).
Reuilly (Le baron de), capitaine protestant, 472.
Reynel (Haute-Marne), 221*.
Ribon, avocat, 449, 454.
Roanne (Loire), 470* App., 472 App., 490 App., 496 App., 515 App.
Rochechouart (Guy de), seigneur de Châtillon-le-Roi, 425 et note 2.
Roche (La) (Vosges), 45*.
Rochelle (La) (Charente-Inférieure), 498 App.
Roches-sur-Rognon (Haute-Marne), 219*, 220.
Roinville (Seine-et-Oise), 420*, 424.
Romanet (Côte-d'Or), 454*.
Rome (La cour de); voy. Pape (Le).
Rompf; voy. Rumpff.
Rosne (M. de), gentilhomme lorrain, 107 et note 2, 116, 168.
Rouane, Rouanne, Rouenne; voy. Roanne.
Routtigoutti (M. de); voy. Artigotti (Chrétien d').
Rouvray (M. de), capitaine ligueur, 340.
Roi (Le); voy. Henri III.
Rumpff (Ludwig), capitaine protestant, commandant en second de l'armée protestante, 44 et note 1, 58, 124, 169; sa mort, 419, 485 App., 513 App., 520 App.

Sacremore (Le capitaine); voy. Birague (Charles de).
Sacy (Yonne), 279*, 281, 283.
Sagecourt (Haute-Marne), 231*.
Sagonne (M. de), capitaine ligueur, 492 App.
Saint-Aignan-le-Jaillard (Loiret), 328*.
Saint-Amand-en-Puisaye ou Saint-Amand-les-Poteries, 305*, 307.

Saint-Auban (M. de); voy. Pape (Jacques).
Saint-Blin (Haute-Marne), 222*, 223, 230, 237, 242; rappel de cette étape, 276.
Saint-Bonnet-de-Gray (Saône-et-Loire), 437*.
Saint-Christophe-de-Brionnais (Saône-et-Loire), 439*, 440.
Saint-Claude (Jura), 475 App.*.
Saint-Florentin (Yonne), 253*.
Saint-Germain-des-Bois (Saône-et-Loire), 435*.
Saint-Hilaire-les-Andrésis (Loiret), 330*-333.
Saint-Laurent-d'Andenay (Saône-et-Loire), 437*, 439.
Saint-Laurent-des-Aubas (Nièvre), 308*.
Saint-Léger-des-Aubées (Eure-et-Loir), 422*.
Saint-Martin (Meurthe-et-Moselle), 130*; rappel de cette étape, 424.
Saint-Maurice-sur-Fessard (Loiret), 341*.
Saint-Nicolas (Meurthe-et-Moselle), 167*.
Saint-Paul (M. de), capitaine ligueur, 393.
Saint-Père (Seine-et-Oise), 375*-378, 383, 384, 391, 393.
Saint-Piat (Eure-et-Loir), 403*.
Saint-Rambert (Ain), 450*.
Saint-Sauveur-en-Puisaye (Yonne), 307*, 310, 311, 313, 326.
Saint-Urbain (Haute-Marne), 213*, 218, 220.
Saint-Vincent-en-Lorraine; voy. Pont-Saint-Vincent.
Sainte-Marie (Saône-et-Loire), 443*, 445.
Sainville (Eure-et-Loir), 354*, 393, 399, 407.
Salerne (M. de), capitaine ligueur, 178.
Salm (Le comte Paul de), grand chambellan de Lorraine, 196 et note 5.
Sa Majesté. — Cette expression s'applique tantôt au roi de France, tantôt au roi de Na-

varre; voy. Henri III et Bourbon (Henri de), roi de Navarre.
Saône (La), rivière, 441, 445.
Sardy (Nièvre), 433*.
Sarrasin, secrétaire du duc de Bouillon, 28, 286, 304, 348, 349, 372, 390, 492 *App.*, 496 *App.*
Sarrebourg (Alsace-Lorraine), 97*, 108-116, 119, 121, 144, 165, 182, 193 et *note* 2; rappel de cette étape, 229, 233.
Sarry (Saône-et-Loire), 441*, 442.
Sassy; voy. Sacy.
Saumur (Maine-et-Loire), 368, 396, 401.
Saverne (Alsace-Lorraine), 17, 31, 45*, 69, 74, 75, 84, 87, 88, 91, 93, 94, 107, 140-142, 147, 150, 483 *App.*, 513 *App.*
Savigny (Philippe de), seigneur de Montureux, 45 et *note* 5, 139, 149, 153, 154.
Savoie (Charles-Emmanuel, duc de)[1], 451, 454, 455.
— (Charles-Emmanuel de), duc de Nemours[2], 375, 430, 433, 473 *App.*, 492 *App.*, 493 *App.*
— (Le duché de), 244; La Huguerye le traverse, 445-450.
— (Monsieur de); voy. — (Charles-Emmanuel, duc de).
Saxe-Altembourg (Frédéric-Guillaume, duc de), 511 et *note* 3 *App.*
Saxe-Weimar (Jean, duc de), 511 et *note* 3 *App.*
Saxe (Auguste, électeur de), 511 *note* 3 *App.*
— (Christian, comte de Barbi, puis électeur de), 55, 511 *note* 3 *App.*
Schomberg (Dietrich von), capitaine protestant, 17 et *note* 2, 19, 511 *App.*
— (Gaspard de), maréchal de France, 17 *note* 2, 63, 64, 482-483 et *note* 1 *App.*, 528 *App.*
Schregel, capitaine protestant, commandant du régiment des lansquenets, 10-12, 18-24, 129, 171-173, 176, 216, 239, 241, 244, 249, 253, 270-273, 278, 279, 283, 307, 308, 332, 378, 381, 400, 427, 431, 434, 440.
Schulvin, capitaine protestant, 511 *App.*
Sedan (Ardennes), l'un des objectifs soumis au conseil de guerre, 133*-135, 184-187, 190, 191, 200, 206, 219; son siège antérieur par le duc de Guise, 133 *note* 1, 516 *App.*; cité, 325, 512 *App.*; autre siège, 481 et *note* 1 *App.*, 484 *App.*
Ségur-Pardailhan (François de), seigneur de Sainte-Aulaye, 2-4, 9, 11, 12, 17, 25-32, 37-39, 43, 48, 49, 51, 54, 55, 62, 65, 70, 72, 73, 76, 77, 79, 89, 91-93, 98, 104, 106, 108, 110, 149, 150, 151, 488 *App.*, 499 *App.*, 509 et *note* 1 *App.*; ses lettres à MM. de Beaumont et de La Noue, 476-481 *App.*
Seine (La), fleuve, 200, 204, 250, 252, 257, 277.
Saintrès; voy. Ceintrey.
Seinville; voy. Sainville.
Semelay (Nièvre), 433*.
Semoutiers (Haute-Marne), 231*.

---

1. Fils du duc Emmanuel-Philibert et de Marguerite de France, né le 12 janvier 1562. Il régnait depuis 1580 sur la Savoie et mourut le 26 juillet 1630.
2. Né en février 1567, du second mariage d'Anne d'Est, veuve du duc François de Guise, avec le duc Jacques de Nemours. Il se trouvait donc le frère utérin du duc Henri de Guise et du duc de Mayenne; aussi fut-il au nombre des plus actifs soutiens de leurs projets ambitieux. Il fit ses premières armes dans la campagne qui nous occupe et ne les posa plus guère qu'à sa mort, arrivée le 26 juillet 1594 (P. Anselme, t. III, p. 513).

Seneton (M. de), envoyé du roi de Navarre, 351.
Sepmoutier; voy. Semoutiers.
Sercottes; voy. Cercottes.
Sermages (Nièvre), 433*.
Sermoises (Loiret), 373*.
Sertuville, Serturville (Meurthe-et-Moselle), 122, 123, 130.
Sessac (M. de); voy. Catillac (François de).
Sexfontaines (Haute-Marne), 232*, 255.
Sirefontaine; voy. Sexfontaines.
Soissons (Le comte de); voy. Bourbon (Charles de).
Somville (M. de), capitaine protestant, 368.
Son Altesse. Ce terme désigne partout Jean-Casimir de Bavière (voy. ce nom), sauf p. 80-83, 92-93, 146, 148, 150-153, 156-160, où il s'applique parfois au duc de Lorraine (cf. les notes de ces pages), et p. 448-455, où il se rapporte au duc de Savoie.
Spire (Bavière), 48*, 49, 75.
Steffen; voy. Stephen.
Stens, gentilhomme protestant, 447.
Stephen, trésorier du contingent allemand, 70, 72, 75, 87, 88, 91, 92.
Stephen, gouverneur du Phalsbourg pour le duc de Lorraine, 86, 89, 90, 93, 95, 115, 142.
Stoyentin (M. de), capitaine protestant, 334.
Strasbourg (Alsace-Lorraine), 1, 3, 4, 8, 11, 12, 19, 25, 36, 43, 48, 49, 51, 66, 70, 71, 89, 294.
— (L'évêque de), 20.
Stuart (Guillaume), seigneur de Vesins, capitaine protestant, 9, 12 et note 3, 13, 57, 62, 63, 69, 73, 98, 99, 103 et note 1, 110, 120, 131, 177, 244, 253, 259, 270, 280, 292, 392, 397, 510 App.
Suisse (Rôle du contingent), 15, 17-25, 24, 25, 27, 58, 66, 67, 84, 91, 95, 102, 117, 118, 122, 136, 144, 162, 166, 168-177, 179, 182, 183, 188, 196, 197, 199, 200, 210, 212, 215, 216, 220, 221, 223, 224, 230, 233, 234, 237, 241, 243, 252, 263, 269-273, 276, 280-283, 287, 293-295, 307, 310, 311, 313, 317, 318, 321, 329, 340, 241, 343, 345, 346, 356, 359, 361, 364-366, 372, 373, 377-379, 381, 382, 384, 387-394, 397, 398, 404-411, 414, 417, 419, 421-425, 428, 439, 456, 468-472 App., 486 App., 488 App., 490 App., 493 App., 494 App., 507 App., 514 App., 515 App., 520-525, 530 App.
Sully-sur-Loire (Loire), 431*.
Swerin, capitaine protestant, 43.

Tachainville (Eure-et-Loir), 403*.
Taillancourt (Meuse), 185*, 190, 210, 211; rappel de cette étape, 228, 309, 442.
Tanlay (Yonne), 267*.
Tantonville (Meurthe-et-Moselle), 182*.
Tantonville (M. de), gentilhomme lorrain, l'un des plénipotentiaires de son souverain dans les négociations relatives à la traversée de la Lorraine par l'armée protestante, 25 et note 1, 26, 46-50, 70, 74-76, 79, 80, 83, 85, 93-96, 141, 142, 144, 150-152, 158.
Téligny (M. de); voy. La Noue (Odet de).
Téligny (Marguerite de), 51 note.
Thiébaumesnil (Meurthe-et-Moselle), 138*.
Thielmann, capitaine protestant, commandant d'un des régiments suisses, 19-21, 23, 66, 169, 176, 321; sa mort, 329; rappelé, 389.
Thou (Catherine de), dame de Beaumont, 305 note 2.
Thoul; voy. Toul.

Thury (Yonne), 291*, 292, 302, 303, 307.

Tibauméuy; voy. Thiébaumesnil.

Tignonville (M. de), gentilhomme français, 526 *App.*

Tillmann; voy. Thielmann.

Toni; voy. Tonnoy.

Tonnerre (Yonne), 270*, 271, 273, 283, 307, 353.

Tonnoy (Meurthe-et-Moselle), 168*, 210, 211.

Toul (Meurthe-et-Moselle), 185*, 197.

Toury (Eure-et-Loir), 492*.

Trémont (Eure-et-Loir), 403*.

Trot (M. du), capitaine protestant, 96, 115.

Troyes (Aube), 300.

Turenne (Le vicomte de); voy. La Tour d'Auvergne (Henri de).

Usèz (Gard), 435*.

Varambon (Le marquis de), capitaine lorrain, 212, 247.

Vaucouleurs (Meuse), 107*-199, 209-211, 242, 487 *App.*

Vaudémont (Meurthe-et-Moselle), 183*, 211.

— (Le cardinal de); voy. Lorraine (Charles de), dit le *cardinal de Vaudémont*.

Vaufin (M. de); voy. Bossut (Charles de).

Vaux (Loiret), 425*.

Vaux (Nièvre), 313*, 317.

Vaux-sur-Saint-Urbain (Haute-Marne), 211*, 212, 227.

Vendômois (Le), 350.

Vermenton (Yonne), 280*-282, 286, 287, 488 *App.*, 517 *App.*

Vernières (Nièvre), 524* *App.*

Verren (M. de), voy. Werren (Friedrich von).

Verrigny (Mme de), 393.

Vesaignes-sous-Lafauche (Haute-Marne), 222*, 273.

Vesins (Antoine de), capitaine protestant, 12 *note* 3.

Vezelay (Yonne), 489 *App.*

Vezines (M. de); voy. Stuart (Guillaume).

Vienne (Claude-Antoine de), seigneur de Clervant, capitaine protestant, commandant supérieur des trois régiments suisses, 10 et *note* 5, 12-32, 35, 39, 40, 45, 57, 60, 62, 64, 71, 73, 74, 83, 85 et *note* 1, 88, 97, 99, 104, 105, 107, 110, 120, 129, 138, 139, 143, 161, 162, 168, 169, 183, 188, 193, 196, 210, 211-218, 224-230, 243, 244, 250, 269-271, 273, 274, 280, 283, 293, 294, 299, 328, 341, 344, 367, 378-382, 386, 389, 397, 410, 416, 423, 442-446, 474 *App.*, 493 *App.*, 499 *App.*, 500 *App.*, 506 *App.*, 509 et *note* 1 *App.*, 510 *App.*, 530 *App.*; son mémoire justificatif, 509-528 *App.*

Vignory (Haute-Marne), 219*, 251.

Vigny-lès-Paray (Saône-et-Loire), 434*.

Villemandeur (Loiret), 471 *note* 2.

— (M. de), 474 *App.*, 491 *App.*, 519 *App.*

Villaine (Nièvre), 524 *App.*

Villeneuve (M. de); voy. Cermont (N. de), seigneur de Villeneuve.

Villernoul (M. de), capitaine protestant, 120, 234, 235, 273.

Villeroy (M. de), secrétaire d'Etat du Roi, 412.

Villers-Sec; voy. Villiers-le-Sec.

Villiers-le-Sec (Haute-Marne), 231*, 232.

Villiers-sur-Marne (Haute-Marne), 220*.

Villotte (Côte-d'Or), 256*.

Villy (M. de); voy. Gournay (Regnault de).

Vimory (Loiret), 333*, 334; —(le combat de), 335-342; — rappel de cette étape, 343, 346, 352, 363, 364, 387, 426, 444,

470 *App.*, 489 et *note* 5 *App.*, 491 *App.*, 519 *App.*

Viridet, secrétaire de M. de Quitry, 254, 255, 287, 288, 303, 304, 311.

Vivaldi (M. de), capitaine des gardes du duc de Savoie, 455.

Vivarais (Le), 435-439.

Voffin; voy. Bossut (Charles de).

Voise (Eure-et-Loir), 402*, 420.

Wambolt; voy. *N.* von Bold.

Werden (Josse von), capitaine protestant, 124, 338, 340, 343, 363, 365.

Werren (Frédéric von), capitaine protestant, commandant d'un des régiments allemands, 118, 161, 164, 213, 216, 248; sa mort, 252; rappelé, 259, 283, 314, 315, 317, 329, 389, 403, 471 *App.*, 472 *App.*, 484 *App.*, 493 et *note* 3 *App.*, 515 *App.*, 520 *App.*, 524 *App.*

Wicker, trésorier de l'armée, 11, 62, 93, 102, 242, 255, 336, 355, 357, 368, 421, 444.

Witzdorff, courrier protestant, 11, 20, 21.

Würtemberg (Georges de), comte de Montbéliard, 511 *note* 7 *App.*

— (Louis, duc de), 511 *note* 7 *App.*

— (Louis-Frédéric de), comte de Montbéliard, puis duc de —, 511 et *note* 7 *App.*

Yenne (Ain), 450*.

Ygoine (Le baron d'); voy. Damas (Antoine de).

Yonne (L'), rivière, 256, 271, 274, 275, 280-283, 289, 326.

Zurich (Rôle du régiment de); voy. Suisse (Rôle du contingent suisse).

TABLE DES MATIÈRES

	Pages
Introduction	I-XIII
Texte de l'Éphéméride	1-456
Sommaires de l'Éphéméride	457-464
APPENDICE.	
I. Lettre de M. de Quitry à M. de Ségur . . .	465-475
II. Lettre de M. de Ségur à M. de Beaumont . .	475-476
III. Lettre de M. de Ségur à M. de La Noue . .	476-481
IV. Mémoire justificatif de M. de Quitry . . .	482-497
V. Mémoire justificatif de M. de Couvrelles . .	497-508
VI. Mémoire justificatif de M. de Clervant . . .	508-528
VII. Mémoires justificatifs du baron de Dohna .	528-532
Table alphabétique	532-553

Nogent-le-Rotrou, imprimerie DAUPELEY-GOUVERNEUR.

FORME DE BATAILLE

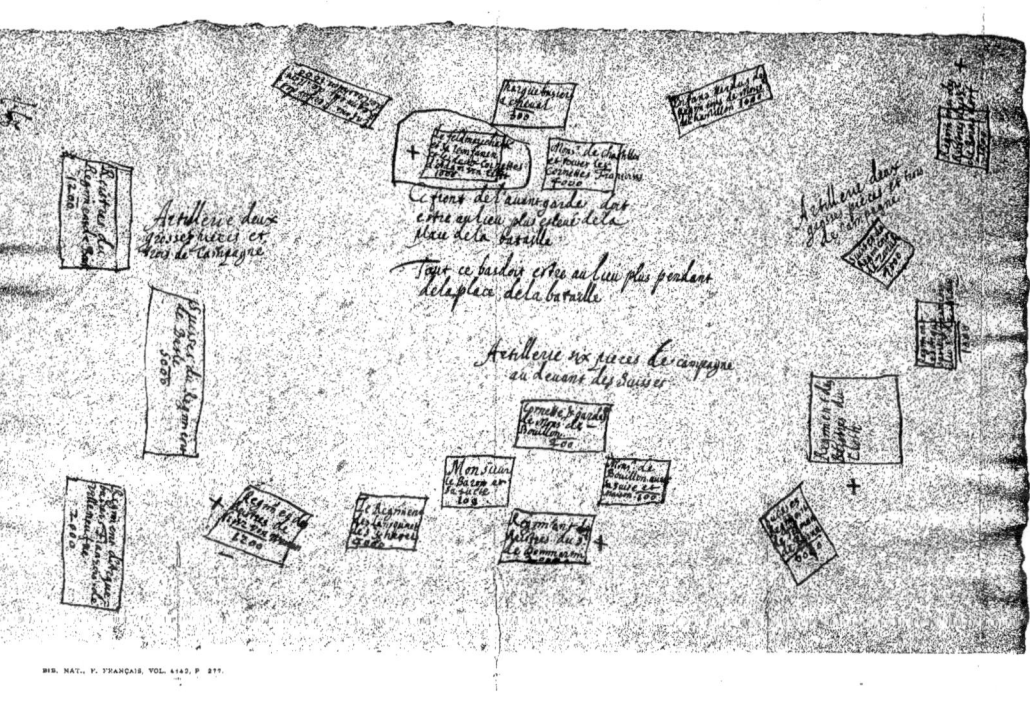

Je dois reprendre les couves couleurs ainsi que les pages Hors format et couleurs des gros livres Jaune : reprendre aussi le code 9893.

— Problème des jours non fait.
— Problème du lieu de travail.
— Des documents nié etc...
— Demande.

FORME DE LOGER & MARCHER

- Les Regimens de Mons. de Chastillon
- Le Feldmareschal et son et deux regimens de Reistres
- Mons. de Chastillon et des Cornettes Françoises et Arquebusiers à cheual la moitie
- Le Regiment des Lansquenets
- Deux Regimens des Suisses auec l'Artillerie
- Le Regiment de Mons. de Mouy
- Mons. le Baron et deux Regimens des Reistres
- Mons. de Bouillon sa Cornette maison et gardes à pied et à cheual
- M. de Quitry mareschal de Camp et le Reste des Cornettes et Arquebusiers à cheual Françoi s
- Le troisiesme Regiment des Suisses
- Un Regiment des Reistres et les deux Cornettes d'Adam von Essen
- Le Regiment de Villeneufue

Ouvrages publiés par la Société de l'Histoire de France *depuis sa fondation en* 1834.

In-octavo à 9 francs le volume, 7 francs pour les Membres de la Société.

Ouvrages épuisés.

L'Ystoire de li Normant. 1 vol.
Lettres de Mazarin. 1 vol.
Villehardouin. 1 vol.
Histoire des Ducs de Normandie. 1 vol.
Beaumanoir. Coutumes de Beauvoisis. 2 vol.
Mémoires de Coligny-Saligny. 1 vol.
Mémoires et Lettres de Marguerite de Valois. 1 vol.
Comptes de l'argenterie des rois de France au XIVe s. 1 v.
Mémoires de Daniel de Cosnac. 2 vol.
Journal d'un Bourgeois de Paris sous François Ier. 1 v.
Chroniques des comtes d'Anjou. 1 vol.

Ouvrages épuisés en partie.

Grégoire de Tours. Histoire ecclésiast. des Francs. 4 v.
Œuvres d'Éginhard. 2 vol.
Barbier. Journal du règne de Louis XV. 4 vol.
Mémoires de Ph. de Commynes. 3 vol.
Registres de l'Hôtel de Ville de Paris pendant la Fronde. 3 vol.
Procès de Jeanne d'Arc. 5 v.
Histoire de Charles VII et de Louis XI, par Th. Basin. 4 vol.
Grégoire de Tours. Œuvres diverses. 4 vol.
Chroniques de Monstrelet. 6 vol.
Chroniques de J. de Wavrin. 3 vol.
Journal et Mémoires du marquis d'Argenson. 9 vol.
Œuvres de Brantôme. 11 v.
Commentaires et Lettres de Blaise de Monluc. 5 vol.

Ouvrages non épuisés.

Mém. de Pierre de Fenin. 1 v.
Orderic Vital. 5 vol.
Correspondance de Maximilien et de Marguerite. 2 v.

Lettres de Marguerite d'Angoulême. 2 vol.
Chronique de Guillaume de Nangis. 2 vol.
Richer. Hist. des Francs. 2 v.
Le Nain de Tillemont. Vie de saint Louis. 6 vol.
Bibliographie des Mazarinades. 3 vol.
Choix de Mazarinades. 2 vol.
Mém. de Mathieu Molé. 4 v.
Miracles de S. Benoît. 1 vol.
Chronique des Valois. 1 vol.
Mém. de Beauvais-Nangis. 1 v.
Chronique de Mathieu d'Escouchy. 3 vol.
Choix de pièces inédites relatives au règne de Charles VI. 2 vol.
Comptes de l'Hôtel des Rois de France. 1 vol.
Rouleaux des morts. 1 vol.
Œuvres de Suger. 1 vol.
Joinville. Hist. de saint Louis. 1 vol.
Mém. et corresp. de Mme du Plessis-Mornay. 2 vol.
Chroniques des églises d'Anjou. 1 vol.
Introduction aux chroniques des comtes d'Anjou. 1 vol.
Chroniques de J. Froissart. T. I à VIII. 10 vol.
Chroniques d'Ernoul et de Bernard le Trésorier. 1 v.
Annales de S.-Bertin et de S.-Vaast d'Arras. 1 vol.
Mém. de Bassompierre. 4 vol.
Histoire de Béarn et de Navarre. 1 vol.
Chron. de Saint-Martial de Limoges. 1 vol.
Nouveau recueil de comptes de l'argenterie. 1 vol.
Chanson de la croisade contre les Albigeois. 2 vol.
Chron. du duc Louis II de Bourbon. 1 vol.
Chronique de Le Fèvre de Saint-Remy. 2 vol.
Récits d'un ménestrel de Reims au XIIIe siècle. 1 v.
Lettres d'Antoine de Bourbon et de Jeanne d'Albret. 1 vol.

Mém. de La Huguerye. 3 vol.
Anecdotes et apologues d'Étienne de Bourbon. 1 vol.
Extraits des auteurs grecs concern. la géographie et l'hist. des Gaules. T. I à V.
Histoire de Bayart. 1 vol.
Mémoires de N. Goulas. 3 v.
Gestes des évêques de Cambrai. 1 vol.
Les Établissements de saint Louis. 4 vol.
Chron. normande du XIVe s. 1 vol.
Relation de Spanheim. 1 vol.
Œuvres de Rigord et de Guillaume le Breton. 2 v.
Mém. d'Ol. de la Marche. 4 v.
Lettres de Louis XI. T. I à IV.
Mémoires de Villars. T. I à IV.
Notices et documents, 1884. 1 vol.
Journal de Nic. de Baye. 2 v.
La Règle du Temple. 1 vol.
Hist. univ. d'Agr. d'Aubigné. T. I à VI.
Le Jouvencel. 2 vol.
Chroniques de Louis XII, par Jean d'Auton. T. I et II.
Chronique d'Arthur de Richemont. 1 vol.
Chronographia regum Francorum. T. I.
L'Histoire de Guillaume le Maréchal. T. I.
Mémoires de Du Plessis-Besançon.
Éphéméride de la Huguerye.

SOUS PRESSE :

Chron. de J. Froissart. T. IX.
Extraits des auteurs grecs. T. VI.
Lettres de Louis XI. T. V.
Chroniques de Louis XII, par Jean d'Auton. T. III.
Brantôme, sa vie et ses écrits.
Mémoires de Villars. T. V.
Chronographia regum Francorum. T. II.
Hist. univ. d'Agr. d'Aubigné. T. VII.
L'Histoire de Guillaume le Maréchal. T. II.
Hist. du comte de Foix, t. I.

BULLETINS, ANNUAIRES ET ANNUAIRES-BULLETINS (1834-1891),

In-18 et in-8e, à 3 et 5 francs.

(Pour la liste détaillée, voir à la fin de l'Annuaire-Bulletin de chaque année.)

Nogent-le-Rotrou, imprimerie Daupeley-Gouverneur.

www.ingramcontent.com/pod-product-compliance
Lightning Source LLC
Chambersburg PA
CBHW060502230426
43665CB00013B/1352